Springer-Lehrbuch

Susanne Wied-Nebbeling
Hartmut Schott

Grundlagen der Mikroökonomik

Vierte, verbesserte Auflage

Mit 137 Abbildungen

 Springer

Professor Dr. Susanne Wied-Nebbeling
Universität zu Köln
Staatswissenschaftliches Seminar
Albertus-Magnus-Platz
50923 Köln
wied@wiso.uni-koeln.de

Dr. Hartmut Schott
readybank ag
Friedrichstraße 194 - 199
10117 Berlin
hartmut.schott@readybank.de

ISBN 978-3-540-73868-8   4. Auflage Springer Berlin Heidelberg New York
ISBN 978-3-540-22683-4   3. Auflage Springer Berlin Heidelberg New York

Bibliografische Information der Deutschen Nationalbibliothek
Die Deutsche Nationalbibliothek verzeichnet diese Publikation in der Deutschen Nationalbibliografie;
detaillierte bibliografische Daten sind im Internet über http://dnb.d-nb.de abrufbar.

Springer ist ein Unternehmen von Springer Science+Business Media

springer.de

© Springer-Verlag Berlin Heidelberg 1998, 2001, 2005, 2007

Herstellung: LE-TEX Jelonek, Schmidt & Vöckler GbR, Leipzig
Umschlaggestaltung: WMX Design GmbH, Heidelberg

SPIN 12098224   42/3180YL - 5 4 3 2 1 0   Gedruckt auf säurefreiem Papier

Vorwort zur vierten Auflage

Wir freuen uns, eine neue Auflage dieses Lehrbuchs vorlegen zu können. Erneut wurden kleinere Fehler und Unstimmigkeiten beseitigt sowie Abbildungen optimiert. Vor allem aber wurden alle Abbildungen, Übersichten und Tabellen mit Unterschriften versehen. Wir hoffen, dass sie dadurch noch verständlicher sind und das Gesuchte schnell gefunden wird. Für die Unterstützung bei der Erstellung des Manuskripts danken wir Dipl.-Kfm. Sebastian Schrader ganz herzlich.

Köln, im Juni 2007   Susanne Wied-Nebbeling
                                                      Hartmut Schott

Vorwort zur ersten Auflage

Noch ein weiteres Lehrbuch zu den Grundlagen der mikroökonomischen Theorie? Warum nicht! Lehrbücher sind heterogene Güter. Damit ergibt sich die Möglichkeit zur Produktdifferenzierung, welche dazu dient, den unterschiedlichen Bedürfnissen der Kunden, also der Studierenden, entgegenzukommen.

Mit unserem Buch versuchen wir, den logischen Aufbau der mikroökonomischen Theorie zu verdeutlichen: Die Haushalts- und die Unternehmenstheorie (Kap. 2 und 3) haben den Zweck, Nachfrage- und Angebotsbedingungen in nachvollziehbarer Weise zu untermauern. Sie liefern das Gerüst, das für Marktanalysen benötigt wird. Als Referenzmarkt für ein statisches Optimum spielt das Modell der vollständigen Konkurrenz eine wichtige Rolle (Kap. 4). Außerdem kann mit diesem Modell trotz der dahinterstehenden heroischen Annahmen gut analysiert werden, wie sich Änderungen der Nachfrage- und Angebotsbedingungen sowie staatliche Eingriffe in Märkten mit lebhafter Konkurrenz auswirken. Nun ist unsere Volkswirtschaft weder stationär (wozu ein statisches Optimum passen würde) noch frei von Machteinflüssen, die es bei vollständiger Konkurrenz nicht gibt. Als zweite Marktform untersuchen wir daher als Gegenstück zur vollständigen Konkurrenz das Monopol (Kap. 5). Der Tendenz nach lassen sich mit dem Monopolmodell die Folgen von Marktmacht beschreiben. Dem Monopolmodell fehlen jedoch ebenso wie dem der vollständigen Konkurrenz zwei wesentliche, in der Realität bedeutsame Elemente: die strategischen Beziehungen zwischen Anbietern und die Möglichkeit zur Produktdifferenzierung. Auch diese beiden Elemente können zu einem

Marktergebnis führen, das von demjenigen der vollständigen Konkurrenz abweicht. Die Wirkung strategischen Handelns wird beispielhaft am Oligopolmodell gezeigt, diejenige der Produktdifferenzierung am Modell der monopolistischen Konkurrenz (Kap. 6).

Damit könnte das Lehrbuch abgeschlossen werden. Wir haben jedoch zwei weitere Kapitel hinzugefügt. Zum einen zeigen wir, welche Bedingungen eine Volkswirtschaft erfüllen müsste, um ein statisches Optimum zu erreichen (Kap. 7). Zum anderen gehen wir auf Unvollkommenheiten ein, die nicht in der Marktform begründet sind (Kap. 8). Eine solche Unvollkommenheit besteht etwa darin, dass sich das Handeln von Konsumenten und insbesondere Produzenten auf unbeteiligte Dritte positiv oder negativ auswirkt; man spricht hierbei von externen Effekten. Eine weitere Unvollkommenheit kommt dadurch zustande, dass wir nicht über vollständige Information verfügen.

Studierende, die sich einen schnellen Überblick verschaffen oder den Stoff wiederholen wollen, können die eingerückten, kleiner gedruckten Absätze überspringen. Die dortigen Ausführungen dienen häufig dazu, den Lehrstoff anschaulicher darzustellen oder mit Rechenbeispielen zu verdeutlichen. Jeweils am Ende der größeren, zweistelligen Abschnitte der Kapitel eins bis fünf (dem Standardlehrstoff für die Zwischenprüfung) werden Übungsaufgaben gestellt. Damit kann der Studierende überprüfen, ob er den Lehrstoff verstanden hat und anwenden kann. Die Lösungen befinden sich am Ende des Buches. Wie in der mikroökonomischen Theorie üblich, werden Grundkenntnisse in der Differential- und Integralrechnung vorausgesetzt.

Manche Abschnitte sind mit einem Sternchen versehen. Dabei handelt es sich um Themen, die im Grundstudium i. Allg. nicht behandelt werden. Sie sind eher für den fortgeschrittenen Leser nützlich, der sich eingehender mit den Grundlagen der mikroökonomischen Theorie auseinandersetzen möchte. Für diesen Leserkreis ist auch der Anhang gedacht, der einige mathematische Verfahren und Beweise enthält.

Wir bedanken uns bei Julia Fath, die einen Teil der Abbildungen angefertigt hat, sowie bei Olaf Steiner für geleistete Vorarbeiten und André Drost für manche wertvolle Anregung. Besonders dankbar sind wir den Mitarbeitern Jürgen Föcking und Benjamin Scharnagel, welche das Manuskript kritisch durchgearbeitet und uns zahlreiche Verbesserungsvorschläge unterbreitet haben. Für alle verbleibenden Irrtümer und missverständlichen Formulierungen tragen wir selbstverständlich allein die Verantwortung.

Köln, im August 1998   Hartmut Schott
                                        Susanne Wied-Nebbeling

Inhaltsverzeichnis

Alle Abschnitte, die mit einem Sternchen versehen sind, richten sich an fortgeschrittene Leser.

4 Vollständige Konkurrenz

5 Monopol

Anhang

1 Einführung

1.1 Problemstellung

Jeder Mensch hat zahlreiche Bedürfnisse. Dazu gehören lebensnotwendige, wie etwa Nahrung, Kleidung und Schutz vor Witterungseinflüssen, sowie solche, die das Leben angenehm gestalten, wie Bildung, Kultur, Mobilität und Freizeitaktivitäten. Hinzu kommen Bedürfnisse, die für das seelische Gleichgewicht bedeutend sind, z. B. Erfolg, Anerkennung und Freundschaft. Viele Bedürfnisse lassen sich mit Gütern[1] befriedigen, die man kaufen kann. Wir sprechen in diesem Fall von einem **Bedarf**.

> Dabei kann die entsprechende Leistung insgesamt gekauft oder zusätzlich Eigenarbeit geleistet werden, um den Bedarf zu befriedigen. So steht es dem Liebhaber von Süßem frei, eine Torte in der Konditorei zu kaufen oder sie mit Hilfe von erworbenen Zutaten selbst zu backen. Für den Urlaub bietet sich die Alternative, ein Hotel mit allem Service oder eine Ferienwohnung zu wählen; man kann in den Urlaub fliegen (gekauftes Gut) oder mit dem Auto fahren (die Transportleistung wird dann selbst erstellt). Kindererziehung lässt sich auf ein Kindermädchen delegieren (man kauft die Arbeitsleistung) oder kann persönlich übernommen werden.

Auch wenn wir unsere Betrachtung auf Bedarfe beschränken, sind diese immer noch so zahlreich, dass die überwiegende Anzahl der Menschen sie nicht alle befriedigen kann. Die Güter zur Bedürfnisbefriedigung sind knapp.

> Als Einwohner eines hochentwickelten Industrielandes haben Sie mit dieser Aussage vielleicht Schwierigkeiten. Leben wir denn nicht in einer Überflussgesellschaft? Wieso soll Knappheit herrschen, wenn doch trotz Räumungsverkäufen die Lager immer noch nicht leer sind und wenn jeden Samstag in den Supermärkten Gemüse und Obst weggeworfen wird, weil es sich am Montag nicht mehr verkaufen lässt? Dies liegt jedoch an der mangelnden Voraussicht der Anbieter und nicht etwa daran, dass Güter nicht knapp wären.

---

[1] In Abschnitt 1.2 wird geklärt, was unter Gütern zu verstehen ist.

Knappheit erkennt man daran, dass Güter einen Preis haben. Das Gegenteil von knappen Gütern sind freie Güter, für die demzufolge nichts bezahlt werden muss. Wären alle Güter frei, könnte sich jeder kostenlos versorgen; wir würden im Schlaraffenland leben. Da alle Güter, mit denen Bedarfe gedeckt werden können, einen Preis haben, muss jedoch überlegt werden, welche Güter man kauft und welche nicht. Jeder muss daher **wirtschaften**. Weil kleine Kinder, Kranke und Alte noch nicht oder nicht mehr wirtschaften können, betrachten wir den **Haushalt** als die Wirtschaftseinheit, welche Güter zur Bedarfsdeckung nachfragt.

In der historischen Entwicklung hat eine zunehmende Arbeitsteilung zur Herstellung von Gütern stattgefunden. Viele Güter zur Deckung von Bedarfen werden in **Unternehmen** hergestellt, obgleich auch einzelne Haushalte produzieren und miteinander tauschen könnten. Dies wäre jedoch nicht effizient. Für die Güterproduktion benötigen Unternehmen Produktionsfaktoren, also Arbeit, Sachkapital und Boden (als Standort). Auch Produktionsfaktoren sind knappe Güter. Folglich müssen auch Unternehmen wirtschaften.

Die knappen Güter müssen auf Unternehmen und Haushalte verteilt werden. Dies ist das sogenannte **Allokationsproblem**. Es lässt sich in drei Fragen fassen:

- Welche Güter sollen in welchen Mengen produziert werden?
- Mit welcher Methode und mit welchen Mengen welcher Produktionsfaktoren soll produziert werden?
- Wer soll wie viel der produzierten Güter erhalten?

Kurz: Was und wie viel soll wie für wen produziert werden?

Damit das Wirtschaften durch Haushalte und Unternehmen nicht chaotisch erfolgt, müssen sie planen. In den ehemals sozialistischen Ländern wurde den Haushalten und vor allem den Unternehmen ein Großteil der Planung vom Staat vorgeschrieben. In einer Marktwirtschaft werden die Pläne, wie der Name schon sagt, über Märkte koordiniert.

Dabei werden zwei Typen von Märkten unterschieden, nämlich die Märkte für Produktionsfaktoren (**Faktormärkte**) und **Konsumgütermärkte**. Wenn wir davon ausgehen, dass das Eigentum an Produktionsfaktoren in den Händen der privaten Haushalte liegt, können wir uns den Zusammenhang zwischen Konsumgüter- und Faktormärkten anhand der Abbildung 1.1 verdeutlichen. Die Haushalte bieten auf den Faktormärkten Arbeit, Sachkapital und Boden an. Die Unternehmen fragen diese Leistungen für die Produktion nach. Auf den Faktormärkten bilden sich Preise (Löhne, Zinsen, Pacht); die Haushalte erzielen für ihre Faktorleistungen also ein Einkommen. Mit diesem Einkommen fragen sie Konsumgüter zur Bedarfsbefriedigung nach, die von den Unternehmen angeboten werden. Die Ausgaben der Haushalte für Konsumgüter fließen den Unternehmen als Erlös zu. (Der Erlös ist identisch mit dem Umsatz, also der Menge eines verkauften Produktes multipliziert mit dem erzielten Preis.)

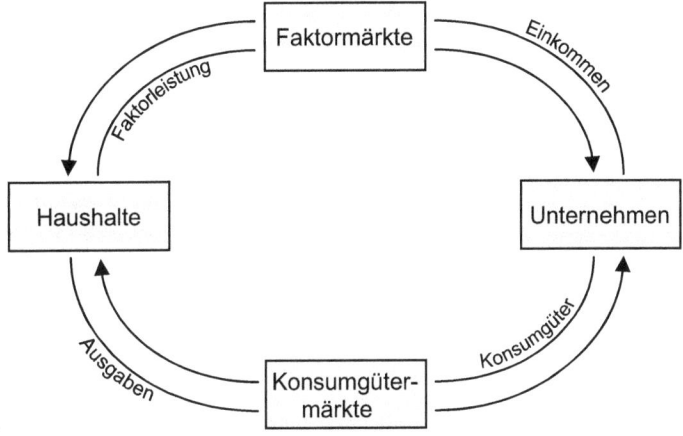

Abbildung 1.1: Konsumgüter- und Faktormärkte

Damit lässt sich die Lösung des Allokationsproblems bereits skizzieren. Darüber, was und wie viel wie produziert wird, entscheiden Güterpreise (also Faktor- und Konsumgüterpreise) und technisches Wissen. Die Kaufkraft bestimmt darüber, wer die Güter bekommt. Da die Güterpreise von Angebot und Nachfrage abhängen, müssen wir darüber Näheres erfahren. Erst anschließend können wir uns dem Marktgeschehen zuwenden.

In diesen "Grundlagen der Mikroökonomik" versuchen wir zu erklären,
- welche Bestimmungsgründe auf welche Weise die Nachfrage nach und das Angebot an Konsumgütern und Produktionsfaktoren beeinflussen,
- von welchen Faktoren die Höhe und Entwicklung der Preise abhängen,
- wie der Marktpreismechanismus idealer weise funktioniert und
- wie sich welche Abweichungen vom Ideal auf die Allokation auswirken.

Wir werden uns daher im Folgenden zunächst mit den Wirtschaftsplänen von Haushalten und Unternehmen beschäftigen, aus denen wir Nachfrage- und Angebotsfunktionen ableiten, mit deren Hilfe wir wiederum die Preisbildung bestimmen. Dabei steht die Preisbildung auf Konsumgütermärkten im Vordergrund, die sich im Prinzip nicht wesentlich von der Preisbildung auf Faktormärkten unterscheidet.

Die Nachfrage auf den Faktormärkten ist eine sogenannte abgeleitete Nachfrage, weil es von der Endnachfrage nach Konsumgütern abhängt, welche Produktionsfaktoren benötigt werden. In modernen Industriegesellschaften sieht es zwar so aus, als ob die Investitionsgüterindustrie ein Eigenleben führt (in der Bundesrepublik arbeiten weit mehr Beschäftigte im Investitionsgüter produzierenden Gewerbe als in der Konsumgüterindustrie). Tatsächlich gibt es die Investitionsgüterindustrie jedoch nur, weil sie Sachgüter für die Produktion von Konsumgütern bereitstellt.

Wie aus Abbildung 1.1 ersichtlich ist, hängt das Einkommen der Haushalte bei einer Allokation über die Märkte von ihrem Angebot an Produktionsfaktoren und dem dafür zu erzielenden Erlös ab. Haushalte, die nichts anzubieten haben, erzielen kein Einkommen und können folglich keine Güter nachfragen. Deshalb ist es unbedingt notwendig, dass der Staat dafür sorgt, dass solche Haushalte überleben können. Mit anderen Worten: Nur eine **soziale Marktwirtschaft**, die gemeinnützige Elemente enthält, ist auch eine humane Wirtschaft. Der Staat benötigt also Mittel, um Einkommen von denen, die erfolgreich Faktorleistungen verkaufen, an die Bedürftigen umzuverteilen. Außerdem braucht er Mittel, um Güter bereitzustellen, die für eine Gesellschaft wichtig sind, für die es aber keinen Markt gibt.

> Solche Güter nennt man **öffentliche Güter** (vgl. Abschnitt 8.2). Ein viel bemühtes Beispiel ist die Landesverteidigung. Für diese gibt es keinen Markt, weil der Einzelne keine individuelle Verteidigung kaufen kann. Für die Verteidigung muss eine große Streitmacht aufgebaut werden, wobei im Kriegsfall jeder verteidigt wird, ob er nun für die Leistung bezahlen möchte oder nicht. Da niemand von der Leistung ausgeschlossen werden kann, will keiner freiwillig dafür Geld aufwenden.

Wie der Staat seine Einnahmen am besten erzielt, ist Gegenstand der Finanzwissenschaft. Allerdings werden auch wir uns mit dem Staat als Wirtschaftssubjekt befassen, soweit die Marktvorgänge durch die Steuererhebung direkt beeinflusst werden. Außerdem sind Maßnahmen zu analysieren, mit denen der Staat in Märkte eingreift, die nicht so gut funktionieren wie im Idealfall.

1.2 Grundbegriffe

Im voranstehenden Abschnitt wurde erläutert, dass wir uns mit dem Allokationsproblem beschäftigen, also mit der Produktion und Verteilung von Gütern, wobei für die Produktion ebenfalls Güter benötigt werden. Der Begriff **Gut** wird somit sehr umfassend verwendet und beschränkt sich keineswegs nur auf Konsumgüter. Übersicht 1.1 zeigt, was alles unter diesen Begriff subsumiert werden kann. Allerdings werden wir den Begriff "Gut" in der Regel für Konsumgüter verwenden und die in der Produktion eingesetzten Güter als Produktionsfaktoren bezeichnen.

> Dabei muss es sich bei Konsumgütern und Produktionsfaktoren keineswegs um unterschiedliche Produkte handeln. Ein Pkw, der als Dienstwagen

eingesetzt wird, zählt als Produktionsfaktor, der Pkw eines privaten Haushalts dagegen als Konsumgut. Wird Olivenöl in einer Pizzeria verbraucht, handelt es sich um einen Produktionsfaktor; macht der private Haushalt seinen Salat damit an, stellt das Olivenöl aber ein Konsumgut dar. Es gibt zahlreiche weitere Beispiele von A wie Aktenordner bis Z wie Zement.

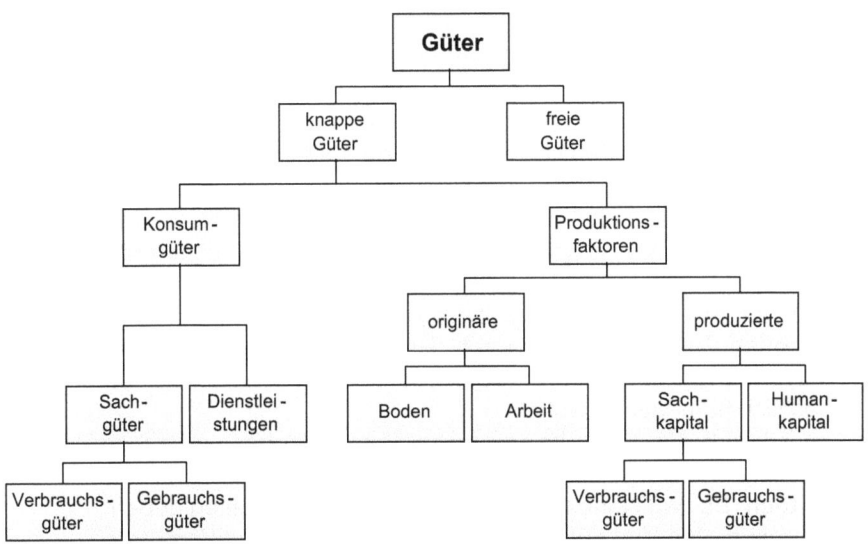

Übersicht 1.1: Güterarten

Materielle Güter, die konsumiert werden, nennt man Sachgüter; werden sie als Produktionsfaktoren eingesetzt, spricht man von **Sachkapital** oder Kapitalgütern. Geldkapital zählt nicht zu den Produktionsfaktoren, weil mit Geld selbst normalerweise nichts hergestellt werden kann. Geld ermöglicht nur den Kauf von Sachkapital.

> Bei "Sachkapital" geht es nicht nur um große Anlagen. Jede kleine Schraube, die zur Produktion in einem Betrieb verwendet wird, jeder Tropfen Schmieröl, jedes Blatt Papier und jeder Bleistift fallen darunter.

Sachgüter und Sachkapital können bei Gebrauch vernichtet werden (wie Olivenöl bei einer Mahlzeit) oder für längere Zeit eine Leistung abgeben (wie ein Pkw). Güter, die beim Gebrauch untergehen, werden als **Verbrauchsgüter** bezeichnet. Güter, die Leistungen abgeben, nennt man dagegen **Gebrauchsgüter**.

Neben den materiellen gibt es immaterielle Güter, wie z. B. **Dienstleistungen**. Dienstleistungen sind im Gegensatz zu Sachgütern nicht lagerfähig, daher ist keine weitere Unterteilung nötig.

Bei Arbeit, die im Produktionsbereich eingesetzt wird, kann zwischen nicht ausgebildeter Arbeit, als einem originären Produktionsfaktor, und Humankapital unterschieden werden. Bei Humankapital handelt es sich um einen 'hergestellten' Faktor, weil die Arbeitskraft ausgebildet wurde.

Güter können **homogen** oder **heterogen** sein. Ein Gut ist dann homogen, wenn Ausprägungen des Gutes vollkommen gegeneinander austauschbar sind, wie Olivenöl aus einem Fass A und aus einem Fass B mit derselben Farbe und demselben Geschmack, das zur selben Zeit und am selben Ort verfügbar ist. Die Homogenität, also die **vollkommene Substituierbarkeit**, lässt sich auch dadurch ausdrücken, dass die Käufer keinerlei Vorlieben für die eine oder andere Ausprägung des Gutes hegen. Es dürfen keine sachlichen, persönlichen, zeitlichen oder räumlichen **Präferenzen** auftreten. Das Fehlen von Präferenzen lässt sich folgendermaßen charakterisieren:
- **sachlich**: Eine Ausprägung des Gutes muss denselben Zweck in derselben Weise erfüllen wie eine andere; es handelt es sich dann um ein sachlich homogenes Gut.
- **persönlich**: Es dürfen keine persönlichen Bindungen zwischen Verkäufern und Käufern bzw. Anbietern und Nachfragern bestehen.
- **zeitlich**: Es darf keine unterschiedlichen Verkaufszeiten geben.
- **räumlich**: Alle Verkaufsstätten müssen gleich weit entfernt sein.
In der Realität sind diese Bedingungen nur ausnahmsweise erfüllt. Ist auch nur eine der Bedingungen verletzt, handelt es sich um ein heterogenes Gut. Produktvarianten eines heterogenen Gutes sind nicht vollkommen gegeneinander substituierbar.

> Güter wie etwa Benzin, Heizöl, Mehl einer bestimmten Sorte bzw. Type sowie Wertpapiere mit gleicher Laufzeit und Verzinsung zeigen, dass es sachlich homogene Güter durchaus gibt. Die sachliche Homogenität ist allerdings ein subjektiver Begriff. Selbst wenn von der Stiftung Warentest festgestellt wurde, dass zwei Produktvarianten eines Gutes völlig gleichwertig sind und beide ihren Zweck gleichermaßen erfüllen, kann eine unterschiedliche Verpackung oder ein anderes Design eine sachliche Präferenz des Kunden hervorrufen.
>
> Die übrigen Homogenitätskriterien sind nur selten erfüllt. Letzteres ist am ehesten noch an Börsen oder Internetauktionen der Fall. Überwiegend ist es den Kunden jedoch keineswegs gleichgültig, bei wem sie kaufen. Die Geschäfte liegen in unterschiedlicher Entfernung zum Kunden und weisen unterschiedliche Öffnungszeiten auf.

Wie wir bereits festgestellt haben, werden Güter auf Märkten gehandelt. Ein **Markt** ist der ökonomische Ort des Tausches. Dabei ist der Markt nur selten an einen speziellen Ort gebunden, wie Sie sich leicht am Begriff des Weltmarktes verdeutlichen können.

> So werden Rohstoffe am Weltmarkt gehandelt. Der Handelsplatz London hat hier eine herausragende Bedeutung. Er ist jedoch nicht der einzige Ort, an dem Rohstoffe ge- und verkauft werden. Noch eindeutiger ist dies bei Dienstleistungen. Man spricht z. B. vom Reiseverkehrsmarkt; die Anbieter und Nachfrager nach Reisen befinden sich jedoch an zahlreichen Orten.

Wird auf einem Markt ein homogenes Gut gehandelt und herrscht vollständige Markttransparenz, spricht man von einem **homogenen Markt**. Ein Synonym dafür ist 'vollkommener' Markt. Heterogene Güter werden dementsprechend auf heterogenen oder 'unvollkommenen' Märkten gehandelt.

Auf den Märkten für Konsumgüter treffen Haushalte als Nachfrager und Unternehmen als Anbieter zusammen. Haushalte und Unternehmen werden als **Wirtschaftssubjekte** bezeichnet. Ein **Haushalt** ist eine Wirtschaftseinheit, die aus einer oder mehreren Personen besteht. Bei mehreren Personen wird eine gemeinsame Entscheidung über Erwerb und Verwendung von Einkommen getroffen. Unter einem **Unternehmen** verstehen wir eine Wirtschaftseinheit, in der die Entscheidungen über die Produktionsweise und den Produktionsumfang gefällt werden. Die Produktion selbst findet in **Betrieben** statt; sie stellen somit eine technische Einheit dar.

Der Handel auf Märkten kann als Naturaltausch, also Gut gegen Gut, oder als Geldtausch, d. h. Gut gegen Geld stattfinden. Normalerweise spielt der Naturaltausch in entwickelten Volkswirtschaften eine untergeordnete Rolle. Wird ein Gut gegen Geld getauscht, hat es einen absoluten Preis. Der **absolute Preis** ist das Austauschverhältnis des Geldes gegen eine Mengeneinheit (ME) des Gutes. Er wird also in € pro ME (€/ME) gemessen.

Aus den absoluten Preisen für zwei Güter lassen sich Preisverhältnisse bilden. Das Verhältnis der absoluten Preise ergibt den **relativen** Preis. Er entspricht dem umgekehrten **Tauschverhältnis**. Dies lässt sich leicht anhand zweier Güter zeigen, wobei das Gut 1 y EUR pro Mengeneinheit und das Gut 2 z EUR pro Mengeneinheit kosten soll. Aus dem Verhältnis der absoluten Preise der beiden Güter ergibt sich dann der relative Preis und daraus das umgekehrte Tauschverhältnis:

$$\frac{p_1}{p_2} = \frac{\frac{y\,EUR}{ME_1}}{\frac{z\,EUR}{ME_2}} = \frac{y\,ME_2}{z\,ME_1} \quad ,$$

weil sich die Währungseinheit herauskürzt. Ist der Preis des Gutes 1 etwa doppelt so hoch wie derjenige des Gutes 2, können zwei Mengeneinheiten des Gutes 2 gegen eine Mengeneinheit des Gutes 1 getauscht werden. Für den Wert eines Gutes ist allein der relative Preis entscheidend, nicht der absolute.

> Ob z. B. der Lohnsatz 10 EUR pro Stunde oder 20 EUR pro Stunde beträgt, ist nicht entscheidend. Was der Lohn wert ist, lässt sich nur daran bemessen, was man dafür eintauschen kann. Kostet eine Pizza im Schnellimbiss 5 EUR pro Stück, kann eine Stunde Arbeit bei einem Lohn von 10 EUR gegen zwei Pizzas getauscht werden. Wird die Arbeit mit 20 EUR pro Stunde entlohnt, die Pizza kostet jedoch 10 EUR, stellt man sich nicht besser. Wiederum können für eine Stunde Arbeit nur zwei Pizzas eingetauscht werden.

Wenn sich alle absoluten Preise um denselben Prozentsatz verändern, bleiben die Preisrelationen unberührt. Da wir uns mit der Allokation von Gütern beschäftigen, interessieren uns letztlich nur die relativen Preise, also die Tauschrelationen. Wie wir sehen werden, spielen die relativen Preise für die Entscheidungen der Haushalte und Unternehmen eine herausragende Rolle.

Im Folgenden nehmen wir an, dass sich Haushalte und Unternehmen nach den Tauschrelationen richten, weil sie das jeweils Beste aus ihrer ökonomischen Situation machen wollen. Wenn Unternehmen und Haushalte danach streben, möglichst viel zu erreichen, müssen sie sich allerdings rational verhalten. Wir unterstellen daher, dass sie sich nach dem **ökonomischen Prinzip** richten. Davon gibt es zwei Ausprägungen: das **Minimum-** und das **Maximumprinzip**. Ersteres besagt, dass zum Erreichen eines bestimmten Ziels möglichst wenig eingesetzt wird, also z. B. die Herstellung einer bestimmten Produktionsmenge so billig wie möglich erfolgt. Das Maximumprinzip geht davon aus, dass mit den vorhandenen Mitteln ein möglichst großer Erfolg erzielt wird, d. h., dass zum Beispiel die Haushalte ihr gegebenes Einkommen bestmöglich ausgeben.

1.3 Methodische Grundlagen

In der Mikroökonomik wird mit **Theorien** und **Modellen** gearbeitet. Theorien dienen dazu, Ursache-Wirkungs-Zusammenhänge von empirisch zu beobachtenden Phänomenen logisch richtig zu erfassen. Um eine Theorie zu entwickeln, benötigt man daher zunächst eine Fragestellung. Ob die Frage durch eine Theorie befriedigend beantwortet wird, muss empirisch überprüft werden. Stehen die empirischen Ergebnisse mit der Theorie im Einklang, ist sie vorläufig gültig, falls nicht, dann ist sie falsifiziert. Im wirtschaftlichen Bereich hängt vieles von den Verhaltensweisen der Wirtschaftssubjekte ab. Da sich Verhaltensweisen ändern können, lässt sich eine wirtschaftswissenschaftliche Theorie empirisch nie für alle Zeiten bestätigen.

Um Theorien darstellen zu können, werden Modelle verwendet. Modelle sind Aussagesysteme, die auf bestimmten Annahmen beruhen. Ein Modell soll überschaubar sein, d. h. von allem abstrahieren, was für die Erklärung nicht von nennenswerter Bedeutung ist. Mit einem theoretischen Modell lässt sich die Wirklichkeit nie voll abbilden – sonst wäre es ja kein Modell mehr –, sondern immer nur ein Ausschnitt aus der realen Welt.

Ein Modell kann verbal, graphisch oder algebraisch dargestellt werden. Wir verwenden vor allem graphische und algebraische Darstellungen, weil diese Methoden exakter sind als rein verbale Ausführungen.

Die Bausteine eines Modells bestehen aus **Daten** und **Variablen** (siehe Übersicht 1.2):

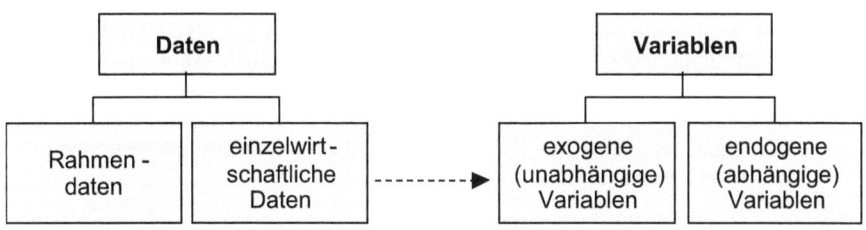

Übersicht 1.2: Modellbausteine

Rahmendaten sind Größen, die den Hintergrund des Modells bilden, wie z. B. die Wirtschaftsverfassung und die Rechtsordnung. Daneben gibt es zahlreiche einzelwirtschaftliche Daten, die der einzelne Haushalt oder das einzelne Unternehmen nicht beeinflussen können, wie z. B. Güterpreise oder den Stand der Technik. Einzelwirtschaftlichen Daten, die für die Fragestellung wichtig sind, werden als exogene Variablen in das Modell aufgenommen. Ihnen kommt eine erklärende Rolle zu. Erklärt werden sollen die endogenen Variablen. Welche Variablen als endogene oder als exogene verwendet werden, hängt von der Fragestellung ab.

Wenn analysiert werden soll, ob die Nachfrage (x_N) nach einem bestimmten Gut mit steigendem Preis (p) sinkt, wird die Höhe des Preises selbst nicht erklärt; der Preis ist die exogene und die Nachfrage die endogene Variable. Wird dagegen gefragt, wie der Preis von der Höhe der nachgefragten Menge abhängt, ist der Preis die endogene und die nachgefragte Menge die exogene Variable. Im ersten Fall lautet die Gleichung: $x_N = x_N(p)$ bzw. $x_N = f(p)$,[1] im zweiten Fall: $p = p(x_N)$ bzw. $p = f(x_N)$. Die zu erklärende, endogene Variable steht immer auf der linken Seite der Gleichung.

Damit ein Modell gelöst werden kann, benötigt man zumindest Verhaltensgleichungen und eine Gleichgewichtsbedingung; manchmal sind auch Definitionsgleichungen notwendig.

Die Gleichung $x_N = x_N(p)$ ist eine Verhaltensgleichung, weil sie das Verhalten der Haushalte abbilden soll. Die Gleichgewichtsbedingung eines Marktmodells lautet: $x_A = x_N$, d. h. angebotene und nachgefragte Menge müssen übereinstimmen. Mit Definitionsgleichungen werden verwendete Größen näher bestimmt. Für den Erlös hat man sich z. B. auf die Gleichung $E = x \cdot p$ festgelegt, mit E als Erlös, x als verkaufter Menge und p als erzieltem Preis.

Um eine Verhaltensgleichung herleiten zu können, muss eine Zielfunktion unterstellt werden, deren Gültigkeitsbereich durch Nebenbedingungen beschränkt sein kann.

Die Verhaltensgleichung eines Haushalts könnte beispielsweise seine Nachfragefunktion nach einem Gut sein. Seine Zielfunktion gebietet ihm, seine Bedürfnisse möglichst gut zu befriedigen. Eine Nebenbedingung, die dabei zu beachten ist, stellt die Höhe des von ihm erzielten Einkommens dar, denn die Höhe des Einkommens gibt Auskunft darüber, was sich der Haushalt leisten kann.

Die wirtschaftlichen Entscheidungen von Haushalten und Unternehmen hängen – wie wir noch sehen werden – von zahlreichen Bestimmungsgründen ab. Wollten wir alle in ein Modell aufnehmen, könnten wir keinen klaren Ursache-Wirkungs-Zusammenhang herstellen. Dieser ist nur dann eindeutig, wenn man lediglich den Einfluss einer einzigen exogenen Variable auf die endogene Variable untersucht. Der Einfluss der anderen Bestimmungsgründe muss dann ausgeschaltet werden. In der Fachsprache heißt dies: Es wird die **ceteris-paribus-Klausel** (kurz: c. p.) angewendet. Dies birgt die Gefahr, dass andere bedeutende Einflussgrößen außerhalb der Betrachtung bleiben. Daher ist es wichtig, sich bei einem Modellergebnis stets zu fragen, ob durch die Annahmen des Modells nicht wesentliche Erklärungsfaktoren ausgeschlossen wurden.

Falls eine Theorie in sich schlüssig ist und das zur Darstellung verwendete Modell richtig durchgerechnet wurde, liegt es immer an den Annahmen, wenn die Realität nicht zur Theorie passt. (Ein böses Bonmot sagt: "Um so schlimmer für die Realität.") Weil wir von rational handelnden Haushalten

---

[1] $x_N = f(p)$ und $x_N = x_N(p)$ sind alternative Schreibweisen.

ausgehen, werden wir zu dem Schluss kommen, dass die Haushalte bei steigenden Preisen im Normalfall weniger von einem Gut nachfragen. Wenn sich die Haushalte jedoch irrational verhalten, ist unser Modell und damit unsere Theorie falsch.

Es gibt je nach Klassifikationsmerkmal verschiedene **Modelltypen**: Nach der *Betrachtungsebene* lassen sich **mikro-** und **makroökonomische** Modelle sowie **Partial-** und **Totalmodelle** unterscheiden. In mikroökonomischen Modellen werden die einzelnen Haushalte und/oder die einzelnen Unternehmen als Entscheidungseinheiten betrachtet, entweder explizit (bei der Haushalts- und Unternehmenstheorie) oder implizit (bei Marktmodellen). Makroökonomische Modelle dagegen fassen alle Haushalte zum Haushaltssektor und alle Unternehmen zum Unternehmenssektor sowie jeweils alle Arbeits- und Gütermärkte zusammen. Häufig werden in der Makroökonomik die gesamte Volkswirtschaft in ein Modell einbezogen; es handelt sich dann um ein Totalmodell. Es gibt jedoch auch makroökonomische Partialmodelle, in denen nur ein Teil der Gesamtwirtschaft abgebildet wird. In der Mikroökonomik wird überwiegend mit Partialmodellen gearbeitet, denn ein einzelner Markt macht natürlich nur einen winzigen Teil der Volkswirtschaft aus. Es gibt jedoch auch mikroökonomische Totalmodelle, in denen man von den einzelnen Unternehmen und den einzelnen Haushalten ausgeht und alle Märkte einbezieht.

Nach dem *Zweck* unterscheidet man zwischen **Erklärungs-**, **Beschreibungs-** und **Entscheidungsmodelle**n. Da wir nach Ursache-Wirkungs-Zusammenhängen suchen, sind in diesem Buch Erklärungsmodelle relevant. Beschreibungsmodelle wie die Volkswirtschaftlichen Gesamtrechnungen liefern ein vergröbertes Abbild empirisch relevanter Zusammenhänge, ohne etwas erklären zu wollen; sie stellen nur dar. Entscheidungsmodelle werden in der Wirtschaftspolitik zur Entscheidungsfindung verwendet und liefern Werte für Zielvariablen in Abhängigkeit von bestimmten Instrumentvariablen; sie beruhen üblicherweise auf Erklärungsmodellen.

Nach der *zeitlichen Dimension* lassen sich Modelle in **statische** und **dynamische** einteilen. Statische Modelle beziehen sich nur auf eine Betrachtungsperiode, deren Länge je nach der Fragestellung gewählt wird. Dynamische Modelle bilden den Ablauf des Wirtschaftsprozesses von einem gegebenen Zustand aus ab. Wird das Ergebnis eines statischen Modells für zwei oder mehr Perioden verglichen, spricht man von **komparativer Statik**.

Anhand der Nachfragefunktion: $x_N = x_N(p)$ lassen sich die Unterschiede folgendermaßen verdeutlichen: Im statischen Modell ist $x_{N,t} = x_{N,t}(p_t)$, d. h. die Nachfrage hängt vom Preis der laufenden Periode ab. Da der Zeitindex stets derselbe ist, wird er im Allgemeinen weggelassen.

Bei komparativ-statischer Betrachtung wird die Nachfrage in Periode t mit derjenigen in einer vorangehenden oder nachfolgenden Periode verglichen, also z. B. mit $x_{N,t+1} = x_{N,t+1}$ (p_{t+1}). Dies macht nur Sinn, wenn sich bei den Bestimmungsgründen der Nachfrage etwas geändert hat.

In einem dynamischen Modell müssen in der Nachfragefunktion entweder zwei unterschiedliche Datierungen enthalten sein, z. B. $x_{N,t} = x_{N,t}$ (p_t, p_{t-1}) oder die Ableitung einer Variablen nach der Zeit: $x_{N,t} = x_{N,t}$ $(p_t, dp/dt)$.

Da eine Volkswirtschaft eine gewisse Dynamik aufweist, sollte man erwarten, dass mit dynamischen Modellen gearbeitet wird. In der Mikroökonomik werden jedoch überwiegend statische Modelle und die komparativ-statische Analyse verwendet, weil statische Modelle leichter zu durchschauen und einfacher zu lösen sind. Wichtige mikroökonomische Einsichten lassen sich bereits mit relativ einfachen Modellen gewinnen.

2 Haushaltstheorie

2.1 Vorbemerkungen

Das **Ziel der Haushaltstheorie** besteht darin, die Nachfrage der Haushalte nach Gütern zu bestimmen, mit denen Bedarfe gedeckt werden können, und Aussagen über das Angebot an Produktionsfaktoren durch die Haushalte zu treffen. Damit ein Haushalt seinen Bedarf decken kann, muss er durch Arbeit oder Kapitalüberlassung ein Einkommen erzielen. Wir werden uns daher auch mit der Entscheidung beschäftigen, wovon das Angebot an Arbeit und Kapital abhängt.

Im Mittelpunkt des Kapitels steht jedoch die Nachfrage nach Gütern. Dabei geht es nur um die **marktwirksame Nachfrage**, denn schließlich wollen wir uns später der Preisbildung auf Märkten zuwenden. Das Adjektiv 'marktwirksam' muss deswegen betont werden, weil sich Bedarfe auch befriedigen lassen, indem der Haushalt selbst produziert, anstatt bereits hergestellte Güter auf einem Markt nachzufragen (vgl. Abschnitt 1.1).

Der Substitutionsprozess zwischen Eigenproduktion und Kauf auf dem Markt wird im Folgenden nicht näher betrachtet. Vielmehr soll geklärt werden:

- Welche Bestimmungsgründe sind für die marktwirksame Nachfrage eines Haushalts maßgeblich?
- Wie trifft der Haushalt eine optimale Verbrauchsentscheidung?
- Wie verändert sich die Nachfrage nach einem Gut bei variierendem Einkommen?
- Wie hängen nachgefragte Menge und Preis eines Gutes zusammen?
- Wie gelangt man von der Nachfrage eines einzelnen Haushalts zur Marktnachfrage?
- Wie lässt sich das Angebot eines Haushalts an Arbeit und Kapital herleiten?
- Welche Aussagen können über den Vorteil getroffen werden, den die Haushalte aus einem Marktkauf ziehen?

2.2 Bestimmungsgründe der Güternachfrage

Zunächst wollen wir uns einen Überblick darüber verschaffen, welche Größen auf die Entscheidung eines Haushalts, ein bestimmtes Gut nachzufragen, einwirken (siehe Übersicht 2.1).

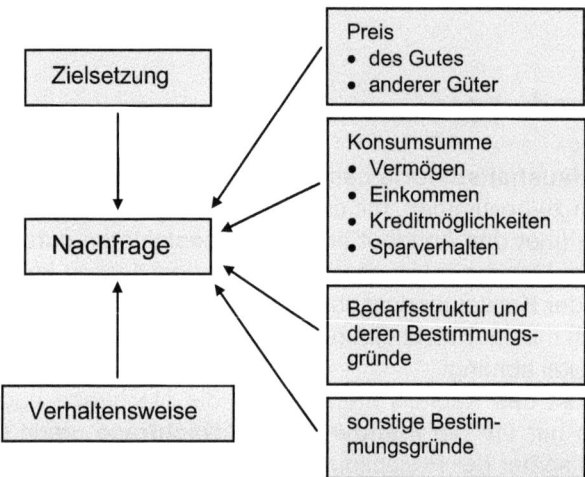

Übersicht 2.1: Determinanten der Nachfrage nach Konsumgütern

Für die Konsumwahl spielt die **Zielsetzung** des Haushalts und seine **Verhaltensweise** eine Rolle. Für beide Determinanten werden bestimmte Annahmen getroffen: Bei der Zielsetzung unterstellen wir, dass der Haushalt die bestmögliche Befriedigung seiner Bedarfe anstrebt. Da ihm die Bedürfnisbefriedigung einen Nutzen verschafft, werden wir im Folgenden von **Nutzenmaximierung** sprechen. Beim Nutzen handelt es sich um einen subjektiven Begriff, denn der Nutzen, den ein Gut stiftet, wird von den Haushalten unterschiedlich empfunden. (Wie man einen solch subjektiven Begriff operationalisiert, werden wir später sehen.)

> Eine alternative Zielsetzung bestünde darin, ein als befriedigend empfundenes Nutzenniveau anzustreben. Dies ist sicherlich keine unrealistische Zielsetzung, vor allem dann nicht, wenn es um die Nachfrage nach billigen Artikeln geht, bei denen man nicht viel Geld verliert, wenn sie nicht den erhofften Nutzen stiften. Letztlich werden die Haushalte aber bestrebt sein, ihr mehr oder minder mühsam erarbeitetes Einkommen so sinnvoll wie möglich auszugeben. Von daher erscheint das Streben nach Maximierung des Nutzens nicht vollkommen unrealistisch. Aus analytischer Sicht ist diese Annahme notwendig, weil sich sonst nur weniger klare Aussagen ableiten lassen.

Hinsichtlich des Verhaltens unterstellen wir, dass die Haushalte das öko-nomische Prinzip beachten – sie handeln **zweckrational**. Innerhalb der Nachfragetheorie wird das ökonomische Prinzip vor allem als Maximum-prinzip angewandt: Mit dem gegebenen Einkommen wird der Nutzen, den die Güterkäufe stiften, maximiert. Unüberlegte Spontankäufe sind damit ebenso ausgeschlossen wie Gewohnheitskäufe, die trotz veränderter Be-dingungen (wie ein schlechteres Preis-Leistungs-Verhältnis oder ein rück-läufiges Einkommen) beibehalten werden.

Da wir alle irgendwann einmal einen unüberlegten Spontankauf tätigen, mutet auch diese Annahme zunächst reichlich realitätsfremd an. Die Haushaltstheorie will jedoch nicht jede extreme Kaufsituation erklären, sondern nur ein Durchschnittsverhalten. In diesem Fall genügen drei An-nahmen, damit dem Rationalprinzip genüge getan wird:

– Die Haushalte können ihre Bedürfnisse nach der Dringlichkeit ordnen.
– Sie müssen das Preis-Leistungs-Verhältnis der Güter, die zu ihrer Be-darfsbefriedigung geeignet sind, einschätzen können.
– Die Haushalte fragen diejenigen Güter nach, welche das für sie beste Preis-Leistungs-Verhältnis erwarten lassen.

Zielsetzung und Verhaltensweise gehören somit zusammen. Wenn als Ziel eine bestmögliche Befriedigung der Bedarfe angestrebt wird, dann kann dies nur über rationales Kaufverhalten erreicht werden.

Da die Haushalte auf das Preis-Leistungs-Verhältnis achten, ist der **Preis** des Gutes ein wichtiger Bestimmungsgrund der Nachfrage. Ebenso spielen die Preise anderer Güter eine Rolle, und zwar zum einen die Preise derjenigen Güter, mit denen der Bedarf alternativ gedeckt werden könnte, und zum anderen die Preise jener Güter, die zusätzlich benötigt werden, um einen Bedarf zu befriedigen. Anders ausgedrückt: Wesentlich für die Nachfrage nach einem bestimmten Gut sind unter anderem die Preise **substitutiver** und **komplementärer** Güter.

> An einem Beispiel wird dies sehr schnell deutlich. Ein Haushalt will eine Ur-laubsreise unternehmen. Die Nachfrage, die wir betrachten, sei die nach ei-ner Hotelübernachtung auf einer griechischen Insel. Neben dem Preis für die Übernachtung ist für die Nachfrageentscheidung wichtig, wie teuer die Alternativen, also die Miete eines Campingplatzes oder einer Ferienwoh-nung sind. In die Entscheidung fließt auch ein, welche Kosten für Flug- oder Autotransport zum Zielort entstehen sowie die Höhe der Nebenkosten auf der griechischen Insel. Je höher der Preis für substitutive Güter und je geringer derjenige für komplementäre, desto wahrscheinlicher wird es sein, dass der Haushalt die Hotelübernachtung nachfragt.

Ein weiterer Bestimmungsgrund für die Nachfrage nach einem Gut ist die Konsumsumme, die einem Haushalt zur Verfügung steht. Die Konsum-summe hängt maßgeblich vom Einkommen ab, das der Haushalt auf den Faktormärkten erzielt, aber auch vom Vermögen und den Kreditmöglichkeiten. Diese vergrößern c. p. die Nachfrage, weil mehr Geld als nur das laufende Einkommen zur Verfügung steht. Das Sparverhalten ist ebenfalls von Belang; je mehr der Haushalt zurücklegen möchte, um so geringer fällt die Konsumsumme aus.

Weitere wesentliche Bestimmungsgründe sind die Bedarfsstruktur des Haushalts und deren Determinanten. In der mikroökonomischen Theorie hinterfragen wir die Bedarfsstruktur nicht, sondern nehmen sie als gegeben hin, weil wir sie mit ökonomischen Kriterien nicht erklären können. Unterschiedliche Bedarfsstrukturen führen jedoch zu einem völlig unterschiedlichen Nachfrageverhalten.

> So hängt die Nachfrage nach Hotelübernachtungen von der Familiengröße ab (große Familien werden eine Ferienwohnung bevorzugen) oder davon, ob es sich bei dem Haushalt um traditionelle Camper handelt. Ob eine Hotelübernachtung auf einer griechischen Insel überhaupt in der Bedarfsstruktur eines Haushalts enthalten ist, wird wiederum davon beeinflusst, ob der Süden als Reisegebiet gegenüber dem Norden bevorzugt wird, um welche Jahreszeit es sich handelt und ob eine Insel als Ziel grundsätzlich in Frage kommt.

Unter dem Begriff 'sonstige Bestimmungsgründe' fassen wir sämtliche institutionellen und rechtlichen Gegebenheiten zusammen.

> In unserem Beispiel wären dies etwa die Straßen- und Schiffsverbindungen sowie die Flugmöglichkeiten zu der Insel. Auch die politische Lage zwischen Griechenland und der Türkei wäre als sonstiger Bestimmungsgrund denkbar.

Die Nachfrage eines Haushalts ist also eine Funktion von vielen Einflussfaktoren. Die **allgemeine Nachfragefunktion** eines Haushalts nach Mengeneinheiten eines Gutes i lässt sich daher schreiben als:

$$x_i = x_i\,[p_i,\,p_j,\,c(V,\,e,\,KM,\,s),\,BS,\,SBG] \quad \text{mit} \quad i,\,j = 1,\,2,...,\,n \quad \text{und} \quad i \neq j.$$

Dabei steht p für Preis, c für Konsumsumme, BS für Bedarfsstruktur und SBG für sonstige Bestimmungsgründe, wobei die Konsumsumme c wiederum abhängt vom Vermögen V, dem Einkommen e, den Kreditmöglichkeiten KM und der Ersparnis s. Da wir Zielsetzung und Verhaltensweise festgelegt haben, führen wir sie in der allgemeinen Nachfragefunktion nicht auf (wir unterstellen Nutzenmaximierung und Rationalverhalten).

Um mit einem theoretischen Modell Ursache-Wirkungs-Zusammenhänge aufzeigen zu können, ist die Anzahl der exogenen Variablen in der allgemeinen Nachfragefunktion viel zu groß. Wir müssen die Bestimmungsgründe, deren Einfluss auf die Nachfrage untersucht werden sollen, daher reduzieren. Im Folgenden werden das Vermögen, die Kreditmöglichkeiten, das Sparverhalten, die Bedarfsstruktur und die sonstigen Bestimmungsgründe als gegeben vorausgesetzt. Damit bleiben als Einflussgrößen noch die Preise und die vom Einkommen abhängige Konsumsumme übrig. Da bei gegebener Ersparnis das Einkommen über die Konsumsumme entscheidet, lässt sich die Nachfragefunktion damit schreiben als:

$$x_i = x_i(p_i, p_j, e) \quad \text{mit} \quad i, j = 1, 2, ..., n \quad \text{und} \quad i \neq j. \tag{2.1}$$

Die Nachfrage hängt also unter den getroffenen ceteris-paribus-Bedingungen vom Preis des betrachteten Gutes ab sowie von den Preisen anderer Güter und vom Einkommen. Ändert sich die Bedürfnisstruktur oder einer der anderen Bestimmungsgründe, die in der allgemeinen Nachfragefunktion enthalten sind, ändert sich auch die Lage der Nachfragefunktion (vgl. Abschnitt 2.10.1).

Bei der oben gewählten Formulierung wird der Einfluss zukünftiger und vergangener Preise und Einkommen vernachlässigt. Es handelt sich um eine statische Funktion. Selbstverständlich könnte auch eine dynamische Formulierung gewählt werden, doch bleiben wir für die Herleitung der grundsätzlichen Zusammenhänge bei der statischen Betrachtungsweise.

Die Nachfragefunktion in der Formulierung (2.1) lässt noch keine eindeutigen Schlüsse hinsichtlich der Wirkung einer der exogenen Variablen auf die Nachfrage zu. Dies ist nur möglich, wenn die ceteris-paribus-Klausel auf weitere Variablen ausgeweitet wird. Dann lassen sich folgende **spezielle Nachfragefunktionen** formulieren:

Die Nachfragefunktion nach einem Gut in Abhängigkeit von seinem eigenen Preis:

$$x_i = x_i(p_i, \overline{p}_j, \overline{e}),$$

die Nachfragefunktion in Abhängigkeit vom Preis eines anderen Guts:

$$x_i = x_i(p_j, \overline{p}_i, \overline{e})$$

und die Nachfragefunktion in Abhängigkeit vom Einkommen:

$$x_i = x_i(e, \overline{p}_i, \overline{p}_j).$$

Die Herleitung dieser Nachfragefunktionen wird uns im Folgenden beschäftigen. Dabei kommt der Nachfrage eines Gutes in Abhängigkeit von seinem eigenen Preis eine besondere Rolle zu, weil wir sie benötigen, um die Preisbildung auf Märkten zu analysieren.

2.3 Die Budgetrestriktion

Um die Haushaltsnachfrage herzuleiten, müssen wir zunächst die objektiven Faktoren betrachten, von denen die Nachfrage eines Haushalts bestimmt wird. Diese Faktoren sind im Einkommen des Haushalts und in den Güterpreisen zu sehen. Die Konsummöglichkeiten, die sich dem Haushalt bei gegebenem Einkommen und gegebenen Güterpreisen bieten, lassen sich anhand der Budgetbeschränkung darstellen. Dieser wenden wir uns nun zu. Dabei wird geklärt, wie die Budgetbeschränkung aussieht und wie sich Veränderungen in der Budgetbeschränkung auf die Konsummöglichkeiten auswirken.

Betrachten wir zunächst die Verwendungsmöglichkeiten für das Einkommen. Das Einkommen e, das einem Haushalt zur Verfügung steht, kann grundsätzlich auf zwei Arten genutzt werden: entweder zum Konsum (c) oder zum Sparen (s). Die **Einkommensverwendungsgleichung** lautet also:

$$e = c + s.$$

Aufgrund des gegebenen Einkommens und der Knappheit von Gütern sind Haushalte in ihren Konsummöglichkeiten eingeschränkt. Da wir Kreditaufnahme und Entsparen[1] ausschließen, darf die Konsumsumme in einer Periode das (zu erwartende) Einkommen abzüglich der geplanten Ersparnis nicht übersteigen.

$$c = e - s.$$

Die Konsumsumme steht für die Ausgaben des Haushalts zur Verfügung. Die Ausgaben erhält man, indem die gekauften Gütermengen jeweils mit ihren Preisen multipliziert werden. Da die Ausgaben die Konsumsumme nicht überschreiten dürfen, lautet die **Budgetrestriktion**:

$$x_1 p_1 + x_2 p_2 + \ldots + x_n p_n \leq c.$$

Gehen wir ferner davon aus, dass das gesamte Einkommen für Güterkäufe ausgegeben wird (s = 0), ist die Konsumsumme gleich dem Einkommen und die Budgetrestriktion lässt sich schreiben als:

$$\sum_{i=1}^{n} x_i p_i = e \quad \text{mit} \quad x_i, p_i \geq 0, \quad i = 1, 2, \ldots, n.$$

Die Budgetrestriktion gibt die Menge der Güterbündel wieder, die der Haushalt sich bei gegebenen Preisen und gegebenem Einkommen maximal leisten kann, also seine Konsummöglichkeiten.

---

[1] Entsparen ist das Gegenteil von Sparen: z. B. das Auflösen von Sparguthaben.

Um die weiteren Betrachtungen zu vereinfachen und eine graphische Darstellung zu ermöglichen, beschränken wir uns im Folgenden auf zwei Güter. Dabei kann eines auch als eine Art Sammelgut aufgefasst werden, das sämtliche übrigen Verwendungsmöglichkeiten enthält. Die betrachteten Güter sollen unendlich teilbar sein, was uns unter anderem die Anwendung der Differentialrechnung (Marginalanalyse) erlaubt. Außerdem bleiben wir bei der Annahme, dass Konsumsumme und Einkommen übereinstimmen und voll verausgabt werden.

Durch diese Einschränkungen lässt sich die Budgetrestriktion eines Haushalts schreiben als:

$$x_1 p_1 + x_2 p_2 = e. \tag{2.2}$$

Wir wollen die Budgetgleichung im Folgenden in einem Gütermengendiagramm darstellen, weil wir auf diese Art Veränderungen der Konsummöglichkeiten bei Veränderungen von Preisen und Einkommen betrachten können. Wir lösen die Budgetrestriktion (2.2) also nach der Gütermenge x_1 auf und erhalten:

$$x_1 = \frac{e}{p_1} - x_2 \left(\frac{p_2}{p_1} \right).$$

Diese Funktion beschreibt eine Gerade mit der Steigung

$$\frac{dx_1}{dx_2} = - \frac{p_2}{p_1}.$$

Die Steigung der Budgetrestriktion wird also durch das negative umgekehrte Preisverhältnis der Güter ausgedrückt.

Im Weiteren benötigen wir die Steigung der Budgetrestriktion noch häufiger. Dabei werden wir stets ihren Absolutbetrag betrachten:

$$\left| \frac{dx_1}{dx_2} \right| = \frac{p_2}{p_1}. \tag{2.3}$$

Der x_1-Achsenabschnitt der Budgetrestriktion lässt sich ermitteln, indem man x_2 gleich null setzt, und den x_2-Achsenabschnitt, indem man x_1 gleich null setzt und nach x_2 auflöst.

$$x_1 \big|_{x_2 = 0} = \frac{e}{p_1} \quad \text{bzw.} \quad x_2 \big|_{x_1 = 0} = \frac{e}{p_2}.$$

Die Achsenabschnitte drücken den Wert des Einkommens in den jeweiligen Preisen der Güter aus. Steigen die Preise, so sinkt der Wert des Einkommens; sinken die Preise, so steigt der Wert des Einkommens. Man nennt eine mit dem Kehrwert der Preise gewichtete Einkommensgröße auch **Realeinkommen** im Unterschied zur ungewichteten Größe, die **Nominaleinkommen** heißt. Der dem Haushalt tatsächlich offenstehende Konsumspielraum lässt sich nur an der Höhe des Realeinkommens ablesen.

Die graphische Darstellung der nach x_1 aufgelösten Budgetrestriktion findet sich in Abbildung 2.1.

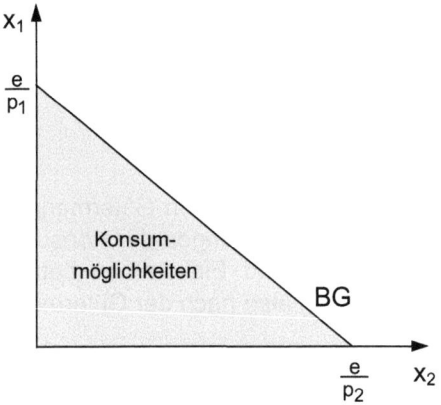

Abbildung 2.1: Budgetgerade

Gütermengenkombinationen, die rechts von der Budgetgeraden (BG) liegen, kann der Haushalt nicht realisieren. Alle Kombinationen auf und links unterhalb der Budgetgeraden befinden sich hingegen im Bereich seiner Konsummöglichkeiten. Die Budgetgerade begrenzt also die Konsummöglichkeiten des Haushalts. Wird einer der Punkte im grauen Bereich realisiert, schöpft der Haushalt seine Konsumsumme nicht vollkommen aus.

Wir wollen nun untersuchen, wie sich die Lage der Budgetrestriktion im Mengendiagramm verändert, wenn sich jeweils eine der betrachteten exogenen Variablen ändert. Wir bedienen uns dabei der ceteris-paribus-Klausel. Isolieren wir zunächst die Effekte einer Erhöhung des Preises von Gut 1. Wenn p_1 steigt, so können zwei Wirkungen festgestellt werden: Zum ersten verringert sich die Steigung der Budgetrestriktion und zum zweiten verringert sich ihr x_1-Achsenabschnitt (Ordinatenabschnitt). Die Budgetgerade dreht sich mit anderen Worten entgegen dem Uhrzeigersinn um ihren x_2-Achsenabschnitt (Abszissenabschnitt). Das Einkommen hat in der Verwendung für Gut 1 an Wert verloren. Will der Haushalt nur Gut 1 kaufen, erhält er nun eine kleinere Menge; dies drückt sich in dem geringeren Achsenabschnitt aus. Die Budgetgerade verläuft flacher, weil der Preis des Gutes 1 relativ zu dem des Gutes 2 gestiegen ist. In Analogie hierzu können wir bei einer Preissenkung eine entgegengesetzte Drehung der Budgetgeraden konstatieren. In Abbildung 2.2 können die Effekte für eine Preiserhöhung von Gut 1 graphisch nachvollzogen werden.

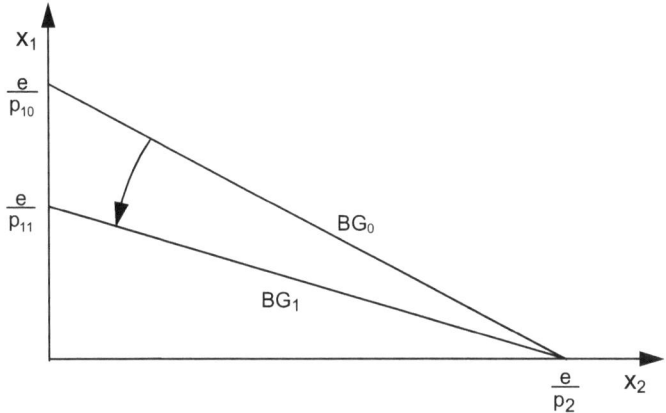

Abbildung 2.2: Wirkung eines Preisanstiegs für Gut 1

Aus der Abbildung wird auch ersichtlich, dass der Anstieg des Preises für Gut 1 von p_{10} auf p_{11} die Konsummöglichkeiten des Haushalts bei beiden Gütern einschränkt – es sei denn, der Haushalt verzichtet ganz auf den Konsum des teurer gewordenen Gutes. Eine **Preiserhöhung** ist daher gleichbedeutend mit einem **Realeinkommensverlust**.

Das gleiche gilt selbstverständlich auch für Änderungen des Preises von Gut 2. Steigt der Preis des Gutes 2, dreht sich die Budgetgerade im Uhrzeigersinn um den x_1-Achsenabschnitt. Sinkt der Preis des Gutes 2, so dreht sich die Budgetrestriktion gegen den Uhrzeigersinn um den x_1-Achsenabschnitt.

Wenden wir uns nun den Änderungen des Einkommens bei Konstanz der Güterpreise zu. Wenn sich das Einkommen ändert, hat dies offenbar keinen Einfluss auf die Steigung der Budgetgeraden, da das Preisverhältnis der Güter nicht vom Einkommen abhängt. Dafür ändert sich jedoch die Kaufkraft des Einkommens. Die Achsenabschnitte verschieben sich und zwar jeweils gleichgerichtet mit der Veränderung des Einkommens.

Das Ausmaß der Änderung der Achsenabschnitte ist umgekehrt proportional zur Höhe der Güterpreise. Hinter dieser Aussage verbirgt sich die ökonomische Intuition, dass die Konsummöglichkeiten mit dem Realeinkommen zunehmen, dessen Höhe wiederum negativ von der Höhe der Güterpreise abhängt.

Da sich die Steigung der Budgetgeraden nicht geändert hat, führt eine Einkommensänderung zu einer Parallelverschiebung. In Abbildung 2.3 ist eine Erhöhung des Einkommens von e_0 auf e_1 dargestellt – die Budgetgerade verschiebt sich parallel nach außen. Die Konsummöglichkeiten nehmen für beide Güter in gleichem Maße zu. Eine Einkommenssenkung würde dagegen zu einer Parallelverschiebung der Budgetrestriktion nach innen führen.

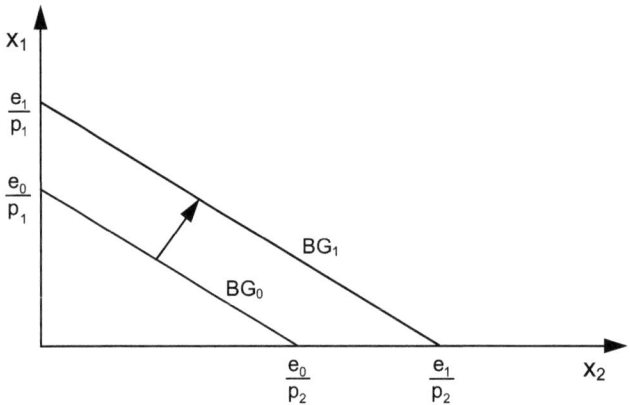

Abbildung 2.3: Wirkung einer Einkommenssteigerung

Auch eine proportionale Veränderung beider Güterpreise führt zu einer Parallelverschiebung der Budgetgeraden. Wenn wir die Preise von Gut 1 und Gut 2 jeweils mit einem Faktor t multiplizieren so verändert sich die Budgetrestriktion folgendermaßen:

$$x_1 \cdot t \cdot p_1 + x_2 \cdot t \cdot p_2 = e \ .$$

Wir kommen zum selben Ergebnis, wenn wir das Einkommen durch t teilen:

$$x_1 p_1 + x_2 p_2 = \frac{e}{t} \ .$$

Eine proportionale Änderung der Güterpreise ist also gleichbedeutend mit einer entsprechenden Einkommensänderung und daher mit einer Parallelverschiebung der Budgetgeraden.

Wenn sich dagegen sowohl das Einkommen als auch die Preise um den Faktor t erhöhen, hat dies keinen Einfluss auf die Konsummöglichkeiten des Haushalts.

Manchmal ist es zweckdienlich, den Preis eines Gutes auf 1 zu normieren. Das Budget ändert sich dadurch nicht; die Budgetrestriktion wird lediglich durch einen Preis (beispielsweise p_2) dividiert.

$$x_1 \frac{p_1}{p_2} + x_2 = \frac{e}{p_2} \quad .$$

Ein Gut, dessen Preis auf 1 normiert wird, bezeichnet man als **Numéraire** (hier also Gut 2). Das Einkommen und der Preis des anderen Gutes werden in Relation zum Preis des Numéraire gemessen.

Mit der Budgetrestriktion wurden die objektiven Möglichkeiten des Haushalts zur Beschaffung von Gütern aufgezeigt: Wir haben diejenigen Gütermengenkombinationen ermittelt, welche der Haushalt bei gegebenem Einkommen und gegebenen Preisen c. p. kaufen kann. Wir wissen jedoch nicht, welche Gütermengenkombination der Haushalt wählen wird. Hierfür sind die subjektiven Vorstellungen des Haushalts maßgeblich; diese schlagen sich in seinen Präferenzen nieder.

Übungsaufgabe

Aufgabe 1:
Das Einkommen eines Haushalts betrage 1100 Geldeinheiten; davon spart er 100 Geldeinheiten. Der Preis des Gutes 1 beträgt 5 Geldeinheiten, derjenige des Gutes 2 beträgt 10 Geldeinheiten.
a) Stellen Sie die Budgetgleichung auf.
b) Berechnen Sie die maximale Menge, die der Haushalt von Gut 1 bzw. Gut 2 kaufen kann.
c) Lösen Sie die Budgetgleichung nach x_1 auf und zeichnen Sie diese in ein x_1/x_2 - Diagramm. Überprüfen Sie, ob der Absolutbetrag der Steigung dem umgekehrten Preisverhältnis entspricht.
d) Zeichnen Sie eine zweite Budgetgerade, wenn der Preis des Gutes 2 auf 20 Geldeinheiten gestiegen ist und eine dritte, wenn (beim neuen Preisverhältnis) die Konsumsumme auf 800 sinkt. Welchen Wert weist die Steigung auf?

2.4 Präferenzordnung und Nutzenfunktion

2.4.1 Präferenzen

Wir gehen in der Haushaltstheorie davon aus, dass ein Haushalt im Rahmen seiner Konsummöglichkeiten danach strebt, seine Bedürfnisse so gut wie möglich zu befriedigen. Damit er dieses Ziel erreicht, muss er beurteilen können, wie nützlich die Güter sind, die ihm zur Bedarfsdeckung zur Verfügung stehen. Zudem muss er in der Lage sein, sie nach der Reihenfolge ihrer Nützlichkeit zu ordnen. Dabei unterstellen wir, dass er nicht nur einzelne Güter vergleichen kann, sondern auch Gütermengenkombinationen, also Güterbündel, die wir mit X bezeichnen.

Im Folgenden wird nicht von einzelnen Gütern, sondern von Güterbündeln ausgegangen. Dabei enthält X eine bestimmte Kombination einzelner Gütermengen: $X = (x_1, x_2,..., x_n)$. Es werden Güterbündel betrachtet, weil in der Budgetrestriktion alle Gütermengenkombinationen enthalten sind, welche sich der Haushalt bei gegebenen Preisen und gegebenem Einkommen leisten kann. Wenn er nun diejenige Kombination wählen soll, die ihm den größten Nutzen bringt, muss er die Güterbündel vergleichen können. Später werden wir uns wieder auf zwei Güter beschränken, d. h. die verschiedenen Güterbündel setzen sich dann aus unterschiedlichen Mengenkombinationen der beiden Güter zusammen.

Aus den subjektiven Vorstellungen des Haushalts, wie bestimmte Güterbündel zu bewerten sind, ergibt sich eine Rangfolge. Diese Rangfolge wird auch **Präferenzordnung** genannt, weil sie angibt, welche Gütermengenkombinationen gegenüber anderen präferiert werden. Für die Präferenzordnung spielen stets nur die in einem Güterbündel vorhandenen Gütermengen und die Eigenschaften der Güter eine Rolle, nicht jedoch die Preise! Außerdem gehen wir davon aus, dass die Präferenzen der Haushalte vom Konsumverhalten anderer Haushalte nicht beeinflusst werden.

Rationales, d. h. intersubjektiv nachvollziehbares Konsumentenverhalten setzt voraus, dass die Präferenzordnung eines Haushalts konsistent ist. Um die Konsistenz der Präferenzordnung sicherzustellen, legen wir ihrer Konstruktion die nachfolgenden drei Axiome zugrunde.[1] Dabei bedeutet das Symbol $\succ$: 'wird präferiert gegenüber', $\approx$ steht für 'Gleichwertigkeit' (Indifferenz) und $\Rightarrow$ ist das Zeichen für 'daraus folgt' (Implikation).

1. Vollständige ordinale Vergleichbarkeit
Wenn dem Haushalt zwei Güterbündel vorgelegt werden, dann kann er angeben, ob er ein Güterbündel dem anderen Güterbündel vorzieht oder ob die Güterbündel in seinen Augen gleichwertig sind. In Symbolen: Der Haushalt kann die Güterbündel 1 und 2 vergleichen und angeben, ob

$$X_1 \succ X_2 \quad \text{oder} \quad X_2 \succ X_1 \quad \text{oder} \quad X_1 \approx X_2 \quad ,$$

wobei sich die Bewertungsmöglichkeiten wechselseitig ausschließen.[2] Der Haushalt ist mit anderen Worten in der Lage, seine Präferenzen so zu ordnen, dass sich eine eindeutige Rangfolge unter den Gütermengenkom-

---

[1] Axiome sind keines Beweises bedürfende Grundsätze. Es sind Annahmen, die wir benötigen, um eindeutige Aussagen herzuleiten. In der Literatur finden sich noch weitere Axiome, die vor allem für eine mathematische Behandlung notwendig sind. Dazu gehört das Axiom der Reflexivität, das besagt, dass zwei identische Güterbündel gleich bewertet werden und das Axiom der Stetigkeit, das Sprungstellen in der Präferenzordnung ausschließt.

[2] Statt des Wortes 'oder' kann auch das Symbol $\vee$ verwendet werden, ebenso $\wedge$ für das logische 'und'.

binationen ergibt. Dabei kann der Haushalt jede beliebige Gütermengenkombination mit jeder anderen beliebigen Gütermengenkombination vergleichen und eindeutig bewerten. Er muss allerdings nicht angeben können, um wie viel besser oder schlechter er ein Güterbündel einschätzt.

2. Transitivität

Zieht der Haushalt die Gütermengenkombination X_1 der Gütermengenkombination X_2 vor und die Gütermengenkombination X_2 der Gütermengenkombination X_3, dann zieht er auch die Gütermengenkombination X_1 der Gütermengenkombination X_3 vor. In Symbolen:

$$X_1 \succ X_2 \quad \text{und} \quad X_2 \succ X_3 \quad \Rightarrow \quad X_1 \succ X_3 \ .$$

Diese Annahme ist insofern kritisch, als die Präferenzordnung einer Gruppe intransitiv sein kann, auch wenn die Präferenzordnung jedes einzelnen Gruppenmitglieds transitiv ist. Dieses Phänomen ist als **Arrow-** (bzw. Condorcet)-**Paradoxon** in die Literatur eingegangen.

Ein Beispiel mag das Arrow-Paradoxon verdeutlichen. Wir betrachten einen Haushalt mit den drei Mitgliedern A, B und C. Deren Präferenzordnungen lauten:

A : $X_1 \succ X_2$ und $X_2 \succ X_3$ $\Rightarrow$ $X_1 \succ X_3$

B : $X_2 \succ X_3$ und $X_3 \succ X_1$ $\Rightarrow$ $X_2 \succ X_1$

C : $X_3 \succ X_1$ und $X_1 \succ X_2$ $\Rightarrow$ $X_3 \succ X_2$.

Wenn die drei Haushaltsmitglieder nach dem Mehrheitswahlrecht über die Alternativen abstimmen sollen, so hängt das Ergebnis von der Reihenfolge der Abstimmung ab.

Wird im ersten Wahlgang darüber abgestimmt, ob X_1 dem Güterbündel X_2 vorgezogen wird, so stimmen A und C dafür und B dagegen. Nach dem Mehrheitswahlrecht wird also das Güterbündel X_1 dem Güterbündel X_2 vorgezogen:

$$X_1 \succ X_2 .$$

Wird nachfolgend darüber abgestimmt, ob X_2 dem Güterbündel X_3 vorgezogen wird, so stimmen A und B dafür und C dagegen. Wir erhalten also:

$$X_2 \succ X_3 .$$

Als letztes wird darüber abgestimmt, ob X_1 gegenüber X_3 zu bevorzugen ist. Aus der transitiven Präferenzordnung von A folgt, dass dieses Mitglied mit ja stimmt, B und C dagegen mit nein. Folglich erbringt der dritte Wahlgang:

$$X_3 \succ X_1 .$$

Wäre die Präferenzordnung des Haushalts transitiv, müssten wir aus den ersten beiden Abstimmungsrunden folgern können, dass X_1 dem Güterbündel X_3 vorgezogen wird. Die dritte Abstimmungsrunde erbringt jedoch das gegenteilige Ergebnis. Die Präferenzordnung ist intransitiv, denn laut Abstimmungsergebnis gilt:

$$X_1 \succ X_2 \succ X_3 \succ X_1 \dots \quad .$$

Eine eindeutige Reihung der Alternativen ist nicht möglich.

Da in der Haushaltstheorie nicht nur Einpersonenhaushalte, sondern auch Mehrpersonenhaushalte zugelassen sind, werden Arrow-Paradoxa ausgeschlossen – eine nicht unproblematische Annahme.

3. Nichtsättigung
Enthält ein Güterbündel im Vergleich zu einem zweiten Güterbündel mehr Mengeneinheiten von einem Gut und gleich viele Mengeneinheiten von den anderen Gütern, so wird es dem zweiten Güterbündel vorgezogen:[1]

$$X_1 > X_2 \Rightarrow X_1 \succ X_2 \quad .$$

Jede zusätzliche Einheit eines Gutes stiftet zusätzliche Befriedigung.

In der Realität kann man sich wahrscheinlich Situationen ausmalen, in denen ein zusätzliches Stück Torte nur noch Widerwillen auslöst. Solche Situationen werden in der Haushaltstheorie mit der Begründung ausgeschlossen, dass ein Haushalt globale Sättigung nicht erreicht, weil die Anzahl der möglichen Konsumgüter nahezu unendlich groß ist. Bei geringem Einkommen greift die Budgetbeschränkung und bei sehr hohem Einkommen wird entweder auf andere Güter ausgewichen oder die Ersparnis erhöht und damit der Konsum zeitlich verlagert.

2.4.2 Indifferenzkurven

Mit Hilfe der oben genannten Axiome können wir die Präferenzordnung eines Haushalts für zwei Güter graphisch darstellen. Wir benutzen dazu ein Diagramm (Abb. 2.4), auf dessen Achsen die Mengen der Güter 1 und 2 abgetragen werden. In dieses Diagramm zeichnen wir an einer beliebigen Stelle die Gütermengenkombination X_0 ein und durch deren Koordinaten Parallelen zu den Achsen.

Auf diese Weise entstehen vier Quadranten, die mit römischen Ziffern bezeichnet sind. Wir können nun alle Gütermengenkombinationen, die sich innerhalb dieser Quadranten befinden, mit X_0 vergleichen. Betrachten wir zunächst die Gütermengenkombinationen, die in Quadrant I liegen. Offenbar werden alle Güterbündel in Quadrant I (einschließlich der gestrichelten Begrenzungslinien) der Kombination X_0 vorgezogen, weil sie mindestens von einem Gut mehr Mengeneinheiten enthalten. Für den Quadranten III (einschließlich der gestrichelten Begrenzungslinien) gilt genau das Umge-

---

[1] Bei drei Gütern könnte z. B. Güterbündel 1 von Gut 1 mehr Mengeneinheiten enthalten als Güterbündel 2, aber gleich viele Mengeneinheiten von den anderen beiden Güter: $X_1 = (x_1^*, x_2, x_3)$, $X_2 = (x_1, x_2, x_3)$ mit $x_1^* > x_1$.

kehrte: Die Kombination X_0 wird jeder Gütermengenkombination aus Quadrant III vorgezogen, weil sie von mindestens einem Gut mehr enthält.

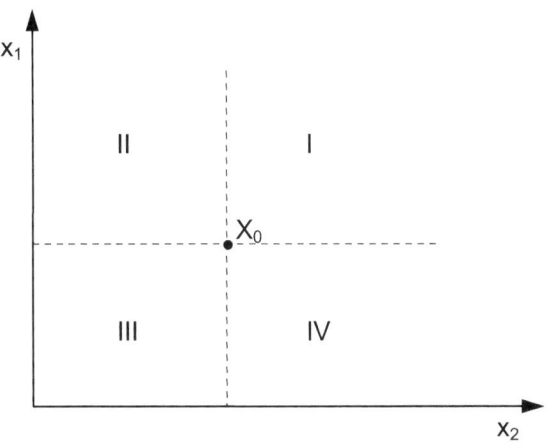

Abbildung 2.4: Quadranten zur Zuordnung von Güterbündeln

Es verbleiben die Quadranten II und IV, für die keine eindeutigen Aussagen getroffen werden können. Diese Quadranten enthalten sowohl Mengenkombinationen, die der Haushalt im Vergleich zu X_0 bevorzugt, als auch Mengenkombinationen, für die das Umgekehrte gilt. Darüber hinaus enthalten die beiden Quadranten auch solche Güterbündel, zwischen denen der Haushalt im Vergleich zu X_0 indifferent ist. Die Verbindungslinie aller Gütermengenkombinationen, denen ein Haushalt in bezug auf ein gegebenes Güterbündel indifferent gegenübersteht, nennt man aus naheliegenden Gründen **Indifferenzkurve**. Eine Indifferenzkurve ist der geometrische Ort aller Gütermengenkombinationen, die dem Haushalt denselben Nutzen stiften. Je nachdem, welches Güterbündel als Vergleichsmaßstab dient, können in ein x_1/x_2-Diagramm weitere Indifferenzkurven eingezeichnet werden.

Über die Gestalt von Indifferenzkurven können wir keine generellen Aussagen treffen, da diese von den Gütereigenschaften und den Präferenzen der Individuen abhängt. Aus den vorangegangenen Ausführungen lässt sich lediglich schließen, dass Indifferenzkurven eine negative Steigung aufweisen, da sie durch die Quadranten II und IV verlaufen.

Generell sind zwei Verläufe von Indifferenzkurven möglich: die in Abbildung 2.5.a dargestellten (streng) **konvexen** und die in Abbildung 2.5.b gezeichneten (streng) **konkaven** Indifferenzkurven. Auf Grenzfälle wird weiter unten eingegangen.

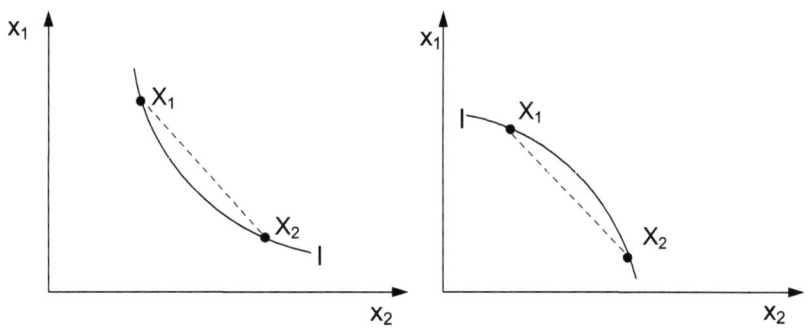

Abbildung 2.5.a: konvexer Verlauf   *Abbildung 2.5.b: konkaver Verlauf*

Konvexe Indifferenzkurven verlaufen zum Koordinatenursprung *hin* ge-krümmt, während konkave Indifferenzkurven vom Ursprung *weg gekrümmt* sind.

> Ob eine Kurve konkav oder konvex ist, kann allgemein bestimmt werden, indem zwei beliebige Punkte auf der Kurve durch eine Gerade verbunden werden (gestrichelte Linie in Abb. 2.5.a und 2.5.b). Liegt die Verbindungsli-nie oberhalb der Kurve, handelt es sich um strenge Konvexität, liegt sie un-terhalb der Kurve um strenge Konkavität. Bei konvexen Indifferenzkurven bevorzugt der Haushalt einen Durchschnitt (also Güterbündel zwischen X_1 und X_2 auf der Verbindungslinie) gegenüber Extremen (hier die Güterbündel X_1 und X_2). Bei konkaven Indifferenzkurven gilt das Umgekehrte.

Für die Herleitung des optimalen Verbrauchsplans und der Nachfrage eines Haushalts in Abhängigkeit vom Einkommen oder von den Güterprei-sen wird von streng konvexen Indifferenzkurven ausgegangen. Zusätzlich zu den drei Axiomen über die Präferenzordnung treffen wir daher eine weitere Annahme:

4. Abnehmende Grenzrate der Substitution
Wir unterstellen eine **abnehmende Grenzrate der Substitution** (kurz GRS). Diese folgt aus dem konvexen Verlauf von Indifferenzkurven. Kon-vexe Indifferenzkurven bedeuten, dass ein Haushalt für gleichbleibende Einbußen an Gut 1 durch stetig zunehmende Mengen des Gutes 2 ent-schädigt werden muss, um den Zustand der Indifferenz zwischen den jeweiligen Güterbündeln aufrechterhalten zu können. Mit anderen Worten: Gleichbleibende Mengen des Gutes 1 können nur durch zunehmende Mengen des Gutes 2 substituiert werden (und umgekehrt). Graphisch ver-anschaulichen lässt sich dies anhand der Abbildung 2.6. Der Pfeil gibt die Substitutionsrichtung an. Es wird fortlaufend eine gleich große Menge des Gutes 1 ($-\Delta x_1$) durch eine zunehmende Menge des Gutes 2 ($+\Delta x_2$) ersetzt.

Das Verhältnis $|\Delta x_1/\Delta x_2|$ nennt man **Durchschnittsrate der Substitution**. Bei fortgesetzter Substitution von Gut 1 durch Gut 2 nimmt die Durchschnittsrate der Substitution laufend ab.

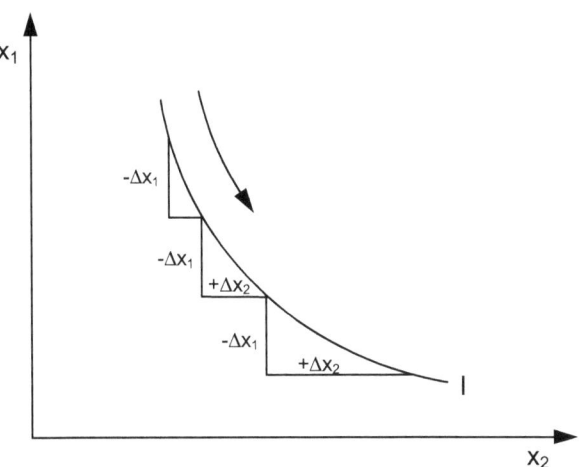

Abbildung 2.6: Abnehmende Durchschnittsrate der Substitution

Wenn wir nicht endlich große, sondern unendlich kleine, d. h. **infinitesimale** Mengenänderungen betrachten, erhalten wir die **Grenzrate der Substitution**: $|dx_1/dx_2|$, die den Absolutbetrag der Steigung der Indifferenzkurve in einem Punkt wiedergibt.

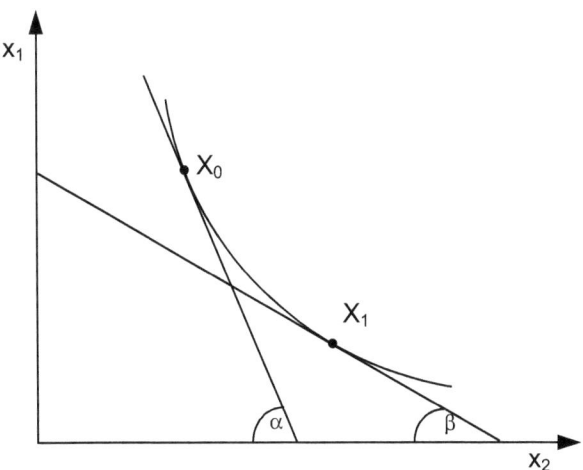

Abbildung 2.7: Abnehmende Grenzrate der Substitution

Der Absolutbetrag der Steigung der Indifferenzkurve in Abbildung 2.7 im Punkt X_0 wird durch den Tangens des Winkels α gemessen, jener der Steigung der Indifferenzkurve im Punkt X_1 durch den Tangens des Winkels β. Da tg β < tg α, gilt analog zur Durchschnittsrate der Substitution, dass bei fortgesetzter Substitution des Gutes 1 durch das Gut 2 die Grenzrate der Substitution abnimmt.

Bei konkaven Indifferenzkurven wie in Abbildung 2.8 nimmt die Grenzrate der Substitution dagegen zu, d. h. ein Haushalt wird von einem Gut (hier Gut 1), das er reichlich besitzt, nur dann etwas abgeben, wenn er dafür viele Mengeneinheiten des anderen Gutes (Gut 2) erhält. Ist sein Bestand an Gut 1 dagegen gering, muss er nur mit einer relativ geringen Menge des Gutes 2 entschädigt werden, um auch noch diese restliche Menge aufzugeben.

Konkave Indifferenzkurven stellen einen atypischen Fall des Konsumentenverhaltens dar, der möglicherweise für Sammler Relevanz hat, denen nur noch wenige Exemplare zur Komplettierung ihrer Sammlung fehlen, nicht jedoch für Konsummuster, die wir üblicherweise in der Haushaltstheorie unterstellen.

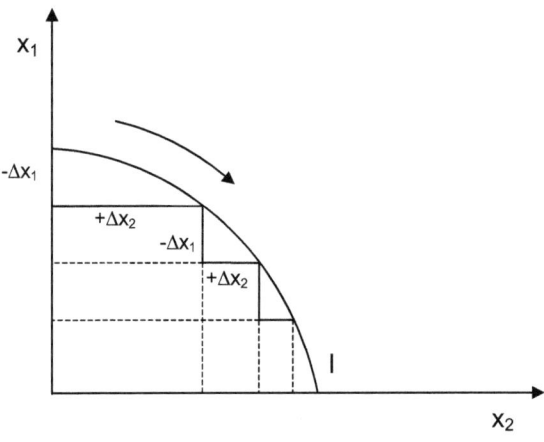

Abbildung 2.8: Zunehmende Grenzrate der Substitution

Durch die Annahme der abnehmenden Grenzrate der Substitution werden nicht nur Sammlerstücke von der Betrachtung ausgeschlossen, sondern auch zwei weitere Extremfälle: **vollkommen substitutive** und **vollkommen komplementäre** Güter.

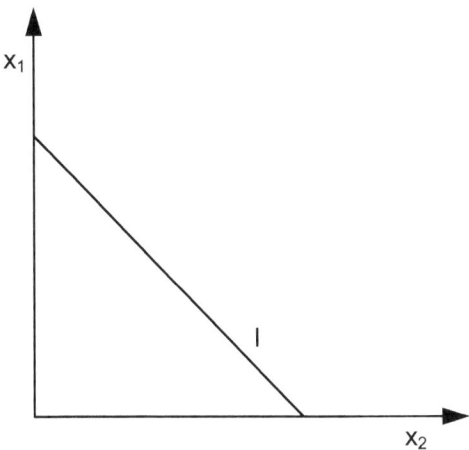

Abbildung 2.9: Lineare Indifferenzkurve

Bei vollkommen substitutiven Gütern können die Mengen in einem konstanten Verhältnis gegeneinander substituiert werden.

> Zu denken ist hier an Produkte unterschiedlicher Hersteller, die von den Haushalten als gleichwertig betrachtet werden, also z. B. Mehl gleicher Type, Vollmilch mit einem bestimmten Fettgehalt oder Waschmittel mit einer genau definierten Zusammensetzung. Sie können jeweils vollkommen substitutiv sein, wenn sie denselben Zweck in derselben Weise erfüllen. Es kommt jedoch auf das subjektive Empfinden der Haushalte an, ob sie die Güter tatsächlich als vollkommene Substitute einschätzen. Falls mit der Milch aus Bayern eine andere Qualität assoziiert wird als mit derjenigen aus Rheinland-Pfalz, falls es der Waschmittelwerbung gelungen ist, Präferenzen für ein ganz bestimmtes Produkt zu wecken, oder das Mehl unterschiedlicher Firmen doch nicht identisch zu sein scheint, wird der Haushalt nicht bereit sein, jeweils eine Mengeneinheit gegen eine andere einzutauschen. Hier betrachten wir ohnehin eher Güterkategorien wie etwa Reis als Gut 1 und Mineralwasser als Gut 2. Diese beiden Güter dürften wohl von der Mehrzahl der Haushalte nicht als vollkommen austauschbar angesehen werden.

Eine Indifferenzkurve für vollkommen substitutive Güter ist in Abbildung 2.9 dargestellt. Die Grenzrate der Substitution ist in diesem Fall konstant.

Komplementäre Güter zeichnen sich dagegen dadurch aus, dass sie in einem bestimmten Verhältnis zueinander nachgefragt werden. Der Haushalt will das eine Gut nur, wenn er auch das andere Gut erhält: dies gilt zum Beispiel für Brillengestelle und Brillengläser, die man bei einer Neuanschaffung immer im Verhältnis 1:2 benötigt. In Abbildung 2.10 ist eine Indifferenzkurve für streng komplementäre Güter dargestellt. Das konstante

Einsatzverhältnis der Güter wird durch den Tangens des Winkels β angegeben. Die Grenzrate der Substitution hat hier keine Bedeutung, weil nicht substituiert werden kann.

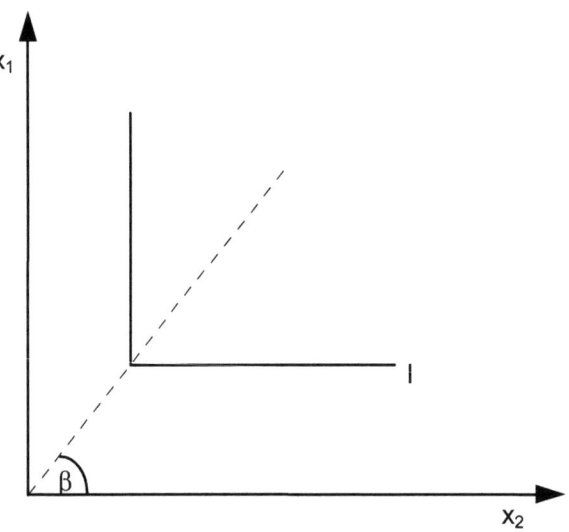

Abbildung 2.10: Rechtwinklige Indifferenzkurve

> Wir schließen streng komplementäre Güter auch deswegen aus unserer Betrachtung aus, weil rechtwinklige Indifferenzkurven wie in Abbildung 2.10 gegen das Postulat der Nichtsättigung verstoßen, das besagt, dass der Haushalt Güterbündel bevorzugt, die von mindestens einem Gut mehr Mengeneinheiten enthalten. Solche Güterbündel können daher nicht auf einer Indifferenzkurve liegen.

Wenn wir in der Haushaltstheorie im Folgenden mit konvexen Indifferenzkurven arbeiten, dann bedeutet dies, dass wir zwei **unvollkommen substitutive** bzw. **nicht streng komplementäre Güter** unterstellen.[1]

Bleibt noch die Frage zu klären, ob Indifferenzkurven die Achsen schneiden können oder nicht. Wenn Indifferenzkurven die Achsen schneiden, spricht man von **Alternativsubstitution**; ist dies nicht der Fall, dagegen von **peripherer Substitution**.
    In Abbildung 2.11 haben wir es mit Alternativsubstitution zu tun, d. h. der Haushalt ist bereit, vollkommen auf ein Gut zu verzichten, falls er nur eine genügend große Menge des anderen Gutes erhält.

---

[1] Wann Güter substitutiv oder komplementär sind, untersuchen wir in Abschnitt 2.7.

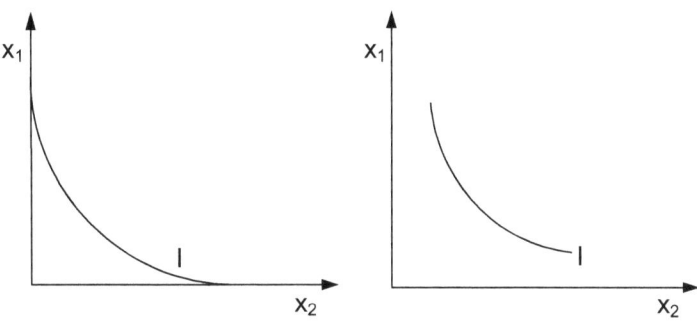

Abbildung 2.11: Alternativsub-   Abbildung 2.12: Periphere
              stitution   Substitution

Bei peripherer Substitution ist der Haushalt dagegen nicht bereit, ganz auf ein Gut zu verzichten. Die Indifferenzkurven können sich allenfalls asymptotisch den Achsen annähern. Dieser Fall ist in Abbildung 2.12 dargestellt.

> Daneben ist es auch möglich, dass zwar eines der Güter alternativ substituierbar ist, das andere jedoch lediglich peripher. In einem solchen Fall ist der Haushalt zwar bereit, auf das eine Gut (z. B. Kartoffeln) vollständig zu verzichten, auf das andere (z. B. Nudeln) jedoch nicht.

Aus dem Präferenzsystem eines Haushalts haben wir abgeleitet, dass Indifferenzkurven eine negative Steigung aufweisen. Wir können darüber hinaus folgern, dass Indifferenzkurven sich nicht schneiden oder berühren können. Wir bedienen uns zur Herleitung dieses Ergebnisses eines indirekten Beweises. Dabei nehmen wir an, dass sich zwei Indifferenzkurven schneiden wie in Abbildung 2.13 und leiten daraus einen Widerspruch her.

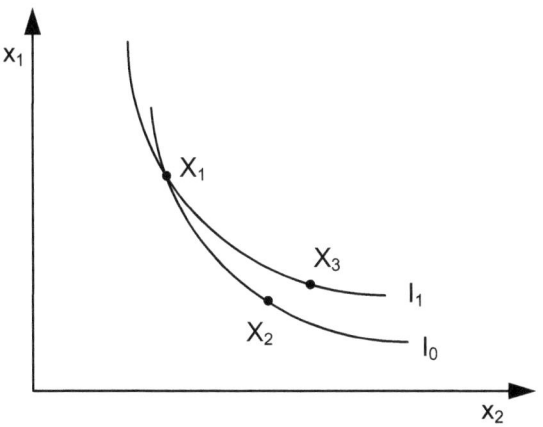

Abbildung 2.13: Sich schneidende Indifferenzkurven

Nehmen wir also an, dass sich die Indifferenzkurven I_0 und I_1 schneiden und betrachten Abbildung 2.13: Da die Güterbündel X_1 und X_2 auf derselben Indifferenzkurve liegen, ist der Haushalt ihnen gegenüber indifferent:

$$X_1 \approx X_2.$$

Da X_1 und X_3 ebenfalls auf einer Indifferenzkurve liegen, muss der Haushalt auch ihnen gegenüber indifferent sein:

$$X_1 \approx X_3.$$

Aus $X_1 \approx X_2$ und $X_1 \approx X_3$ folgt bei transitiver Präferenzstruktur:

$$X_2 \approx X_3.$$

Da X_3 jedoch sowohl eine größere Menge von Gut 1 als auch von Gut 2 enthält, präferiert der Haushalt gemäß der Annahme der Nichtsättigung X_3 gegenüber X_2:

$$X_3 \succ X_2.$$

Ein Haushalt kann jedoch nicht gleichzeitig indifferent zwischen den Güterbündeln X_3 und X_2 sein und das Güterbündel X_3 dem Güterbündel X_2 vorziehen. Aus diesem Widerspruch folgt, dass sich Indifferenzkurven nicht schneiden (und auch nicht berühren) können.

Genauso wenig dürfen sich Indifferenzkurven zurückbiegen. Es gäbe dann nämlich auf dem sich zurückbiegenden Ast Güterbündel, die bei gleicher Menge eines Gutes mehr Mengeneinheiten des anderen Gutes enthielten. Gemäß dem Postulat der Nichtsättigung wäre ein Güterbündel, das mehr Mengeneinheiten eines Gutes bei gleicher Menge des anderen enthält, vorzuziehen. Somit kann es nicht auf einer Kurve liegen, die alle Güterbündel umfasst, welche der Haushalt als gleichwertig betrachtet.

Als Fazit können wir festhalten: In der Haushaltstheorie werden konvexe Indifferenzkurven unterstellt. Indifferenzkurven können die Achsen schneiden, müssen es aber nicht. Indifferenzkurven haben stets eine negative Steigung, d. h. sie können sich nicht zurückbiegen. Indifferenzkurven können sich weder schneiden noch berühren.

2.4.3 Nutzenfunktionen

Damit wir den optimalen Verbrauchsplan eines Haushalts und daran anschließend seine Nachfrage nach einem Gut bestimmen können, müssen wir die Indifferenzkurven in eine analytisch handhabbare Form bringen. Dazu verwenden wir Nutzenfunktionen.

Nutzenfunktionen ordnen Güterbündeln, die in der Präferenzordnung eines Haushalts enthalten sind, Nutzenwerte so zu, dass bevorzugte Bündel einen höheren Wert erhalten. Sie sind das formale Analogon der Präferenzordnung, das benötigt wird, um mathematische Verfahren zur Herleitung der Nachfragefunktion eines Haushalts anwenden zu können.

> Aus der Vollständigkeit der Präferenzordnung folgt, dass jeder Gütermengenkombination genau ein Wert des Nutzens U entspricht. Die unterstellte unendliche Teilbarkeit der Güter impliziert, dass die Nutzenfunktion keine Lücken oder Sprungstellen aufweist. Dies eröffnet uns die uneingeschränkte Anwendung der Differentialrechnung.

Da sich Güterbündel aus den Mengen einzelner Güter zusammensetzen, lässt sich eine Nutzenfunktion allgemein schreiben als:

$$U = U(x_1, x_2, \ldots, x_n).$$

In der modernen ordinalen Nutzentheorie wird davon ausgegangen, dass Haushalte lediglich in der Lage sind zu entscheiden, welche der Güterbündel sie gegenüber anderen bevorzugen, d. h. sie sind in der Lage, Güterbündel auf einer Ordinalskala zu vergleichen. Nutzendifferenzen haben dagegen keine Bedeutung. Haushalte können also nicht genau angeben, wie stark sich der Nutzen des einen Güterbündels von dem eines anderen unterscheidet, so wie es in der älteren, kardinalen Nutzentheorie noch vorausgesetzt wurde.

Weil Nutzenfunktionen die Güterbündel lediglich in eine Rangfolge bringen, so dass den weniger geschätzten Güterbündeln ein geringerer Nutzenwert zugeordnet wird, ist es möglich, eine bestimmte Präferenzordnung durch verschiedene Nutzenfunktionen auszudrücken, solange nur die Rangfolge in der Bewertung der Güterbündel erhalten bleibt.[1]

Umformungen der Nutzenfunktion mit der Eigenschaft, die Rangfolge der Funktionswerte zu erhalten, werden **monotone Transformationen** genannt. Beispiele für monotone Transformationen sind Multiplizieren und Exponieren mit positiven Zahlen oder Addieren bzw. die jeweiligen Umkehroperationen: Dividieren, Logarithmieren oder Subtrahieren.

> Formal lassen sich die Zusammenhänge folgendermaßen darstellen:
> $$X_1 \succ X_2 \Rightarrow U(X_1) > U(X_2),$$
> $$X_1 \approx X_2 \Rightarrow U(X_1) = U(X_2).$$
> Wenn das Güterbündel X_1 dem Güterbündel X_2 vorgezogen wird, so ordnet die Nutzenfunktion $U(x_1, x_2, \ldots, x_n)$ dem Güterbündel X_1 auch einen höheren Zahlenwert zu als dem Güterbündel X_2. Analoges gilt für Indifferenz.

---

[1] Korrekterweise sollte deshalb stets von einer **Nutzenindexfunktion** gesprochen werden. Der Kürze halber wollen wir es jedoch bei der üblichen Bezeichnung 'Nutzenfunktion' belassen.

Die gleiche Präferenzordnung kann jedoch auch durch eine monoton transformierte Nutzenfunktion f[U] dargestellt werden, wobei $\partial f/\partial U > 0$. Wenn f[U] eine monotone Transformation der Nutzenfunktion $U(x_1, x_2, ..., x_n)$ darstellt, gilt:

$$U(X_1) > U(X_2) \Rightarrow f[U(X_1)] > f[U(X_2)]$$
$$U(X_1) = U(X_2) \Rightarrow f[U(X_1)] = f[U(X_2)] \ .$$

Da wir die Präferenzordnung eines Haushalts mit Nutzenfunktionen darstellen können, lassen sich daraus auch Indifferenzkurven ableiten. Wie bereits gesagt, repräsentieren Indifferenzkurven Güterbündel, zwischen denen ein Haushalt indifferent ist. Der Haushalt schreibt diesen Güterbündeln also den gleichen Nutzen zu.

Die Veränderung des Nutzens durch den Konsum einer zusätzlichen Einheit eines Gutes wird **Grenznutzen** genannt. Formal lässt sich der Grenznutzen eines Gutes i ausdrücken als $\partial U/\partial x_i$.

Die Höhe des Grenznutzens ist in der ordinalen Nutzentheorie nicht eindeutig numerisch bestimmt, da sie von der Wahl der zur Abbildung der Präferenzordnung herangezogenen Nutzenfunktion abhängt. Die Wahl der Nutzenfunktion ist – wie oben bereits erläutert wurde – jedoch in gewissem Maße willkürlich.

In der älteren, kardinalen Nutzentheorie war der Grenznutzen dagegen numerisch eindeutig bestimmt. Insofern war es auch sinnvoll, die Veränderungsrate des Grenznutzens zu betrachten. Dies kommt im sog. **1. Gossenschen Gesetz** zum Ausdruck, welches das Postulat der Nichtsättigung $\partial U/\partial x_i > 0$ und das eines abnehmenden Grenznutzens $\partial^2 U/\partial x_i^2 < 0$ beinhaltet. Danach stiftet zwar jede weitere Einheit eines Gutes einen zusätzlichen Nutzen; der Zusatznutzen sinkt jedoch mit der Anzahl der bereits konsumierten Einheiten. In der ordinalen Nutzentheorie ist es dagegen nicht sinnvoll, die Veränderungsrate des Grenznutzens zu berechnen.

Es lässt sich zeigen, dass mit Hilfe des Verhältnisses der Grenznutzen der Gütermengen die Grenzrate der Substitution berechnet werden kann. Da das Grenznutzen*verhältnis* invariant gegenüber monotonen Transformationen der Nutzenfunktion ist, lässt es sich im Gegensatz zum einzelnen Grenznutzen eindeutig bestimmen.

Um den Zusammenhang zwischen der Grenzrate der Substitution und dem Verhältnis der Grenznutzen der Gütermengen herzuleiten, beschränken wir uns wieder auf den Zwei-Güter-Fall. Die Nutzenfunktion lautet also $U = U(x_1, x_2)$. Auf einer Indifferenzkurve ist das Nutzenniveau konstant, daher kann sie geschrieben werden als:

$$U(x_1, x_2) = \overline{U} \ .$$

Die Veränderung des Nutzens kann über das totale Differential der Indifferenzkurvengleichung bestimmt werden. Sie ergibt sich aus der Summe der mit ihren Grenznutzen gewichteten Mengenänderungen der Güter:

$$dU = \frac{\partial U}{\partial x_1} dx_1 + \frac{\partial U}{\partial x_2} dx_2 = 0 \,. \tag{2.4}$$

Dies bedeutet, dass sich Veränderungen im Nutzenniveau, die durch Substitutionsvorgänge zwischen den Gütern ausgelöst werden, auf einer Indifferenzkurve exakt zu null addieren. Umformen von (2.4) ergibt:

$$\frac{dx_1}{dx_2} = -\frac{\partial U/\partial x_2}{\partial U/\partial x_1} \quad \text{bzw.} \quad \left|\frac{dx_1}{dx_2}\right| = \frac{\partial U/\partial x_2}{\partial U/\partial x_1} \,.$$

Die absolute Steigung der Indifferenzkurve – und damit die Grenzrate der Substitution von Gut 1 durch Gut 2 – ist in jedem Punkt gleich dem reziproken Verhältnis der Grenznutzen der Gütermengen. Die Grenzrate der Substitution des Gutes 1 durch das Gut 2 kann aufgefasst werden als der subjektive Preis, den der Haushalt in Form von Mengeneinheiten des Gutes 1 höchstens zu zahlen bereit ist, um eine zusätzliche infinitesimale Mengeneinheit des Gutes 2 zu erhalten. Dieser subjektive Preis hängt von der persönlichen Bewertung der beiden Güter ab, wie sie sich im Grenznutzenverhältnis niederschlägt.

> Folgendes Beispiel soll dies verdeutlichen. Der Grenznutzen des Gutes 1 sei mit $\partial U/\partial x_1 = 2$ und derjenige des Gutes 2 mit $\partial U/\partial x_2 = 1$ angenommen. Dem Haushalt wird eine infinitesimale Einheit des Gutes 2 zum Tausch angeboten. Wie viel Mengeneinheiten des Gutes 1 wird der Haushalt bereit sein, für die zusätzliche infinitesimale Mengeneinheit des Gutes 2 aufzugeben? Es gilt:
>
> $$GRS = \left|\frac{dx_1}{dx_2}\right| = \left|\frac{dx_1}{1}\right| = \frac{\partial U/\partial x_2}{\partial U/\partial x_1} = \frac{1}{2} \,, \text{ woraus folgt: } dx_1 = \frac{1}{2} \,.$$
>
> Der Haushalt ist bereit, auf eine halbe Einheit des Gutes 1 zu verzichten. Dieses Resultat ist bei Unterstellung eines kardinalen Nutzenkonzepts auch intuitiv herzuleiten: Stiftet Gut 1 einen Grenznutzen in Höhe von 2 Nutzeneinheiten, Gut 2 hingegen einen Grenznutzen von einer Einheit, wird für eine zusätzliche Mengeneinheit von Gut 2 lediglich eine halbe Mengeneinheit an Gut 1 angeboten.

Die Grenzrate der Substitution kann auch aus der transformierten Nutzenfunktion $f[U(x_1, x_2)]$ hergeleitet werden:

$$\left|\frac{dx_1}{dx_2}\right| = \frac{\partial f[U(x_1,x_2)]/\partial x_2}{\partial f[U(x_1,x_2)]/\partial x_1} = \frac{(\partial f/\partial U) \cdot (\partial U/\partial x_2)}{(\partial f/\partial U) \cdot (\partial U/\partial x_1)} = \frac{\partial U/\partial x_2}{\partial U/\partial x_1} \,.$$

Das Grenznutzenverhältnis der ursprünglichen Nutzenfunktion und das der transformierten Nutzenfunktion ist identisch und damit auch die Grenzrate der Substitution.

Hierzu ein Beispiel: Legen wir die in der Haushaltstheorie häufig verwendete Cobb-Douglas-Nutzenfunktion $U = x_1^{\alpha}x_2^{1-\alpha}$ mit $0 < \alpha < 1$ zugrunde, so erhalten wir als Grenzrate der Substitution:

$$\left|\frac{dx_1}{dx_2}\right| = \frac{\partial U/\partial x_2}{\partial U/\partial x_1} = \frac{x_1^{\alpha}(1-\alpha)x_2^{-\alpha}}{\alpha x_1^{\alpha-1}x_2^{1-\alpha}} = \frac{(1-\alpha)x_1}{\alpha x_2}.$$

Wenn wir die Cobb-Douglas-Nutzenfunktion logarithmieren, erhalten wir $U = \alpha \ln x_1 + (1-\alpha)\ln x_2$ und als Grenzrate der Substitution:

$$\left|\frac{dx_1}{dx_2}\right| = \frac{\partial U/\partial x_2}{\partial U/\partial x_1} = \frac{(1-\alpha)/x_2}{\alpha/x_1} = \frac{(1-\alpha)x_1}{\alpha x_2}.$$

Wie man leicht erkennen kann, unterscheiden sich die Grenznutzen der transformierten Cobb-Douglas-Funktion zwar von den Grenznutzen der ursprünglichen, nicht jedoch die Grenznutzenverhältnisse. Darüber hinaus wird deutlich, dass es manchmal praktischer sein kann, mit der logarithmierten Cobb-Douglas-Funktion zu arbeiten, da sie einfacher abzuleiten ist.

Im Zwei-Güter-Fall lässt sich die Nutzenfunktion graphisch darstellen. Da wir zwei unabhängige (x_1 und x_2) sowie eine abhängige Variable (U) haben, nimmt die Nutzenfunktion das Aussehen eines dreidimensionalen Gebildes an, eines sogenannten **Nutzengebirges**. Dessen Gestalt hängt von der zugrunde liegenden Nutzenfunktion ab und davon, ob die Güter alternativ oder peripher substituierbar sind. Bei einer Nutzenfunktion mit abnehmendem Grenznutzen sieht das Nutzengebirge bei peripher substituierbaren Gütern aus wie in Abbildung 2.14.a und bei alternativ substituierbaren Gütern wie in Abbildung 2.14.b:

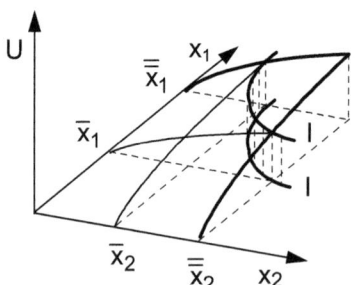
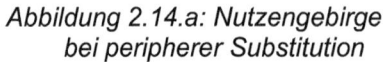
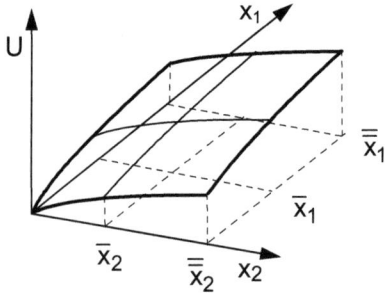

Abbildung 2.14.a: Nutzengebirge bei peripherer Substitution

Abbildung 2.14.b: Nutzengebirge bei Alternativsubstitution

Der Unterschied kommt daher, dass alternativ substituierbare Güter auch dann einen Nutzen stiften, wenn der Haushalt nur über eines der Güter verfügt (Abb. 2.14.b). Bei peripher substituierbaren Gütern werden dagegen stets Mengeneinheiten beider Güter benötigt, damit ein positiver Nutzen entsteht (Abb. 2.14.a).

Mit Längsschnitten durch das Nutzengebirge können wir partielle Nutzenfunktionen darstellen. Diese geben an, wie sich der Nutzen eines Gutes bei zunehmender Menge dieses Gutes und Konstanz der Menge des anderen Gutes verhält.

Bei einem Längsschnitt durch das Nutzengebirge für peripher substituierbare Güter, der parallel zur x_1-Achse verläuft, erhalten wir die partielle Nutzenfunktion für das Gut 1 (vgl. Abb. 2.15). Diese lautet: $U = U(x_1, \bar{x}_2)$.

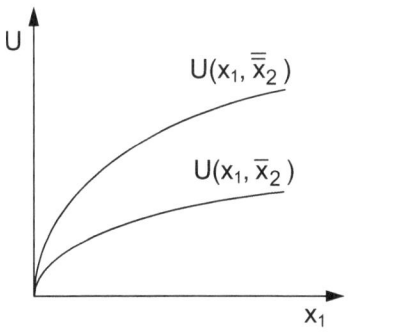 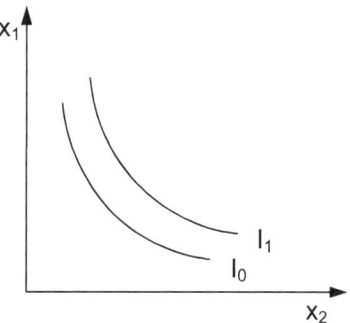

Abbildung 2.15: Partielle   Abbildung 2.16: Indifferenzkurven
Nutzenfunktionen

Um Indifferenzkurven zu erhalten, müssen wir dagegen horizontale Schnitte parallel zur x_1/x_2-Ebene durch das Nutzengebirge vornehmen und diese dann auf die x_1/x_2-Ebene projizieren. Bei mehreren Horizontalschnitten erhalten wir so eine Schar von Indifferenzkurven, wobei jede Indifferenzkurve für ein anderes Nutzenniveau steht (Abb. 2.16). Die Indifferenzkurven liegen dabei um so weiter vom Ursprung entfernt, je höher das Nutzenniveau ist, das sie repräsentieren.

Übungsaufgaben

Aufgabe 2:
a) Zeichnen Sie eine Indifferenzkurve für vollkommen substitutive Güter. Warum muss hier stets Alternativsubstitution vorliegen?
b) Zeichnen Sie eine Indifferenzkurve für vollkommen komplementäre Güter. Wie ermittelt man das Einsatzverhältnis? Warum ist hier keine Alternativsubstitution möglich?
c) Warum können sich Indifferenzkurven weder schneiden noch zurückbiegen?

<u>Aufgabe 3:</u>
Die Nutzenfunktion eines Haushalts lässt sich beschreiben durch: $U = x_1^{\frac{1}{2}} \cdot x_2^{\frac{1}{2}}$.

a) Stellen Sie die Gleichung der Indifferenzkurve für das Nutzenniveau $\overline{U} = 100$ auf und berechnen Sie die Grenzrate der Substitution.

b) Zeigen Sie, dass das Grenznutzenverhältnis unverändert bleibt, wenn die Nutzenfunktion quadriert wird.

2.5 Das Haushaltsoptimum

Wir verfügen nun über die Instrumente, die wir für die Herleitung des optimalen Verbrauchsplans eines Haushalts benötigen: die Budgetrestriktion, welche die objektiven Konsummöglichkeiten eines Haushalts bestimmt, und die Indifferenzkurven, welche die Präferenzen des Haushalts widerspiegeln. Das Haushaltsoptimum ist dort zu finden, wo mit gegebenen Mitteln die bestmögliche Befriedigung der Bedarfe, also ein Nutzenmaximum erreicht wird.

2.5.1 Graphische und algebraische Darstellung

Die graphische Darstellung ist denkbar einfach. Zur Bestimmung des Haushaltsoptimums müssen lediglich die Indifferenzkurven und die Budgetrestriktion in ein gemeinsames Diagramm übertragen werden, wie in Abbildung 2.17:

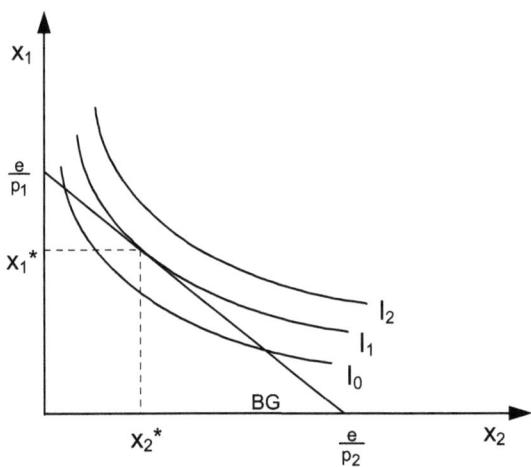

Abbildung 2.17: Haushaltsoptimum

Mit der gegebenen Budgetrestriktion kann der Haushalt I_0 und I_1, nicht jedoch I_2 erreichen. Jede Indifferenzkurve, die weiter vom Ursprung entfernt liegt, repräsentiert ein höheres Nutzenniveau. Da die Budgetrestriktion eingehalten werden muss, liegt das höchste von einem Haushalt erreichbare Nutzenniveau dort, wo die Budgetgerade eine Indifferenzkurve tangiert. Die Gütermengen $x_1{}^*$ und $x_2{}^*$ stellen also bei gegebenem Einkommen, gegebenen Güterpreisen und gegebenen Präferenzen die optimalen Verbrauchsmengen dar.

Da die Budgetgerade im Haushaltsoptimum eine Indifferenzkurve tangiert, müssen sich die Steigungen beider Kurven im Optimum entsprechen. Als Absolutwert der Steigung der nach x_1 aufgelösten Budgetgeraden $x_1 = e/p_1 - x_2 \cdot (p_2/p_1)$ haben wir in Abschnitt 2.3 das reziproke Preisverhältnis der Güter ermittelt:

$$\left| \frac{dx_1}{dx_2} \right| = \frac{p_2}{p_1} . \tag{2.3}$$

Den Absolutwert der Steigung der Indifferenzkurve haben wir als Grenzrate der Substitution von Gut 1 durch Gut 2 bezeichnet: $|dx_1/dx_2|$. Diese wird durch das reziproke Verhältnis der Grenznutzen der Güter bestimmt:

$$\left| \frac{dx_1}{dx_2} \right| = \frac{\partial U/\partial x_2}{\partial U/\partial x_1} . \tag{2.5}$$

Gleichsetzen von (2.3) und (2.5) führt zu:

$$\frac{\partial U/\partial x_2}{\partial U/\partial x_1} = \frac{p_1}{p_2} . \tag{2.6}$$

Im Haushaltsoptimum entspricht das Verhältnis der Grenznutzen der Güter dem Preisverhältnis. Dies lässt sich umformen zu:

$$\frac{\partial U/\partial x_1}{p_1} = \frac{\partial U/\partial x_2}{p_2} . \tag{2.7}$$

Gleichungen (2.6) und (2.7) werden auch als **2. Gossensches Gesetz** bezeichnet. Die Formulierung (2.7) besagt, dass die mit ihren Preisen gewogenen Grenznutzen der Güter übereinstimmen.[1] Man kann auch sagen: Das (Grenz-)Leistungs-Preis-Verhältnis zweier Güter muss sich im Haushaltsoptimum genau entsprechen.

---

[1] Streng genommen ist die Formulierung (2.7) nur dann zulässig, wenn sich der Grenznutzen kardinal messen lässt, während die Bedingung (2.6) auch bei ordinaler Betrachtung gültig ist, da das Grenznutzenverhältnis von monotonen Transformationen unberührt bleibt.

In dieser Formulierung lässt sich die ökonomische Intuition des Haushalts-optimums am besten erkennen. Befindet sich ein Haushalt nicht im Opti-mum, dann ist das Leistungs-Preis-Verhältnis des einen Gutes besser als das des anderen. Folglich wird der Haushalt bestrebt sein, mehr Mengen-einheiten des Gutes mit dem höheren gewogenen Grenznutzen zu erhalten und dafür auf Mengeneinheiten des Gutes mit dem schlechteren Leistungs-Preis-Verhältnis zu verzichten. Erst wenn sich eine Umschichtung nicht mehr lohnt, weil die gewogenen Grenznutzen übereinstimmen, ist das Op-timum erreicht.

Es gibt noch eine weitere Interpretation des Haushaltsoptimums: Der Grenznutzen des Geldes ist in beiden (bzw. allen) Verwendungen gleich groß.

Warum man (2.7) als Grenznutzen des Geldes bezeichnet, kann folgen-dermaßen versinnbildlicht werden: Im Optimum entspricht der Grenznutzen dem zusätzlichen Nutzen der letzten konsumierten Mengeneinheit, der Gü-terpreis dem für diese Einheit aufzuwendenden Geldbetrag.[1] Es gilt also:

$$\frac{\partial U/\partial x_1}{p_1} = \frac{\dfrac{\text{Grenznutzen von Gut 1}}{\text{Zusätzliche Mengeneinheit}}}{\dfrac{\text{Zusätzlicher Geldbetrag}}{\text{Zusätzliche Mengeneinheit}}} = \frac{\text{Grenznutzen von Gut 1}}{\text{Zusätzlicher Geldbetrag}}.$$

Der gewogene Grenznutzen des Gutes 2 lässt sich analog umformen.

Ein anderer Weg, das Haushaltsoptimum herzuleiten, führt über das **Lagrangeverfahren**. Das Lagrangeverfahren ist eine Methode zur Be-stimmung eines Extremums unter Nebenbedingungen. Dabei wird aus Zielfunktion und Nebenbedingung eine neue Funktion, die sogenannte Lagrangefunktion, gebildet. Die Nebenbedingung wird nach einer Seite aufgelöst und mit dem noch unbestimmten Lagrangemultiplikator λ multip-liziert, der als zusätzliche Variable behandelt wird. Welche Bedeutung der Lagrangemultiplikator hat, wird im Folgenden noch deutlich werden. Das freie Extremum der Lagrangefunktion ist identisch mit dem durch die Ne-benbedingung beschränkten Extremum der Zielfunktion, wenn die Neben-bedingung erfüllt ist, und dies trifft im Optimum stets zu. Auf diese Weise kann das beschränkte Extremum einer Zielfunktion relativ einfach gefun-den werden.

Die zu maximierende Zielfunktion besteht hier in der Nutzenfunktion, und die Nebenbedingung in der Budgetrestriktion, die eingehalten werden muss. Die Lagrangefunktion hat also folgendes Aussehen:

$$L = U(x_1, x_2) + \lambda(e - p_1 x_1 - p_2 x_2).$$

---

[1] Vgl. Schumann, J., Meyer, U. und Ströbele, W., Grundzüge der mikroökonomi-schen Theorie, 7. Aufl., Springer-Verlag, 1999, S. 55.

Setzt man die partiellen Ableitungen nach den endogenen Variablen gleich null, so erhält man die notwendigen Bedingungen für ein Maximum:[1]

$$\frac{\partial L}{\partial x_1} = \frac{\partial U}{\partial x_1} - \lambda p_1 = 0$$

$$\frac{\partial L}{\partial x_2} = \frac{\partial U}{\partial x_2} - \lambda p_2 = 0$$

$$\frac{\partial L}{\partial \lambda} = e - p_1 x_1 - p_2 x_2 = 0.$$

Dabei folgt aus der Ableitung nach λ die Nebenbedingung selbst. Die notwendigen Bedingungen, die sich aus der Ableitung der Lagrangefunktion nach den Mengen ergeben, lassen sich umformen zu:

$$\frac{\partial U / \partial x_1}{\partial U / \partial x_2} = \frac{p_1}{p_2}. \tag{2.6}$$

Wir haben also auch auf diesem Wege gezeigt, dass im Haushaltsoptimum die Steigung der nutzenmaximalen Indifferenzkurve derjenigen der Budgetgerade entspricht. Unter Verwendung der dritten Bedingung können anschließend die optimalen Verbrauchsmengen bestimmt werden.

Die notwendigen Bedingungen, die sich aus der Ableitung der Lagrangefunktion nach den Mengen ergeben, lassen sich auch folgendermaßen schreiben:

$$\frac{\partial U / \partial x_1}{p_1} = \frac{\partial U / \partial x_2}{p_2} = \lambda .$$

Dies ist das uns bereits bekannte 2. Gossensche Gesetz. Der Lagrangemultiplikator entspricht also dem Grenznutzen des Geldes und damit des Einkommens im Nutzenmaximum.[2]

> Wir verdeutlichen das oben Gesagte anhand der (speziellen) Cobb-Douglas-Nutzenfunktion:
>
> $$U = x_1^{\alpha} \cdot x_2^{1-\alpha},$$
>
> Mit Hilfe dieser Nutzenfunktion und der Budgetrestriktion können wir den folgenden Lagrangeansatz aufstellen:
>
> $$L = x_1^{\alpha} \cdot x_2^{1-\alpha} + \lambda(e - p_1 x_1 - p_2 x_2) .$$

---

[1] Hinreichende Bedingungen werden hier und im Folgenden nur dann untersucht, wenn das Ergebnis nicht eindeutig ist. Da wir streng konvexe Indifferenzkurven unterstellen, ist eine Untersuchung der Bedingungen zweiter Ordnung nicht notwendig.

[2] Dass λ tatsächlich als Grenznutzen des Einkommens interpretiert werden kann, wird in Abschnitt 2.9.1 gezeigt.

Die notwendigen Bedingungen für ein Optimum lauten dann:

$$\frac{\partial L}{\partial x_1} = \alpha x_1^{\alpha-1} \cdot x_2^{1-\alpha} - \lambda p_1 = 0$$

$$\frac{\partial L}{\partial x_2} = x_1^{\alpha} \cdot (1-\alpha)x_2^{-\alpha} - \lambda p_2 = 0$$

$$\frac{\partial L}{\partial \lambda} = e - p_1 x_1 - p_2 x_2 = 0 \ .$$

Aus den Bedingungen, die sich aus der Ableitung der Lagrangefunktion nach den Mengen ergeben, folgt – nachdem man zunächst nach λ aufgelöst und dann gleichgesetzt hat:

$$\frac{\alpha x_1^{\alpha-1} \cdot x_2^{1-\alpha}}{x_1^{\alpha} \cdot (1-\alpha)x_2^{-\alpha}} = \frac{p_1}{p_2} \quad \text{bzw.} \quad \frac{\alpha}{(1-\alpha)} \frac{x_2}{x_1} = \frac{p_1}{p_2} \ , \qquad (2.8)$$

was genau der Optimalitätsbedingung (2.6) entspricht, die besagt, dass das Grenznutzenverhältnis im Optimum dem Preisverhältnis entsprechen muss. Auflösen der Gleichung (2.8) beispielsweise nach x_2 führt zur optimalen Gütermengenkombination:

$$x_2 = \frac{(1-\alpha)}{\alpha} \frac{p_1}{p_2} x_1 \ . \qquad (2.9)$$

Einsetzen in die Budgetrestriktion und Auflösen nach x_1 ergibt die optimale Verbrauchsmenge für das Gut 1:

$$x_1^* = \frac{\alpha \cdot e}{p_1} \ . \qquad (2.10)$$

Die entsprechende optimale Verbrauchsmenge für Gut 2 erhält man, indem x_1 in (2.9) substituiert wird:

$$x_2^* = \frac{(1-\alpha) \cdot e}{p_2} \ . \qquad (2.11)$$

Von der Richtigkeit des Ergebnisses kann man sich durch Einsetzen von (2.10) und (2.11) in die Budgetrestriktion überzeugen.

Die Optimalwerte sind abhängig vom Einkommen, den Preisen und dem Parameter α (welcher die relative Nutzenänderung bei relativer Veränderung der Verbrauchsmengen angibt[1]). Bei $\alpha = 0,5$ ist der Konsum allein vom Preisverhältnis der beiden Güter abhängig, denn die optimale Gütermengenkombination lautet in diesem Fall: $x_2 = (p_1/p_2) \cdot x_1$.

2.5.2 Die Randlösung

Selbst bei konvexen Indifferenzkurven ist nicht gesichert, dass tatsächlich ein Tangentialpunkt zwischen der Budgetgeraden und einer Indifferenzkur-

---

[1] Für diese Interpretation ist allerdings eine kardinale Nutzenmessung notwendig.

ve existiert. Falls nämlich Alternativsubstitution möglich ist, kann es auch zu einer sogenannten Randlösung kommen. Betrachten wir hierzu Abbildung 2.18.

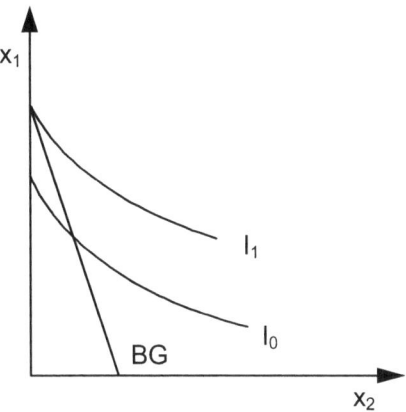

Abbildung 2.18: Randlösung

Bei der Randlösung gibt es keinen Tangentialpunkt. Die Budgetgerade schneidet die nutzenmaximierende Indifferenzkurve lediglich. Das Haushaltsoptimum liegt am Rand, weil I_1 die höchstgelegene Indifferenzkurve darstellt, die der Haushalt bei gegebenem Einkommen und gegebenen Preisen erreichen kann. Das 2. Gossensche Gesetz verliert in einem solchen Fall seine Gültigkeit als Optimalbedingung. Es ist unschwer zu erkennen, dass die Steigung von Indifferenzkurve und Budgetgerade im Haushaltsoptimum nicht übereinstimmen. Für den hier abgebildeten Fall gilt, dass der Absolutbetrag der Steigung der Indifferenzkurve im Optimum kleiner ist als derjenige der Budgetgeraden, d. h.:

$$\frac{\partial U/\partial x_2}{\partial U/\partial x_1} < \frac{p_2}{p_1} \quad \text{oder} \quad \frac{\partial U/\partial x_2}{p_2} < \frac{\partial U/\partial x_1}{p_1}.$$

Damit ist der mit dem Preis gewogene Grenznutzen des Gutes 2 geringer als der mit dem Preis gewogene Grenznutzen des Gutes 1. Mit anderen Worten: Das (Grenz-)Leistungs-Preis-Verhältnis des Gutes 1 ist besser. Folglich verzichtet der Haushalt ganz auf den Konsum des Gutes 2.

Ob es zu einer Randlösung kommt, hängt zum einen von dem Preisverhältnis der Güter und zum anderen von der Krümmung der Indifferenzkurve ab. In dieser Krümmung spiegelt sich die relative Wertschätzung des Haushalts für die beiden Güter wider. Wie anhand der Abbildung 2.18 zu erkennen ist, verläuft die Budgetgerade steil, was einem mit relativ hohen

Preis für Gut 2 gleichkommt. Andererseits verlaufen die Indifferenzkurven verhältnismäßig flach. Die relative Wertschätzung des Gutes 2 ist gegenüber der relativen Wertschätzung für das Gut 1 gering. In den Augen des Haushalts ist das Gut 2 – gemessen an dem Nutzen, den es stiftet – also schlicht zu teuer.[1]

Übungsaufgaben

Aufgabe 4:
Ein Haushalt habe ein Einkommen von 1000 Geldeinheiten; seine Ersparnis beträgt null. Der Preis des Gutes 1 sei 5 Geldeinheiten, derjenige des Gutes 2 sei 10 Geldeinheiten. Die Nutzenfunktion lässt sich durch $U = 2x_1^{1/2} \cdot x_2^{1/2}$ abbilden. Berechnen Sie das Haushaltsoptimum mit Hilfe des 2. Gossenschen Gesetzes.

Aufgabe 5:
Es gelten dieselben monetären Größen wie in Aufgabe 4. Die Nutzenfunktion lasse sich jedoch durch $U = x_1 + 4x_2$ wiedergeben.
a) Wie sehen die Indifferenzkurven aus? Welche Güter liegen vor? Wie sehen die möglichen Lösungen des Haushaltsoptimums aus?
b) Zeigen Sie, dass das 2. Gossensche Gesetz nicht gilt, und berechnen Sie den optimalen Konsum.

2.6 Nachfrage in Abhängigkeit vom Einkommen

Von der Herleitung des Haushaltsoptimums hin zu Nachfragefunktionen ist es nur noch ein kleiner Schritt. Wir betrachten zunächst die Nachfrage des Haushalts bei Änderungen des Einkommens, wobei für alle anderen Bestimmungsgrößen der Nachfrage die ceteris-paribus-Klausel gilt. Die Ersparnis wird gleich null gesetzt.

Die Nachfrage in Abhängigkeit vom Einkommen ist zum einen für Untersuchungen über die Verbrauchsgewohnheiten von Haushalten relevant, die je nach Einkommensklasse recht unterschiedlich sind. Zum anderen erlaubt sie eine Klassifizierung der Güter. Außerdem spielt die Nachfrage in Abhängigkeit vom Einkommen indirekt auch dann eine Rolle, wenn sich die Güterpreise ändern (vgl. Abschnitt 2.8).

Die Bestimmung der einkommensabhängigen Nachfrage beschränkt sich im Folgenden auf den graphischen Weg. Auf die analytische Herleitung wird erst im Rahmen der Nachfrage in Abhängigkeit vom Preis eingegangen, da der Rechengang prinzipiell derselbe ist (vgl. Abschnitt 2.7.2).

---

[1] Formaler ausdrücken lässt sich das Problem einer Randlösung mit Hilfe der sogenannten **Kuhn-Tucker Bedingungen** (vgl. hierzu Anhang A.1).

2.6.1 Graphische Herleitung und Güterklassifikation

Für die graphische Herleitung der Nachfrage in Abhängigkeit vom Einkommen müssen statt eines einzigen Verbrauchsoptimums bei gegebenem Einkommen lediglich mehrere Optima bei variierendem Einkommen bestimmt werden. Wie wir wissen, verschiebt sich die Budgetgerade bei steigendem Einkommen parallel nach rechts. In Abbildung 2.19 haben wir uns mit drei Budgetgeraden begnügt. Für diese werden die Tangentialpunkte mit der jeweils nutzenmaximierenden Indifferenzkurve ermittelt. Die Verbindungslinie der Haushaltsoptima ergibt die **Einkommens-Konsum-Kurve** (E-K-K) für die beiden Güter. Diese Mengenkombinationen werden also bei unterschiedlichen Einkommenshöhen nachgefragt.

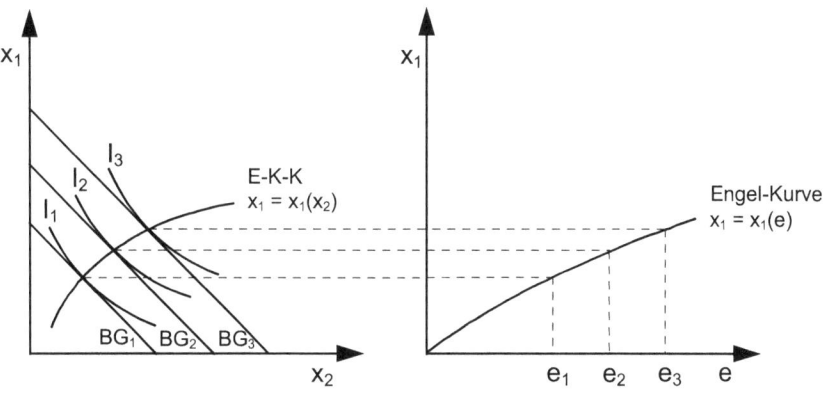

Abbildung 2.19: Einkommens-Konsum-Kurve und Engel-Kurve

In der Literatur findet sich für die Verbindungslinie der Haushaltsoptima auch der Ausdruck **Engel-Kurve**. Dies ist jedoch missverständlich. Wir verwenden den Ausdruck Engel-Kurve für den Zusammenhang zwischen Einkommen und Ausgaben für ein Gut. Da wir die Preise als konstant unterstellen, kann auch der Zusammenhang zwischen nachgefragter Menge und Einkommen als Engel-Kurve bezeichnet werden.

> Tatsächlich untersuchte der Statistiker E. Engel ('Die Produktions- und Konsumtionsverhältnisse des Königreichs Sachsen', veröffentlicht 1857) den Zusammenhang zwischen der Veränderung des Einkommens und den Güterausgaben. Dabei stellte er fest, dass die Ausgaben für Nahrungsmittel mit steigendem Einkommen nur unterproportional zunehmen. Ähnliches wurde auch in jüngeren Studien nachgewiesen.

Im linken Teil der Abbildung 2.19 ist die Nachfrage nach beiden Gütern enthalten. Wir suchen jedoch die Nachfrage nach *einem* Gut in Abhängigkeit vom Einkommen. Graphisch erhalten wir die Nachfragekurve für das Gut 1, indem wir die optimalen Mengen des Gutes 1 bei den verschiedenen Einkommenshöhen in ein zweites Diagramm übertragen. Dabei sollen die gleichabständigen Einkommensveränderungen im linken Teil der Abbildung, für die jeweils Budgetgeraden eingezeichnet wurden, den Einkommensdifferenzen im rechten Teil der Abbildung entsprechen. Wir können daher die optimalen Mengen des Gutes 1 mit der jeweiligen Einkommenshöhe kombinieren und erhalten als Verbindungslinie die einkommensabhängige Nachfragekurve für das Gut 1 (Engel-Kurve).

Bei dem in Abbildung 2.19 unterstellten Verlauf der Engel-Kurve steigt die Nachfrage von Gut 1 unterproportional mit dem Einkommen. Der Anteil der Ausgaben für Gut 1 an den Gesamtausgaben des Haushalts sinkt also mit steigendem Einkommen. Güter mit dieser Eigenschaft nennen wir **normale Güter**. Ebenfalls als 'normal' wird ein Gut bezeichnet, dessen Nachfrage proportional ansteigt (die Engel-Kurve ist dann eine Gerade).

Güter deren Nachfrage dagegen überproportional mit dem Einkommen zunimmt, bezeichnen wir als **Luxusgüter**. In diesem Fall verläuft die Engel-Kurve konvex.

Daneben besteht noch eine weitere Möglichkeit, nämlich dass die Nachfrage mit steigendem Einkommen absolut sinkt. Solche Güter werden **inferiore Güter** genannt. Dazu müssen sowohl die Indifferenzkurven als auch die Budgetgeraden einen speziellen Verlauf aufweisen, wie in Abbildung 2.20.

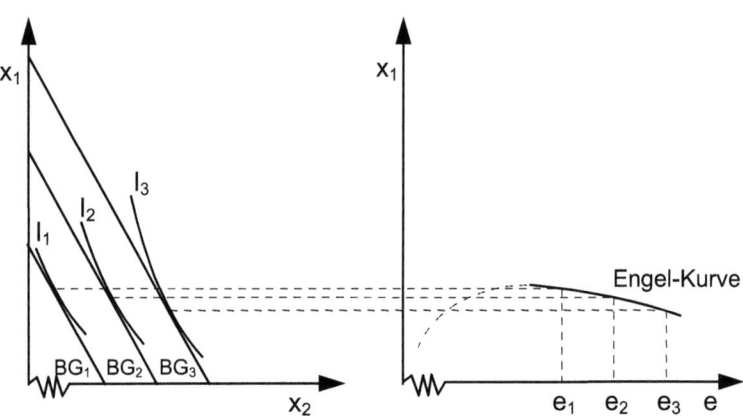

Abbildung 2.20: Nachfrage bei inferioren Gütern

Inferiore Güter – wie das Gut 1 in Abbildung 2.20 – sind Güter, die relativ preiswert sind, weswegen die Budgetgeraden auch sehr steil verlaufen.

Dies gilt ebenso für die Indifferenzkurven; verfügt der Haushalt über eine relativ große Menge des Gutes 1, ist er bereit, auf eine Mengeneinheit zugunsten einer sehr geringen zusätzlichen Menge des Gutes 2 zu verzichten. Bei niedrigem Einkommen ist die Nachfrage nach einem inferioren Gut hoch und steigt zunächst mit wachsendem Einkommen, um den Bedarf quantitativ befriedigen zu können. Steigt das Einkommen jedoch weiter, werden inferiore Güter durch qualitativ höherwertige ersetzt und die Nachfrage nimmt absolut ab. Ein Gut ist also immer erst ab einem bestimmten Einkommen inferior.

Wir unterscheiden somit drei Güterkategorien: inferiore Güter, normale Güter und Luxusgüter. Mit steigendem Einkommen sinkt die Nachfrage nach inferioren Gütern, sie wächst unterproportional oder proportional nach normalen Gütern und überproportional nach Luxusgütern.

Wenn es nur um den prinzipiellen Zusammenhang zwischen Nachfrage und Einkommen geht, nicht jedoch um die Stärke des Zusammenhangs, werden wir Güter, deren Nachfrage mit dem Einkommen steigt (d. h. normale und Luxusgüter), auch als **superiore Güter** bezeichnen.

> Leider besteht hier in der Literatur keine Einigkeit. Teilweise wird nur zwischen inferioren und superioren Gütern unterschieden, teilweise nur zwischen inferioren und normalen, wobei jeweils die zweite Kategorie alle Güter umfasst, bei denen die Nachfrage mit steigendem Einkommen zunimmt. Andere Autoren kennzeichnen unsere normalen Güter auch als relativ inferior und unsere inferioren als absolut inferior.

2.6.2 Einkommenselastizität der Nachfrage

Für Marktanalysen ist es oftmals notwendig und sinnvoll, die Stärke der Reaktion der Nachfrage auf Einkommensänderungen zu untersuchen. Hierfür können prozentuale Veränderungen oder **Elastizitäten** ermittelt werden. Letztere haben den Vorteil, dass sie die prozentuale Veränderung der Nachfrage zu der prozentualen Veränderung des Einkommens in Beziehung setzen, also eine relative Veränderung anzeigen.

Elastizitäten sind dimensionslose Größen. Sie sind allgemein definiert als das Verhältnis der relativen Veränderung der abhängigen Variablen zur relativen Veränderung der unabhängigen Variablen, also:

$$\varepsilon = \frac{\text{relative Veränderung der abhängigen Variablen y}}{\text{relative Veränderung der unabhängigen Variablen x}} = \frac{dy/y}{dx/x}.$$

Da die einkommensabhängige Nachfrage x = x(e) lautet, ist hier das Einkommen die unabhängige und die nachgefragte Menge die abhängige Variable.

Als Veränderung können diskrete oder infinitesimale Werte betrachtet werden. Diskrete Veränderungen werden mit Δ gekennzeichnet. Werden diskrete Änderungen der unabhängigen und abhängigen Variablen verwendet, so handelt es sich um eine **Bogenelastizität**. Wird dagegen mit infinitesimalen Größen gearbeitet, spricht man von einer **Punktelastizität**.

Damit können wir die Einkommenselastizität der Nachfrage in Form einer Bogenelastizität schreiben als:

$$\varepsilon_{x_i,e} = \frac{\Delta x_i / x_i}{\Delta e / e} = \frac{\Delta x_i}{\Delta e} \cdot \frac{e}{x_i} \,.$$

Für empirische Untersuchungen müssen Bogenelastizitäten verwendet werden, weil sich immer nur diskrete Veränderungen beobachten lassen. In der Theorie spielt dagegen die Punktelastizität eine größere Rolle. Die Einkommenselastizität der Nachfrage als Punktelastizität lautet:

$$\varepsilon_{x_i,e} = \frac{dx_i / x_i}{de / e} = \frac{dx_i}{de} \cdot \frac{e}{x_i} \,. \tag{2.12}$$

Die Einkommenselastizität der Nachfrage setzt sich also zusammen aus der Steigung der Nachfragefunktion in einem bestimmten Punkt und dem Verhältnis der Ausgangswerte von Einkommen und nachgefragter Menge. Die Werte, die man durch die Berechnung der Bogen- und der Punktelastizität erhält, müssen nicht identisch sein, wie in Anhang A.2 gezeigt wird.

Elastizitäten lassen sich auch mit Hilfe von natürlichen Logarithmen ausdrücken. Weil diese einfacher abzuleiten sind, erleichtert die Logarithmierung vielfach die Berechnung; es gilt: $d\ln x_i / dx_i = 1/x_i$. Wenn wir $d\ln x_i / dx_i$ als Bruch zweier Differentiale betrachten, können wir auch schreiben: $d\ln x_i = dx_i \cdot 1/x_i$. Analog können wir schreiben: $d\ln e = de \cdot 1/e$. Damit stehen rechts vom Gleichheitszeichen jeweils die Größen, welche zur Berechnung der Elastizität benötigt werden und wir brauchen nur noch zu dividieren:

$$\varepsilon_{x_i,e} = \frac{dx_i}{de} \cdot \frac{e}{x_i} = \frac{dx_i \cdot 1/x_i}{de \cdot 1/e} = \frac{d\ln x_i}{d\ln e} \,.$$

Um ein graphisches Verfahren zur Messung der Einkommenselastizität anwenden zu können, schreiben wir (2.12) folgendermaßen:

$$\varepsilon_{x_i,e} = \frac{dx_i / de}{x_i / e} = \frac{tg\alpha}{tg\beta} \,.$$

Dabei misst der Tangens des Winkels α die Steigung der Tangente in einem bestimmten Punkt und der Tangens des Winkels β die Steigung des Fahrstrahls an diesen Punkt. In Abbildung 2.21 kann anhand der Winkel α und β also leicht nachvollzogen werden, ob die Einkommenselastizität der

Nachfrage kleiner oder größer als 1 ist und damit, ob die Nachfrage unter- oder überproportional auf Einkommensänderungen reagiert.

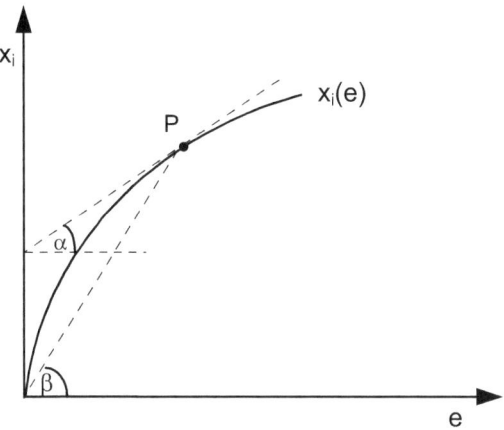

Abbildung 2.21: Grafische Messung der Einkommenselastizität

In Abbildung 2.21 ist die Einkommenselastizität der Nachfrage in P kleiner als 1, da tg α < tg β.

> Dabei genügt es, den Schnittpunkt der Tangente mit der Ordinate zu betrachten: Da der Fahrstrahl stets aus dem Ursprung kommt, ist der Winkel der Tangente (und damit der Tangens des Winkels) immer dann kleiner als derjenige des Fahrstrahls, wenn die Tangente die Ordinate oberhalb des Nullpunkts schneidet. Damit ist die Einkommenselastizität kleiner als 1. Liegt der Schnittpunkt dagegen im negativen Bereich der Ordinate, gilt das Umgekehrte.
>
> Die Einkommenselastizität einer linearen Nachfragefunktion muss in jedem Punkt 1 betragen, gleichgültig, welche Steigung sie aufweist. Dies lässt sich folgendermaßen zeigen: Die Nachfragefunktion laute $x_1 = (1/p_1) \cdot e$. Da p_1 eine Konstante ist, handelt es sich um eine lineare Funktion. Zur Berechnung der Elastizität benötigen wir die Ausdrücke $dx_1/de = 1/p_1$ und e/x_1. Nun ersetzen wir x_1 im zweiten Ausdruck durch die Nachfragefunktion und erhalten dann:
>
> $$\varepsilon_{x_1,e} = \frac{dx_1}{de} \cdot \frac{e}{x_1} = \frac{1}{p_1} \cdot \frac{e}{(1/p_1) \cdot e} = 1 \ .$$

Wir haben weiter oben bereits eine Kategorisierung von Gütern in inferiore, normale und Luxusgüter vorgenommen, die sich unter Berücksichtigung der Einkommenselastizität der Nachfrage noch ein wenig präzisieren lässt. Wir nennen Güter inferior, wenn sie eine Einkommenselastizität von kleiner null aufweisen. Bei normalen Gütern liegt die Einkommenselastizität zwischen null und eins; bei Luxusgütern ist sie größer als eins:

Güterkategorie		Einkommenselastizität
inferiores Gut	Gut, dessen Nachfragemenge mit steigendem Einkommen abnimmt	$\dfrac{dx_i}{de} < 0$; $\varepsilon_{x_i,e} < 0$
normales Gut	Gut, dessen Nachfragemenge mit steigendem Einkommen unterproportional oder proportional zunimmt	$\dfrac{dx_i}{de} > 0$; $0 < \varepsilon_{x_i,e} \leq 1$
Luxusgut	Gut, dessen Nachfragemenge mit steigendem Einkommen überproportional zunimmt	$\dfrac{dx_i}{de} > 0$; $\varepsilon_{x_i,e} > 1$

Übersicht 2.2: Güterkategorien und zugehörige Einkommenselastizität

Anhand der Einkommenselastizität der Nachfrage können wir die Aussage treffen, dass jeder Haushalt mindestens sowohl normale als auch Luxusgüter nachfragen wird, denn die Summe der mit ihren Anteilen an den Gesamtausgaben gewichteten Einkommenselastizitäten der von einem Haushalt nachgefragten Güter muss stets gleich eins sein:

$$\sum_{i=1}^{n} \frac{x_i p_i}{e} \cdot \varepsilon_{x_i,e} = 1 \ .$$

Diese Behauptung lässt sich durch folgende Überlegung beweisen: Die mit den (konstanten) Preisen multiplizierten Mengenänderungen müssen bei Verausgabung des gesamten Einkommens der Veränderung des Einkommens entsprechen:

$$\sum_{i=1}^{n} dx_i \cdot p_i = de \ .$$

Division durch de sowie Erweitern mit x_i und e führt zu:

$$\sum_{i=1}^{n} \frac{x_i p_i}{e} \cdot \frac{dx_i}{de} \cdot \frac{e}{x_i} = \frac{de}{de} \quad \Rightarrow \quad \sum_{i=1}^{n} \frac{x_i p_i}{e} \cdot \varepsilon_{x_i,e} = 1 \ .$$

Wenn also im Zwei-Güter-Fall das eine ein normales oder inferiores Gut ist, muss es sich bei dem anderen Gut um ein Luxusgut handeln.

Die ökonomische Interpretation ist die folgende: Wenn ein Haushalt beispielsweise nur Luxusgüter nachfragen würde, dann müsste seine Nachfrage insgesamt überproportional mit dem Einkommen steigen, was bei konstanten Preisen unmöglich ist und zur Überschuldung führt. Umgekehrt wird ein Haushalt auch nicht ausschließlich inferiore Güter nachfragen, weil es nicht sinnvoll ist, anzunehmen, dass ein Haushalt mit steigendem Einkommen fortwährend absolut weniger nachfragt. Wenn wir konstantes Sparverhalten (eine konstante Sparquote) unterstellen, kann die Nachfrage auch nicht nur aus normalen Gütern mit einer Einkommenselastizität kleiner als eins bestehen, weil die Konsumausgaben dann hinter der Einkommensentwicklung zurückblieben und der Haushalt einen stets steigenden Teil seines Einkommens sparen würde.

> Tatsächlich nimmt die Sparquote mit wachsendem Einkommen zu; das Sparverhalten ist entgegen der getroffenen Annahme nicht konstant. Anstatt vermehrt Luxusgüter zu kaufen, verzichtet daher ein Teil der Haushalte auf höheren gegenwärtigen zugunsten zukünftigen Konsums. Welche Überlegungen hierbei eine Rolle spielen, wird in Abschnitt 2.11.2 gezeigt.

Übungsaufgabe

Aufgabe 6:
Ein Haushalt konsumiert bei einem Einkommen von 1000 Geldeinheiten von einem Gut 10 ME. Sein Einkommen erhöht sich um 100 Geldeinheiten. Danach steigt sein Konsum des Gutes auf 11 ME.
a) Berechnen Sie die Einkommenselastizität der Nachfrage.
b) Um welche Güterkategorie handelt es sich?

2.7 Nachfrage in Abhängigkeit vom Preis

Kommen wir nun zur Darstellung der Nachfrage in Abhängigkeit vom Preis. Im Regelfall sinkt die Nachfrage, wenn der Preis eines Gutes steigt und umgekehrt. Davon existieren Ausnahmen, die wir im Folgenden weitgehend außer Acht lassen werden. Ein Fall ist der des sogenannten **Giffen-Gutes**. Giffen-Güter zeichnen sich dadurch aus, dass die Nachfrage mit steigendem Preis zunimmt. Dies gilt auch, wenn **Snob-Effekte** auftreten. Beim Snob-Effekt sind die Präferenzen der Haushalte nicht unabhängig voneinander. Die Nachfrage eines Haushalts ist dann umso größer, je weniger andere Haushalte sich das Gut leisten können.

Im Folgenden wird – wieder für den Zwei-Güter-Fall – zunächst die Nachfrage eines Gutes in Abhängigkeit von seinem eigenen Preis und dann die Nachfrage nach einem Gut in Abhängigkeit vom Preis des anderen Gutes hergeleitet. Während wir eine negative Beziehung zwischen der Nachfrage eines Gutes und seinem Preis unterstellen können, lässt sich für die Nachfrage nach anderen Gütern (im Zwei-Güter-Fall: nach dem anderen Gut) kein durchweg gültiger Zusammenhang angeben; die Nachfrage nach anderen Gütern – auch Kreuz-Nachfrage genannt – kann ebenfalls sinken, aber auch steigen. Wir beginnen mit der graphischen Analyse, an die sich dann eine formale Herleitung der Nachfragefunktion $x_1 = x_1(p_1)$ anhand einer einfachen Nutzenfunktion anschließt. Damit soll der Lösungsweg für konkrete Rechenbeispiele verdeutlicht werden. Eine ganz allgemeine Herleitung von Nachfragefunktionen erfolgt in Abschnitt 2.9.

2.7.1 Graphische Herleitung

Das Vorgehen erfolgt analog zur Ableitung der Nachfragekurve in Abhängigkeit vom Einkommen. Die Nachfragefunktion in Abhängigkeit vom Preis $x = x(p)$ stellen wir allerdings in einem Diagramm dar, in dem die Menge als abhängige Variable auf der Abszisse und der Preis als unabhängige Variable auf der Ordinate abgetragen wird. Rechtfertigen lässt sich dieses Vorgehen insofern, als es zur Vereinheitlichung beiträgt. Der Preis, der sich bei vollständiger Konkurrenz bildet, ist nämlich abhängig von der Menge, die nachgefragt bzw. angeboten wird, d. h. $p = p(x)$. Bei solchen Marktanalysen benötigen wir diese Art der Darstellung, weshalb wir sie bereits in der Haushalts- und Unternehmenstheorie einführen.

Um die Herleitung der Nachfragekurve eines Gutes in Abhängigkeit von seinem Preis möglichst einfach zu gestalten, wird in Abbildung 2.22 die Nachfrage nach Gut 2 ermittelt. Zunächst gilt es wieder, verschiedene Haushaltsoptima zu finden, die sich bei einer Preisvariation von Gut 2 ergeben. Wie wir wissen, dreht sich die Budgetgerade bei Variation von p_2 um den Ordinatenabschnitt. Dabei repräsentiert BG_1 den höchsten Preis des Gutes 2 und BG_3 den niedrigsten.

Die Verbindungslinie aller Haushaltsoptima bei variierendem Preisverhältnis der Güter wird als **Preis-Konsum-Kurve** (P-K-K) bezeichnet. Sie gibt an, wie sich die Nachfrage nach beiden Gütern entwickelt, wenn sich der Preis eines Gutes ändert.

Um die Nachfrage nach Gut 2 in Abhängigkeit von seinem Preis darzustellen, wurden in ein zweites Diagramm unter dem ersten die zu den drei Haushaltsoptima gehörenden Mengen des Gutes 2 übertragen. Die zu den Budgetgeraden gehörenden Preise des Gutes 2 sind auf der Ordinate abgetragen.

Dabei ist zu beachten, dass aus gleich großen Abständen der Budgetgeraden auf der Abszisse keine gleich großen Preisabstände folgen. Liegt etwa der Abszissenabschnitt für BG_1 bei 60, für BG_2 bei 80 und für BG_3 bei 100, so folgt bei einem Einkommen von 100, dass der Preis $p_{21} = 100/60 = 1,67$ beträgt. Die beiden anderen Preis berechnen sich zu: $p_{22} = 100/80 = 1,25$ und $p_{23} = 100/100 = 1$.

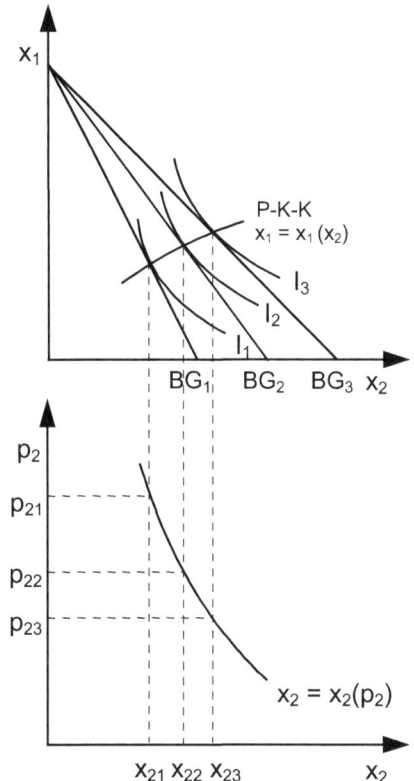

Abbildung 2.22: Preis-Konsum-Kurve und Nachfragekurve

Die Nachfragekurve verbindet die optimalen Preis-Mengen-Kombinationen. Sie weist erwartungsgemäß eine negative Steigung auf. Zu Ehren des Ökonomen Alfred Marshall wird sie auch als **Marshallsche Nachfragekurve** bezeichnet.

Wie steil die Nachfragekurve verläuft, hängt davon ab, ob der Haushalt Gut 2 bei steigendem Preis durch Gut 1 ersetzt, oder ob er die Nachfrage nach Gut 1 ebenfalls einschränkt. Im ersten Fall sind die beiden Güter Substitute, d. h. $dx_1/dp_2 > 0$, im zweiten Fall sind sie Komplemente und es gilt: $dx_1/dp_2 < 0$. Handelt es sich bei den Gütern um Substitute, verläuft die Nachfragekurve relativ flach, weil ein geringer Preisanstieg dafür ausreicht, dass die Nachfrage kräftig sinkt (und umgekehrt). Sind die Güter dagegen Komplemente, ist die Nachfragekurve relativ steil. Ein Preisanstieg hat einen verhältnismäßig geringen Rückgang der nachgefragten Menge des Gutes 2 zur Folge, weil die Nachfrage nach Gut 1 ebenfalls zurückgeht.

Beachten Sie, dass sich bei konvexen Indifferenzkurven stets ein Gut gegen das andere substituieren lässt. Betrachtet wird in diesem Fall die Substitution *entlang* einer Indifferenzkurve. Wenn hier von Komplementen bzw. Substituten die Rede ist, so bezieht sich dies auf die Veränderung der Nachfrage nach *beiden* Gütern infolge einer *Preisänderung* eines Gutes und damit auf die Bewegung von einer Indifferenzkurve zu einer anderen.

Damit ist bereits angesprochen, wie die Nachfrage des Gutes 1 auf eine Änderung des Preises von Gut 2 reagiert: Handelt es sich bei den beiden Gütern um Substitute, dann nimmt die Nachfrage nach Gut 1 bei steigendem Preis des Gutes 2 zu; sind sie dagegen Komplemente, nimmt die Nachfrage nach Gut 1 ab.

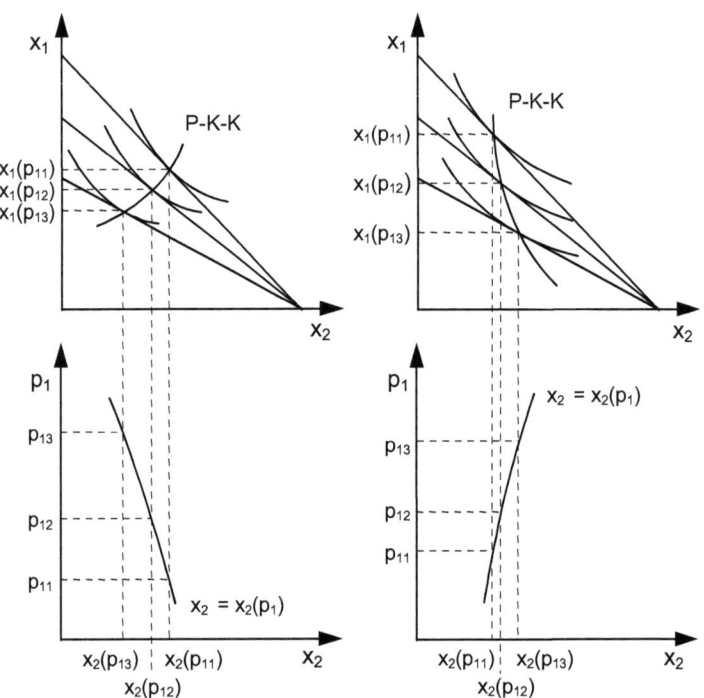

Abbildung 2.23.a: Kreuz-Nachfrage bei Komplementen

Abbildung 2.23.b: Kreuz-Nachfrage bei Substituten

Hierfür lassen sich leicht Beispiele finden. Werden Pullover aus Wolle teurer, steigt die Nachfrage nach Pullovern aus Kunstfasern, weil diese Güter für viele Haushalte Substitute darstellen. Entsprechendes gilt für Seiden- und Baumwollblusen, Puten- und Hähnchenfleisch. Steigt dagegen der Preis für Kinokarten, dann nimmt die Nachfrage nach Popcorn, das in den

Kinos verkauft wird, ebenfalls ab. Weitere Beispiele sind Mitgliedsbeiträge bei Sportvereinen und Sportbekleidung, Benzin und Autos.

Auch die Nachfrage eines Gutes in Abhängigkeit vom Preis des anderen Gutes lässt sich aus der Preis-Konsum-Kurve ableiten. Um wieder mit zwei untereinander angeordneten Diagrammen arbeiten zu können, wurde in Abbildung 2.23.a und 2.23.b unterstellt, dass sich der Preis des Gutes 1 ändert. Dann lassen sich die bei den verschiedenen Preishöhen nachgefragten Mengen des Gutes 2 direkt in ein zweites Diagramm übertragen, bei dem p_1 auf der Ordinate und x_2 auf der Abszisse abgetragen wird. Verläuft die Preis-Konsum-Kurve ansteigend wie in Abbildung 2.23.a, weist die Nachfragekurve $x_2 = x_2(p_1)$ eine negative Steigung auf; die Güter sind Komplemente. Verläuft die Preis-Konsum-Kurve dagegen fallend (Abb. 2.23.b), ist die Steigung von $x_2 = x_2(p_1)$ positiv und die Güter sind Substitute.

> Die Preis-Konsum-Kurven in Abbildung 2.22 und Abbildung 2.23.a stellen denselben Fall dar. Wie man an der Ordinate von Abbildung 2.22 ablesen kann, steigt die nachgefragte Menge des Gutes 1 mit sinkendem Preis des Gutes 2; die Güter sind Komplemente. Die Steigung der Preis-Konsum-Kurve in Abbildung 2.22 wäre dagegen negativ, falls es sich um Substitute handeln würde (die Berührpunkte einer Indifferenzkurve mit BG_2 bzw. BG_3 müssten rechts unterhalb des Berührpunkts mit BG_1 liegen, wie in Abbildung 2.23b).

2.7.2 Algebraische Herleitung

Um die Berechnungen zu vereinfachen, unterstellen wir die folgende Nutzenfunktion: $U = x_1 \cdot x_2$. Man kann sich vorstellen, dass sie durch eine monotone Transformation der häufig in Lehrbüchern verwendeten Nutzenfunktion $U = x_1^{\frac{1}{2}} \cdot x_2^{\frac{1}{2}}$ hervorgegangen ist.[1]

> Eine Nutzenfunktion, in der die Gütermengen multiplikativ verknüpft sind, bildet peripher substituierbare Güter ab; der Nutzen wird null, wenn eine der beiden Mengen null ist. Um den Nutzen alternativ substituierbarer Güter darstellen zu können, müssen die Gütermengen also additiv verknüpft werden. Die entsprechend einfache Funktion lautet $U = x_1 + x_2$. Sie stellt jedoch den Fall vollkommener Substitute dar. Eine ähnlich einfache Funktion wie für peripher substituierbare Güter lässt sich daher für alternativ substituierbare Güter nicht finden.

Zusammen mit unserer Budgetbeschränkung: $e - p_1 x_1 - p_2 x_2 = 0$, lautet der Lagrangeansatz:

---

[1] Mit letzterer lässt sich das typische Nutzengebirge darstellen.

$$L = x_1 \cdot x_2 + \lambda(e - p_1 x_1 - p_2 x_2).$$

Wir gehen wie bei der Bestimmung des Haushaltsoptimums vor, d. h. wir bilden die Ableitungen erster Ordnung nach x_1, x_2 und λ:

$$\frac{\partial L}{\partial x_1} = x_2 - \lambda p_1 = 0$$

$$\frac{\partial L}{\partial x_2} = x_1 - \lambda p_2 = 0$$

$$\frac{\partial L}{\partial \lambda} = e - p_1 x_1 - p_2 x_2 = 0.$$

Auflösen der beiden ersten Bedingungen nach λ liefert:

$$\lambda = \frac{x_2}{p_1} \quad \text{sowie} \quad \lambda = \frac{x_1}{p_2} \quad \text{und somit:} \quad x_2 = \frac{p_1}{p_2} \cdot x_1. \qquad (2.13)$$

Falls p_1 und p_2 konstant sind, gibt uns dies die optimale Gütermengenkombination im Haushaltsoptimum an.

Die Nachfragefunktion $x_1 = x_1(p_1)$ lässt sich ermitteln, indem die optimale Gütermengenkombination in die dritte Bedingung, also in die Budgetbeschränkung eingesetzt und der jeweilige Güterpreis als Variable betrachtet wird:

$$p_1 x_1 + p_2 \cdot \frac{p_1}{p_2} x_1 = e \quad \text{bzw.} \quad x_1 = \frac{e}{2p_1}. \qquad (2.14)$$

Bei gegebenem e ist dies die gesuchte Nachfragefunktion für variierende Preise des Gutes 1.

> Falls sich das Einkommen z. B. auf 100 Geldeinheiten beläuft, lautet die Nachfragefunktion: $x_1 = 50/p_1$. Es handelt sich um eine Hyperbel. Auch bei einem Preis, der gegen unendlich strebt, verzichtet der Haushalt nicht ganz auf das Gut. Umgekehrt strebt die nachgefragte Menge gegen unendlich, wenn der Preis gegen null sinkt. Dies folgt aus dem Axiom der Nichtsättigung. Die Ausgaben für das Gut sind konstant: $x_1 \cdot p_1 = 50$.

Gleichung (2.14) zeigt uns auch, wie die Nachfragefunktion bei der unterstellten Nutzenfunktion in Abhängigkeit vom Einkommen aussieht. In diesem Fall setzen wir p_1 konstant und variieren e.

> Setzen wir z. B. $p_1 = 2$, dann lautet sie: $x_1 = \frac{1}{4} e$, d. h. die von Gut 1 nachgefragte Menge entspricht einem Viertel der Einkommensgröße. Die Funktion ist offensichtlich linear; es handelt sich um die Nachfrage nach einem normalen Gut.

Indem man (2.14) in die optimale Gütermengenkombination (2.13) einsetzt, lässt sich schließlich noch die Nachfrage nach Gut 2 in Abhängigkeit von p_2 ermitteln. Sie lautet analog zur Nachfrage nach Gut 1: $x_2 = e/2p_2$.

Die Verwendung einer Cobb-Douglas-Nutzenfunktion hat zur Folge, dass keine Kreuz-Nachfragefunktionen $x_2 = x_2(p_1)$ und $x_1 = x_1(p_2)$ existieren. Die nachgefragte Menge ist unabhängig vom Preis des anderen Gutes. Die Preis-Konsum-Kurve in Abbildung 2.23.a bzw. 2.23.b wäre eine Parallele zur x_1-Achse, d. h. eine Vertikale. Eine ökonomische Begründung hierfür findet sich in Abschnitt 2.7.4.

2.7.3 Preiselastizität der Nachfrage

So wie die Stärke der Reaktion der Nachfrage auf Einkommensänderungen durch die Einkommenselastizität der Nachfrage gemessen wird, misst man die Stärke der Reaktion der Nachfrage auf Preisänderungen anhand der (direkten) **Preiselastizität der Nachfrage**:

$$\varepsilon_{x_i,p_i} = \frac{dx_i}{dp_i} \cdot \frac{p_i}{x_i} \, . \tag{2.15}$$

Die Stärke der Reaktion der Nachfrage nach einem Gut bei Änderung des Preises eines anderen Gutes wird dagegen mit der **Kreuzpreiselastizität der Nachfrage** erfasst:

$$\varepsilon_{x_i,p_j} = \frac{dx_i}{dp_j} \cdot \frac{p_j}{x_i} \, , \quad \text{mit } i \neq j \, . \tag{2.16}$$

Bei Komplementen ist die Kreuzpreiselastizität kleiner als null, bei Substituten dagegen größer als null. Je höher die Kreuzpreiselastizität der Nachfrage, desto besser können die Güter i und j gegeneinander substituiert werden. Mit der Kreuzpreiselastizität kann also gemessen werden, ob es sich bei zwei Gütern um konkurrierende Produkte handelt.

Güterkategorie		Kreuzpreiselastizität
Substitut	Gut, dessen Nachfragemenge mit steigendem Preis eines anderen Gutes zunimmt	$\dfrac{dx_i}{dp_j} > 0$; $\varepsilon_{x_i,p_j} > 0$
Komplement	Gut, dessen Nachfragemenge mit steigendem Preis eines anderen Gutes abnimmt	$\dfrac{dx_i}{dp_j} < 0$; $\varepsilon_{x_i,p_j} < 0$

Übersicht 2.3: Güterkategorien und zugehörige Kreuzpreiselastizität

Wie anhand der Gleichungen (2.15) und (2.16) für die direkte Preiselastizität und die Kreuzpreiselastizität ersichtlich ist, erfolgt die konkrete Berechnung, indem die Steigung der Nachfragekurve in einem bestimmten Punkt ermittelt und diese mit dem Preis-Mengen-Verhältnis in diesem Punkt multipliziert wird. Die Steigung und das Preis-Mengen-Verhältnis nehmen in der Regel in jedem Punkt einer Nachfragekurve einen anderen Wert an. Deswegen unterscheidet sich die Preiselastizität in jedem Punkt der Kurve.[1]

Dies trifft auch auf lineare Nachfragefunktionen des Typs p = a − bx zu, auf die wir bei Marktanalysen der Einfachheit halber zurückgreifen werden. Nach x aufgelöst lautet sie: x = a/b − (1/b)p. Hier ist zwar die Steigung (−1/b) konstant, doch ändert sich die Preiselastizität der Nachfrage entlang der Kurve, weil sich Ausgangspreis und -menge ändern:

$$\left| \varepsilon_{x,p} \right| = \left| \frac{dx}{dp} \right| \cdot \frac{p}{x} = \frac{1}{b} \cdot \frac{p}{x} \ .$$

Die Elastizität nimmt dabei alle Absolutwerte zwischen null und unendlich an. Betrachten wir hierzu Abbildung 2.24:

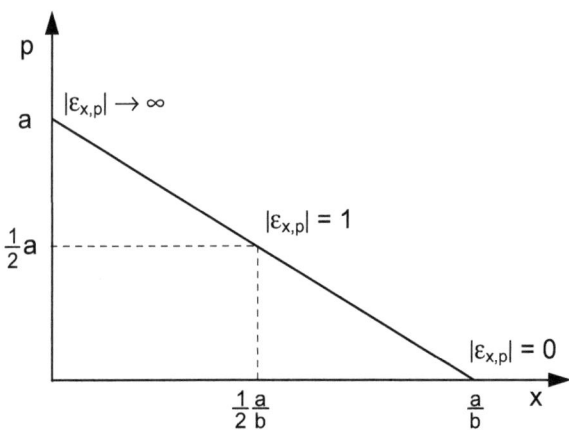

Abbildung 2.24: Preiselastizität bei linearer Nachfrage

Im Abszissenabschnitt der Nachfragekurve ist der Elastizitätswert gleich null, da p/x = 0/x = 0. Im Ordinatenabschnittspunkt der Nachfragekurve strebt die Elastizität gegen unendlich, denn $\lim_{x \to 0} (p/x) = \infty$. Bei der Hälfte des Abszissenabschnitts a/b und der Hälfte des Ordinatenabschnitts a ist der Absolutwert der Preiselastizität gleich eins, denn:

---

[1] Für Ausnahmen siehe den nachfolgenden Abschnitt.

$$\left|\varepsilon_{x,p}\right| = \frac{1}{b}\frac{\frac{1}{2}a}{\frac{1}{2}\frac{a}{b}} = 1 \quad .$$

Dieser Punkt liegt genau in der Mitte der Nachfragekurve. Oberhalb dieses Punktes ist der Absolutwert der Preiselastizität größer als eins und unterhalb dieses Punktes ist er kleiner als eins.

Die geometrische Bestimmung des Absolutwerts der Preiselastizität der Nachfrage ist recht einfach. Bei linearen Nachfragekurven wird dabei ein Punkt auf der Kurve selbst betrachtet, bei nichtlinearen (in Abb. 2.25 durch die gestrichelte Kurve angedeutet) benötigt man die Tangente an diesen Punkt.

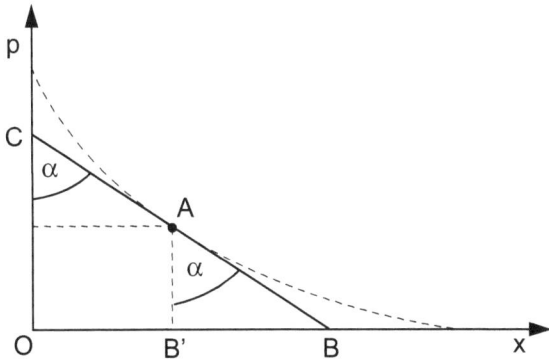

Abbildung 2.25: Grafische Messung der Preiselastizität

Im Punkt A der Abbildung 2.25 lässt sich die Preiselastizität der Nachfrage folgendermaßen berechnen: |dx/dp| wird durch den Tangens des Winkels α bestimmt, der sich geometrisch zu OB/OC ergibt, bzw. durch B'B/B'A, weil der Winkel α genauso an der Hilfsordinate B'A abgetragen werden kann. Nun benötigen wir noch den Preis, welcher der Strecke B'A entspricht, und die Menge, die sich unschwer als OB' ablesen lässt. Damit ergibt sich der Absolutwert der Preiselastizität der Nachfrage als:

$$\left|\varepsilon_{x,p}\right| = \left|\frac{dx}{dp}\right| \cdot \frac{p}{x} = \frac{B'B}{B'A} \cdot \frac{B'A}{OB'} = \frac{B'B}{OB'} \quad .$$

Nach dem ersten Strahlensatz gilt, dass die Senkrechte B'A die Gerade CB so schneidet, dass das Verhältnis der Strecken B'B zu OB' dem Verhältnis der Strecken BA zu AC entspricht. Daher lässt sich der Absolutwert der Preiselastizität der Nachfrage auch folgendermaßen schreiben:

$$\left| \varepsilon_{x,p} \right| = \frac{BA}{AC} \; .$$

Anhand dieses Streckenverhältnisses kann also leicht abgeschätzt werden, ob die Elastizität einen Wert annimmt, der größer oder kleiner als eins ist. Man muss dazu lediglich die Streckenabschnitte BA und AC vergleichen. Ist BA länger, dann ist die Elastizität größer als eins, ist AC länger, ist die Elastizität kleiner als eins. Sind die beiden Abschnitte gleich groß, so nimmt die Elastizität den Wert eins an. Auf diese Weise lässt sich bestätigen, dass in dem Punkt, der eine lineare Nachfragekurve gerade halbiert, die Preiselastizität der Nachfrage eins beträgt.

Ist die Preiselastizität der Nachfrage in einem Punkt größer als eins, wird die Nachfrage als **elastisch** bezeichnet. Ist sie dagegen kleiner als eins, bezeichnet man die Nachfrage als **unelastisch**. Ausschlaggebend ist die Elastizität in einem Punkt. Es ist im Allgemeinen nicht zulässig, von einer unelastischen oder elastischen Nachfragefunktion zu sprechen. Ausgenommen hiervon sind **isoelastische Nachfragefunktionen**, die in jedem Punkt die gleiche Elastizität aufweisen.

2.7.4 Isoelastische Nachfragefunktionen

Jede Nachfragefunktion, welche sich schreiben lässt als:

$$x = \frac{a}{p^b} = a \cdot p^{-b}$$

ist isoelastisch. Die Preiselastizität der Nachfrage lässt sich folgendermaßen berechnen: Zunächst wird dx/dp durch Ableitung der Nachfragefunktion nach p ermittelt und sodann das x im Nenner des Ausdrucks p/x durch die Nachfragefunktion ersetzt. Damit ergibt sich die Elastizität als:

$$\varepsilon_{x,p} = \frac{dx}{dp} \cdot \frac{p}{x} = -b \cdot a \cdot p^{-b-1} \cdot \frac{p}{a \cdot p^{-b}} = -b \; .$$

Sie ist also konstant und entspricht dem Absolutbetrag nach genau dem Exponenten b.

> Wenn wir die obige Nachfragefunktion zunächst logarithmieren, erhalten wir: $\ln x = \ln a - b \cdot \ln p$. Und damit folgt für die Preiselastizität der Nachfrage:
>
> $$\varepsilon_{x,p} = \frac{d \ln x}{d \ln p} = - b \; .$$
>
> Die Berechnung mit Logarithmen ist also noch einfacher.

Nimmt die konstante Preiselastizität den Wert −1 an, so spricht man von einer **constant-outlay-curve**. Mengen- und Preisänderungen verhalten sich in diesem Fall umgekehrt proportional zueinander, so dass die Ausgaben stets konstant bleiben.

> Die Nachfragefunktion lautet in diesem Fall: $x = a/p$. Werden beide Seiten mit p multipliziert, ergibt sich: $x \cdot p = a$. Da Preis mal Menge den Ausgaben entspricht und a eine Konstante darstellt, passt sich die Nachfrage bei Preisänderungen so an, dass die Ausgaben unverändert bleiben. Als Beispiele könnte man an einen bestimmten Teil des Budgets denken, der für Kinobesuche oder das Bier in der Kneipe reserviert ist.
>
> Die unter Abschnitt 2.7.2 als Beispiel hergeleitete Nachfragefunktion $x_1 = 50/p_1$ ist eine solche constant-outlay-curve. Es werden bei variierendem Preis für Gut 1 immer 50 Geldeinheiten für Gut 1 ausgegeben. Damit wird auch deutlich, warum die Nachfrage nach Gut 2 vom Preis des Gutes 1 unabhängig ist: Das restliche Einkommen wird für Gut 2 verausgabt. Da dessen Preis konstant gesetzt wird, ergibt sich als Nachfrage nach Gut 2 immer dieselbe Menge.

Zu den isoelastischen Funktionen zählen auch **völlig preiselastische** bzw. **völlig preisunelastische** Nachfragefunktionen. Völlig preisunelastische Nachfragefunktionen weisen im gesamten Definitionsbereich eine Elastizität von null auf, $\varepsilon_{x,p} = 0$, völlig preiselastische dagegen durchgängig eine, die gegen unendlich strebt, $|\varepsilon_{x,p}| \to \infty$. Bei einer völlig preisunelastischen Nachfragefunktion reagiert die Nachfrage auf Preisänderungen überhaupt nicht. Es wird stets dieselbe Menge nachgefragt. Die Nachfragekurve verläuft also senkrecht. Bei einer völlig preiselastischen Nachfragefunktion dagegen führt jede Preiserhöhung sofort dazu, dass die Konsumenten das entsprechende Gut überhaupt nicht mehr nachfragen. Die Nachfragekurve verläuft waagerecht. Die beiden Extreme lassen sich graphisch folgendermaßen darstellen:

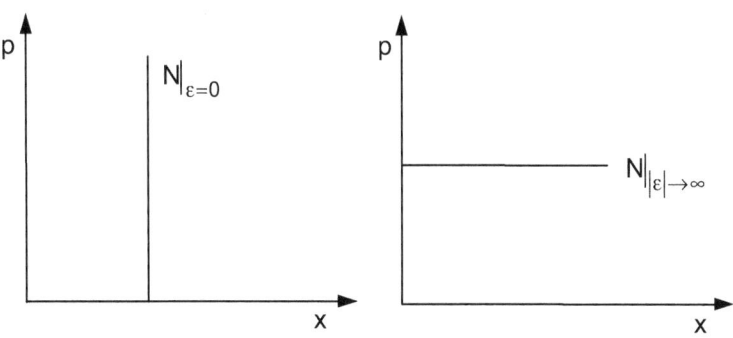

Abbildung 2.26.a: Völlig preisun-
elastische Nachfrage

Abbildung 2.26.b: Völlig preiselas-
tische Nachfrage

Auch für derartige Nachfrageverläufe finden sich Beispiele. Ein Süchtiger hat i. Allg. eine preisunelastische Nachfrage, denn er braucht eine gewisse Menge des Suchtmittels pro Tag. Ein anderes Beispiel stellt die kurzfristige Nachfrage nach Heizöl dar. Ist ein Haushalt nicht bereit, die Raumtemperatur zu senken, spielt ein gestiegener Preis für die nachgefragte Menge kurzfristig keine Rolle. (Langfristig wird ein Haushalt versuchen, das Heizöl durch Wärmedämm-Maßnahmen oder den Einsatz anderer Brennstoffe wenigstens teilweise zu substituieren.) Völlig elastisch ist die Nachfrage, wenn vollkommene Substitute vorhanden sind.

Übungsaufgabe

Aufgabe 7:
Die Nutzenindexfunktion eines Haushalts laute: $U = 2x_1 \cdot x_2$.
a) Stellen Sie die Lagrangefunktion mit einer allgemeinen Budgetgerade (bei s = 0) auf und berechnen Sie die Ableitungen 1. Ordnung sowie die optimale Gütermengenkombination.
b) Nun sei $p_1 = 2$ und $p_2 = 4$. Ermitteln Sie die Nachfragefunktion für die Güter 1 und 2 in Abhängigkeit vom Einkommen.
c) p_1 sei variabel, dafür e = 500 gegeben. Ermitteln Sie die Nachfrage nach dem Gut 1 in Abhängigkeit von seinem eigenen Preis.
d) Weisen Sie nach, dass alle drei ermittelten Nachfragefunktionen isoelastisch sind, wobei der Wert der Elastizität durchweg 1 beträgt.

2.8 Einkommens- und Substitutionseffekt

Wir haben gezeigt, dass der Haushalt normalerweise seine Nachfrage nach einem Gut einschränkt, wenn es teurer wird.[1] Diese Reaktion deckt sich mit unserer alltäglichen Erfahrung und doch handelt es sich dabei um einen komplexen Vorgang, weil die Stärke der Reaktion von zwei Effekten abhängt. Der **Gesamteffekt** der Nachfrageänderung setzt sich nämlich additiv aus zwei Teilen zusammen: dem **Substitutionseffekt** und dem **Einkommenseffekt**.

Wenn der Preis eines Gutes erhöht wird, verändert sich das Preisverhältnis der Güter. Wegen der Preiserhöhung wird das relativ teurer gewordene Gut durch das relativ billigere ersetzt. Dieser Effekt wird Substitutionseffekt genannt. Der Substitutionseffekt für das relativ teurer gewordenen Gut ist *stets* negativ, der für das relativ billiger gewordene Gut *stets* positiv.

Bei gegebenem Nominaleinkommen verringert sich durch die Preiserhöhung jedoch auch das Realeinkommen des Haushalts (vgl. Abschnitt 2.3).

---

[1] Im Folgenden wird für den Fall einer Preiserhöhung des betrachteten Gutes argumentiert. Die Konsequenzen einer Preissenkung sind spiegelbildlich hierzu.

Die Anpassung der nachgefragten Gütermengen an das verringerte Realeinkommen entspricht dem Einkommenseffekt. Die Richtung des Einkommenseffekts hängt von der Art der betrachteten Güter ab (s.u.).

Untersuchen wir die Effekte für eine Erhöhung des Preises von Gut 1: Um den Substitutionseffekt vom Einkommenseffekt isolieren zu können, wird der Haushalt gedanklich für den Realeinkommensverlust kompensiert, den er durch die Preiserhöhung von Gut 1 erfährt. Dabei reicht die Höhe der Kompensationszahlung gerade aus, um beim veränderten Preisverhältnis das vorherige Nutzenniveau beibehalten zu können. Diese Art der Einkommenskompensation wurde von John R. Hicks vorgeschlagen. Der zugehörige Substitutionseffekt wird deswegen als **Hicks-Substitutionseffekt** bezeichnet.

> Diese Form des gedanklichen Einkommensausgleichs wird auch **kompensatorische Einkommensvariation** genannt. Die Fragestellung lautet dabei: Wie viel Geld muss dem Konsumenten *nach* der Preisänderung *gegeben* werden, damit er dasselbe Nutzenniveau erreichen kann, das er *vor* der Preisänderung innehatte. Daneben gibt es noch die **äquivalente Einkommensvariation**. Die Fragestellung lautet hier: Wie viel Geld muss dem Konsumenten *vor* der Preisänderung *genommen* werden, damit er das gleiche Nutzenniveau erreicht wie *nach* der Preisänderung. Welche Art der Kompensation die 'richtige' ist, hängt von der Fragestellung ab, die untersucht werden soll.

Der Einkommenseffekt lässt sich als Differenz zwischen Gesamt- und Substitutionseffekt ermitteln. Ausgehend von dem Güterbündel, das bei Einkommenskompensation realisiert würde, zeigt der Einkommenseffekt die Reaktion der Nachfrage auf den tatsächlichen Rückgang des Realeinkommens an. Für Luxusgüter und normale Güter ist der Einkommenseffekt negativ. Lediglich im Falle inferiorer Güter fällt der Einkommenseffekt positiv aus, denn die Nachfrage nach inferioren Gütern nimmt mit steigendem Einkommen ab und mit sinkendem Einkommen zu (vgl. Abschnitt 2.6). Im Ausnahmefall ist der positive Einkommenseffekt so groß, dass er den negativen Substitutionseffekt überwiegt. Dann ist der Gesamteffekt positiv und die Nachfrage steigt mit dem Preis. Ein solches Gut wird als **Giffen-Gut** bezeichnet.

Substitutions- und Einkommenseffekt lassen sich graphisch einfach analysieren. Abbildung 2.27 zeigt die Änderung der nachgefragten Mengen der Güter 1 und 2 infolge einer Preiserhöhung des Gutes 1. Das ursprüngliche Haushaltsoptimum liegt bei der Gütermengenkombination X_0. Eine Erhöhung des Preises von Gut 1 führt zu einer Drehung der Budgetgeraden gegen den Uhrzeigersinn um ihren Abszissenabschnitt. Entsprechend ergibt sich das neue Haushaltsoptimum beim Güterbündel X_1. Um den Substitutionseffekt (SE) isolieren zu können, wird eine Hilfsgerade als Parallele zu BG_1 an die Indifferenzkurve I_0 angelegt. Die Hilfsgerade BG^* repräsentiert einerseits das neue Preisverhältnis und andererseits das fiktive höhere Einkommen, welches es dem Haushalt erlaubt, das ursprüngliche Nutzenniveau beizubehalten. Wie erwartet, liegt das fiktive Güterbündel X^* unterhalb von X_0. Der Substitutionseffekt für Gut 1 ist negativ, der für Gut 2 positiv. Der Einkommenseffekt (EE) lässt sich durch einen Vergleich der Gütermengenkombination in X^* und dem neuen Haushaltsoptimum in X_1 ermitteln und ist hier sowohl für Gut 1 als auch für Gut 2 negativ. Im Vergleich zum fiktiven Haushaltsoptimum in Punkt X^* geht die Nachfrage nach beiden Gütern zurück (von x_1^* auf x_{11} sowie von x_2^* auf x_{21}). Beide Güter sind daher superior.

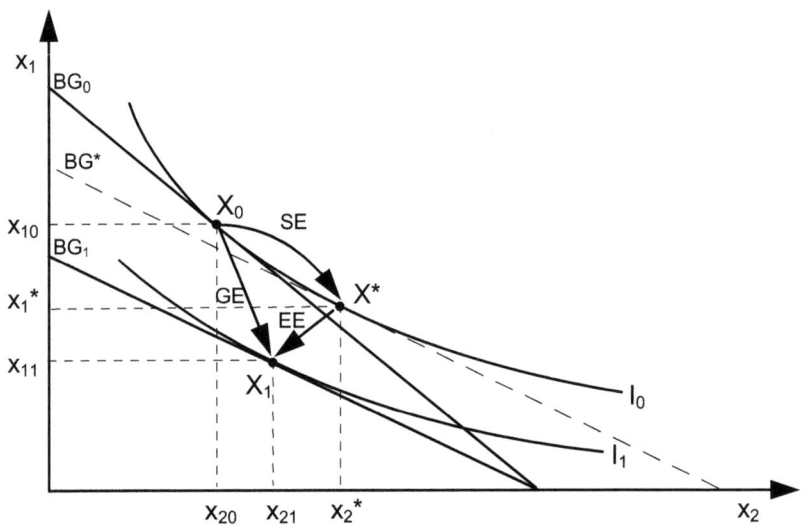

Abbildung 2.27: Effekte bei kompensatorischer Einkommensvariation

Anhand des Gesamteffekts (GE) lässt sich aus Abbildung 2.27 ablesen, dass es sich bei den Gütern um Substitute handelt: Die Preiserhöhung von Gut 1 führt dazu, dass von Gut 2 mehr nachgefragt wird (x_{21} statt x_{20}).

Die äquivalente Einkommensvariation lässt sich für eine Erhöhung des Preises von Gut 1 ebenfalls graphisch veranschaulichen (vgl. Abbildung 2.28). Die Hilfsbudgetgerade hat die Steigung des alten Preisverhältnisses (daher BG_0^*) und tangiert die neue Indifferenzkurve in Punkt X^*. Die Bewegung von X_0 nach X^* stellt den Einkommenseffekt dar, die Bewegung von X^* nach X_1 den Substitutionseffekt. X_1 ist das neue Haushaltsoptimum, womit die Bewegung von X_0 nach X_1 den Gesamteffekt darstellt.

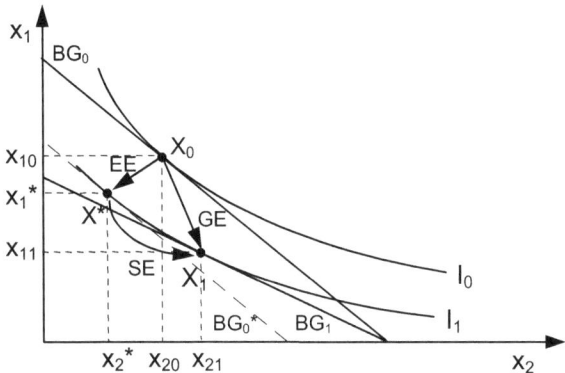

Abbildung 2.28: Effekte bei äquivalenter Einkommensvariation

Anders als bei der kompensatorischen oder der äquivalenten Einkommens-variation gibt der **Slutsky-Substitutionseffekt** jene (hypothetische) Ände-rung der Gütermengenkombination wieder, die dann eintritt, wenn der Haushalt nach einer Preisänderung derart für den Realeinkommensverlust kompensiert wird, dass er sich das ursprüngliche Güterbündel weiterhin leisten kann (vgl. Abb. 2.29). In diesem Fall wird die neue Budgetgerade parallel so verschoben, dass sie durch Punkt X_0 geht. An BG* tangiert die Indifferenzkurve I* in X*. Die Bewegung von X_0 nach X* kennzeichnet den Substitutionseffekt.

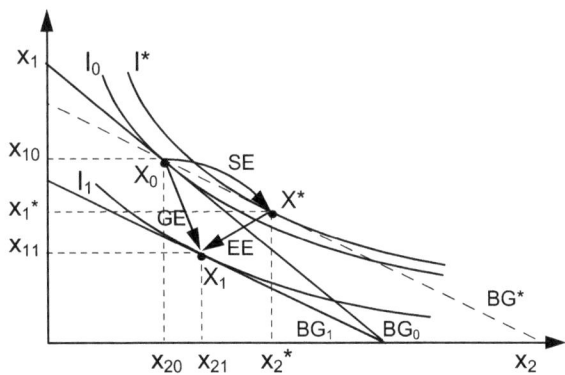

Abbildung 2.29: Slutsky-Substitutionseffekt

Der Slutsky-Substitutionseffekt lässt sich relativ leicht berechnen, weil die Ausgaben für das ursprüngliche Güterbündel bekannt sind. In der Literatur wird jedoch überwiegend der Hicks-Substitutionseffekt verwendet.[1]

---

[1] Zur Verwendung des Slutsky-Substitutionseffekts vgl. Varian H., Grundzüge der Mikroökonomik, 6. überarb. und erw. Aufl., Oldenburg Verlag, 2001, S. 154 ff.

Das neue Haushaltsoptimum ist in unserem Beispiel bei X_1 zu finden. Es kann jedoch je nach Präferenzordnung des Haushalts in einem beliebigen anderen Punkt auf der neuen Budgetgeraden liegen. In Abbildung 2.30 wurde die Budgetgerade (BG_1) in Abschnitte eingeteilt, welche durch horizontale und vertikale Linien in Höhe der Koordinaten des ursprünglichen Haushaltsoptimums sowie des fiktiven Verbrauchspunktes nach Substitution gewonnen wurden. Je nachdem, auf welchem Streckenabschnitt das neue Haushaltsoptimum liegt, können wir mit Hilfe dieser Einteilung feststellen, welche Charakteristika die betrachteten Güter aufweisen.

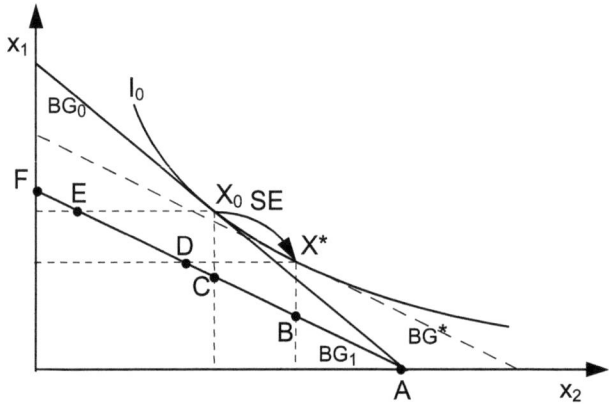

Abbildung 2.30: Streckenabschnitte zur Klassifizierung der Effekte

Eine systematische Übersicht über Einkommens-, Substitutions- und Gesamteffekt für jeden Abschnitt der Budgetgeraden wird in Tabelle 2.1 gegeben. Dabei steht + für einen positiven, – für einen negativen, ++ für einen stark positiven und – – für einen stark negativen Effekt auf die nachgefragte Menge des Gutes 1 bzw. 2.

Da der Substitutionseffekt jeweils dieselbe Richtung und Stärke aufweist, kommt es für den Gesamteffekt einzig auf Richtung und Stärke des Einkommenseffekts an. Betrachten wir zunächst Gut 1: Liegt das neue Haushaltsoptimum in den Abschnitten zwischen A und D geht die Nachfrage nach Gut 1 zurück, weil außer dem Substitutionseffekt auch der Einkommenseffekt negativ ist. In Abschnitt DE ist zwar der Einkommenseffekt positiv, aber der negative Substitutionseffekt ist größer. In Abschnitt EF dagegen überwiegt der Einkommens- den Substitutionseffekt, so dass sich ein positiver Gesamteffekt ergibt – es handelt sich um ein Giffen-Gut: trotz Preiserhöhung steigt die Nachfrage.

Die Nachfrage nach Gut 2 steigt, falls die neue Indifferenzkurve in den beiden Abschnitten zwischen A und C tangiert, weil der positive Substitutionseffekt durch den Einkommenseffekt noch unterstützt wird (Abschnitt

AB) oder ihn zumindest überwiegt (Abschnitt BC). In den restlichen drei Abschnitten dagegen dominiert der Einkommenseffekt und bestimmt damit die Richtung des Gesamteffekts.

Abschnitt	x_1			x_2		
	SE	EE	GE	SE	EE	GE
AB	–	–	– –	+	+	++
BC	–	–	–	+	–	+
CD	–	–	–	+	–	–
DE	–	+	–	+	–	–
EF	–	++	+	+	– –	– –

Tabelle 2.1: Übersicht über Substitutions-, Einkommens- und Gesamteffekt

Der Gesamteffekt gibt Auskunft darüber, ob die Güter Substitute oder Komplemente sind. Liegt das neue Haushaltsoptimum zwischen A und C, sind die beiden Güter Substitute: Preiserhöhungen bei Gut 1 führen zu einer geringeren Nachfrage nach Gut 1 und einer zunehmenden Nachfrage nach Gut 2. Anders im Bereich CE: hier handelt es sich bei den Gütern um Komplemente. Bei Preiserhöhung von Gut 1 wird sowohl von Gut 1 als auch von Gut 2 weniger nachgefragt.

Der Einkommenseffekt gibt Auskunft darüber, ob es sich bei den Gütern um inferiore oder um superiore Güter handelt. Wenn (ausgehend vom fiktiven Haushaltsoptimum) trotz rückläufigen Einkommens mehr von einem Gut konsumiert wird ($dx/de < 0$), dann handelt es sich um ein inferiores Gut. Liegt das neue Haushaltsoptimum also im Bereich DF, ist Gut 1 ein inferiores Gut. Das gleiche gilt für Gut 2 in Abschnitt AB. Zwischen B und D sind dagegen beide Güter superior (wie in Abb. 2.27).

Übungsaufgabe

Aufgabe 8:
a) Der Nutzen eine Haushalts lasse sich durch die Funktion $U = x_1 \cdot x_2$ beschreiben. Sein Einkommen betrage 200 Geldeinheiten. Die Preise der Güter 1 und 2 seien ursprünglich mit $p_{10} = 1$ und $p_2 = 4$ gegeben. Berechnen Sie den Substitutions-, Einkommens- und Gesamteffekt für eine Preiserhöhung des Gutes 1 auf $p_{11} = 4$. (Gehen Sie von einer kompensatorischen Einkommensvariation aus).
b) Wie hoch müsste die Einkommenskompensation ausfallen, damit der Haushalt keine Nutzeneinbuße erlitte?
c) In welchem Punkt auf der BG_1 liegt das neue Haushaltsoptimum (ziehen Sie Abb. 2.30 heran)? Handelt es sich um Komplemente oder um Substitute; ist eines der Güter inferior (mit Begründung)?

2.9   Allgemeine Herleitung von Nachfragefunktionen für den Zwei-Güter-Fall *

In den vorangegangenen Kapiteln haben wir verschiedene Nachfragefunktionen abgeleitet, die sich für zwei Güter bei Variation des Einkommens oder des Preises eines Gutes ergeben. Dazu haben wir zum einen ein graphisches Verfahren und zum anderen eine konkrete Nutzenfunktion verwendet. In den folgenden Abschnitten leiten wir Nachfragefunktionen aus einer allgemein formulierten Nutzenfunktion her. Wir betrachten dabei Nachfragefunktionen für ein Gut in Abhängigkeit vom eigenen Preis, also Nachfragefunktionen des Typs $x_i = x_i(p_i)$, beschränken uns allerdings auf den Zwei-Güter-Fall.

In Abschnitt 2.7 haben wir die **Marshallsche Nachfragefunktion** kennen gelernt. Sie beschreibt die Nachfrage nach einem Gut als Funktion seines Preises bei Konstanz des anderen Preises und des Einkommens. Diese Nachfragefunktion lässt sich für das Gut 1 (analog für Gut 2) allgemein schreiben als:

$$x_1 = x_1(p_1, \overline{p}_2, \overline{e}) \, .$$

Des Weiteren gibt es das Konzept der **Hicksschen Nachfragefunktion**, die allgemein folgendes Aussehen hat:

$$x_1^H = x_1^H(p_1, \overline{p}_2, \overline{U}) \, .$$

Sie beschreibt die Nachfrage nach einem Gut als Funktion seines Preises bei Konstanz aller anderen Preise und des Nutzenniveaus. Das Einkommen wird bei dieser Nachfragefunktion gedanklich stets so angepasst, dass das vor einer Preisänderung realisierte Nutzenniveau auch nach der Preisänderung erreicht wird. Die Veränderung des Realeinkommens wird also kompensiert. Daher wird die Hickssche Nachfragefunktion auch **einkommenskompensierte Nachfragefunktion** genannt. Diese Art der Kompensation ist uns bereits aus der Darstellung des Hicks-Substitutionseffekts bekannt (vgl. Abschnitt 2.8).

> Eine andere Form der Einkommenskompensation, die uns beim Slutsky-Substitutionseffekt bereits begegnet ist, wird bei der **Slutsky Nachfragefunktion** vorgenommen. Diese nennen wir nur der Vollständigkeit halber. Auf eine Darstellung wird im Weiteren verzichtet. Die Slutsky Nachfragefunktion lässt sich allgemein schreiben als:
>
> $$x_1^S = x_1^S(p_1, \overline{p}_2, e) \, , \text{ mit } e = p_1 \overline{x}_1 + \overline{p}_2 \overline{x}_2 \, .$$
>
> Sie beschreibt die Nachfrage für ein Gut als Funktion seines Preises und des Einkommens bei Konstanz aller anderen Preise. Das Einkommen wird bei dieser Nachfragefunktion gedanklich stets so angepasst, dass das vor

einer Preisänderung realisierte Güterbündel auch nach der Preisänderung erreicht werden kann. Das Nutzenniveau bleibt dagegen nicht konstant.

Nachdem wir die unterschiedlichen Nachfragefunktionen definiert haben, leiten wir sie nun aus dem Optimierungskalkül eines Haushalts her.

2.9.1 Die Marshallsche Nachfragefunktion

Wir haben bereits einen Weg aufgezeigt, wie sich die Marshallsche Nach-fragefunktion bestimmen lässt (vgl. Abschnitt 2.7.2): Man ermittelt die optimale Gütermengenkombination und setzt sie in die Budgetrestriktion ein, wobei der Preis des betrachteten Gutes als (exogene) Variable behandelt wird. Dieses Vorgehen ist jedoch nur bei parametrisch formulierten (d. h. spezifizierten) Nutzenfunktionen möglich. Für eine allgemeine Herleitung ist der Aufwand größer. Wir benutzen hierzu das **Enveloppen-Theorem** (vgl. Anhang A.3) und wenden es auf die **indirekte Nutzenfunktion** an.

Die indirekte Nutzenfunktion erhält man, indem man die aus dem Nut-zenmaximierungsansatz für ein gegebenes Einkommen und gegebene Preise ermittelten optimalen Verbrauchsmengen in die Nutzenfunktion ein-setzt. Da die nutzenmaximalen Gütermengen $x_1{}^*$, $x_2{}^*$ einerseits von den Preisen und andererseits von der Höhe des gegebenen Einkommens ab-hängig sind, können wir die indirekte Nutzenfunktion wie folgt schreiben:

$$U^* = U[x_1{}^*(p_1,p_2,e), x_2{}^*(p_1,p_2,e)] = V(p_1,p_2,e).$$

Nun ist auch ersichtlich, warum von 'indirekter' Nutzenfunktion gesprochen wird: Der Nutzen ist nicht mehr direkt, sondern lediglich indirekt von den Gütermengen abhängig, nämlich über die Güterpreise und das Einkom-men.

Die indirekte Nutzenfunktion für die Cobb-Douglas-Nutzenfunktion lautet beispielsweise [vgl. (2.10) und (2.11)]:

$$U^* = \left(\frac{\alpha e}{p_1}\right)^{\alpha} \cdot \left(\frac{(1-\alpha)e}{p_2}\right)^{(1-\alpha)} = p_1{}^{-\alpha} p_2{}^{\alpha-1} \alpha^{\alpha} (1-\alpha)^{1-\alpha} e.$$

Wir untersuchen nun den Einfluss von Veränderungen des Einkommens und des Preises des betrachteten Gutes auf das Nutzenniveau eines Haushalts, der sein Nutzenmaximum bereits realisiert hat und leiten auf diese Weise die Marshallsche Nachfragefunktion her. Der Lagrangeansatz lautet folgendermaßen:

$$L^* = U(x_1{}^*,x_2{}^*) + \lambda(e - p_1 x_1{}^* - p_2 x_2{}^*).$$

Ableiten der Lagrangefunktion nach dem Einkommen liefert unter Anwendung des Enveloppen-Theorems:

$$\frac{\partial L^*}{\partial e} \equiv \frac{\partial U^*}{\partial e} = \lambda^*.$$

Der Lagrangemultiplikator im Nutzenmaximierungsproblem steht also für den Grenznutzen des Einkommens im Nutzenmaximum.

> Allgemein gibt der Lagrangemultiplikator in einem Optimierungsproblem an, wie sich der Optimalwert der Lagrangefunktion verändert, wenn die Nebenbedingung um eine infinitesimale Einheit variiert wird. In unserem Beispiel ist dies die Erhöhung des Einkommens um eine Einheit. λ wird auch **Schattenpreis** genannt. Von 'Schatten'preis wird gesprochen, weil λ kein Marktpreis ist. Ein positives λ zeigt jedoch die Knappheit der durch die Nebenbedingung ausgedrückten Variablen an und hat insofern die gleiche Indikatorfunktion wie ein Marktpreis.

Wenn wir L^* nach p_1 differenzieren, resultiert der folgende Ausdruck:

$$\frac{\partial L^*}{\partial p_1} \equiv \frac{\partial U^*}{\partial p_1} = -\lambda^* x_1^*. \tag{2.17}$$

Durch Auflösen von (2.17) nach x_1^* und einsetzen von $\partial U^*/\partial e$ für λ^* erhalten wir:

$$x_1^* = -\frac{\partial U^*/\partial p_1}{\partial U^*/\partial e}. \tag{2.18}$$

Dies ist die Marshallsche Nachfragefunktion für Gut 1. Differentiation von L^* nach p_2 führt analog zur Marshallschen Nachfragefunktion nach Gut 2. Gleichung (2.18) wird als **Roy-Identität** bezeichnet. Da sich die Marshallsche Nachfragefunktion aus der indirekten Nutzenfunktion ergibt, ordnet sie möglichen Preisen für ein Gut die jeweiligen nutzenmaximalen Mengen x^* des Gutes zu, wobei die Preise der anderen Güter und das Nominaleinkommen konstant gehalten werden.

2.9.2 Die Hickssche Nachfragefunktion

Für die Herleitung der Hicksschen Nachfragefunktion müssen wir eine andere Herangehensweise wählen als zur Herleitung der Marshallschen Nachfragefunktion. Da bei der Hicksschen Nachfragefunktion die Nachfrage bei Konstanz der Güterpreise und des Nutzenniveaus bestimmt wird, können wir diese Nachfragefunktion nicht ermitteln, indem wir die nutzenmaximalen Verbrauchsmengen für gegebene Preise und gegebenes Einkommen berechnen. Statt mit einem Nutzenmaximierungs- haben wir es vielmehr mit einem Ausgabenminimierungsproblem zu tun, bei dem das Nutzenniveau vorgegeben ist und das Einkommen als Variable angesehen wird.

Graphisch lässt sich dieses Ausgabenminimierungsproblem wie in Abbildung 2.31 darstellen. Da das Einkommen variabel ist, werden unterschiedliche Budgetgeraden eingezeichnet. Das vorgegebene Nutzenniveau wird durch die Indifferenzkurve I_1 repräsentiert. Diejenige Budgetgerade, welche die Indifferenzkurve tangiert, stellt den Ausgabenbetrag dar, der notwendig ist, das vorgegebene Nutzenniveau zu erreichen. Die Ausgabenminimierung liefert die gleichen optimalen Verbrauchsmengen wie die Nutzenmaximierung, nämlich x_1^* und x_2^*, sofern I_1 der nutzenmaximierenden Indifferenzkurve im Nutzenmaximierungsproblem entspricht.

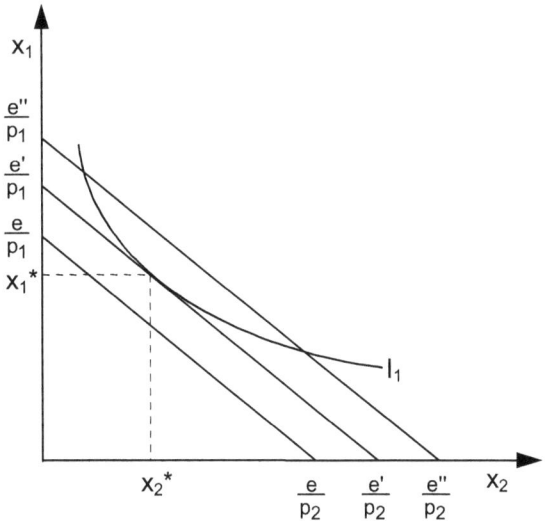

Abbildung 2.31: Haushaltsoptimum bei Ausgabenminimierung

Wenden wir uns nun dem Lagrangeansatz des Ausgabenminimierungsproblems zu:

$$L = \underbrace{p_1 x_1 + p_2 x_2}_{=e} + \lambda[\overline{U} - U(x_1, x_2)] ,$$

mit $\overline{U}$ als dem vorgegebenen Nutzenniveau. Als Zielfunktion fungieren die Ausgaben, während die Nebenbedingung aus der nach null aufgelösten Indifferenzkurvengleichung besteht. Die zugehörigen notwendigen Bedingungen dieses Minimierungsproblems sind:

$$\frac{\partial L}{\partial x_1} = p_1 - \lambda \frac{\partial U}{\partial x_1} = 0$$

$$\frac{\partial L}{\partial x_2} = p_2 - \lambda \frac{\partial U}{\partial x_2} = 0$$

$$\frac{\partial L}{\partial \lambda} = \overline{U} - U(x_1, x_2) = 0 \ .$$

Wenn wir die ersten beiden notwendigen Bedingungen nach λ auflösen und gleichsetzen, erhalten wir den Ausdruck für das 2. Gossensche Gesetz (vgl. Abschnitt 2.5.1). Die Optimalitätsbedingungen sind also im Nutzenmaximierungs- und im Ausgabenminimierungsproblem identisch. Wenn die Ausgaben und das Nutzenniveau bei Ausgabenminimierung mit dem gegebenen Einkommen und dem Nutzenniveau bei Nutzenmaximierung übereinstimmen, müssen auch die optimalen Verbrauchsmengen identisch sein, wie bereits oben anhand der graphischen Analyse gezeigt wurde.

Zur Herleitung der Hicksschen Nachfragefunktion bilden wir zunächst das Pendant zur indirekten Nutzenfunktion, die **Ausgabenfunktion**. Die Ausgabenfunktion ordnet jeder Kombination aus gegebenen Preisen und gegebenem Nutzenniveau minimale Ausgaben zu. Die Ausgaben sind nach den von uns gesetzten Annahmen gleich dem Einkommen. Daher ist die Ausgabenfunktion bei Gültigkeit eines streng monotonen Zusammenhangs zwischen Einkommen und Nutzenniveau die Inverse der indirekten Nutzenfunktion:

$$e^* = e[x_1{}^*(p_1, p_2, U^*), x_2{}^*(p_1, p_2, U^*)] = A(p_1, p_2, U^*).$$

Mit Hilfe des Enveloppen-Theorems erhält man die Nachfrage nach einem Gut durch partielle Differentiation der Ausgabenfunktion nach dem entsprechenden Güterpreis (dies nennt man **Shephards Lemma**). Partielle Differentiation der Ausgabenfunktion beispielsweise nach p_1 liefert die Hickssche Nachfragefunktion für Gut 1:

$$\frac{\partial e^*}{\partial p_1} = x_1{}^* \ . \tag{2.19}$$

Auf (2.19) wird später noch Bezug genommen. Bei Kenntnis der Ausgabenfunktion können wir darüber hinaus auf die zugehörige Nutzenfunktion schließen. Man spricht in diesem Zusammenhang auch von der **Dualität** zwischen Ausgaben- und Nutzenfunktion, was soviel bedeutet, dass die Ausgabenfunktion alle relevanten Informationen über die Nutzenfunktion beinhaltet. Dies wird in Anhang A.4 anhand eines Beispiels gezeigt.

Die Hickssche Nachfragefunktion ist nicht direkt beobachtbar, weil sie von einem gegebenen Nutzenniveau ausgeht. Wir werden jedoch feststellen, dass ein bestimmter Zusammenhang zwischen Hicksscher und Marshallscher Nachfragefunktion besteht.

2.9.3 Slutsky-Gleichung

Nachdem wir in Abschnitt 2.8 den Einkommens- und Substitutionseffekt bereits graphisch analysiert haben, können wir anhand der sogenannten **Slutsky-Gleichung** auch algebraisch zeigen, dass sich der Gesamteffekt einer Preisänderung aus einem Einkommens- und einem Substitutionseffekt zusammensetzt. Darüber hinaus können wir mit Hilfe der Slutsky-Gleichung von der prinzipiell beobachtbaren Marshallschen Nachfragefunktion auf die prinzipiell unbeobachtbare Hickssche Nachfragefunktion schließen.

Wir gehen bei der Herleitung der Slutsky-Gleichung von einer uns bereits geläufigen Überlegung aus: Stimmen das vorgegebene Nutzenniveau $\overline{U}$ bei der Ausgabenminimierung und das maximal erreichbare Nutzenniveau U^* für ein gegebenes Einkommen bei der Nutzenmaximierung überein, so sind die resultierenden optimalen Verbrauchsmengen identisch. Die Hickssche Nachfragemenge ist in diesem Fall gleich der Marshallschen Nachfragemenge:

$$x_1^H(p_1, \overline{p}_2, U^*) = x_1(p_1, \overline{p}_2, e^*) \ , \tag{2.20}$$

wobei e^* den Wert der an der Stelle x_1^*, x_2^* berechneten Ausgabenfunktion symbolisiert:

$$e^* = e[x_1^*(p_1, p_2, U^*), x_2^*(p_1, p_2, U^*)] \quad \text{mit} \quad U^* = U(x_1^*, x_2^*) \ .$$

Damit ist sichergestellt, dass das Einkommen e ausreicht, um bei gegebenen Preisen das Nutzenniveau U^* auch erreichen zu können.

Leiten wir die Identität (2.20) nach p_1 ab, resultiert:

$$\frac{\partial x_1^H}{\partial p_1} = \frac{\partial x_1}{\partial p_1} + \frac{\partial x_1}{\partial e} \frac{\partial e^*}{\partial p_1} \ .$$

Nun ist $\partial e^*/\partial p_1$ gemäß Shephards Lemma gleich x_1^*. Nachdem wir dies berücksichtigt und nach $\partial x_1/\partial p_1$ aufgelöst haben, erhalten wir die Slutsky-Gleichung:

$$\underbrace{\frac{\partial x_1}{\partial p_1}}_{GE} = \underbrace{\frac{\partial x_1^H}{\partial p_1}}_{SE} - \underbrace{\frac{\partial x_1}{\partial e} x_1^*}_{EE} \ . \tag{2.21}$$

Die Slutsky-Gleichung besteht aus drei Termen, die jeweils das algebraische Pendant zu den bereits graphisch hergeleiteten Effekten einer Preisänderung darstellen. Während der erste Term den Gesamteffekt einer Preisänderung eines Gutes auf die nachgefragte Menge zeigt, stellt der zweite Term den Hicks-Substitutionseffekt und der dritte Term den Einkommenseffekt dar.

Der Substitutionseffekt ist stets negativ. Das Vorzeichen des Einkommens-effekts hängt dagegen davon ab, ob es sich um ein superiores oder ein in-feriores Gut handelt. Der Gesamteffekt wird bei einer Preiserhöhung in der Regel ein negatives Vorzeichen haben (die Nachfragemenge reagiert auf eine Preisänderung desselben Gutes 'normal'). Er kann nur dann positiv sein, wenn es sich um ein inferiores Gut handelt und der Einkommensef-fekt den Substitutionseffekt überkompensiert (Giffen-Gut).

Als Rechenbeispiel bedienen wir uns wiederum der Cobb-Douglas-Funk-tion. Dabei berechnen wir den Substitutionseffekt und den Einkommensef-fekt und überprüfen anhand des sich ergebenden Gesamteffekts die Rich-tigkeit des Ergebnisses: Der Substitutionseffekt ergibt sich aus der Ablei-tung der Hicksschen Nachfragemenge nach dem Preis. Die Hickssche Nachfragemenge erhält man mit Hilfe von Shephards Lemma, indem man die Ausgabenfunktion partiell nach p_1 differenziert. Die Ausgabenfunktion der Cobb-Douglas-Funktion liegt uns zwar noch nicht vor, aber die indirekte Nutzenfunktion haben wir bereits abgeleitet (vgl. Abschnitt 2.9.1): Sie lau-tet:

$$U^* = e p_1^{-\alpha} p_2^{\alpha-1} \omega , \quad \text{mit} \quad \omega = \alpha^\alpha (1-\alpha)^{1-\alpha} . \tag{2.22}$$

Die Ausgabenfunktion erhält man, indem man die indirekte Nutzenfunktion invertiert:

$$e^* = U^* p_1^\alpha p_2^{1-\alpha} \omega^{-1} .$$

Aus der partielles Ableitung der Ausgabenfunktion nach p_1 folgt die Hicks-sche Nachfragefunktion:

$$\frac{\partial e^*}{\partial p_1} = x_1^H = U^* \alpha p_1^{\alpha-1} p_2^{1-\alpha} \omega^{-1} .$$

Damit ergibt sich der Hicks-Substitutionseffekt als:

$$\frac{\partial x_1^H}{\partial p_1} = U^* \alpha (\alpha - 1) p_1^{\alpha-2} p_2^{1-\alpha} \omega^{-1} ,$$

und nach Substitution von U* durch (2.22)

$$\frac{\partial x_1^H}{\partial p_1} = e p_1^{-\alpha} p_2^{\alpha-1} \omega \cdot \alpha (\alpha - 1) p_1^{\alpha-2} p_2^{1-\alpha} \omega^{-1} = \frac{\alpha (\alpha-1) e}{p_1^2} .$$

Die Höhe des Hicks-Substitutionseffekts hängt negativ vom Einkommen und positiv vom Preis ab. Da $\alpha < 1$ ist er negativ. Den Einkommenseffekt erhalten wir über die Marshallsche Nachfragefunktion, welche wir oben be-reits hergeleitet haben: $x_1{}^* = \alpha e / p_1$. Deren Ableitung nach dem Einkommen lautet: $\partial x_1 / \partial e = \alpha / p_1$. Gemäß der Slutsky-Gleichung (2.21) ergibt sich der Einkommenseffekt aus dieser Ableitung multipliziert mit $x_1{}^*$:

$$\frac{\partial x_1}{\partial e} x_1^* = \frac{\alpha^2 e}{p_1^2} .$$

Der Einkommenseffekt ist positiv vom Einkommen und negativ von den Preisen abhängig. Da α, e und p_1 größer als null sind, ist der Einkommenseffekt für das gewählte Beispiel positiv.

Der Gesamteffekt einer Preisänderung von Gut 1 ergibt sich gemäß (2.21) damit als:

$$\frac{\partial x_1^H}{\partial p_1} - \frac{\partial x_1}{\partial e} x_1^* = \frac{\alpha(\alpha-1)e}{p_1^2} - \frac{\alpha^2 e}{p_1^2} = -\frac{\alpha e}{p_1^2}.$$

Die Richtigkeit des Ergebnisses kann man anhand der Ableitung der Marshallschen Nachfragefunktion nach p_1 leicht nachprüfen. Der Gesamteffekt einer Preisänderung ist also dem Absolutbetrag nach umso größer, je niedriger der Güterpreis und je höher das Einkommen ist.

2.9.4 Marshallsche versus Hickssche Nachfragefunktion

Anhand der Slutsky-Gleichung können wir nun die Marshallsche und die Hickssche Nachfragefunktion graphisch darstellen. Zur weiteren Interpretation schreiben wir zunächst die Slutsky-Gleichung nochmals auf:

$$\underbrace{\frac{\partial x_1}{\partial p_1}}_{GE} = \underbrace{\frac{\partial x_1^H}{\partial p_1}}_{SE} - \underbrace{\frac{\partial x_1}{\partial e} x_1^*}_{EE} . \tag{2.21}$$

Die linke Seite gibt den Gesamteffekt einer Preisänderung der Marshallschen Nachfrage im Preis-Mengen-Diagramm an. Wenn wir vom Giffen-Fall absehen, ist dieser negativ. Die Marshallsche Nachfragefunktion ist in einem p/x-Diagramm also negativ geneigt. Der Verlauf der Hicksschen Nachfragefunktion wird durch den ersten Term der rechten Seite der Gleichung wiedergegeben. Wegen des negativen Vorzeichens der Ableitung ist auch die Hickssche Nachfragekurve negativ geneigt. Wie oben schon erläutert wurde, haben die beiden Funktionen einen gemeinsamen Punkt. In diesem Punkt ist die Hickssche Nachfragemenge gleich der Marshallschen Nachfragemenge. Ob die Marshallsche Nachfragekurve steiler als die Hickssche verläuft, hängt davon ab, welches Vorzeichen der Einkommenseffekt hat. Bei superioren Gütern ist der Einkommenseffekt positiv. In diesem Fall verläuft die Marshallsche Nachfragekurve also flacher als die Hickssche Nachfragekurve. Bei inferioren Gütern dagegen verläuft die Marshallsche Nachfragekurve steiler als die Hickssche Nachfragekurve.

Die Begründung hierfür liegt auf der Hand. Nehmen wir den Fall eines superioren Gutes und erörtern die Effekte einer Preissteigerung dieses Gutes: Wegen der relativen Preiserhöhung sinkt die Nachfrage. Dies ist der Substitutionseffekt, der sich in beiden Nachfragefunktionen niederschlägt. Gleichzeitig geht bei steigendem Preis das Realeinkommen zurück. Wenn das Realeinkommen fällt, sinkt bei superioren Gütern die

Nachfrage. Dies ist der Einkommenseffekt, der bei der Hicksschen Nachfrage nicht auftritt, weil der Realeinkommensverlust gedanklich kompensiert wird. Im Fall superiorer Güter verstärken sich Einkommens- und Substitutionseffekt. Der flachere Verlauf der Marshallschen Nachfragekurve spiegelt die stärkere Reaktion der Nachfrage auf eine Preisänderung wider (vgl. Abb. 2.32.a).

Bei inferioren Gütern ist der Einkommenseffekt negativ und entwickelt damit eine dem Substitutionseffekt entgegengesetzte Wirkung. Betrachten wir wieder den Fall einer Preissteigerung. Wenn der Preis steigt, sinkt aufgrund des Substitutionseffekts die Nachfrage. Gleichzeitig geht das Realeinkommen zurück und aus diesem Grund steigt die Nachfrage nach dem inferioren Gut. Wenn wir den Giffen-Fall ausschließen, ist der Substitutionseffekt stärker als der Einkommenseffekt, der Gesamteffekt ist also negativ, wird jedoch durch den zum Substitutionseffekt gegenläufigen Einkommenseffekt abgemildert. Die Hickssche Nachfragefunktion enthält dagegen keinen Einkommenseffekt. Die Reaktion der Marshallschen Nachfrage auf Preisänderungen ist im Fall inferiorer Güter also schwächer als die der Hicksschen Nachfrage. Die schwächere Reaktion der Marshallschen Nachfrage auf Preisänderungen wird durch ihren steileren Verlauf im Preis-Mengen-Diagramm dargestellt (vgl. Abb. 2.32.b).

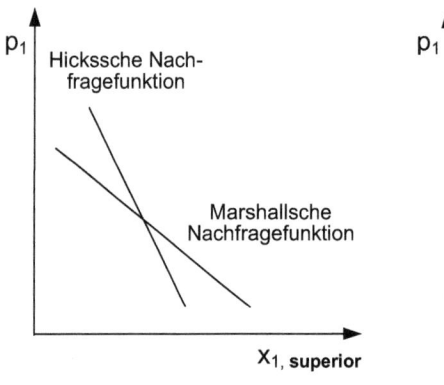

Abbildung 2.32.a: Nachfragekurven bei superioren Gütern   *Abbildung 2.32.b: Nachfragekurven bei inferioren Gütern*

Die Nachfrageseite eines Marktes wird zumeist mit Hilfe der Marshallschen Nachfragefunktion abgebildet. Die Hickssche Nachfragefunktion bietet sich dagegen für eine Wohlfahrtsanalyse an. Sie dient zur exakten Messung von Wohlfahrtsverlusten bzw. -gewinnen, die sich durch Veränderung der wirtschaftlichen Rahmenbedingungen ergeben können. Sie ist gerade deswegen für diesen Zweck besonders gut geeignet, weil sich Einkommenseffekte in ihrem Verlauf nicht niederschlagen, welche die Messung von Wohlfahrtseffekten verzerren.

2.10 Aggregation der Einzelnachfragen zur Gesamtnachfrage

2.10.1 Darstellung

Um die Marktnachfrage x_N für ein Gut ermitteln zu können, müssen die Nachfragefunktionen der einzelnen Haushalte aggregiert werden. Dabei werden die zu jedem Preis nachgefragten Mengen der Haushalte addiert.

Beispielhaft demonstriert sei dies an zwei Haushalten, die ein Gut nachfragen. Die Nachfragefunktionen der Haushalte seien, wie in Abbildung 2.33, der Einfachheit halber linear. Sie haben die Form:

$x_1 = a_1/b_1 - (1/b_1)p$

$x_2 = a_2/b_2 - (1/b_2)p$.

Dabei ist x_1 die Nachfragefunktion des Haushalts 1 und x_2 die Nachfragefunktion des Haushalts 2 für das Gut. Haushalt 1 hat eine höhere Kaufbereitschaft als Haushalt 2, was sich darin ausdrückt, dass sein **Prohibitivpreis**, also der Preis bei dem die Nachfrage gerade null wird, höher liegt als bei Haushalt 2.

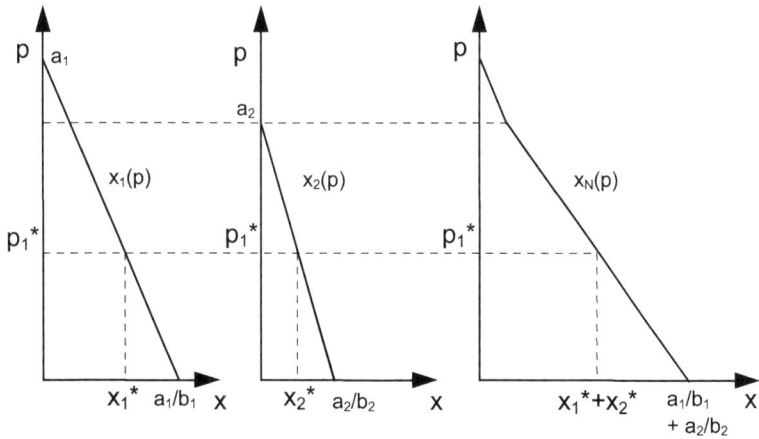

Abbildung 2.33: Aggregation zweier Nachfragekurven

Zwischen dem Prohibitivpreis des Haushalts 1: a_1 und dem Prohibitivpreis des Haushalts 2: a_2 fragt nur Haushalt 1 Mengeneinheiten des Gutes nach. Die Gesamtnachfrage besteht daher in diesem Preisbereich lediglich aus dem oberen Teil der Nachfragekurve des Haushalts 1. Bei Preisen unterhalb von a_2 fragen dann beide Haushalte nach; bei p_1^* beispielsweise fragt Haushalt 1 die Menge x_1^* nach, während Haushalt 2 die Menge x_2^* kaufen möchte. Die nachgefragten Mengen beider Haushalte werden addiert und in das rechte Diagramm übertragen.

Die zeichnerische Lösung lässt sich am einfachsten bewerkstelligen, indem man zunächst die alleinige Nachfrage von Haushalt 1 bis zum Prohibitivpreis des Haushalts 2 in das Diagramm für die Gesamtnachfrage überträgt und ferner die Sättigungsmengen addiert und die Summe auf der Abszisse abträgt. Dann muss nur noch eine Verbindungslinie zwischen der Knickstelle und der Abszisse gezogen werden.

Knickstellen in der Gesamtnachfrage gibt es immer dann, wenn der maximale Preis, den die Haushalte für die erste Mengeneinheit zu zahlen bereit sind, nicht übereinstimmt. Je mehr Haushalte einbezogen werden, desto unmerklicher werden i. Allg. die Knickstellen.

Algebraisch kann die Gesamtnachfragefunktion folgendermaßen formuliert werden:

$$
x_N = \begin{cases} 0 & \text{für} \quad p \geq a_1 \\[2mm] \dfrac{a_1}{b_1} - \dfrac{1}{b_1}p & \text{für} \quad a_1 > p \geq a_2 \\[3mm] \dfrac{a_1}{b_1} + \dfrac{a_2}{b_2} - \left(\dfrac{1}{b_1} + \dfrac{1}{b_2}\right)p & \text{für} \quad a_2 > p \geq 0 \end{cases} .
$$

Die Gesamtnachfragefunktion lässt sich also in drei Bereiche unterteilen, wobei man sich auch auf die beiden unteren beschränken kann, weil nur hier überhaupt Nachfrage auftritt.

Bei der Aggregation muss man die einzelnen Nachfragefunktionen zunächst immer in die Form $x = x(p)$ bringen, weil sich nur so die Mengen addieren lassen, die zu den unterschiedlichen Preisen nachgefragt werden. Bei inversen Nachfragefunktionen, also $p = p(x)$, stehen zwar auf der rechten Seite die Mengen (wie an der linearen Nachfragefunktion $p = a - bx$ unmittelbar deutlich wird), die Aggregation liefe jedoch über die Preise.

Die Gesamtnachfrage, die zugleich die Marktnachfrage darstellt, bleibt solange unverändert, wie die ceteris-paribus-Annahme gilt, d. h. solange sich weder die Präferenzen der Haushalte noch die Preise komplementärer oder substitutiver Güter noch das Einkommen der Haushalte oder Rahmenbedingungen ändern, welche für die Nachfrage von Bedeutung sind (vgl. Abschnitt 2.2).
Die Gesamtnachfrage nach dem betrachteten Gut steigt, falls (mindestens) eine der nachfolgenden Änderungen eintritt:
– Die Präferenzen der Haushalte werden stärker und daher fragen Haushalte, die bereits Nachfrager sind, mehr Mengeneinheiten nach bzw. neue Haushalte kommen hinzu;
– die Preise komplementärer Güter sinken;
– die Preise substitutiver Güter steigen;
– das Einkommen der Haushalte steigt und das betrachtete Gut ist superior;

– das Einkommen der Haushalte sinkt und das betrachtete Gut ist inferior und/oder
– neue Rahmenbedingungen unterstützen die Nachfrage.

Die Nachfragekurve verschiebt sich nach rechts. Falls jeweils das Gegenteil eintritt, dann sinkt die Gesamtnachfrage und die Nachfragekurve verschiebt sich nach links.

2.10.2 Das Aggregationsproblem *

Wir wissen, dass die Nachfrage eines Haushalts von den Güterpreisen und dem individuellen Einkommen abhängt. Die Gesamtnachfrage hängt dagegen im Allgemeinen nicht nur von den Preisen und dem Gesamteinkommen ab, sondern auch von der Verteilung des Gesamteinkommens. Daraus ergibt sich ein Aggregationsproblem. Eine Einkommensumverteilung führt beispielsweise zu einer Verschiebung der Nachfragekurve, wenn ein Gut bei gleichem Einkommensniveau für einen Teil der Haushalte superior, für andere Haushalte aber inferior ist und sich die gegenläufigen Effekte auf die Gesamtnachfrage nicht ausgleichen. Bei Preisänderungen ergibt sich dasselbe Problem, da diese bei der üblicherweise verwendeten Marshallschen Nachfragefunktion mit Einkommenseffekten verbunden sind. Wir können deshalb die Reaktion der Gesamt- oder Marktnachfrage aufgrund einer Änderung des Gesamteinkommens oder der relativen Preise nicht ohne weiteres vorhersagen.

Wenn sich dagegen die Präferenzen aller Haushalte durch identische Nutzenfunktionen eines bestimmten Typs beschreiben lassen, ist die Gesamtnachfrage tatsächlich nur vom Gesamteinkommen abhängig und nicht von der Einkommensverteilung. Dies sind indirekte Nutzenfunktionen, welche die **Gorman-Form**[1] annehmen und für den Zwei-Güter-Fall folgendermaßen aussehen:

$$U^* = a_i(p_1, p_2) + b(p_1, p_2) \cdot e_i, \quad \text{mit } i = 1, 2, \ldots, n \text{ Haushalten.}$$

Die Funktion a kann für alle Haushalte i unterschiedlich sein. Die Funktion b ist für alle Haushalte identisch und wird multipliziert mit dem Einkommen des jeweiligen Haushalts.

Die Nachfrage des Haushalts i nach Gut 1 lässt sich mit Hilfe der Roy-Identität ermitteln als:

$$x_{1i} = -\frac{\partial U^*/\partial p_1}{\partial U^*/\partial e_i} = -\frac{(\partial a_i/\partial p_1) + (\partial b/\partial p_1) \cdot e_i}{b}.$$

---

[1] Man spricht dann von der Gorman-Form, wenn die indirekte Nutzenfunktion eine lineare Funktion des Einkommens ist. Vgl. zur Darstellung Varian, H., Microeconomic Analysis, 3. Aufl., Norton & Company, 1992, S. 153 f.

Aggregiert über alle Haushalte ergibt dies eine Gesamtnachfrage von:

$$x_{1,N} = \sum_{i=1}^{n} x_{1i} = -\frac{\sum_{i=1}^{n} (\partial a_i / \partial p_1) + (\partial b / \partial p_1) \cdot \sum_{i=1}^{n} e_i}{b} . \tag{2.23}$$

Das gleiche Ergebnis erhält man jedoch direkt aus der folgenden aggregierten indirekten Nutzenfunktion.

$$U_N^* = \sum_{i=1}^{n} a_i(p_1, p_2) + b(p_1, p_2) \sum_{i=1}^{n} e_i . \tag{2.24}$$

Wenn wir wieder die Roy-Identität anwenden, (2.24) jedoch nach dem aggregierten Einkommen ableiten, ergibt sich genau (2.23). Die Nachfrage ist bei indirekten Nutzenfunktionen der Gorman-Form also tatsächlich nur vom Gesamteinkommen, nicht jedoch von der Einkommensverteilung abhängig.

Eine Klasse von Nutzenfunktionen, welche die Gorman-Form erfüllen, sind **homothetische Nutzenfunktionen**. Homothetische Funktionen sind monotone Transformationen von linear **homogenen** Funktionen und müssen selbst nicht homogen sein. Eine Nutzenfunktion wird homogen genannt, wenn gilt: $k^r \cdot U = U(kx_1, kx_2)$, mit $k > 0$. **Linear homogen** ist eine Funktion für $r = 1$. r wird **Homogenitätsgrad** der Funktion genannt. Ist $r = 1$, führt eine Vervielfachung der Gütermengen um den Faktor k zu einer Vervielfachung des Nutzens um ebenfalls k. Ist $k > 1$ wächst der Nutzen überproportional mit den Gütermengen. Umgekehrtes gilt für $k < 1$.

Die Cobb-Douglas-Nutzenfunktion ist eine solche linear homogene Funktion:

$$(kx_1)^{\alpha} \cdot (kx_2)^{1-\alpha} = k^{\alpha} \cdot k^{1-\alpha} \cdot x_1^{\alpha} \cdot x_2^{1-\alpha} = k \cdot x_1^{\alpha} \cdot x_2^{1-\alpha} = kU .$$

Die indirekte Nutzenfunktion der Cobb-Douglas-Funktion erfüllt also die Gorman-Form (mit $a_i = 0$):

$$U^* = \underbrace{p_1^{-\alpha} p_2^{\alpha-1} \alpha^{\alpha} (1-\alpha)^{1-\alpha}}_{=b(p_1, p_2)} \cdot e .$$

Homothetische Nutzenfunktionen und insbesondere auch homogene Nutzenfunktionen haben die Eigenschaft, dass deren Indifferenzkurven in den jeweiligen Schnittpunkten mit einem Strahl aus dem Ursprung die gleiche Steigung aufweisen. Ein Strahl aus dem Ursprung repräsentiert ein konstantes Gütermengenverhältnis x_1 / x_2. Da im Haushaltsoptimum die Steigung von Indifferenzkurve und Budgetgerade übereinstimmt, ändert sich das Verhältnis, in welchem die Güter konsumiert werden, bei variierendem Einkommen nicht. Die Ausgaben für ein Gut entsprechen deswegen bei gegebenem Preisverhältnis stets einem konstanten Anteil des Einkommens – die Einkommenselastizität der Güter beträgt eins.

Es müssen also äußerst restriktive Bedingungen vorliegen, damit die Nachfrage tatsächlich lediglich vom Gesamteinkommen abhängt: z. B. identische homothetische Nutzenfunktionen. Wenn die Nutzenfunktionen aber identisch sind, können wir einen Haushalt als **repräsentativen Konsumenten** betrachten und das Aggregationsproblem tritt in dieser Form überhaupt nicht auf. Die "Lösung" des Problems ist theoretisch also recht unbefriedigend. Da wir jedoch die Nachfrage der Gesamtheit der Haushalte benötigen, um Marktvorgänge analysieren zu können, werden wir pragmatisch vorgehen und implizit unterstellen, dass sich die Gesamtnachfrage aus dem Nutzenmaximierungskalkül der Haushalte ableiten lässt.

Übungsaufgabe

Aufgabe 9:
Die lineare Nachfrage [x = a/b – (1/b)p] einer Gruppe I mit 500 Haushalten nach einem Gut weist die Koeffizienten $a_1 = 20$ und $b_1 = 1$ auf; diejenige einer zweiten Gruppe II mit 100 Haushalten die Koeffizienten $a_2 = 25$ und $b_2 = 0,5$. Ermitteln Sie die Gesamtnachfragefunktion.

2.11 Das Faktorangebot der Haushalte

Bisher haben wir die Höhe des Einkommens der Haushalte als gegeben behandelt und nicht weiter nach dessen Herkunft gefragt. Das Einkommen entsteht üblicherweise dadurch, dass Unternehmen Produktionsfaktoren zur Herstellung von Gütern einsetzen und vergüten. Dabei werden die Produktionsfaktoren letztlich von den Haushalten zur Verfügung gestellt; deswegen spricht man auch vom **Faktorangebot** der Haushalte. In einer Marktwirtschaft muss ein Haushalt Faktorleistungen anbieten, damit er Güter nachfragen kann – es sei denn, er lebt von seinem Vermögen oder von Sozialleistungen. Das Einkommen eines Haushalts hängt also davon ab, über welche Faktorausstattung er verfügt, wie viel er davon auf dem Faktormarkt anbietet und welchen Preis er pro verkaufter Faktoreinheit erzielt. Dabei wird davon ausgegangen, dass er die Faktorpreise als einzelner nicht beeinflussen kann, sondern als gegeben hinnehmen muss.

Für einen Haushalt gibt es verschiedene Möglichkeiten, Einkommen zu erzielen. Grundsätzlich unterscheiden lassen sich dabei das Angebot von Arbeitsleistung und das Angebot von Kapital durch Ersparnis. Wie bei der Entscheidung für die nutzenmaximale Gütermengenkombination hat ein Haushalt auch beim Faktorangebot zwischen Alternativen zu wählen.

2.11.1 Arbeitsangebot

Bei der Herleitung des Angebots an Arbeit gehen wir von der Annahme aus, dass der einzige Zweck darin besteht, mit dem erzielten Einkommen Güter zu erwerben. Arbeit hat also keinen Eigenwert, sondern ist sogar mit Missnutzen für den betrachteten Haushalt verbunden. Alternativ kann der Haushalt die ihm zur Verfügung stehende Zeit auch als Freizeit verwenden, was ihm einen Nutzen stiftet. Dies ist die sogenannte **Konsum-Freizeit-Entscheidung**.

> Damit schließen wir atypische Extremfälle wie den eines Workaholics aus, aber auch solche Fälle, die nicht völlig atypisch sind: Denn eine berufliche Tätigkeit kann durchaus eine gewisse Befriedigung mit sich bringen, während die Freizeitgestaltung mitunter sogar als belastend empfunden wird. Außerhalb des Bereichs der ehrenamtlichen Tätigkeit zeigt sich i. Allg. jedoch, dass Arbeitsleistung nur gegen Entgelt zur Verfügung gestellt wird, so dass unsere Analyse keineswegs an der Realität vorbeigeht.

Wir nehmen im Folgenden an, dass der Haushalt bei seiner Entscheidung, Arbeit anzubieten, lediglich einer Zeitrestriktion unterliegt, weil der Tag nur 24 Stunden hat und eine gewisse Zeit zur Erholung benötigt wird. Andere, insbesondere institutionelle Hemmnisse durch starre arbeitsrechtliche und tarifvertragliche Regelungen werden ausgeklammert. Die freie Wahl der Arbeitszeit ist natürlich eine unrealistische Annahme, die zudem bei unfreiwilliger Arbeitslosigkeit und erzwungener Kurzarbeit nicht erfüllt ist.

Das Entscheidungsproblem des Haushalts lässt sich (analog zur Entscheidung über die Nachfrage nach Gütern) durch die Abbildung der subjektiven Präferenzen in einer Nutzenfunktion und der objektiven Bedingungen in einer Budgetgleichung darstellen. Gesucht wird der maximale Nutzen, den der Haushalt bei gegebenen Präferenzen, gegebenen Güterpreisen und gegebenem Lohnsatz erreichen kann.

Argumente der Nutzenfunktion sind jetzt nicht nur die Mengen der Konsumgüter, sondern auch die Freizeit FZ. Die einzelnen Gütermengen werden der Einfachheit halber zu einem Konsumgüterbündel $X = (x_1, x_2,..., x_n)$ zusammengefasst. Damit lässt sich die Zielfunktion schreiben als:

$$U = U(X, FZ) \ .$$

Wenn wir die Ersparnis gleich null setzen, sieht die Budgetgleichung des Haushalts folgendermaßen aus:

$$\sum_{i=1}^{n} x_i p_i = e \ . \tag{2.25}$$

Das Einkommen entspricht dem Lohnsatz ℓ multipliziert mit der Arbeitszeit AZ:

$$e = \ell \cdot AZ \ . \tag{2.26}$$

Als Arbeitszeit steht eine maximale Gesamtzeit von GZ Stunden pro Tag (Monat oder Jahr) zur Verfügung. Die tatsächliche Arbeitszeit bestimmt sich als Differenz zwischen der maximal möglichen Arbeitszeit und der vom Haushalt in Anspruch genommenen Freizeit:

$$AZ = GZ - FZ \ .$$

Einsetzen in (2.26) führt zu:

$$e = \ell \cdot (GZ - FZ) \ . \tag{2.27}$$

Diese Gleichung zeigt, dass Freizeit einen Preis hat. Dieser Preis entspricht dem Lohnsatz, der daher den **Opportunitätskosten** der Freizeit entspricht.[1] Dies gilt allerdings nur, wenn tatsächlich gegen Entgelt gearbeitet werden kann.

Wenn wir (2.27) in (2.25) einsetzen, erhalten wir:

$$\sum_{i=1}^{n} x_i p_i = \ell \cdot (GZ - FZ) \ .$$

Dies ist die Budgetrestriktion, wenn das Einkommen von der Wahl der Arbeitszeit abhängt. Wenn P dem mit den Ausgabenanteilen gewichteten Durchschnittspreis der Güter entspricht (Preisniveau), können wir die Budgetrestriktion auch folgendermaßen schreiben:

$$X \cdot P = \ell \cdot (GZ - FZ) \ . \tag{2.28}$$

Die Budgetgleichung (2.28) zeigt alle Kombinationen von Konsumausgaben (X·P) und Arbeitseinkommen [$\ell \cdot$(GZ − FZ) = $\ell \cdot$AZ], die der Haushalt bei gegebenem Lohnsatz und gegebenem Preisniveau realisieren kann.

Damit wir die Konsum-Freizeit-Entscheidung in einem X/FZ-Diagramm darstellen können, lösen wir nach X auf:

$$X = \frac{\ell}{P} \cdot (GZ - FZ) \ .$$

Das Haushaltsoptimum lässt sich algebraisch oder graphisch bestimmen. Da die Vorgehensweise vollkommen analog zur Bestimmung der optimalen Gütermengenkombination ist, beschränken wir uns auf die graphische Herleitung (Abb. 2.34).

Die eingezeichneten Indifferenzkurven sind die geometrischen Orte gleichen Nutzens der Nutzenfunktion U = U(X,FZ). Wiederum gilt: Je weiter eine Indifferenzkurve vom Ursprung entfernt liegt, desto höher ist das Nut-

---

[1] Unter Opportunitätskosten versteht man hier den entgangenen Nutzen der nächstbesten Alternative.

zenniveau. Die Budgetgerade verläuft zwischen GZ auf der Abszisse und
GZ· ℓ /P auf der Ordinate.

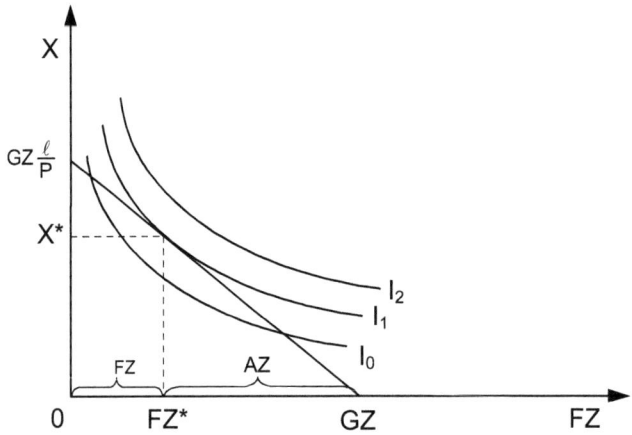

Abbildung 2.34: Freizeit-/Arbeitszeitoptimum

In Punkt GZ verzichtet der Haushalt auf Arbeit, in GZ· ℓ/P dagegen auf
Freizeit. Dabei gibt der Ordinatenabschnitt an, wie viele Mengeneinheiten
des Güterbündels sich der Haushalt bei seinem **Reallohn** ℓ/P leisten kann,
falls er während der gesamten zur Verfügung stehenden Zeit (GZ) arbeitet.

> Hieran wird erneut deutlich, dass nur die relativen Preise entscheidend
> sind. Wie viel der Haushalt kaufen kann, hängt weder allein vom Nominal-
> lohnsatz (ℓ) ab, noch ausschließlich vom Preisniveau (P), sondern von der
> Kaufkraft des Nominallohns. Für die Wohlfahrt des Haushalts ist aus-
> schlaggebend, was er sich mit seinem Arbeitseinkommen leisten kann, d. h.
> sein Reallohn.

Der maximale Nutzen wird analog zur Konsumentscheidung dort erreicht,
wo die höchstgelegene Indifferenzkurve die Budgetgerade tangiert. Dort
stimmen folglich die Steigungen beider Kurven überein. Daraus lässt sich
ableiten, welche Bedingung im Optimum erfüllt sein muss.
 Der Absolutbetrag der Steigung der Budgetrestriktion ergibt sich durch
Ableitung von X nach FZ als:

$$\left| \frac{dX}{dFZ} \right| = \frac{\ell}{P} \quad .$$

Die Steigung entspricht somit dem Reallohn. Aus dem totalen Differential
der Nutzenfunktion U(X,FZ) = $\overline{U}$:

$$dU = \frac{\partial U}{\partial X} \cdot dX + \frac{\partial U}{\partial FZ} \cdot dFZ = 0$$

lässt sich der Absolutbetrag der Steigung einer Indifferenzkurve ermitteln als:

$$\left| \frac{dX}{dFZ} \right| = \frac{\partial U / \partial FZ}{\partial U / \partial X} \ .$$

Da im Haushaltsoptimum die Steigung der Budgetgeraden und die Steigung der nutzenmaximalen Indifferenzkurve übereinstimmen, erhalten wir als Optimalbedingung:

$$\frac{\partial U / \partial FZ}{\partial U / \partial X} = \frac{\ell}{P} \qquad \text{bzw.} \qquad \frac{\partial U / \partial FZ}{\ell} = \frac{\partial U / \partial X}{P} \ .$$

Der mit dem Lohnsatz gewogene Grenznutzen der Freizeit und der mit dem Preisniveau gewogene Grenznutzen des Konsums müssen sich im Optimum entsprechen. Dabei schlagen sich im Grenznutzenverhältnis die Präferenzen des Haushalts und im Reallohn die objektiven Bedingungen nieder.

Mit der Bestimmung des Tangentialpunkts steht die optimale Wahl zwischen Freizeit und Konsum fest – und damit auch die Arbeitszeit. Der Haushalt wird bei gegebenem Lohnsatz und gegebenen Präferenzen X* Mengeneinheiten des Konsumgüterbündels realisieren wollen und dafür (GZ – FZ*) = AZ* Zeiteinheiten Arbeit anbieten. Die restliche Zeit (zwischen dem Nullpunkt und FZ*) wird mit Freizeit ausgefüllt. Die Arbeitszeit wird also indirekt über die nicht in Anspruch genommene Freizeit ermittelt.

Falls der Haushalt seine Arbeitszeit nicht frei wählen kann, wird er das Optimum nur zufällig erreichen.

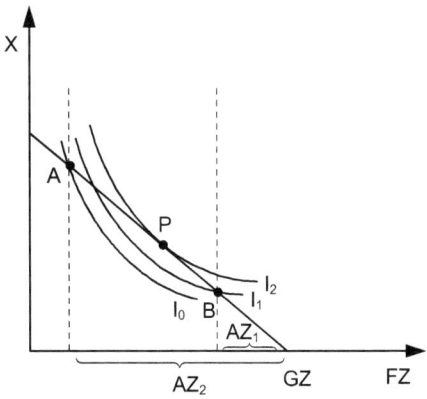

Abbildung 2.35: Entscheidung bei nicht frei wählbarer Arbeitszeit

Wenn dem Haushalt etwa zwei Arbeitszeiten zur Auswahl gestellt werden, wie AZ_1 und AZ_2 in Abbildung 2.35, seine optimale Arbeitszeit dagegen dazwischen liegt, dann kann er den Optimalpunkt P nicht realisieren. Verglichen werden müssen nun die beiden Indifferenzkurven, welche durch A und B verlaufen. Der Haushalt wird die Arbeitszeit AZ_1 wählen, weil Punkt B auf der höheren Indifferenzkurve I_1 liegt.

Wir suchen jedoch nicht nur einen einzigen Optimalpunkt, sondern das Arbeitsangebot bei variierendem Lohnsatz. Dazu müssen wir, wie in Abbildung 2.36, zunächst die Haushaltsoptima bei unterschiedlichen Lohnsätzen ermitteln. Wenn der Lohnsatz steigt, dreht sich die Budgetgerade im Uhrzeigersinn um ihren Abszissenabschnitt GZ. Bei gegebenem Preisniveau steigt der Reallohn und die Konsummöglichkeiten des Haushalts vergrößern sich.

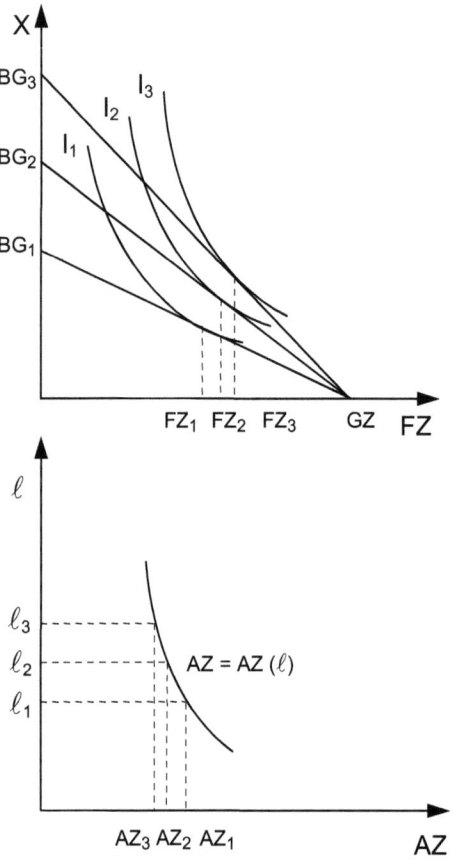

Abbildung 2.36: Arbeitsangebot bei variierendem Lohnsatz

Die Arbeitsangebotskurve erhalten wir, indem wir die unterschiedlichen Lohnsätze, die den verschiedenen Budgetgeraden zugrunde liegen, und die zugehörige Arbeitszeit AZ (als Differenz zwischen GZ und FZ) in ein Lohnsatz-Arbeitszeit-Diagramm übertragen.

Wie bei jeder Änderung der relativen Preise tritt auch hier ein Substitutions- und ein Einkommenseffekt auf. Wenn der Lohnsatz steigt, dann verteuert sich c. p. die Freizeit, weil sich die Opportunitätskosten des Verzichts auf Arbeit erhöhen. Der Substitutionseffekt für das relativ teurer gewordene Gut ist, wie wir wissen, stets negativ. Also muss aufgrund des Substitutionseffekts eigentlich mehr Arbeit angeboten werden. Gleichzeitig erhöht sich jedoch das Realeinkommen des Haushalts. Die Richtung und Stärke des Einkommenseffekts sind daher ausschlaggebend dafür, ob der Haushalt letztlich mehr oder weniger Arbeit anbietet.

Wir wissen, dass die Richtung des Einkommenseffekts anzeigt, ob es sich um ein inferiores oder um ein superiores Gut handelt. Wenn der Einkommenseffekt negativ ist, betrachtet der Haushalt die Freizeit als inferiores und folglich den Konsum als superiores Gut. Er hat dann einen doppelten Grund, mit steigendem Lohnsatz mehr zu arbeiten. Besteht dagegen eine starke Präferenz für Freizeit, d. h. Freizeit gilt als superiores Gut, von dem bei steigendem Einkommen mehr nachgefragt wird, bleibt der Gesamteffekt auf das Arbeitsangebot offen. Je nachdem, ob der positive Einkommens- oder der negative Substitutionseffekt dominiert, geht das Arbeitsangebot mit steigendem Lohnsatz zurück oder nimmt zu.

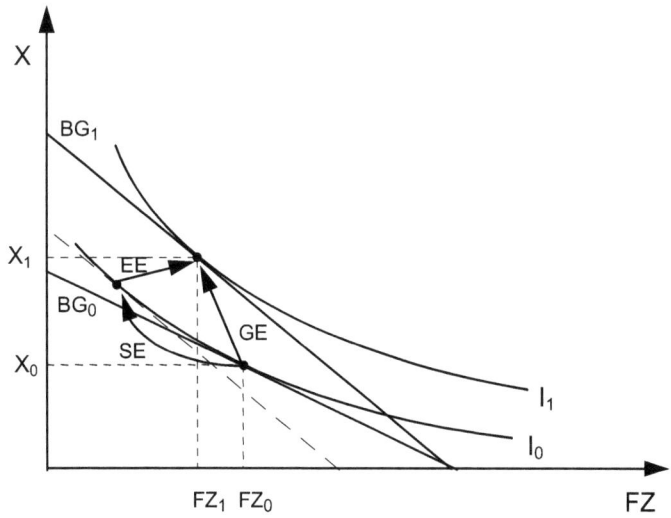

Abbildung 2.37: Substitutions-, Einkommens- und Gesamteffekt

In Abbildung 2.36 sinkt das Arbeitsangebot mit steigendem Lohnsatz – eine atypische Reaktion – der Einkommenseffekt überwiegt also. In Abbildung 2.37 wird dagegen der Fall eines steigenden Arbeitsangebots graphisch dargestellt. Hier überwiegt der Substitutionseffekt, so dass das Arbeitsangebot mit steigendem Lohnsatz zunimmt.

Im Regelfall ist davon auszugehen, dass das Arbeitsangebot zunächst mit steigendem Lohnsatz abnimmt und erst ab einem hinreichend hohen Einkommensniveau wieder zunimmt. Dafür kann man sich folgende Begründung vorstellen: Bei sehr geringen Lohnsätzen muss ein Großteil der Zeit gearbeitet werden, um das Existenzminimum zu sichern. Wenn der Lohnsatz angehoben wird, geht das Arbeitsangebot zurück und steigt erst dann wieder an, wenn der Lohnsatz so hoch ist, dass durch die Angebotsausweitung eine Art von Luxuskonsum möglich wird, der vorher nicht erreichbar war. Bei ganz hohen Lohnsätzen wächst dann wieder das Bedürfnis an Freizeit. Ein solcher Verlauf der Arbeitsangebotsfunktion ist in Abbildung 2.38 dargestellt.

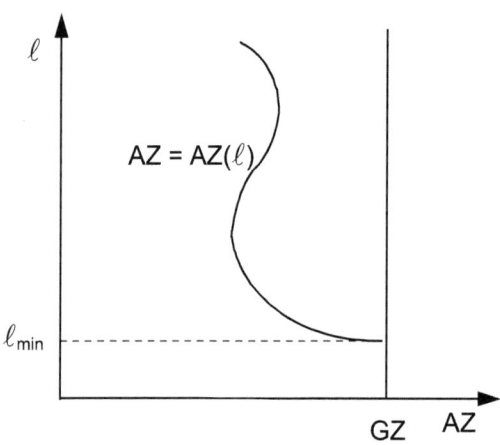

Abbildung 2.38: Arbeitsangebotskurve

Die Arbeitsangebotsfunktion verläuft also zunächst atypisch, dann typisch und schließlich wiederum atypisch. Im Rahmen der Haushaltstheorie kann daher nicht ohne weiteres eine mit dem Lohnsatz steigende Angebotsfunktion hergeleitet werden. In der makroökonomischen Theorie dagegen wird üblicherweise mit einer typischen, also steigenden, Angebotsfunktion zur Erklärung der Vorgänge auf dem Arbeitsmarkt gearbeitet. Dieser fehlt eine fundierte mikroökonomische Begründung, wenn die arbeitende Bevölkerung eine stark ausgeprägte Freizeitpräferenz hat.

2.11.2 Kapitalangebot

Bei der Diskussion der Budgetrestriktion des Haushalts haben wir bereits festgestellt, dass das verfügbare Einkommen einerseits für den Konsum und andererseits zur Ersparnis verwendet werden kann. Haushalte sparen, um einen Teil des Einkommens in der Zukunft für Konsumgüter verwenden zu können. Wenn von Vererbung abgesehen wird, ist Ersparnis nichts anderes als zukünftiger Konsum. Der Haushalt hat zu entscheiden, welchen Teil seines Einkommens er schon heute für den Konsum verwenden möchte und welchen Teil erst in der Zukunft. Dabei wird unterstellt, dass seine Zielsetzung in der **intertemporalen Nutzenmaximierung** besteht.

Der Haushalt muss bei der Optimierung beachten, dass der heutige Konsum mit Opportunitätskosten verbunden ist. Die Opportunitätskosten des Gegenwartskonsums sind entgangene Zinsen auf die Ersparnis. Wird auf Gegenwartskonsum verzichtet, erhöht sich durch die Verzinsung der Ersparnis nämlich der Zukunftskonsum. Der Klarheit halber schreiben wir zunächst die Einkommensverwendungsgleichung des Haushalts nochmals auf:

$$e_0 = c_0 + s_0 \ .$$

Zur Vereinfachung nehmen wir lediglich zwei Perioden an: die Gegenwart, die mit einer '0' und die Zukunft, die mit einer '1' indiziert wird. Außerdem beziehe der Haushalt lediglich in der Gegenwart ein Einkommen, wovon er auch seinen Konsum in der Zukunft bestreiten muss. Die dazu notwendige Ersparnis in der Gegenwart wird mit dem Zinssatz r verzinst. Der Zinssatz r wird auch **Diskontrate** genannt und $1/(1+r)$ **Diskont- oder Abzinsungsfaktor**. Als Zukunftskonsum steht dem Haushalt damit

$$s_0(1+r) = c_1 \tag{2.29}$$

zur Verfügung. Lösen wir (2.29) nach s_0 auf und setzen den resultierenden Term in die Einkommensverwendungsgleichung ein, so erhalten wir:

$$e = e_0 = c_0 + \frac{1}{1+r} c_1 \ . \tag{2.30}$$

Dies ist die **intertemporale Budgetrestriktion** des Haushalts. Eine abgezinste Größe wird **Barwert** genannt. Der Barwert entspricht dem Wert einer Größe in der Gegenwart und wird deswegen auch als **Gegenwartswert** bezeichnet. Der Barwert des Konsums muss also dem Barwert des Einkommens entsprechen.

Gesucht wird die optimale Höhe der Ersparnis, die dem diskontierten zukünftigen Konsum entspricht [$s_0 = c_1/(1+r)$]. Um das Maximierungsproblem zu lösen, muss der Haushalt eine Vorstellung davon haben, welcher Nutzen mit gegenwärtigem und welcher mit zukünftigem Konsum verbunden ist. Wir gehen daher von folgender intertemporalen Nutzenfunktion aus: $U = U(c_0, c_1)$. Demnach erhalten wir als Lagrangeansatz für das Problem der intertemporalen Nutzenmaximierung des Haushalts:

$$L = U(c_0, c_1) + \lambda\left(e - c_0 - \frac{1}{1+r}c_1\right)$$

und aus den Bedingungen erster Ordnung:

$$\frac{\partial U/\partial c_1}{\partial U/\partial c_0} = \frac{1}{1+r} \ . \tag{2.31}$$

Das Grenznutzenverhältnis aus Zukunfts- und Gegenwartskonsum entspricht im intertemporalen Nutzenmaximum dem Diskontfaktor. Wäre das Grenznutzenverhältnis kleiner, wäre es sinnvoll, auf einen Teil des Gegenwartskonsums zugunsten von Zukunftskonsum zu verzichten. Wäre es größer, würde das Umgekehrte zutreffen. Wenn der Zinssatz gleich null wäre, würde der Haushalt sein Einkommen demnach so aufteilen, dass der Grenznutzen des Gegenwartskonsums dem Grenznutzen des Zukunftskonsums genau entspricht.

Wenn wir (2.31) nach r auflösen erhalten wir:

$$\underbrace{\frac{(\partial U/\partial c_0) - (\partial U/\partial c_1)}{(\partial U/\partial c_1)}}_{\varphi} = r \ .$$

Der linke Teil dieser Gleichung stellt die sogenannte **Zeitpräferenzrate** φ dar. Sie beschreibt die relative Abweichung des Grenznutzens des Gegenwartskonsums vom Grenznutzen des Zukunftskonsums. Im Nutzenmaximum muss φ dem Zinssatz entsprechen. Ist die Zeitpräferenzrate kleiner als der Zinssatz, wäre es sinnvoll, auf einen Teil des Zukunftskonsums zu verzichten. Ist die Zeitpräferenzrate größer als der Zinssatz, sollte auf einen Teil des Gegenwartskonsums verzichtet werden.

Das intertemporale Nutzenmaximum lässt sich graphisch wie in Abbildung 2.39 darstellen. Auf der Indifferenzkurve liegen alle Kombinationen von gegenwärtigem und zukünftigem Konsum, die dem Haushalt denselben Nutzen stiften. Der Ordinatenabschnitt der Budgetgeraden entspricht dem Einkommen, weil in diesem Punkt vollkommen auf Zukunftskonsum verzichtet wird. Der Abszissenabschnitt entspricht dagegen dem verzinsten Einkommen, weil in diesem Punkt vollkommen auf Gegenwartskonsum verzichtet und damit das gesamte Einkommen gespart wird. Löst man Gleichung (2.30) nach c_0 auf, erkennt man, dass der Absolutbetrag der Steigung der Budgetgeraden dem Diskontfaktor entspricht.

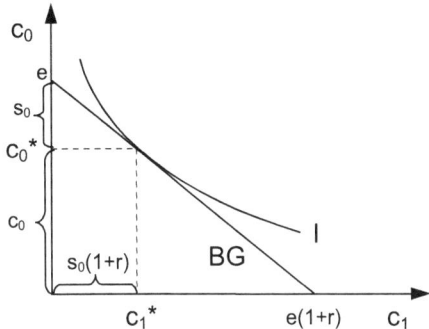

Abbildung 2.39: Intertemporale Nutzenmaximierung

Aus dem Berührpunkt von Indifferenzkurve und intertemporaler Budgetgerade ergibt sich c_0^* als optimaler Gegenwartskonsum und c_1^* als optimaler Zukunftskonsum, wobei dieser mit der verzinsten Ersparnis identisch ist.

Zur Verdeutlichung ziehen wir ein Rechenbeispiel heran. Dazu verwenden wir wie in Abschnitt 2.7.2 eine einfache Nutzenfunktion, nämlich $U = c_0 \cdot c_1$. Die Budgetgleichung schreiben wir als: $e - c_0 - z \cdot c_1 = 0$ mit $z = 1/(1+r)$. Damit lautet die Lagrangefunktion: $L = c_0 \cdot c_1 + \lambda(e - c_0 - z \cdot c_1)$ und die Bedingungen erster Ordnung:

$$\frac{\partial L}{\partial c_0} = c_1 - \lambda = 0, \qquad \frac{\partial L}{\partial c_1} = c_0 - \lambda \cdot z = 0 \quad \text{und} \quad \frac{\partial L}{\partial \lambda} = e - c_0 - z \cdot c_1 = 0.$$

Aus den ersten beiden Bedingungen folgt durch Auflösen nach λ und Gleichsetzen:

$$c_0 = z \cdot c_1 \ . \tag{2.32}$$

Die optimale intertemporale Zusammensetzung des Konsums hängt damit vom Diskontfaktor z ab. Die Höhe des Gegenwartskonsums entspricht dem abgezinsten Konsum in Periode 1. Die Höhe der Ersparnis lässt sich ermitteln, indem (2.32) in die dritte Bedingung eingesetzt wird: $e - z \cdot c_1 - z \cdot c_1 = 0$ bzw. $e = 2 \cdot z \cdot c_1$. Aus (2.29) folgt $s_0 = z \cdot c_1$ und daher

$$s_0 = \frac{1}{2} e \ .$$

Die Höhe der Ersparnis ist in unserem einfachen Beispiel unabhängig vom Zinssatz und beläuft sich auf die Hälfte des Einkommens. Die eine Hälfte des Einkommens wird in der Gegenwart verbraucht, die andere, verzinste Einkommenshälfte in der Zukunft.

Stets wenn die Nutzenfunktion als Cobb-Douglas-Funktion spezifiziert wird, ist die Ersparnis unabhängig vom Zins. Der Haushalt spart in diesem Fall einen konstanten Anteil des Einkommens, der jedoch nicht wie in unserem Beispiel 50 Prozent entsprechen muss. Die Exponenten der Cobb-Douglas-Funktion geben die konstanten Anteile des Einkommens wieder, die für Konsum und Ersparnis verwendet werden. Bei $U = c_0^{\alpha} \cdot c_1^{1-\alpha}$ stellt α

die Konsumquote und $(1-\alpha)$ die Sparquote dar. Um die Exponenten auf diese Weise interpretieren zu können, muss man jedoch streng genommen ein kardinales Nutzenkonzept unterstellen. Immerhin kann die Annahme einer konstanten Sparquote, die zuweilen in makroökonomischen Modellen getroffen wird, mit Hilfe einer Cobb-Douglas-Nutzenfunktion theoretisch fundiert werden.

Übungsaufgabe

Aufgabe 10:
Die Nutzenfunktion eines Haushalts laute: $U = X \cdot FZ$, der Lohnsatz betrage $\ell = 2$ und das Preisniveau des Konsumgüterbündels $P = 1$.

a) Berechnen Sie mit Hilfe der Optimalitätsbedingung (Ausgleich der gewogenen Grenznutzen) und der Budgetrestriktion in Form der Gleichung (2.28) die Anzahl der Konsumgüterbündel, die Höhe der Freizeit und die Anzahl der gearbeiteten Stunden pro Tag, falls GZ = 16 Stunden beträgt.

b) Ermitteln Sie die Arbeitsangebotsfunktion bei variablem Lohnsatz mit Hilfe des Lagrangeansatzes.

c) Ermitteln Sie anhand der Ableitung der Arbeitsangebotsfunktion, ob mit steigendem Lohnsatz mehr Arbeit angeboten wird.

2.12 Wohlfahrtsmessung im Haushaltsbereich

Zur Messung der Wohlfahrt von Haushalten steht ein einfaches Maß zur Verfügung: die **Konsumentenrente**. Wir werden im Folgenden erörtern, was unter der Konsumentenrente zu verstehen ist, wie man sie messen kann und wodurch etwaige Messungenauigkeiten hervorgerufen werden.

2.12.1 Die Konsumentenrente

Zentral für das Konzept der Konsumentenrente ist der Begriff der Zahlungsbereitschaft der Nachfrager. Da sich der Nutzen nicht kardinal skalieren lässt, wird die Konsumentenrente nicht in Nutzeneinheiten, sondern in Geldeinheiten gemessen. Die Konsumentenrente (KR) ist als derjenige Geldbetrag definiert, der sich aus der Differenz zwischen Zahlungsbereitschaft und Zahlungsverpflichtung der Haushalte auf einem Markt ergibt.

In Abbildung 2.40 kann die Zahlungsbereitschaft für die Menge x_{10} des Gutes 1 durch die Fläche unter der Marshallschen Nachfragekurve bis x_{10} approximiert werden.[1] Die Zahlungsverpflichtung für diese Menge entspricht dagegen dem Rechteck $p_{10} \cdot x_{10}$. Die Differenz zwischen Zahlungsbe-

---

[1] Die Nachfragekurve in Abbildung 2.40 kann dabei die Marktnachfrage oder die individuelle Nachfrage eines Haushalts darstellen.

reitschaft und Zahlungsverpflichtung entspricht der grau unterlegten Fläche zwischen Marshallscher Nachfragekurve und der Preislinie in Höhe von p_{10}.

Wenn die Haushalte für jede einzelne Mengeneinheit den Preis zahlen würden, der ihrer Zahlungsbereitschaft entspräche, gäbe es keine Konsumentenrente. Die Konsumentenrente entsteht dadurch, dass für jede gekaufte Mengeneinheit der gleiche Preis bezahlt wird. Wenn Abbildung 2.40 die Nachfrage eines einzelnen Haushalts darstellt, der mehrere Mengeneinheiten in der betrachteten Periode kauft, dann entspricht der gezahlte Preis lediglich für die letzte Mengeneinheit der tatsächlichen Zahlungsbereitschaft. Für die anderen Mengeneinheiten wäre die Zahlungsbereitschaft größer als der zu entrichtende Preis.

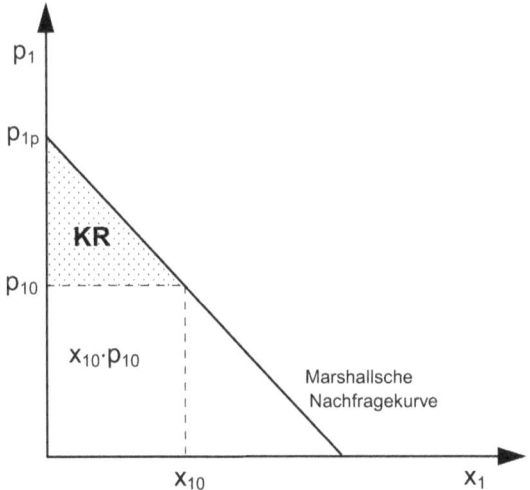

Abbildung 2.40: Konsumentenrente

Wird die Marktnachfrage betrachtet und unterstellt, dass jeder Haushalt pro Periode nur eine Mengeneinheit kaufen möchte, gibt es genau einen Haushalt, dessen maximale Zahlungsbereitschaft – man spricht auch vom **Reservationspreis** – mit dem Marktpreis übereinstimmt. Für alle anderen Haushalte ist der Marktpreis dagegen niedriger als ihre Zahlungsbereitschaft und sie behalten eine Konsumentenrente. Die Summe der individuellen Renten ergibt die insgesamt auf dem Markt entstehende Konsumentenrente.

Die Marktnachfragefunktion verläuft wie in Abbildung 2.40. Die individuelle Nachfrage ist dagegen eine Vertikale bei x = 1 ME, die beim Reservationspreis abbricht. Wird über viele Haushalte aggregiert, ergibt dies bei unterschiedlichen Reservationspreisen eine normal verlaufende Nachfragekurve. Betragen die Reservationspreise von fünf Haushalten etwa 10, 9, 8, 7 und 6 Geldeinheiten und der Marktpreis 6 Geldeinheiten, dann behält der erste Haushalt 4 Geldeinheiten, der zweite 3, der dritte 2 und der vierte 1 Geldeinheit. Nur der letzte Haushalt bezahlt einen Marktpreis, der seiner maximalen Zahlungsbereitschaft entspricht. Insgesamt entsteht eine Konsumentenrente in Höhe von 10 Geldeinheiten.

Die Konsumentenrente kann als Integral der Nachfragefunktion $x_1 = x_1(p_1)$ zwischen Prohibitivpreis p_{1p} und Marktpreis p_{10} bestimmt werden:

$$KR = \int_{p_{10}}^{p_{1p}} x_1(p_1)\, dp_1 .\tag{2.33}$$

Alternativ kann das Integral der inversen Nachfragekurve $p_1 = p_1(x_1)$ bis zur gehandelten Menge x_{10} abzüglich der Ausgaben für diese Menge $p_{10} \cdot x_{10}$ ermittelt werden:

$$KR = \int_0^{x_{10}} p_1(x_1)\, dx_1 - p_{10} \cdot x_{10} .$$

Für lineare Nachfragefunktionen des Typs $x_1 = a/b - (1/b)p_1$ gibt es darüber hinaus eine einfache Berechnungsmöglichkeit: Die Konsumentenrente entspricht der Hälfte des Rechtecks $(p_{1p} - p_{10}) \cdot x_{10}$. Ist $b = 1$, dann beträgt die Konsumentenrente genau der Hälfte des Quadrats der nachgefragten Menge: $KR = \frac{1}{2} \cdot x_{10}^2$.

> Für die Nachfragefunktion $x_1 = a/b - (1/b)p_1$ ist $p_1 = a - bx_1$ die inverse Nachfragefunktion. Für einen beliebigen Punkt x_{10}, p_{10} auf der Nachfragekurve lautet die Konsumentenrente:
> $KR = \frac{1}{2}[a - p_{10}] \cdot x_{10}$.
>
> Ersetzen wir p_{10} durch $a - b \cdot x_{10}$, so erhalten wir für die Konsumentenrente:
> $$KR = \frac{1}{2}[a - (a - b \cdot x_{10})] \cdot x_{10} = \frac{1}{2} b x_{10}^2 .\tag{2.34}$$
>
> Bei einem Steigungskoeffizienten $b = 1$ entspricht die Konsumentenrente also schlicht der Hälfte des Quadrats der nachgefragten Menge.

Interessant ist jedoch nicht nur die Höhe der Konsumentenrente, sondern auch ihre Veränderung aufgrund einer Änderung der ökonomischen Daten. Betrachten wir beispielsweise eine Situation, in welcher der Preis des Gutes 1 steigt. Der Verlust an Konsumentenrente kann anhand der folgenden Graphik 2.41 abgelesen werden.

Wenn der Preis von p_{10} auf p_{11} steigt, sinkt die Konsumentenrente um ΔKR. Der Verlust an Konsumentenrente ergibt sich zum einen dadurch, dass die nachgefragte Menge von x_{10} auf x_{11} sinkt (dies entspricht dem Dreieck zwischen x_{10} und x_{11}). Zum anderen muss für die noch nachgefragte Menge x_{11} ein höherer Preis entrichtet werden. Das Umgekehrte gilt für den Fall einer Preissenkung von p_{11} auf p_{10}. Dann stellt ΔKR den Gewinn an Konsumentenrente dar.

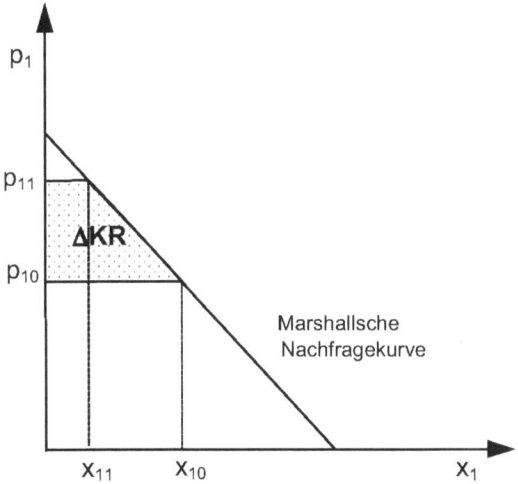

Abbildung 2.41: Veränderung der Konsumentenrente

2.12.2 Die exakte Messung und der Messfehler *

Das Marshallsche Flächenmaß ist lediglich ein Näherungsmaß für die Konsumentenrente. Es misst nämlich keine Geldgröße, sondern eine Nutzenänderung. Eine exakte Messung kann nur mit der Hicksschen Nachfragefunktion durchgeführt werden, mit der die Marshallsche nur im Ausnahmefall übereinstimmt.

Wie wir wissen, können wir die Marshallsche Nachfrage eines Haushalts mit Hilfe der Roy-Identität ermitteln. Eingesetzt in die Gleichung (2.33) für die Konsumentenrente ergibt dies den folgenden Ausdruck:

$$KR = \int_{p_{10}}^{p_{1p}} x_1(p_1)\, dp_1 = -\int_{p_{10}}^{p_{1p}} \frac{\partial U^*/\partial p_1}{\partial U^*/\partial e}\, dp_1 \ . \tag{2.35}$$

Eine Interpretation des resultierenden Integrals wäre z. B. dann möglich, wenn der Grenznutzen des Einkommens unabhängig von p_1 wäre. Dies dürfte in der Regel jedoch nicht der Fall sein. Können wir den Grenznutzen des Einkommens als Konstante bezüglich Änderungen von p_1 behandeln, so erhalten wir für (2.35), nach Ausführen der Integration:

$$KR = \frac{1}{\partial U^*/\partial e} \cdot \left[U^*(p_{1p}, p_{20}, e_0) - U^*(p_{10}, p_{20}, e_0) \right] \ .$$

Die Fläche unter der Nachfragekurve entspricht in diesem Fall einer gewichteten Nutzengröße, nämlich der Differenz zwischen dem Nutzenniveau, das mit dem Prohibitivpreis von Gut 1 assoziiert ist, und demjenigen, welches beim Preis p_{10} realisiert wird. Offensichtlich setzt eine sinnvolle Interpretation dieser Größe ein kardinales Nutzenkonzept voraus.

> Wir sind weiter oben stillschweigend über ein weiteres Problem hinweggegangen. Streng genommen muss nämlich zwischen der Rente eines Konsumenten und der insgesamt auf dem Markt entstehenden Konsumentenrente unterschieden werden. Ohne weiter auf die Feinheiten einzugehen, sei nur erwähnt, dass die Aggregation des Marshallschen Flächenmaßes über sämtliche Nachfrager identische (homothetische) Nutzenfunktionen[1] bzw. eine gesellschaftliche Nutzenfunktion mit einer widerspruchsfreien Aggregation von Präferenzen voraussetzt. Wie die Diskussion des Arrow-Paradoxons gezeigt hat, kann damit jedoch nicht gerechnet werden.

Wir zeigen nun, dass sich die Konsumentenrente in Geldeinheiten mit Hilfe der Hicksschen Nachfragefunktion exakt messen lässt. Da wir primär an Veränderungen der Konsumentenrente interessiert sind, untersuchen wir sofort die Auswirkungen der Änderung des Preises des von uns betrachteten Gutes auf die Wohlfahrt eines Haushalts. Hierzu knüpfen wir an die Ausführungen zur kompensatorischen und äquivalenten Einkommensvariation an (vgl. Abschnitt 2.8). Die beiden Konzepte setzen lediglich ordinale Messbarkeit des Nutzens voraus.

Wir haben in Abschnitt 2.8 diskutiert, welcher Geldbetrag einem Haushalt zur Verfügung gestellt werden müsste, um nach der Veränderung eines Güterpreises das gleiche Nutzenniveau zu erreichen wie vor der Veränderung des Güterpreises und jenen Geldbetrag als kompensatorische Einkommensvariation (KV) bezeichnet. Die Höhe dieses Geldbetrags, die als Veränderung der Konsumentenrente angesehen werden kann, wollen wir nun bestimmen.

Wir betrachten also eine Situation, in der sich der Preis des Gutes 1 ändert, während der Preis des Gutes 2 und das Einkommen konstant gehalten werden. Die Ausgangspreise der beiden betrachteten Güter sind mit p_{10} und p_{20} gegeben. Nehmen wir an, der Preis des Gutes 1 steigt von p_{10} auf p_{11}. Der Geldbetrag, der notwendig ist, um das ursprüngliche Nutzenniveau beizubehalten, ergibt sich dann als:

$$KV = A(p_{11}, p_{20}, U_0{}^*) - A(p_{10}, p_{20}, U_0{}^*),$$

wobei A die Ausgabenfunktion darstellt, mit $U_0{}^* = U_0(p_{10}, p_{20}, e)$ als dem ursprünglichen Nutzenniveau. Die Ausgabenfunktion ordnet bekanntlich jeder

---

[1] Vgl. Samuelson, P. A., Constancy of the marginal utility of income, in: J. E. Stiglitz (Hrsg.), The collected scientific papers of Paul A. Samuelson, Vol.1, MIT Press, 1966, S. 37 - 91.

Kombination aus gegebenen Preisen und gegebenem Nutzenniveau die minimal notwendigen Ausgaben zu. $A(p_{11}, p_{20}, U_0{}^*)$ sind somit die minimalen Ausgaben, die bei den Preisen p_{11}, p_{20} notwendig sind, um das ursprüngliche Nutzenniveau $U_0{}^*$ zu erreichen. $A(p_{10}, p_{20}, U_0{}^*)$ sind die Ausgaben, die notwendig sind, um das Nutzenniveau $U_0{}^*$ zu den Ausgangspreisen p_{10}, p_{20} zu erreichen. Die Differenz in der Höhe der Ausgaben stellt den gesuchten Kompensationsbetrag dar. Dieser ist nichts anderes als das Integral der Hicksschen Nachfragefunktion zwischen den Preisen p_{11} und p_{10}:

$$KV = \int_{p_{10}}^{p_{11}} x_1^H(p_1, p_{20}, U_0{}^*)\, dp_1 ,$$

was sich folgendermaßen beweisen lässt: Die Hickssche Nachfragefunktion für das Gut 1 erhält man über die partielle Ableitung der Ausgabenfunktion nach p_1. Dann können wir das Integral über die Hickssche Nachfragefunktion auch schreiben als:

$$KV = \int_{p_{10}}^{p_{11}} \frac{\partial A(p_1, p_{20}, U_0{}^*)}{\partial p_1}\, dp_1 = \left[A(p_1, p_{20}, U_0{}^*) \right]_{p_{10}}^{p_{11}}$$
$$= A(p_{11}, p_{20}, U_0{}^*) - A(p_{10}, p_{20}, U_0{}^*),$$

womit unsere Behauptung bewiesen wäre. Eine graphische Darstellung findet sich in Abbildung 2.42.

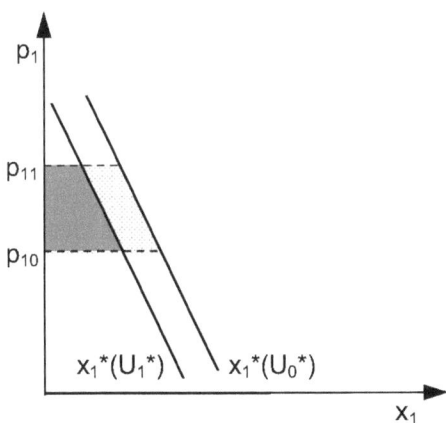

Abbildung 2.42: Hickssche Nachfragekurven bei kompensatorischer und äquivalenter Einkommensvariation

Die Summe aus dunkelgrauer und hellgrauer Fläche zeigt den Kompensationsbetrag KV an. Legt man der Kompensation dagegen das Nutzenniveau zugrunde, das beim neuen Preisverhältnis erreicht wird, wie dies bei der äquivalenten Einkommensvariation (ÄV) der Fall ist, so ergibt sich die Höhe der Kompensationszahlung aus der Differenz:

$$\text{ÄV} = A(p_{11}, p_{20}, U_1{}^*) - A(p_{10}, p_{20}, U_1{}^*),$$

wobei $U_1{}^*$ das geringere Nutzenniveau ist, das dem höheren Preis p_{11} zugeordnet ist: $U_1{}^* = U_1(p_{11}, p_{20}, e)$. Die Hickssche Nachfragefunktion, die mit diesem Nutzenniveau verbunden ist, liegt links von der, die mit dem höheren Nutzenniveau $U_0{}^*$ assoziiert ist. Der Kompensationsbetrag ÄV (dunkelgraue Fläche in Abb. 2.42) fällt bei einer Preiserhöhung also geringer aus als bei der kompensatorischen Einkommensvariation KV.

Im nächsten Schritt vergleichen wir nun die Kompensationsbeträge der kompensatorischen bzw. äquivalenten Einkommensvariation mit der Veränderung des Marshallschen Flächenmaßes.

Anhand der Slutsky-Gleichung haben wir gezeigt, dass sich die Reaktion der Marshallschen und der Hicksschen Nachfrage auf Preisänderungen um den Einkommenseffekt unterscheidet. Deswegen ist die Veränderung der Fläche unter der Marshallschen Nachfragekurve nicht mit der kompensatorischen bzw. äquivalenten Einkommensvariation identisch. Die Maße wären identisch, wenn der Einkommenseffekt gleich null wäre:

$$\frac{\partial x_1}{\partial e} x_1^* = 0 \ .$$

Bei einem Einkommenseffekt von null ist die Steigung der Marshallschen Nachfragefunktion in jedem Punkt gleich der Hicksschen Nachfragefunktion. Da beide Hicksschen Nachfragekurven jeweils einen gemeinsamen Punkt mit der Marshallschen Nachfragekurve haben, folgt daraus, dass alle drei Kurven bei einem Einkommenseffekt von null zusammenfallen müssen. Infolgedessen sind auch die jeweiligen Maße identisch.

Der Unterschied zwischen KV, ÄV und ΔKR lässt sich graphisch mit Hilfe von Abbildung 2.43 darstellen. Wir wissen bereits, dass die Hickssche Nachfragekurve für den Fall superiorer Güter steiler verläuft als die Marshallsche Nachfragekurve. Der Wohlfahrtsverlust bei einer Preiserhöhung ist also, wenn er durch die kompensatorische Einkommensvariation gemessen wird, tatsächlich größer, als es die Veränderung des Marshallschen Flächenmaßes ΔKR anzeigt. Legt man die äquivalente Einkommensvariation zugrunde, wird der Wohlfahrtsverlust durch das Marshallsche Flächenmaß ΔKR dagegen übertrieben. Bei einer Preissenkung gilt das Umgekehrte.

Im Gegensatz zur Marshallschen Nachfragefunktion ist die Aggregation der Flächen unter der Hicksschen Nachfragekurve über die Gesamtzahl der Nachfrager insofern unproblematisch, als es sich um die Addition von Geldbeträgen (Zahlungsbereitschaften) handelt und nicht um die Addition von Nutzengrößen.

Die aggregierte Konsumentenrente, gemessen mit Hilfe der Marshallschen Nachfragefunktion, kann also lediglich als Approximation der aggregierten Zahlungsbereitschaft verstanden werden.

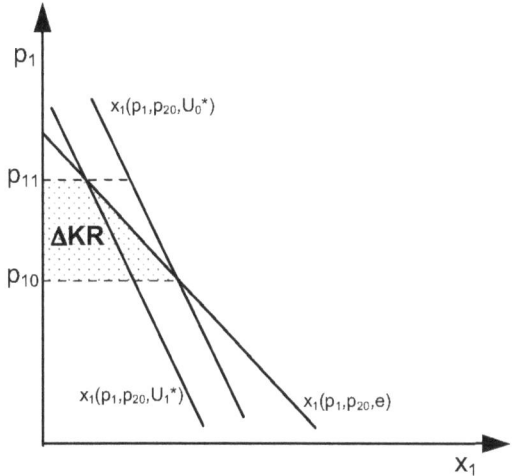

Abbildung 2.43: Messfehler bei superioren Gütern

Da wir nicht bestimmen können, ob die exakte Messung anhand der kompensatorischen oder der äquivalenten Einkommenskompensation vorgenommen werden sollte, stellt die übliche Bestimmung der Konsumentenrente als Mittel zwischen beiden einen Kompromiss dar.

Übungsaufgabe

<u>Aufgabe 11</u>:
Die Nachfragefunktion auf einem Markt lautet: $x_N = 10.000 - 1000\ p$. Berechnen Sie die Konsumentenrente bei einem Marktpreis von $p = 5$ Geldeinheiten. Wie viel Konsumentenrente geht verloren, wenn der Marktpreis auf 6 Geldeinheiten steigt?

3 Unternehmenstheorie

3.1 Vorbemerkungen

Das **Ziel der Unternehmenstheorie** besteht darin, die Kostenfunktion einer Unternehmung zu bestimmen (Abschnitt 3.4), weil die Produktionskosten neben den am Markt erzielbaren Preisen entscheidend für das Güterangebot sind. Um die Produktionskosten ermitteln zu können, muss man zunächst die Produktionsverhältnisse kennen (Abschnitt 3.3). Da es sehr unterschiedliche Möglichkeiten der Produktionstechnik gibt, ist die Produktions- und Kostentheorie komplex. Das Verständnis wird jedoch dadurch erleichtert, dass sich zahlreiche Überlegungen, die wir in der Haushaltstheorie angestellt haben, auf die Unternehmenstheorie übertragen lassen. In Analogie zur Haushaltstheorie wäre zu vermuten, dass schließlich eine Angebotsfunktion hergeleitet wird. In Abschnitt 3.4.5 wird begründet, warum dies nicht generell möglich ist.

3.2 Bestimmungsgründe des Güterangebots

Ebenso wie für die Nachfrage nach Gütern etliche Bestimmungsgründe maßgeblich sind, wird das Angebot von unterschiedlichen Determinanten beeinflusst. Diese sind in Übersicht 3.1 zusammengestellt.

Wichtig ist zunächst die Zielsetzung eines Unternehmens. Wir gehen davon aus, dass auch ein Unternehmen danach strebt, das Bestmögliche zu erreichen. Als Zielgröße wird im Allgemeinen der Gewinn angesehen; das Ziel besteht dann in der **Gewinnmaximierung**. Üblicherweise wird kurzfristige Gewinnmaximierung unterstellt, d. h. die Maximierung des Gewinns in der laufenden Periode.

> Der Gewinn ist keineswegs die einzig denkbare Zielgröße. Ein Unternehmen könnte bestrebt sein, seinen Umsatz, seinen Marktanteil oder seinen Absatz unter der Nebenbedingung eines bestimmten Mindestgewinns zu maximieren. Außerdem könnte es mit einem angemessenen Gewinn zufrieden sein. Solche Zielsetzungen finden sich in der Realität ebenfalls. Die Annahme der Gewinnmaximierung ist daher nicht unumstritten, insbeson-

dere hinsichtlich der Kurzfristigkeit. Das Ziel langfristiger Gewinnmaximierung muss nicht mit einem kurzfristigen Optimum übereinstimmen, denn eine kurzfristige Ausbeutung der Kunden durch hohe Preise kann neue Konkurrenten auf den Plan rufen und das Ansehen des Unternehmens nachhaltig schädigen (und damit seine zukünftigen Gewinnmöglichkeiten).

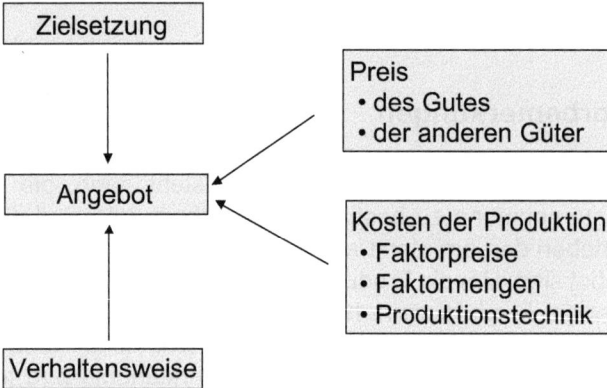

Übersicht 3.1: Determinanten des Angebots an Gütern

Wie bei den Haushalten wird auch von den Unternehmen angenommen, dass sie zweckrational handeln und das ökonomische Prinzip verfolgen. Dies bedeutet in der Unternehmenstheorie, dass die Produktion einer bestimmten Menge mit den geringst möglichen Kosten erfolgt.

Weitere wichtige Determinanten des Güterangebots sind die Preise. Die Preishöhe des Gutes selbst ist bei gegebenen Stückkosten entscheidend dafür, ob ein Unternehmen mit Gewinn anbieten kann oder ob der Preis nicht ausreicht, die Kosten zu decken. Falls der Gewinn auf dem betrachteten Markt als unzureichend angesehen wird, kann ein Unternehmen auf die Produktion anderer Güter ausweichen. Deswegen sind auch die Preise derjenigen Güter bedeutsam, welche die Unternehmen alternativ produzieren könnten. Steigt der Preis auf einem anderen Markt und rechnet ein Teil der Unternehmen damit, dass der Preisanstieg nicht nur vorübergehend ist, werden sie in diesen Markt abwandern; damit verringert sich das Angebot auf dem betrachteten Markt.

Ganz wesentlich für das Angebot ist die Höhe der Produktionskosten. Diese werden beeinflusst von der Menge der eingesetzten Produktionsfaktoren, von der Höhe der Faktorpreise und von der Produktionstechnik. Dabei hängt die Menge der eingesetzten Produktionsfaktoren dann von den relativen Faktorpreisen ab, wenn ein Unternehmen die Wahl zwischen unterschiedlichen Produktionsmitteln hat, also wenn die Produktionsfaktoren substituierbar sind. Von relativ preiswerten Produktionsfaktoren wird in diesem Fall mehr eingesetzt als von relativ teuren. Ob eine Substitution möglich ist, hängt von der Produktionstechnik ab. Dieser wenden wir uns nun zu.

3.3 Produktionstechnik

3.3.1 Einführung

Die technischen Bedingungen der Produktion werden durch eine **Produktionsfunktion** beschrieben. Produziert wird mit Produktionsfaktoren (siehe Abschnitt 1.2), die grundsätzlich in Kapital und Arbeit eingeteilt werden können, wobei zum Kapital alle für die Produktion verwendeten Güter zählen. Die Produktionsfunktion ordnet möglichen Faktoreinsatzmengen die jeweils *maximale* Produktionsmenge x zu. Statt Produktionsmenge werden auch die Begriffe 'Ertrag' oder 'Output' verwendet.

Für n Produktionsfaktoren lässt sich die Produktionsfunktion allgemein schreiben als:

$$x = x(v_1, v_2, \ldots, v_n) \ .$$

Wir beschränken uns im Folgenden auf drei Faktoren, zwei **variable Faktoren** (1 und 2) und einen **fixen Faktor**. Da wir den fixen Faktor nicht explizit in unsere Betrachtungen einbeziehen, werden wir die Produktionsfunktion folgendermaßen formulieren:

$$x = x(v_1, v_2) \ .$$

Der Einsatz variabler Faktoren kann kurzfristig an Produktionsschwankungen angepasst werden. Variable Faktoren sind z. B. Produktionsmaterial oder kurzfristig kündbare Arbeitskräfte. Kosten für den Einsatz dieser Faktoren entstehen in Abhängigkeit von der eingesetzten Menge, wobei sich die Einsatzmenge nach der Produktionsmenge richtet. Wir nehmen im Folgenden einen positiven Zusammenhang zwischen dem Einsatz der variablen Produktionsfaktoren und der produzierten Menge an. Auf Abweichungen wird gesondert hingewiesen. Damit rechnerische Lösungen möglich sind, gehen wir analog zur Haushaltstheorie von einer unendlichen Teilbarkeit der Mengen der variablen Faktoren aus.

Fixe Faktoren bestimmen die Produktionskapazität eines Unternehmens. Sie zeichnen sich dadurch aus, dass ihre Einsatzmenge von Schwankungen der Produktionsmenge innerhalb der Kapazität nicht beeinflusst wird. Deswegen berücksichtigen wir sie nicht in der Produktionsfunktion. Fixe Faktoren sind z. B. langlebige Maschinen oder Gebäude, die über mehrere Perioden abgeschrieben werden. Abschreibungen, Zinsen und ein Großteil der Unterhaltskosten fallen unabhängig von der Auslastung dieser Faktoren an.

Welche Produktionsfaktoren als fix und welche als variabel anzusehen sind, hängt demnach von der Länge des gewählten Betrachtungszeitraums ab. Dies lässt sich am Faktor Arbeit verdeutlichen. Wenn Arbeitskräfte eine Kündigungsfrist von einem Monat haben, sind sie innerhalb dieses Monats als fixe Faktoren anzusehen, nachdem die Kündigungsfrist abgelaufen ist, dagegen als variable Faktoren. Je länger der Zeithorizont, umso weniger fixe Faktoren gibt es, bis schließlich alle Produktionsfaktoren variabel sind, also auch Maschinen, Gebäude und leitende Angestellte mit langjährigen Verträgen.

In manchen Lehrbüchern finden Sie eine andere Einteilung. Dort bedeutet 'kurzfristig', dass die Menge eines Faktors in der Produktionsfunktion $x = x(v_1, v_2)$ konstant gehalten wird, während 'langfristig' beide variiert werden können. Wir folgen diesem Vorgehen deshalb nicht, weil sich nach unserer Meinung für die kurze und die lange Frist nicht dieselbe Produktionsfunktion verwenden lässt. Kurzfristig sind Produktionsfaktoren nur schwer substituierbar; z. B. kann nicht Arbeitsleistung einfach durch einen erhöhten Maschineneinsatz ersetzt werden, weil der Produktionsprozess dies nicht ohne weiteres zulässt. Langfristig sind Maschinen und Arbeit durchaus substituierbar, wie sich z. B. in Deutschland gezeigt hat: Der gesamte Produktionsprozess wird umgestellt und die relativ teure Arbeitskraft durch Maschinen ersetzt. Um beide Fälle abbilden zu können, benötigt man also zwei Produktionsfunktionen.

Wie die in der Haushaltstheorie verwendeten Nutzenfunktionen sind auch Produktionsfunktionen graphisch darstellbar. Deren genaue Gestalt hängt unter anderem von der Substituierbarkeit der Produktionsfaktoren ab. Wie bei Konsumgütern kann zwischen vollkommen substitutiven, unvollkommen substitutiven und komplementären Produktionsfaktoren unterschieden werden. Vollkommen substitutive Produktionsfaktoren, bei denen unbegrenzt eine Mengeneinheit des einen Faktors gegen eine Mengeneinheit des anderen eingetauscht werden kann, schließen wir im Weiteren aus. Streng komplementäre Produktionsfaktoren betrachten wir in Abschnitt 3.3.6.3. Im Folgenden behandeln wir nur unvollkommen substituierbare Produktionsfaktoren, wobei es wiederum zwei Möglichkeiten gibt: alternative und periphere Substitution.

Arbeitsleistung lässt sich nicht völlig durch Maschinen ersetzen; es handelt sich damit um die Möglichkeit peripherer Substitution. Werkstoffe, z. B. Kunststoff und Aluminium, können sich jedoch völlig gegenseitig ersetzen. So wäre es denkbar, für einen PKW nur Aluminium zu verwenden, beide Werkstoffe zu kombinieren oder nur Kunststoff einzusetzen.

In dreidimensionaler Darstellung erhält man bei zwei peripher substituierbaren Faktoren analog zum Nutzengebirge ein **Produktionsgebirge,** das
z. B. folgendermaßen aussehen kann (vgl. Abbildung 3.1):

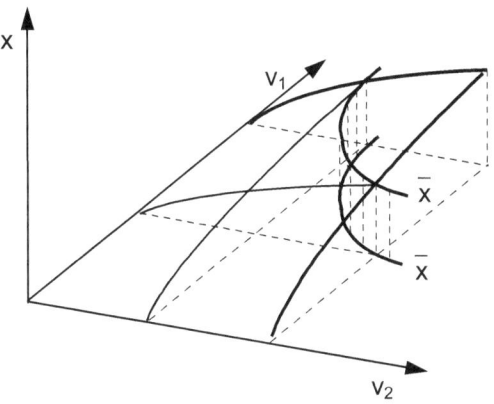

*Abbildung 3.1: Produktionsgebirge bei peripher substituierbaren Produk-
tionsfaktoren*

Das Produktionsgebirge wird auch als **Ertragsgebirge** bezeichnet. Durch
dieses Ertragsgebirge wurden einige Hilfslinien gelegt. Mit Hilfe von Schnit-
ten entlang dieser Hilfslinien erhalten wir zweidimensionale Darstellungen
der Produktionsfunktion, die zu ihrer Charakterisierung dienen. Dabei können wir drei Betrachtungsebenen unterscheiden, wovon zwei eine Analogie
zur Haushaltstheorie aufweisen:
- Es wird nur die Menge eines Produktionsfaktors variiert, während die
  Menge des anderen konstant bleibt. Dies entspricht einem Vertikalschnitt und führt zu einer **partiellen Produktionsfunktion** (analog zu
  einer partiellen Nutzenfunktion).
- Beide Faktoren werden variiert, wobei die Produktionsmenge konstant
  gehalten wird. Folglich schneiden wir das Ertragsgebirge in einer bestimmten Produktionshöhe horizontal und erhalten bei Projektion auf die
  v_1/v_2-Ebene Kurven gleichen Ertrags, sogenannte **Isoquanten** (analog
  zu Indifferenzkurven).
- Beide Faktormengen werden stets in einem bestimmten Verhältnis eingesetzt und das konstant zusammengesetzte Faktorbündel variiert. Eine
  entsprechende Abbildung wird weiter unten präsentiert. Die **Niveauproduktionsfunktion**, die sich hierbei ergibt, findet in der Haushaltstheorie
  keine Entsprechung, weil sich der Nutzen nicht kardinal messen lässt.
Diesen drei Betrachtungsebenen wenden wir uns nun zu.

3.3.2 Partielle Produktionsfunktionen

Schneiden wir das Produktionsgebirge zunächst vertikal parallel zur v_1-Achse, so erhalten wir eine **Ertragskurve** für den Faktor 1 bei gegebenem Einsatz des Faktors 2 (vgl. Abb. 3.2.a).[1] Wird dieser erhöht, verschiebt sich die partielle Produktionsfunktion nach oben (vgl. Abb. 3.2.b).

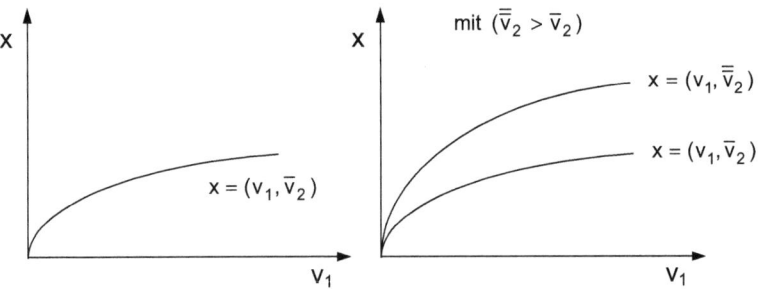

Abbildung 3.2.a: Partielle Produktionsfunktion   *Abbildung 3.2.b: Unterschiedliche Höhe des konstanten Faktors*

Partielle Produktionsfunktionen sind aus zwei Gründen bedeutsam: Zum einen lässt sich bei einem einzigen variablen Faktor besonders einfach auf die zugehörige Kostenfunktion schließen (vgl. Abschnitt 3.4.1). Zum anderen können wir anhand des Verlaufs der Ertragskurve erkennen, wie sich der zunehmende Einsatz eines einzelnen Faktors auf die Produktionsmenge auswirkt. Analytisch beschreiben lässt sich dieser Zusammenhang durch partielle Ableitungen der Produktionsfunktion. Dabei gibt die erste partielle Ableitung die **Grenzproduktivität** des jeweiligen Faktors an. Die Grenzproduktivität zeigt, wie sich die Produktionsmenge mit steigendem Einsatz des Faktors verändert. Für die in den Abbildungen 3.2 dargestellten Ertragskurve ist diese partielle Ableitung positiv. Die Produktionsmenge nimmt mit zunehmendem Einsatz des Faktors 1 also zu:

$$\frac{\partial x}{\partial v_1} > 0 \ .$$

Ob der Ertrag ausgehend von einer bestimmten Faktoreinsatzmenge über- oder unterproportional wächst, können wir anhand der sogenannten **Produktionselastizität** bestimmen. Sie gibt den relativen Zuwachs der Produktionsmenge bei einem relativen Zuwachs der Faktoreinsatzmenge an:

$$\eta_{x,v_1} = \frac{\partial x}{\partial v_1} \cdot \frac{v_1}{x} \quad \text{bzw.} \quad \eta_{x,v_1} = \frac{\partial x / \partial v_1}{x / v_1} \ .$$

---

[1] Analoges gilt natürlich für einen Vertikalschnitt parallel zur v_2-Achse, durch den wir eine Ertragskurve für den Faktor 2 erhalten.

Bei einem überproportionalen Ertragszuwachs nimmt diese Elastizität einen Wert an, der größer als eins ist. Im umgekehrten Fall weist sie einen Wert von kleiner als eins auf. In Abbildung 3.3 ist die Elastizität der Funktion in jedem Punkt kleiner als eins, die Ertragszuwächse sind also unterproportional. Dies lässt sich mit Hilfe der Formulierung der Elastizität als Quotient aus **Grenzertrag**[2] zu **Durchschnittsertrag** leicht überprüfen, denn die Grenzerträge $\partial x / \partial v_1$ sind im gesamten Verlauf der Funktion geringer als die Durchschnittserträge x / v_1.

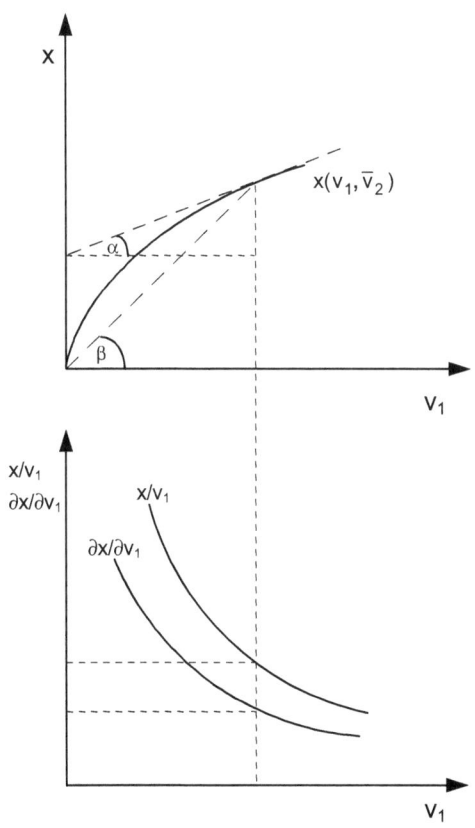

Abbildung 3.3: Grenz- und Durchschnittsertrag

---

[2] Wir verwenden einer Gepflogenheit der Literatur folgend die Begriffe Grenzertrag und Grenzproduktivität in diesem Zusammenhang synonym. Dies ist strenggenommen lediglich für eine Veränderung des Faktoreinsatzes von genau einer infinitesimalen Einheit korrekt: Der Grenzertrag dx ist nämlich definiert als: $dx = (\partial x / \partial v_1) \cdot dv_1$. Nur für $dv_1 = 1$, gilt: $dx = \partial x / \partial v_1$.

Der Grenzertrag lässt sich durch eine Tangente an die Ertragskurve bestimmen, der Durchschnittsertrag dagegen durch einen Fahrstrahl aus dem Ursprung. Graphisch wird der Grenzertrag durch den Tangens des Winkels α, der Durchschnittsertrag durch den Tangens des Winkel β gemessen. Da die Grenzertragskurve für die Entlohnung der Faktoren eine herausragende Rolle spielt (wir kommen in Abschnitt 4.6 darauf zurück), ist sie mitsamt der Durchschnittsertragskurve in Abbildung 3.3 dargestellt.

> Nehmen wir an, die partielle Produktionsfunktion laute: $x = v_1^{1/2}$. Dann lautet die Grenzertragsfunktion: $\partial x / \partial v_1 = 1/2 v_1^{1/2}$ und die Durchschnittsertragsfunktion $x/v_1 = v_1^{1/2}/v_1 = 1/v_1^{1/2}$. In dem gewählten Beispiel ist somit die Grenzproduktivität des Faktors 1 stets halb so groß wie seine Durchschnittsproduktivität.

Wir können in Abbildung 3.2.a zusätzlich erkennen, dass die Ertragszuwächse mit zunehmendem Einsatz des Faktors 1 abnehmen. Ob die Ertragszuwächse zu- oder abnehmen, bestimmen wir durch das Vorzeichen der zweiten partiellen Ableitung der Produktionsfunktion. Sie ist in dem dargestellten Fall negativ:

$$\frac{\partial^2 x}{\partial v_1^2} < 0 \ .$$

Anhand von Abbildung 3.2.b wird deutlich, dass die Grenzproduktivität des Faktors 1 für ein gegebenes v_2 umso höher ist, je mehr Mengeneinheiten des Faktors 2 eingesetzt werden; d. h. die **Kreuzgrenzproduktivität** ist positiv:

$$\frac{\partial^2 x}{\partial v_1 \partial v_2} > 0 \ .$$

3.3.3 Isoquanten

Bei einem Horizontalschnitt durch das Produktionsgebirge erhalten wir Kurven gleichen Ertrags, sogenannte **Isoquanten**. Eine Isoquante ist der geometrische Ort aller Faktormengenkombinationen, die zum gleichen Produktionsniveau führen. Im Gegensatz zum Nutzenniveau einer Indifferenzkurve ist der Ertrag, den eine Isoquante repräsentiert, kardinal messbar. Die analytische Form einer solchen Isoquante für die Produktionsmenge $\bar{x}$ lautet:

$$\bar{x} = x(v_1, v_2) \ .$$

Um sie in einem v_1/v_2-Diagramm abbilden zu können, muss nach v_1 aufgelöst werden: $v_1 = v_1(v_2, \overline{x})$. In Abbildung 3.4.a haben wir eine solche Isoquante für das Produktionsniveau $\overline{x}$ graphisch dargestellt.

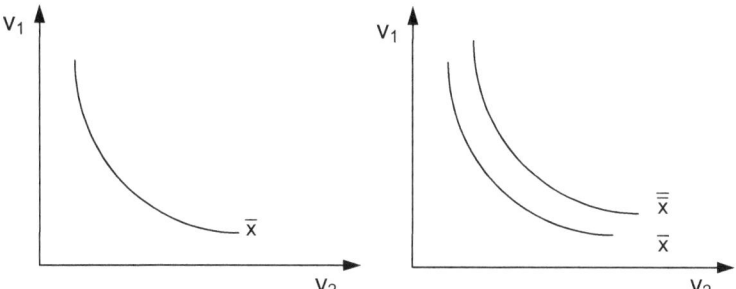

Abbildung 3.4.a: Isoquante   Abbildung 3.4.b: Unterschiedliche
                                              Produktionsmengen

Je weiter Isoquanten vom Ursprung entfernt liegen, desto höher ist das Produktionsniveau, das sie repräsentieren (vgl. Abb. 3.4.b). Wird bei gegebenem Einsatz des einen Faktors der Einsatz des anderen Faktors erhöht, steigt die produzierte Menge (wenn die Produktionsfaktoren nicht streng komplementär sind). Ein Anstieg der produzierten Menge kann auch daraus resultieren, dass von beiden Faktoren mehr eingesetzt wird oder von einem zwar weniger, vom anderen dafür aber erheblich mehr.

Die Substitutionsmöglichkeiten zwischen den Faktoren werden analog zur Haushaltstheorie durch den Absolutbetrag der Steigung der Isoquante in einem Punkt bestimmt, der **Grenzrate der technischen Substitution**. Wenn keine Verwechslungsmöglichkeit besteht, sprechen wir einfach von der Grenzrate der Substitution.
Die Grenzrate der Substitution lässt sich durch das Grenzproduktivitätsverhältnis der beiden Faktoren ausdrücken. Um dies zu zeigen, bilden wir das totale Differential der Isoquante: $x(v_1, v_2) = \overline{x}$.

$$dx = \frac{\partial x}{\partial v_1} dv_1 + \frac{\partial x}{\partial v_2} dv_2 = 0 \ .$$

Das totale Differential gibt die Produktionsmengenänderung bei einer Veränderung des Einsatzes beider Faktoren wieder. Da die Produktionsmenge auf einer Isoquante unverändert bleibt, müssen sich die Produktionsmengenänderungen entlang einer Isoquante zu null addieren. Analog zur Haushaltstheorie erhalten wir durch Umformen:

$$\left| \frac{dv_1}{dv_2} \right| = \frac{\partial x / \partial v_2}{\partial x / \partial v_1} \ . \tag{3.1}$$

Die Grenzrate der technischen Substitution entspricht dem umgekehrten Verhältnis der Grenzproduktivitäten der Faktoren.

> Wiederum besteht eine Analogie zur Haushaltstheorie: Für einen rational handelnden Haushalt ist das Verhältnis der Grenznutzen dafür bestimmend, in welchem Ausmaß sich Güter gegenseitig ersetzen können. Für ein Unternehmen ist dagegen ausschlaggebend, welchen Grenzbeitrag ein Faktor zur Produktion leistet, also sein Grenzertrag bzw. seine Grenzproduktivität. Im Gegensatz zum Grenznutzen ist die Grenzproduktivität kardinal messbar.

Die in Abbildung 3.4.a dargestellte Isoquante weist eine negative Steigung auf ($dv_1/dv_2 < 0$), deren Absolutbetrag mit zunehmender Menge des Faktors 2 abnimmt. Dies ist gleichbedeutend mit einer abnehmenden Grenzrate der Substitution. Aufgrund des konvexen Verlaufs müssen daher bei zunehmender Substitution des einen Faktors immer mehr Mengeneinheiten des anderen eingesetzt werden.

Zur Herleitung der Kostenfunktion verwenden wir eine Produktionsfunktion mit streng konvexen Isoquanten, weil sich damit ein eindeutiges Optimum für den Einsatz der Produktionsfaktoren ergibt. Während sich jedoch Indifferenzkurven nicht zurückbiegen können, weil ansonsten gegen das Axiom der Nichtsättigung verstoßen würde, ist dies bei Isoquanten theoretisch möglich (vgl. Abschnitt 3.3.6.1).

3.3.4 Niveauproduktionsfunktion

Wir wenden uns nun der dritten Betrachtungsebene zu, der sogenannten **totalen Faktorvariation**. Dabei wird der Einsatz beider Produktionsfaktoren verändert. Dies geschieht jedoch nicht willkürlich. Vielmehr wird davon ausgegangen, dass beide Produktionsfaktoren stets in einem ganz bestimmten Einsatzverhältnis verwendet werden. Wie wir später sehen, kombiniert ein rational handelndes Unternehmen die Produktionsfaktoren so, dass es mit den geringst möglichen Kosten produziert.

Wir gehen nun davon aus, dass diese bestmögliche Faktorkombination verwirklicht ist und das Unternehmen eine gegebene Produktionsmenge herstellt. Dazu benötigt es eine bestimmte Anzahl eines Faktorbündels mit einem genau festgelegten Einsatzverhältnis beider Produktionsfaktoren. Die Anzahl der Faktorbündel, die zur Produktion der aktuellen Menge notwendig ist, normieren wir auf $k = 1$.

Je nach Marktlage produziert ein Unternehmen mehr oder weniger – es ändert also sein Produktionsniveau. Will es mehr produzieren, braucht es eine größere Anzahl von Faktorbündeln, das heißt k ist größer als eins. Schränkt es die Produktion ein, dann ist k kleiner als eins. Der Einsatz beider Faktoren wird dabei stets proportional verändert ($k \cdot v_i$). Den Zusammenhang zwischen der Anzahl der Faktorbündel und dem Ertrag nennt man **Niveauproduktionsfunktion** bzw. **Niveauertragsfunktion**:

$$x = x\,(k \cdot v_1, k \cdot v_2)\ .$$

Da sich das Verhältnis v_1/v_2 bei Variation von k nicht ändert, hängt der Output letztlich nur von der Anzahl der Faktorbündel ab. Daher lässt sich die Niveauproduktionsfunktion verkürzt schreiben als:

$$x = x\,(k)\ .$$

Zusätzlich zu den bisher besprochenen Eigenschaften von Produktionsfunktionen können wir eine Produktionstechnik dadurch charakterisieren, wie stark sich der Ertrag ändert, wenn die Anzahl der Faktorbündel variiert wird. Dazu ziehen wir das Merkmal der **Skalenerträge** heran.

Die Skalenerträge geben an, wie die Produktionsmenge auf einen proportionalen Mehreinsatz (analog: Mindereinsatz) aller variablen Faktoren reagiert. Steigt die Produktionsmenge bei einem proportionalen Mehreinsatz aller variablen Faktoren überproportional, so weist die Technik **steigende Skalenerträge** auf (increasing returns to scale). Bei einem proportionalen Anstieg der Produktionsmenge handelt es sich um **konstante Skalenerträge** (constant returns to scale). Reagiert die Produktionsmenge dagegen unterproportional auf einen proportionalen Mehreinsatz aller variablen Produktionsfaktoren, so spricht man von **sinkenden Skalenerträgen** (decreasing returns to scale).

> Steigende Skalenerträge treten z. B. auf, wenn die proportionale Vergrößerung des Faktoreinsatzes mit Lerneffekten einhergeht. Wenn statt eines Sachbearbeiters an einem Computer drei Sachbearbeiter an drei Computern eingesetzt werden, welche dieselbe Aufgabe erledigen, können sie sich über Problemlösungen verständigen und so effizienter arbeiten. Wenn Produktionsprozesse bei der proportionalen Faktormengenerhöhung dagegen lediglich dupliziert werden, also z. B. zu einer Druckmaschine mit einem eingearbeiteten Mitarbeiter eine zweite mit einem ebenso qualifizierten hinzukommt, sind die Skalenerträge konstant. Sollte der Raum (ein fixer Faktor!) jedoch zu klein sein, behindern sie sich gegenseitig und erzeugen daher nicht die doppelte Produktionsmenge. Die Skalenerträge sinken.

Mit Hilfe der sogenannten **Skalenelastizität** $\eta_{x,k}$ lässt sich die relative Stärke der Reaktion der Produktionsmenge auf eine Änderung der Anzahl der Faktorbündel messen:

$$\eta_{x,k} = \frac{dx(k \cdot v_1, k \cdot v_2)}{dk} \cdot \left.\frac{k}{x(k \cdot v_1, k \cdot v_2)}\right|_{k=1} \quad \text{bzw. kurz:} \quad \eta_{x,k} = \left.\frac{dx}{dk} \cdot \frac{k}{x}\right|_{k=1}\ .$$

Die Skalenelastizität ist ein lokales Maß (Punktelastizität). Sie wird an der Stelle k = 1, also dem aktuellen Produktionsniveau berechnet, weil wir untersuchen möchten, wie die Produktionsmenge auf eine Veränderung des gegenwärtigen Faktoreinsatzniveaus reagiert. Ist $\eta_{x,k}$ > 1, dann liegen steigende Skalenerträge vor. Ist $\eta_{x,k}$ = 1, handelt es sich um konstante Skalenerträge. Ist $\eta_{x,k}$ < 1, weist die Produktionstechnik sinkende Skalenerträge auf. In Abbildung 3.5 werden die entsprechenden Niveauertragsfunktionen graphisch dargestellt.

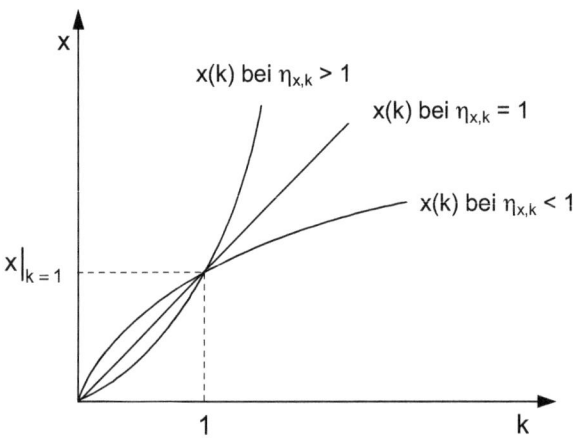

Abbildung 3.5: Niveauproduktionsfunktionen bei unterschiedlichen Skalenelastizitäten

Ausgehend vom aktuellen Produktionsniveau mit k = 1 führt eine Erhöhung bzw. Verringerung der Anzahl der Faktorbündel je nach Skalenelastizität zu einer überproportionalen, unterproportionalen oder proportionalen Reaktion der Produktionsmenge.

Ob zunehmende, abnehmende oder konstante Skalenerträge vorliegen, kann man auch anhand von Isoquantendiagrammen erkennen. Bei zunehmenden Skalenerträgen nehmen die Abstände von Isoquanten entlang eines Fahrstrahls aus dem Ursprung ab. Ein solcher Fahrstrahl beschreibt ein konstantes Faktoreinsatzverhältnis bzw. eine konstante Faktorintensität. Er wird deswegen auch **Faktorintensitätslinie** genannt. Der Abstand zwischen jeweils zwei Isoquanten repräsentiert konstante Produktionsmengendifferenzen.

Bei zunehmenden Skalenerträgen benötigt man für eine proportionale Erhöhung der Produktion lediglich eine unterproportionale Erhöhung der Faktoreinsatzmengen (vgl. Abb. 3.6). Anders ausgedrückt: Eine proportionale Erhöhung der Faktormengen führt zu einer überproportionalen Outputsteigerung, d. h. $x(k \cdot v_1, k \cdot v_2) > k \cdot x(v_1, v_2)$ für $k > 1$.

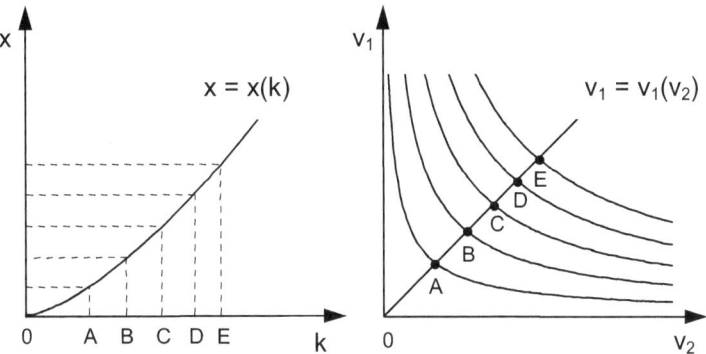

Abbildung 3.6: Niveauproduktionsfunktion und Isoquanten bei steigenden Skalenerträgen

Die kleiner werdenden Strecken auf dem Fahrstrahl im rechten Teil der Abbildung 3.6 entsprechen den Strecken auf der Abszisse im linken Teil der Abbildung, wie z. B. an der Strecke 0A zu erkennen ist.[3] Die Produktionsmengendifferenzen ändern sich nicht, wie man an den Ordinatenabschnitten im linken Teil der Abbildung ablesen kann.

Bei konstanten Skalenerträgen bleiben die Abstände zwischen den Isoquanten bei proportionaler Erhöhung des Faktoreinsatzes konstant.

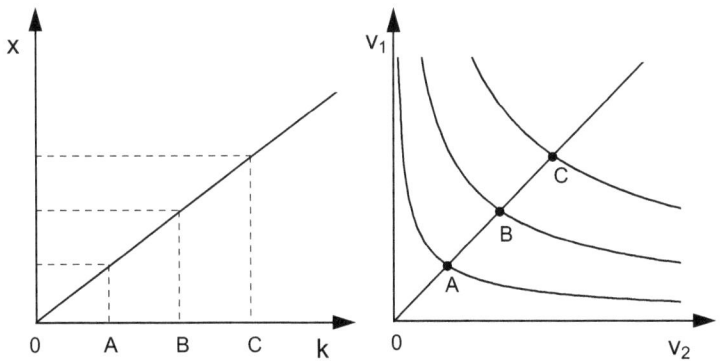

Abbildung 3.7: Niveauproduktionsfunktion und Isoquanten bei konstanten Skalenerträgen

---

[3] Der Tangens des (nicht eingezeichneten) Winkels des Fahrstrahls gibt übrigens das konstante Einsatzverhältnis v_1/v_2 wieder.

Auch hier entsprechen sich die Strecken auf der Faktorintensitätslinie und die Strecken auf der Abszisse im linken Teil der Abbildung. Die Produktionsmengendifferenzen lassen sich auf der Ordinate im linken Teil der Abbildung ablesen. Sie sind konstant. Eine proportionale Erhöhung der beiden Faktoren führt also zu einer proportionalen Erhöhung der Produktionsmenge. Es gilt: $x(k \cdot v_1, k \cdot v_2) = k \cdot x(v_1, v_2)$ für $k \geq 0$.

Bei sinkenden Skalenerträgen steigen die Abstände zwischen den Isoquanten bei proportionaler Erhöhung des Faktoreinsatzes.

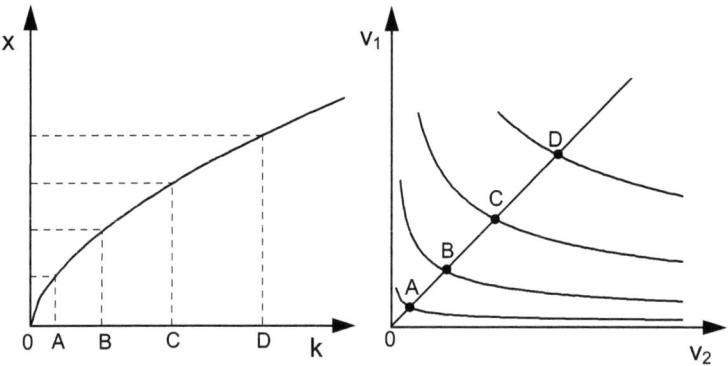

Abbildung 3.8: Niveauproduktionsfunktion und Isoquanten bei sinkenden Skalenerträgen

Für eine proportionale Erhöhung der Produktionsmenge, wie sie auf der Ordinate des linken Teils der Abbildung abgetragen ist, bedarf es einer überproportionalen Steigerung des Einsatzes beider Faktoren. Anders ausgedrückt: Eine proportionale Faktorvermehrung führt nur zu einer unterproportionalen Ertragssteigerung: $x(k \cdot v_1, k \cdot v_2) < k \cdot x(v_1, v_2)$ für $k > 1$.

3.3.5 Zur Klassifikation von Produktionsfunktionen

In Analogie zur Haushaltstheorie können wir Produktionstechnologien nach dem Grad der Substituierbarkeit der eingesetzten Produktionsfaktoren unterscheiden. Der Grad der Substituierbarkeit kann anhand der Krümmung von Isoquanten abgelesen werden. Bei linearen Isoquanten haben wir es mit dem Fall vollkommener Substitute zu tun. Bei vollständig komplementären Faktoren verlaufen die Isoquanten von einem bestimmten Faktoreinsatzverhältnis ausgehend parallel zu den Achsen. Bei unvollständig substituierbaren Produktionsfaktoren sind die Isoquanten dagegen mehr oder weniger stark gekrümmt.

Ein Maß für die Krümmung von Isoquanten ist die **Substitutionselastizität** σ. Die Substitutionselastizität ist definiert als relative Veränderung des

Faktoreinsatzverhältnisses (Faktorintensität) im Verhältnis zur relativen Veränderung der Grenzrate der Substitution:

$$\sigma = \frac{d(v_1/v_2)/(v_1/v_2)}{dGRS/GRS} = \frac{d(v_1/v_2)}{dGRS}\frac{GRS}{(v_1/v_2)} \ .$$

Die Substitutionselastizität kann Werte zwischen null und unendlich annehmen. Bei vollkommenen Substituten nimmt sie den Wert unendlich, bei komplementären Faktoren den Wert null an.

> Später werden wir sehen, dass die Grenzrate der Substitution gleich dem umgekehrten Preisverhältnis der Faktoren ist. Die Substitutionselastizität kann also auch als die relative Veränderung der Faktorintensität im Verhältnis zur relativen Veränderung des umgekehrten Preisverhältnisses definiert werden:
>
> $$\sigma = \frac{d(v_1/v_2)/(v_1/v_2)}{d(q_2/q_1)/(q_2/q_1)} = \frac{d(v_1/v_2)}{d(q_2/q_1)}\frac{(q_2/q_1)}{(v_1/v_2)} \ .$$

Anhand von Abbildung 3.9 kann nachvollzogen werden, dass die Krümmung von Indifferenzkurven ein Gradmesser für die Substituierbarkeit der Faktoren ist.

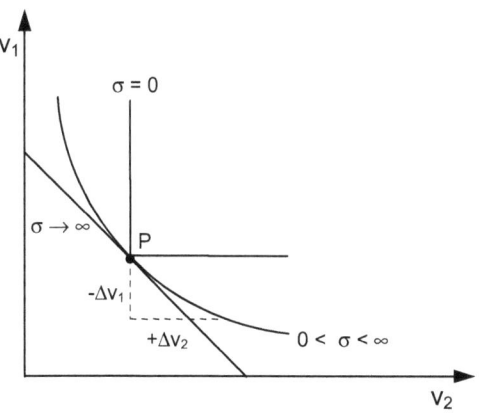

Abbildung 3.9: Krümmung von Isoquanten und Substitutionselastizität

Ausgehend von Punkt P werde die Einsatzmenge des Faktors 1 verringert. Je geringer der Substitutionsgrad, desto größer ist die benötigte Menge des Faktors 2, um das gleiche Produktionsniveau zu erreichen wie im Ausgangspunkt. Im Extremfall einer Substitutionselastizität von null reicht kein noch so großer Mehreinsatz des Faktors 2 zum Ausgleich des Mindereinsatzes des Faktors 1 aus. In Abbildung 3.9 wird auch deutlich, dass die Grenzrate der Substitution in einem Punkt, den alle Isoquanten gemeinsam haben, kein geeignetes Maß zur Bestimmung des Substitutionsgrads zweier Faktoren darstellt. Denn in P stimmt die Grenzrate der Substitution zwischen den Faktoren bei allen Technologien außer im Grenzfall der limitationalen Produktionsfunktion überein.[4]

Zur Messung der Substitutionselastizität benötigen wir die Faktorintensität und die Grenzrate der Substitution. In Abbildung 3.10 wird die Faktorintensität anhand des Tangens des Winkels β gemessen. Die Grenzrate der Substitution ergibt sich durch den Tangens des Winkels α. Wir können die Substitutionselastizität also auch als das Verhältnis der relativen Veränderung des Tangens der jeweiligen Winkel ausdrücken.

$$\sigma = \frac{d\tan\beta / \tan\beta}{d\tan\alpha / \tan\alpha} \;.$$

Da die Winkel β und β' in den Abbildungen 3.10.a und 3.10.b übereinstimmen und damit die Veränderungsrate des Tangens des Winkels identisch ist, können wir uns darauf beschränken, die Veränderungsrate des Tangens des Winkels α zu betrachten. Diese ist proportional zur Veränderung des Winkels α. Es lässt sich unschwer erkennen, dass bei einer Wanderung auf der jeweiligen Isoquante von P nach Q die relative Veränderung des Winkels α (von α zu α') bei der stärker gekrümmten Isoquante größer ist und damit die Substitutionselastizität kleiner.

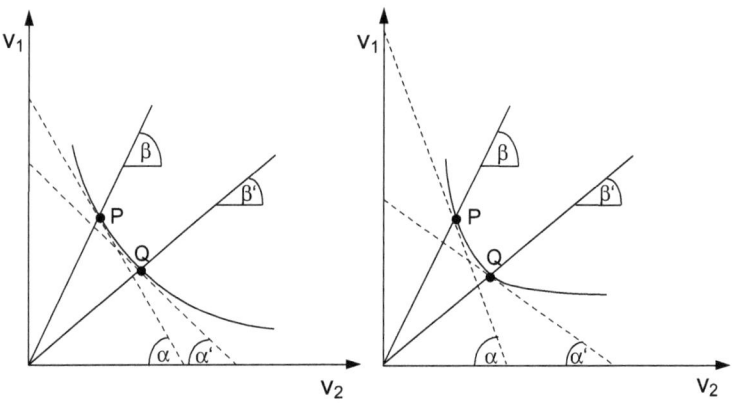

Abbildung 3.10.a: Großes σ   *Abbildung 3.10.b: Kleines σ*

Daneben kann die Substitutionselastizität auch zur Unterscheidung zwischen peripherer und alternativer Substitution herangezogen werden. Bei einer Substitutionselastizität größer als eins ist die relative Änderung der Faktorintensität größer als die relative Änderung der Grenzrate der Substitution. Daraus folgt, dass die Isoquante die Achsen schneidet. Es handelt

---

[4] Die Grenzrate der Substitution hat hier keine Bedeutung, weil nicht substituiert werden kann.

sich deshalb um den Fall alternativer Substitution: Bei genügend großen Mengen des einen Faktors kann ganz auf den anderen Faktor verzichtet werden. Ist die Substitutionselastizität kleiner als eins, kann auf keinen der beiden Faktoren vollkommen verzichtet werden. Es handelt sich um periphere Substitution. Für die Produktion sind von beiden Produktionsfaktoren bestimmte Mindestmengen notwendig. Ist $\sigma = 1$, haben wir es ebenfalls mit peripherer Substitution zu tun, die Isoquanten nähern sich jedoch asymptotisch den Achsen an (vgl. Abb. 3.11).

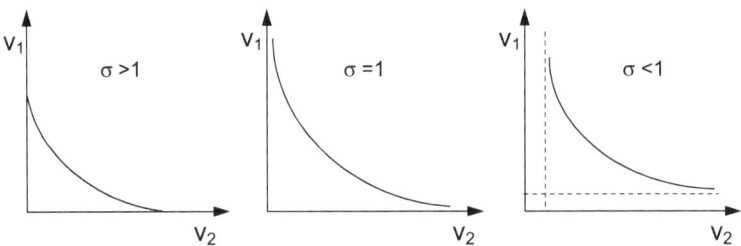

Abbildung 3.11: Zusammenhang zwischen Art der Substitution und σ

Man kann Produktionstechnologien ferner danach unterscheiden, ob sie homogen oder nicht-homogen sind. Wir werden für unsere weiteren Betrachtungen in der Regel homogene Produktionsfunktionen unterstellen und unterziehen die Eigenschaften dieser Funktionen einer eingehenderen Untersuchung. Für homogene Produktionsfunktionen gilt:

$$x(k_1, k_2) = k^r x(v_1, v_2) \ . \tag{3.2}$$

Falls k beispielsweise 2 beträgt, ist die Identität (3.2) folgendermaßen zu interpretieren: Eine Verdopplung der Faktoreinsatzmengen führt zu mehr als einer Verdopplung der Produktionsmenge, falls $r > 1$, genau zu einer Verdopplung der Produktionsmenge, falls $r = 1$, und zu weniger als einer Verdopplung der Produktionsmenge falls $r < 1$ ist. Der Exponent r wird Homogenitätsgrad genannt. Er ist bei homogenen Produktionsfunktionen konstant. Der Homogenitätsgrad entspricht der Skalenelastizität der Produktionsfunktion.[5] Bei $r > 1$ liegen steigende Skalenerträge vor, bei $r = 1$ konstante Skalenerträge und bei $r < 1$ fallende Skalenerträge. Man spricht auch von überlinear homogenen ($r > 1$), linear homogenen ($r = 1$) und unterlinear homogenen ($r < 1$) Produktionsfunktionen.

Die Produktionsfunktion $x = v_1^{1/2} \cdot v_2^{1/2}$ ist homogen, denn: $x[(kv_1)^{1/2} \cdot (kv_2)^{1/2}] = (kv_1)^{1/2} \cdot (kv_2)^{1/2} = k^{1/2+1/2} \cdot v_1^{1/2} \cdot v_2^{1/2} = k^1 \cdot v_1^{1/2} \cdot v_2^{1/2}$. Da $r = 1$ ist, ist die Produkti-

---

[5] Für einen formalen Beweis siehe Anhang A.5.

onsfunktion linear homogen. Cobb-Douglas-Produktionsfunktionen haben die Eigenschaft, dass sich der Homogenitätsgrad r einfach durch die Summe der Exponenten der Produktionsfaktoren bestimmen lässt (vgl. Abschnitt 3.3.6.2). Bei der Produktionsfunktion $x = v_1^{\frac{1}{4}} \cdot v_2^{\frac{1}{2}}$ ist $r = \frac{1}{4} + \frac{1}{2} = \frac{3}{4}$. Die Produktionsfunktion ist unterlinear homogen bzw. weist sinkende Skalenerträge auf.

3.3.6 Spezielle Produktionsfunktionen

3.3.6.1 Die ertragsgesetzliche Produktionsfunktion

Bei ertragsgesetzlichen Produktionsfunktionen können wir nicht-homogene Funktionen und homogene Funktionen unterscheiden. Wir beschränken uns hier jedoch auf die nicht-homogenen Funktionen. Die nicht-homogenen Funktionen weisen zunächst steigende und dann fallende Skalenerträge auf. Ihr Homogenitätsgrad bzw. ihre Skalenelastizität ist daher nicht konstant. Dies lässt sich mit Hilfe einer Niveauproduktionsfunktion graphisch darstellen:

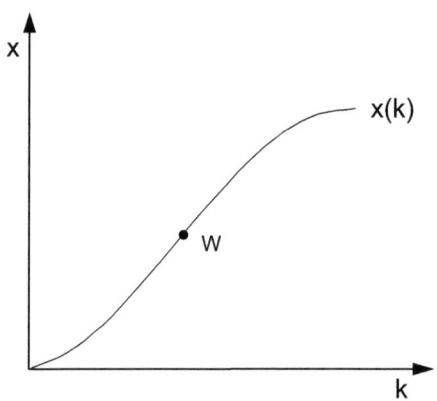

Abbildung 3.12: Ertragsgesetzliche Niveauproduktionsfunktion

Die Skalenelastizität ist zunächst größer als eins und ab dem Wendepunkt (W) der Funktion kleiner als eins.

Die Isoquanten weisen bei einer solchen Funktion zunächst abnehmende und dann zunehmende Abstände auf, wenn die Abstände zwischen den Isoquanten konstante Produktionsmengendifferenzen repräsentieren (vgl. Abb. 3.13 mit den Outputmengen 1 bis 6). Anders ausgedrückt: Zur konstanten Ausweitung der Produktion bedarf es zunächst unterproportional steigender Faktorzuwächse und im Bereich abnehmender Skalenerträge überproportional steigender Faktorzuwächse.

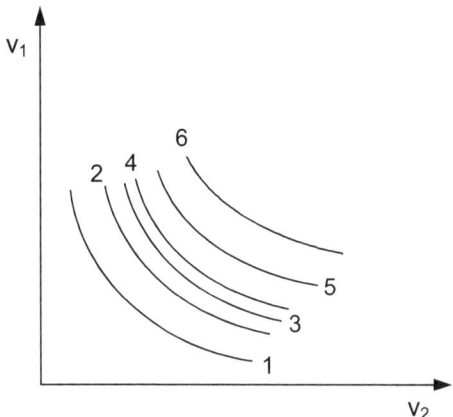

Abbildung 3.13: Isoquanten einer ertragsgesetzlichen Produktionsfunktion

Die partiellen Produktionsfunktionen sind zunächst mit steigenden und dann mit abnehmenden Grenzerträgen verbunden, die schließlich auch negativ werden können. Ökonomisch relevant ist allerdings lediglich der Bereich abnehmender Grenzerträge, da im Bereich zunehmender Grenzerträge die Produktion überproportional mit dem Faktoreinsatz wächst und deswegen nichts dagegen spricht, auch tatsächlich mehr von dem fraglichen Faktor einzusetzen. Sind die Grenzerträge negativ, ist es unsinnig, den betrachteten Faktor in der gewählten Intensität einzusetzen, da die Produktion in diesem Fall mit steigendem Faktoreinsatz sinkt. Die partielle Produktionsfunktion für den Faktor 1 ist in Abbildung 3.14 skizziert.

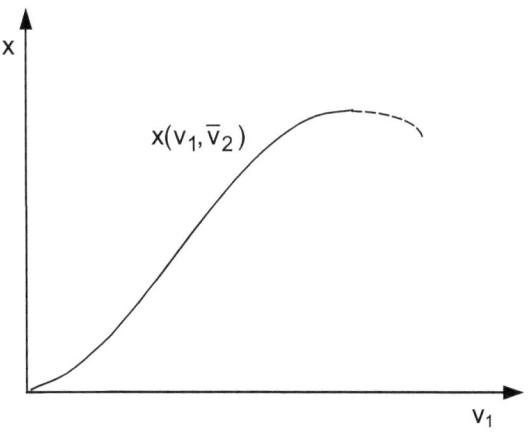

Abbildung 3.14: Partielle ertragsgesetzliche Produktionsfunktion

Im Bereich negativer Grenzerträge biegen sich die Isoquanten der ertragsgesetzlichen Produktionsfunktion zurück. Dort ist ihre Steigung positiv. Die Steigung einer Isoquante entspricht dem negativen umgekehrten Grenzproduktivitätsverhältnis der Faktoren [vgl. (3.1)]. Dieser Ausdruck wird positiv, wenn einer der beiden Faktoren eine negative Grenzproduktivität aufweist. Der Faktoreinsatz ist dann nicht effizient.

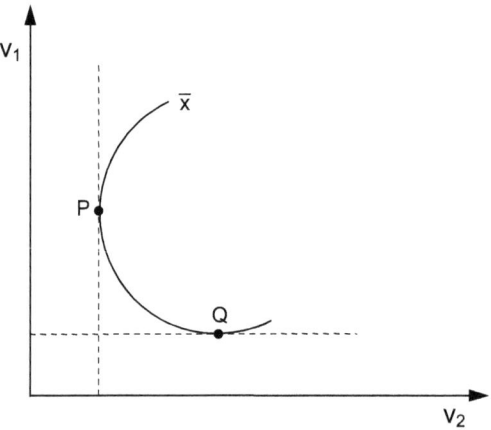

Abbildung 3.15: Bereich des effizienten Faktoreinsatzes

Der Bereich effizienten Faktoreinsatzes wird durch die beiden gestrichelten Hilfslinien beschränkt. Oberhalb von P und rechts von Q könnte von beiden Faktoren weniger eingesetzt und dennoch die gleiche Menge produziert werden. Ökonomisch interessant ist demnach nur das Isoquantenstück zwischen P und Q.

3.3.6.2 Die Cobb-Douglas-Funktion

In der Haushaltstheorie haben wir die Cobb-Douglas-Funktion (kurz: C-D-Funktion) schon mehrfach als Beispielfunktion verwendet. Da sie sehr weite Verbreitung in der ökonomischen Theoriebildung findet, werden ihre Eigenschaften genauer untersucht. Cobb-Douglas-Produktionsfunktionen verfügen über eine Reihe von Eigenschaften, die sie als Grundlage der ökonomischen Analyse der Güterproduktion prädestinieren. Die wesentlichen Charakteristika werden im Folgenden vorgestellt. Die Cobb-Douglas-Funktion (im engeren Sinne) lautet:

$$x = a \cdot v_1^{\alpha} \cdot v_2^{1-\alpha} \; .$$

Dabei ist a eine positive Konstante, für α gilt: $0 < \alpha < 1$; die Exponenten addieren sich zu 1.

Die Cobb-Douglas-Produktionsfunktion lässt sich verallgemeinern und lautet dann:

$$x = a \cdot v_1^{\alpha} \cdot v_2^{\beta} \ . \tag{3.3}$$

In diesem Fall gilt: $\alpha, \beta > 0$.

Bei der Cobb-Douglas-Funktion handelt es sich um eine homogene Produktionsfunktion. Wir haben homogene Produktionsfunktionen in Abschnitt 3.3.5, Gleichung (3.2) definiert. Indem wir alle Faktoren in (3.3) mit k multiplizieren erhalten wir:

$$k^r \cdot x = a \cdot (kv_1)^{\alpha} \cdot (kv_2)^{\beta} = a \cdot k^{\alpha} \cdot v_1^{\alpha} \cdot k^{\beta} \cdot v_2^{\beta} = k^{\alpha+\beta} \cdot a \cdot v_1^{\alpha} \cdot v_2^{\beta}$$

und damit

$$k^r \cdot x = k^{\alpha+\beta} \cdot x \ .$$

Der Homogenitätsgrad der Cobb-Douglas-Produktionsfunktion ist demnach gleich der Summe der Exponenten der Faktoren $r = \alpha + \beta$.

Der Homogenitätsgrad stimmt außerdem mit der Skalenelastizität: $\eta_{x,k} = (dx/dk) \cdot (k/x)|_{k=1}$ überein.[1] Die Identität können wir überprüfen, indem wir die Produktionsfunktion

$$x(kv_1, kv_2) = a \cdot (kv_1)^{\alpha} \cdot (kv_2)^{\beta} = k^{\alpha+\beta} \cdot x$$

nach k ableiten

$$\frac{dx}{dk} = (\alpha+\beta) \cdot k^{\alpha+\beta-1} \cdot x = (\alpha+\beta) \cdot k^{\alpha+\beta} \frac{x}{k} \ .$$

Dieser Ausdruck wird mit k/x multipliziert und $k = 1$ gesetzt. Damit erhält man für die Skalenelastizität:

$$\eta_{x,k} = \frac{dx}{dk} \cdot \frac{k}{x}\bigg|_{k=1} = \alpha + \beta \ .$$

Die verallgemeinerte Cobb-Douglas-Funktion kann sowohl steigende, konstante als auch fallende Skalenerträge aufweisen. Die Cobb-Douglas-Funktion im engeren Sinne hat konstante Skalenerträge: $\eta_{x,k} = \alpha + (1-\alpha) = 1$.

Das Produktionsgebirge einer Cobb-Douglas-Funktion mit steigenden Skalenerträgen ist in Abbildung 3.16.a, mit fallenden Skalenerträgen in Abbildung 3.16.b dargestellt.

---

[1] Dass der Homogenitätsgrad der Skalenelastizität entspricht, gilt allgemein für homogene Funktionen (vgl. Anhang A.5).

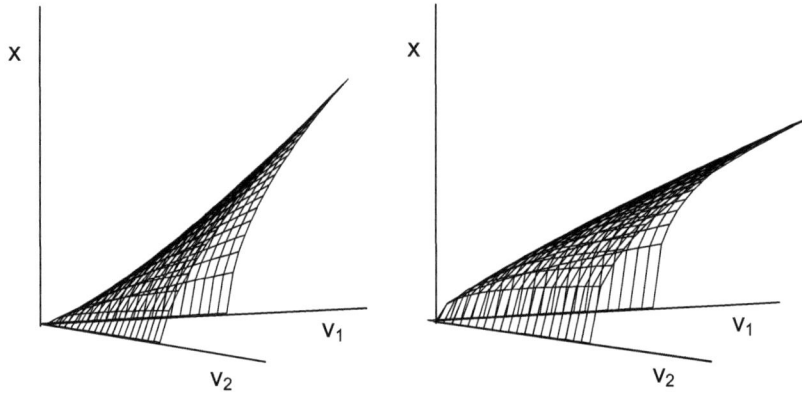

Abbildung 3.16.a: C-D-Funktion   *Abbildung 3.16.b: C-D-Funktion*
mit steigenden Skalenerträgen   *mit sinkenden Skalenerträgen*

Wir können ferner zeigen, dass die Skalenelastizität der Cobb-Douglas-Funktion gleich der Summe ihrer Produktionselastizitäten ist.[1] Um die Produktionselastizität $\eta_{x,v_i} = (\partial x/\partial v_i)\cdot(v_i/x)$ zu berechnen, bilden wir die partielle Ableitung der Produktionsfunktion nach dem jeweiligen Faktor. Für den Faktor 1 lautet diese Ableitung:

$$\frac{\partial x}{\partial v_1} = \alpha \cdot a \cdot v_1^{\alpha-1} \cdot v_2^{\beta} = \frac{\alpha \cdot x}{v_1} > 0 \ .$$

Der partielle Grenzertrag eines Faktors ist stets positiv, was eine positive Steigung der Ertragskurve impliziert. Die Produktionselastizität des Faktors 1 ist damit:

$$\eta_{x,v_1} = \frac{\partial x}{\partial v_1} \frac{v_1}{x} = \alpha \ .$$

Für den zweiten Faktor beläuft sich die Grenzproduktivität auf:

$$\frac{\partial x}{\partial v_2} = \beta \cdot a \cdot v_1^{\alpha} \cdot v_2^{\beta-1} = \frac{\beta \cdot x}{v_2} > 0$$

und damit die Produktionselastizität auf:

$$\eta_{x,v_2} = \frac{\partial x}{\partial v_2} \frac{v_2}{x} = \beta \ .$$

---

[1] Auch dies gilt allgemein für homogene Funktionen (vgl. Anhang A.6).

Die Exponenten der Faktoren der Cobb-Douglas-Funktion können also als deren Produktionselastizitäten interpretiert werden.

Ob die Ertragszuwächse mit steigenden Einsatzmengen des Faktors 1 zunehmen, konstant bleiben oder abnehmen, lässt sich anhand der zweiten Ableitung der Produktionsfunktion ermitteln:

$$\frac{d^2 x}{dv_1^2} = (\alpha - 1) \cdot \alpha \cdot a \cdot v_1^{\alpha - 2} \cdot v_2^{\beta} = \frac{(\alpha - 1) \cdot \alpha \cdot x}{v_1^2} \ .$$

Bei $\alpha < 1$ nimmt die Grenzproduktivität des Faktors ab, bei $\alpha = 1$ ist sie konstant, bei $\alpha > 1$ nimmt sie zu. Entsprechendes gilt für Faktor 2, wobei es analog darauf ankommt, ob β einen Wert kleiner, größer oder gleich 1 aufweist.

Üblicherweise wird mit Ertragskurven gearbeitet, die eine positive, aber abnehmende Steigung haben. Es werden demnach abnehmende Grenzerträge unterstellt ($0 < \alpha, \beta < 1$).

Als letztes berechnen wir die Substitutionselastizität:

$$\sigma = \frac{d(v_1 / v_2)}{dGRS} \frac{GRS}{(v_1 / v_2)} \ .$$

Um deren Wert bestimmen zu können, ermitteln wir zunächst die Grenzrate der Substitution der Cobb-Douglas-Produktionsfunktion:

$$GRS = \left| \frac{dv_1}{dv_2} \right| = \frac{\partial x / \partial v_2}{\partial x / \partial v_1} = \frac{\beta}{\alpha} \frac{v_1}{v_2} \ . \tag{3.4}$$

Für den ersten Term der Substitutionselastizität erhalten wir:

$$\frac{d(v_1 / v_2)}{dGRS} = \left[\frac{dGRS}{d(v_1 / v_2)} \right]^{-1} = \frac{\alpha}{\beta} \ .$$

Für den zweiten Term folgt aus (3.4) darüber hinaus:

$$\frac{GRS}{v_1 / v_2} = \frac{\beta}{\alpha} \ .$$

Damit ergibt sich für die Substitutionselastizität:

$$\sigma = \frac{\alpha \beta}{\beta \alpha} = 1 \ .$$

Die Substitutionselastizität der Cobb-Douglas-Funktion beträgt 1. Die Produktionsfaktoren sind also peripher substituierbar, die Isoquanten verlaufen streng konvex und nähern sich asymptotisch den Achsen an.

3.3.6.3 Die Leontief-Produktionsfunktion

Die Leontief-Produktionsfunktion gehört zur Klasse der linear-limitationalen Produktionsfunktionen. Bei linear-limitationalen Produktionsfunktionen müssen die Faktoren stets in einem technisch vorgegebenen Verhältnis eingesetzt werden. Die Produktionsfaktoren sind streng komplementär. Bei gegebener Menge eines Produktionsfaktors führt eine Erhöhung des anderen Produktionsfaktors über das vorgegebene Faktoreinsatzverhältnis hinaus nicht zu einer Erhöhung der Produktionsmenge. Den begrenzenden oder limitierenden Faktor nennt man auch **Engpassfaktor**.

Für zwei Faktoren lautet die Produktionsfunktion:

$$x = \min\left(\frac{v_1}{a_1}, \frac{v_2}{a_2}\right) . \tag{3.5}$$

Wie kommen wir zu dieser Schreibweise? Dazu muss zunächst geklärt werden, worum es sich bei den Koeffizienten a_1 und a_2 handelt. Diese werden als **Produktionskoeffizienten** bezeichnet. Sie geben an, welche Faktoreinsatzmenge benötigt wird, um eine Mengeneinheit zu produzieren:

$$a_1 = \frac{v_1}{x} \quad \text{bzw.} \quad a_2 = \frac{v_2}{x} . \tag{3.6}$$

Die Produktionskoeffizienten sind konstant und positiv. Die Faktoreinsatzmenge, die benötigt wird, um eine beliebige Menge x zu produzieren, ergibt sich durch Auflösen von (3.6) nach v_i:

$$v_1 = a_1 \cdot x \quad \text{bzw.} \quad v_2 = a_2 \cdot x . \tag{3.7}$$

Der notwendige Faktoreinsatz stellt eine lineare Funktion der Produktionsmenge dar. Auflösen von (3.7) jeweils nach x und Gleichsetzen führt zur effizienten Mengenkombination der Faktoren:

$$v_1 = \frac{a_1}{a_2} v_2 .$$

Das technologisch bedingte Faktoreinsatzverhältnis $v_1/v_2 = a_1/a_2$ ist konstant. Wird dieses Einsatzverhältnis nicht eingehalten, ist die Produktion ineffizient. Es werden Produktionsfaktoren verschwendet.

Auflösen von (3.7) nach der Produktionsmenge liefert die maximal produzierbare Produktionsmenge bei gegebenem Faktorvorrat:

$$x = \frac{v_1}{a_1} \quad \text{bzw.} \quad x = \frac{v_2}{a_2} \tag{3.8}$$

bzw. $x = \min\left(\dfrac{v_1}{a_1}, \dfrac{v_2}{a_2}\right)$.   (3.5)

Dazu ein Beispiel: Um ein Auto (x) zu produzieren, benötige man 4 Reifen ($a_1 = 4$) und ein Lenkrad ($a_2 = 1$). Damit ergibt sich nach (3.7): $v_1 = 4x$ und $v_2 = x$. Ferner gilt zwischen v_1 und v_2 folgende Beziehung: $v_1/v_2 = a_1/a_2 = 4$. Die Anzahl der Autos, die man beispielsweise mit 16 Reifen ($v_1 = 16$) und 3 Lenkrädern ($v_2 = 3$) produzieren kann, lässt sich aus (3.5) ermitteln: $x = \min(16/4,\ 3/1)$. Es können also 3 Autos produziert werden. Lenkräder sind der Engpassfaktor in der Produktion.

Die Produktionsmenge wird durch den Faktor limitiert, der in einer relativ geringeren Menge vorhanden ist, also durch den jeweils kleineren Wert der Quotienten v_1/a_1 bzw. v_2/a_2. Für $v_1 < (a_1/a_2)\cdot v_2$ ist Faktor 1 der limitierende Faktor. Für $v_1 > (a_1/a_2)\cdot v_2$ ist es Faktor 2. Dies kann graphisch in einem Isoquantendiagramm dargestellt werden.

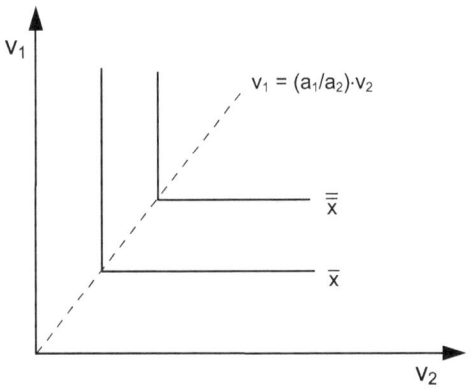

Abbildung 3.17: Isoquanten bei streng komplementären Faktoren

Die gestrichelte Linie stellt die Menge der effizienten Faktorkombinationen dar. Die Isoquanten verlaufen bei komplementären Produktionsfaktoren von der effizienten Faktorkombination ausgehend parallel zu den Achsen. Eine Erhöhung des Einsatzes des einen Faktors führt also nicht zu einer Erhöhung der Produktionsmenge, solange der Einsatz des anderen Faktors nicht ebenfalls proportional erhöht wird. Links der gestrichelten Linie ist also der Faktor 2 der Engpassfaktor, rechts davon der Faktor 1.

Die partielle Produktionsfunktion lässt sich für den Faktor 1 folgendermaßen ermitteln (für Faktor 2 analog). Gegeben sei die Menge des Faktors 2 mit $\bar{v}_2$. Mit dieser Menge an Faktor 2 können gerade $\bar{x}$ Mengeneinheiten produziert werden. Um $\bar{x}$ Mengeneinheiten produzieren zu können, bedarf es jedoch auch $\bar{v}_1 = (a_1/a_2)\cdot\bar{v}_2$ Mengeneinheiten des Faktors 1. Solange weniger als $\bar{v}_1$ von Faktor 1 eingesetzt wird, steigt die Produktionsmenge gemäß (3.8) linear an. Die Grenzproduktivität des Faktors 1 lautet: $\partial x/\partial v_1 = 1/a_1$; sie ist positiv. Sobald die Restriktion durch die vorgegebene Menge des Faktors 2 greift, führt eine Erhöhung des Einsatzes des Faktors 1 nicht mehr zu einer Erhöhung der Produktion. Die Grenzproduktivität des Faktors 1 beträgt null. Die graphische Darstellung dieses Zusammenhangs findet sich in Abbildung 3.18.

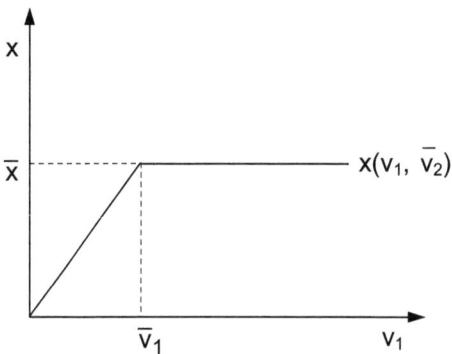

Abbildung 3.18: Partielle Produktionsfunktion bei komplementären Faktoren

Wenn vom effizienten Einsatzverhältnis der Faktoren ausgegangen wird, weist die Leontief-Produktionsfunktion konstante Skalenerträge auf, denn:

$$kx = \min\left(k\frac{v_1}{a_1}, k\frac{v_2}{a_2}\right).$$

Die Niveauproduktionsfunktion verläuft linear. Das Produktionsgebirge hat die Form einer Pyramide. Die Substitutionselastizität ist gleich null ($\sigma = 0$), da nicht substituiert werden kann. Die Grenzrate der Substitution hat damit keine Bedeutung.

3.3.6.4 Die CES-Funktion *

Neben der Cobb-Douglas-Produktionsfunktion wird sowohl in der mikro- als auch in der makroökonomischen Analyse die CES-Funktion vermehrt verwendet (vgl. auch Anhang A.4). Der Name CES steht für **C**onstant **E**lasticity of **S**ubstitution. Die CES-Funktion ist somit durch eine konstante Substitutionselastizität gekennzeichnet, die beliebige nichtnegative Werte annehmen kann. Die CES-Funktion umschließt je nach Parameterwahl alle Fälle zwischen vollkommen substitutiven bis zu vollkommen komplementären Gütern. Für bestimmte Parameterkonstellationen geht sie in die Cobb-

Douglas- bzw. Leontief-Produktionsfunktion über. Diese können deswegen auch als Spezialfall der CES-Funktion angesehen werden.

Die CES-Funktion lautet für den Fall zweier Produktionsfaktoren:

$$x = a \cdot \left[\alpha v_1^{-\rho} + (1 - \alpha) v_2^{-\rho}\right]^{-\frac{\gamma}{\rho}} \qquad \text{mit} \quad -1 < \rho \neq 0 \,,\, 0 < \alpha < 1 \text{ und } \gamma > 0 \,.$$

Meistens wird der Parameter γ mit $\gamma = 1$ spezifiziert. Wie wir noch feststellen werden, ist γ der Homogenitätsgrad der Funktion; ρ determiniert dagegen den Wert der Substitutionselastizität und damit den Substitutionsgrad zwischen den Faktoren.

Analog zur Diskussion der Cobb-Douglas-Produktionsfunktion werden im Folgenden die wesentlichen Eigenschaften der CES-Funktion dargestellt. Die CES-Funktion ist eine homogene Funktion. Die Multiplikation der Faktoren v_1 und v_2 mit k führt zu:

$$k^r \cdot x = a \cdot \left[\alpha (k v_1)^{-\rho} + (1 - \alpha)(k v_2)^{-\rho}\right]^{-\frac{\gamma}{\rho}} = k^\gamma \cdot a \cdot \left[\alpha v_1^{-\rho} + (1 - \alpha) v_2^{-\rho}\right]^{-\frac{\gamma}{\rho}}$$

$$= k^\gamma \cdot x$$

womit $\gamma = r$ ist. Der Parameter γ entspricht demnach dem Homogenitätsgrad bzw. der Skalenelastizität. Um die nachfolgenden Berechnungen zu vereinfachen, setzen wir γ gleich 1:

$$x = a \cdot \left[\alpha v_1^{-\rho} + (1 - \alpha) v_2^{-\rho}\right]^{-\frac{1}{\rho}} . \tag{3.9}$$

Die Darstellung des Produktionsgebirges einer solchen CES-Funktion mit konstanten Skalenerträgen findet sich in Abbildung 3.19.

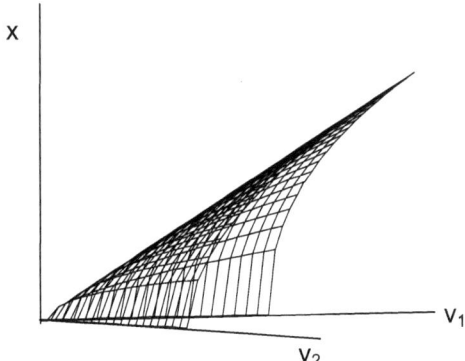

Abbildung 3.19: Produktionsgebirge einer CES-Funktion

Die Grenzerträge dieser Produktionsfunktion ergeben sich unter Anwendung der Kettenregel als:

$$\frac{\partial x}{\partial v_1} = \left(-\frac{1}{\rho}\right) \cdot a \cdot \left[\alpha v_1^{-\rho} + (1-\alpha)v_2^{-\rho}\right]^{-\frac{1}{\rho}-1} \cdot (-\rho) \cdot \alpha \cdot v_1^{-\rho-1}$$

$$= \frac{\alpha}{a^\rho} \cdot x \cdot a^\rho \cdot \underbrace{\left[\alpha v_1^{-\rho} + (1-\alpha)v_2^{-\rho}\right]^{-1}}_{=x^\rho} \cdot v_1^{-(1+\rho)}$$

$$= \frac{\alpha}{a^\rho} \cdot x^{(1+\rho)} \cdot v_1^{-(1+\rho)}$$

$$= \frac{\alpha}{a^\rho} \cdot \left(\frac{x}{v_1}\right)^{1+\rho} > 0$$

und analog für v_2:

$$\frac{\partial x}{\partial v_2} = \frac{(1-\alpha)}{a^\rho} \cdot \left(\frac{x}{v_2}\right)^{1+\rho} > 0 \ .$$

Die Grenzerträge der CES-Funktion sind also positiv. Mit Hilfe von Ketten- und Quotientenregel erhalten wir für die zweite Ableitung:

$$\frac{\partial^2 x}{\partial v_1^2} = \frac{\alpha(1+\rho)}{a^\rho} \cdot \left(\frac{x}{v_1}\right)^\rho \cdot \frac{(\partial x / \partial v_1) \cdot v_1 - x}{v_1^2} < 0 \ . \tag{3.10}$$

Aus dem Euler-Theorem (vgl. Anhang A.7) folgt, dass der Zähler des dritten Terms negativ ist und damit die zweite Ableitung insgesamt kleiner als null. Die Grenzerträge nehmen also ab.

Die Produktionselastizität von Faktor 1 ergibt sich als:

$$\eta_{x,v_1} = \frac{\partial x}{\partial v_1} \cdot \frac{v_1}{x} = \frac{\alpha}{a^\rho} \cdot \left(\frac{x}{v_1}\right)^{1+\rho} \cdot \frac{v_1}{x} = \frac{\alpha}{a^\rho} \cdot \left(\frac{x}{v_1}\right)^\rho$$

und analog für Faktor 2:

$$\eta_{x,v_2} = \frac{\partial x}{\partial v_2} \cdot \frac{v_2}{x} = \frac{(1-\alpha)}{a^\rho} \left(\frac{x}{v_2}\right)^\rho$$

und ist anders als bei der Cobb-Douglas-Funktion nicht konstant, sondern variiert mit der Faktoreinsatzmenge.

Die Isoquanten der CES-Produktionsfunktion sind konvex. Um dies zu zeigen, benutzen wir die Eigenschaft, dass die Steigung der Isoquante in jedem Punkt dem umgekehrten negativen Verhältnis der Grenzproduktivitäten entspricht. Daraus folgt:

$$\frac{dv_1}{dv_2} = -\frac{\partial x / \partial v_2}{\partial x / \partial v_1} = -\frac{(1-\alpha)}{\alpha} \cdot \left(\frac{v_1}{v_2}\right)^{1+\rho} < 0 \ .$$

Die erste Ableitung ist kleiner als null. Die Isoquante ist konvex, wenn die erste Ableitung negativ und die zweite Ableitung positiv ist:

$$\frac{d^2 v_1}{dv_2^2} = -\frac{(1-\alpha)\cdot(1+\rho)}{\alpha} \cdot \left(\frac{v_1}{v_2}\right)^{\rho} \cdot \left(\frac{\frac{dv_1}{dv_2}\cdot v_2 - v_1}{v_2^2}\right)$$

$$= \frac{(1-\alpha)\cdot(1+\rho)}{\alpha} \cdot \left(\frac{v_1}{v_2}\right)^{\rho} \cdot \frac{\frac{(1-\alpha)}{\alpha}\cdot\left(\frac{v_1}{v_2}\right)^{1+\rho}\cdot v_2 + v_1}{v_2^2} > 0.$$

Verbleibt noch die Substitutionselastizität

$$\sigma = \frac{d(v_1/v_2)/dGRS}{(v_1/v_2)/GRS}$$

zu berechnen. Für den Zähler der Substitutionselastizität erhalten wir:

$$\frac{d(v_1/v_2)}{dGRS} = \left[\frac{dGRS}{d(v_1/v_2)}\right]^{-1} = \frac{1}{(1+\rho)}\frac{\alpha}{(1-\alpha)}\left(\frac{v_1}{v_2}\right)^{-\rho}$$

und für den Nenner:

$$\frac{v_1/v_2}{GRS} = \frac{\alpha}{(1-\alpha)}\left(\frac{v_1}{v_2}\right)^{-\rho} \ .$$

Damit ergibt sich die Substitutionselastizität als:

$$\sigma = \frac{1}{1+\rho} \ . \tag{3.11}$$

Da für ρ annahmegemäß gilt: $-1 < \rho \neq 0$, folgt für σ:

$$\left.\begin{array}{l} -1 < \rho < 0 \\ 0 < \rho < \infty \end{array}\right\} \Rightarrow \left\{\begin{array}{l} \sigma > 1 \\ \sigma < 1 \end{array}\right.$$

Je nach Parameterwahl lassen sich mit Hilfe der CES-Funktion also verschiedene Arten von Produktionsfunktionen generieren. Im ersten Fall ($\sigma > 1$) handelt es sich um alternative Substitution, im zweiten Fall ($\sigma < 1$) um periphere Substitution. Für $\rho \to \infty$ erhalten wir $\sigma = 0$, also den Fall komplementärer Produktionsfaktoren (limitationale Produktionsfunktion) und für $\rho \to -1$ erhalten wir $\sigma \to \infty$, also den Fall vollkommen substitutiver Produktionsfaktoren. Für Werte von $\rho < -1$ ergäbe sich eine Produktionsfunktion mit konkaven Isoquanten, der allerdings keinerlei Relevanz zukommen dürfte. Dieser Fall wurde in der Formulierung des Definitionsbereiches also zu Recht ausgeschlossen.

Setzen wir in (3.11) $\rho = 0$, so erhalten wir mit $\sigma = 1$ den Wert der Substitutionselastizität, der jenem der Cobb-Douglas-Produktionsfunktion entspricht. Nun ist die CES-Funktion für einen Wert von $\rho = 0$ nicht definiert. Wir können jedoch unter Rückgriff auf die Regel von L´Hôpital ihren Grenzwert für $\rho \to 0$ berechnen und auf diese Weise zeigen, dass sie für $\rho \to 0$ in die Cobb-Douglas Funktion übergeht. Auf die gleiche Weise können wir auch zeigen, dass die CES-Funktion für $\rho \to \infty$, also für einen Wert von ρ, für den die CES-Funktion ebenfalls unbestimmt ist, in die Leontief-Produktionsfunktion übergeht (vgl. Anhang A.8).

Übungsaufgaben

Aufgabe 12:

Die Produktionsfunktion einer Firma laute: $x = v_1^2 \cdot v_2^{1/2}$.

a) Wie lauten die partiellen Produktionsfunktionen $x = x(v_1)$ bei $\overline{v}_2 = 400$ und $x = x(v_2)$ bei $\overline{v}_1 = 20$?

b) Berechnen Sie die Grenz- und Durchschnittsproduktivitäten sowie die Produktionselastizität jedes Faktors allgemein und für die partiellen Produktionsfunktionen aus a). Zeigen Sie, dass die Grenzproduktivität des Faktors 1 steigt und diejenige des Faktors 2 sinkt. Wie lautet die Kreuzgrenzproduktivität und was sagt sie aus?

c) Wie lautet die Isoquante $v_1 = v_1(v_2)$ für eine Produktionsmenge von 100? Ermitteln Sie für $v_2 = 1$, 16 und 81 die Werte für v_1 und zeichnen Sie die Isoquante. Bestimmen Sie die Grenzrate der Substitution und zeigen Sie für die drei ermittelten Punkte, dass die GRS mit zunehmendem Ersatz von v_1 durch v_2 abnimmt.

d) Ermitteln Sie den Homogenitätsgrad der Produktionsfunktion und schließen Sie daraus auf die Skalenerträge. Von welchem Typ ist die Produktionsfunktion?

e) Ermitteln Sie die Substitutionselastizität analog zu Abschnitt 3.3.6.2.

Aufgabe 13:

Ermitteln Sie, ob die folgenden Produktionsfunktionen homogen sind; falls ja, ermitteln Sie den Homogenitätsgrad: (Wählen Sie den jeweils einfachsten Weg.)

$$x = v_1^{0,25} \cdot v_2^{0,5} \quad ; \quad x = \frac{v_1^3 + v_2^3}{v_1 \cdot v_2} \quad ; \quad x = \sqrt[3]{v_1} + \sqrt{v_2} + \sqrt{v_1 \cdot v_2} \quad .$$

Aufgabe 14:

Eine Studentin benötigt für eine Stunde Mitschrift in der Vorlesung eine halbe Bleistiftmine und fünf Seiten Papier. Sie verfügt über fünf Minen und 60 Seiten.

a) Stellen Sie die Leontief-Produktionsfunktion auf.

b) Wie viele Vorlesungsstunden kann die Studentin maximal mitschreiben?

c) Welcher Faktor ist der Engpassfaktor?

3.4 Kosten

Während wir mit Produktionsfunktionen die technischen Möglichkeiten von Unternehmen beschreiben können, charakterisiert die **Kostenfunktion** die ökonomischen Bedingungen der Produktion. Ist die Nachfrage der Konsumenten und das Angebot der Konkurrenten gegeben, dann wird die Produktionsmenge eines Unternehmens bei gegebenem Marktpreis von seiner Kostensituation bestimmt. Die Angebotsentscheidung eines Unternehmens hängt also nicht primär von der zur Verfügung stehenden Technik ab, sondern von den Preisen der eingesetzten Produktionsfaktoren. Dabei besteht jedoch ein sehr enger Zusammenhang zwischen der unterstellten Produktionsfunktion und der Kostenfunktion.

Die Kostenfunktion ordnet jedem beliebigen Produktionsniveau die minimalen Kosten bei gegebenen Faktorpreisen zu. Wenn lediglich die Einsatzmenge eines einzigen Produktionsfaktors variiert werden kann, ist für den Verlauf der Kostenfunktion die partielle Produktionsfunktion maßgeblich (vgl. Abschnitt 3.4.1). Lassen sich dagegen mehrere substitutive Produktionsfaktoren variabel einsetzen, muss zunächst bestimmt werden, welches Einsatzverhältnis der Produktionsfaktormengen am billigsten ist. Wir leiten in Abschnitt 3.4.2 die Kostenfunktion eines Unternehmens für zwei substitutive Produktionsfaktoren daher in zwei Schritten ab. Zunächst bestimmen wir die kostenminimale Faktormengenkombination für ein bestimmtes Produktionsniveau, die sogenannte **Minimalkostenkombination**. Die in der Minimalkostenkombination enthaltenen Informationen verwenden wir dazu, die minimalen Kosten für alle möglichen Produktionsmengen herzuleiten.

Mit Hilfe der Unterscheidung zwischen variablen und fixen Produktionsfaktoren lässt sich darüber hinaus zwischen der kurzfristigen und der langfristigen Kostenfunktion differenzieren. Wie bereits erläutert, kann die Einsatzmenge der variablen Produktionsfaktoren kurzfristig an geänderte Verhältnisse angepasst werden, die Einsatzmenge fixer Produktionsfaktoren dagegen nicht. Die fixen Produktionsfaktoren bestimmen die Kapazität eines Betriebs und damit seine Größe. Letztere kann langfristig natürlich verändert werden, wobei 'langfristig' nicht unbedingt eine lange Zeitperiode meint. Für die Unterscheidung zwischen kurzfristigen und langfristigen Kosten kommt es vielmehr darauf an, in welcher Zeit die Betriebsgröße veränderten Erfordernissen angepasst werden kann. Die langfristige Kostenfunktion lässt sich auch als eine Plankostenkurve ansehen, welche die jeweiligen minimalen Kosten für unterschiedliche Betriebsgrößen umfasst.

Die langfristigen Kosten sind also für zwei Fälle relevant: Man kann von einem Unternehmen ausgehen, das bereits produziert und wegen einer veränderten Nachfrage seine Kapazität anpassen will. Die langfristige Kostenkurve gibt dann Auskunft darüber, wie sich die minimalen Kosten bei Kapazitätsanpassung verhalten. Wenn ein Betrieb neu errichtet wird, kann die langfristige Kostenkurve als Plankostenkurve angesehen werden. Unterschiedliche Betriebsgrößen sind mit unterschiedlichen Kosten verbunden, wobei durch die Wahl der Betriebsgröße gleichzeitig die kurzfristige Kostenfunktion festgelegt wird, weil dann die Höhe der Fixkosten feststeht.

Zunächst wenden wir uns den Kosten bei gegebener Betriebsgröße zu. Die Kosten der Produktion lassen sich allgemein definieren als Ausgaben für die Produktionsfaktoren, also als Summe der mit ihren Faktorpreisen q_i multiplizierten Mengen v_i der eingesetzten Produktionsfaktoren. Die **variablen Kosten** VK hängen vom Einsatz der variablen Faktoren ab, die **Fixkosten** FK fallen dagegen unabhängig davon immer in einer bestimmten Höhe an.

3.4.1 Die kurzfristige Kostenfunktion bei einem variablen Produktionsfaktor

Falls nur ein Produktionsfaktor in unterschiedlichen, beliebig wählbaren Mengen eingesetzt werden kann, entsprechen die Kosten den Ausgaben für diesen einen variablen Faktor zuzüglich der Kosten für den fixen Faktor F:

$$K(v) = q_1 \cdot v_1 + q_F \cdot F, \quad \text{mit } q_F \cdot F = FK \ .$$

Diese Gleichung wird **Kostengleichung** genannt. Sie ist nicht zu verwechseln mit der **Kostenfunktion** K(x), die den Zusammenhang zwischen den Kosten und der Produktionsmenge aufzeigt. Wir nehmen im Folgenden an, dass die Preise der Produktionsfaktoren für das Unternehmen gegeben sind. Man sagt auch, das Unternehmen handelt bezüglich der Nachfrage nach Produktionsfaktoren als **Mengenanpasser**, da es seine Nachfrage nach Produktionsfaktoren an die gegebenen Preise anpasst (vgl. auch Abschnitt 4.6). Die Kostengleichung ist bei gegebenen Faktorpreisen eine Funktion allein der *Faktormengen*. Die Kostenfunktion ist dagegen eine Funktion der *Produktionsmenge*.

Wie kommen wir nun von der Kostengleichung zur Kostenfunktion? Im Fall nur eines variablen Produktionsfaktors ist das einfach, denn zwischen der Einsatzmenge des Faktors und dem Ertrag besteht eine eindeutige Beziehung, die über die partielle Produktionsfunktion festgelegt ist:[1]

$$x = x(v_1) \ .$$

---

[1] Den in Abschnitt 3.3.2 in Abbildung 3.2.a einbezogenen zweiten Faktor $\bar{v}_2$, der konstant gehalten wird, können wir als fixen Faktor betrachten und müssen ihn daher nicht explizit in die Produktionsfunktion aufnehmen.

Die Inverse der Produktionsfunktion gibt darüber Auskunft, welche Faktormenge eingesetzt werden muss, um eine bestimmte Produktionsmenge herzustellen:

$$v_1 = v_1(x) \ .$$

Setzen wir die inverse Produktionsfunktion in die Kostengleichung ein, erhalten wir bereits die gesuchte Kostenfunktion.

> Als Beispiel unterstellen wir die partielle Produktionsfunktion aus Abschnitt 3.3.2: $x = v_1^{1/2}$. Wenn wir diese nach v_1 auflösen, resultiert: $v_1 = x^2$. Dies ist gleichzeitig die Faktornachfrage. In die Kostengleichung eingesetzt, wird daraus die Kostenfunktion $K(x) = q_1 \cdot x^2 + FK$. Da die Fixkosten von der Produktionsmenge unabhängig sind, können sie unmittelbar aus der Kostengleichung übernommen werden.

Bei nur einem variablen Faktor entspricht also die Kostenfunktion der mit dem Faktorpreis multiplizierten inversen Produktionsfunktion zuzüglich der Fixkosten. In Abbildung 3.20.a ist eine unterproportional verlaufende (partielle) Produktionsfunktion eingezeichnet, in Abbildung 3.20.b die sich daraus ergebende überproportional verlaufende Kostenfunktion. Sie verläuft quasi spiegelbildlich zur Produktionsfunktion. Die inverse Produktionsfunktion wird allerdings mit dem Faktorpreis multipliziert und um die Fixkosten nach oben verschoben.

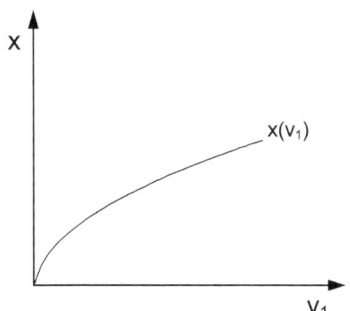
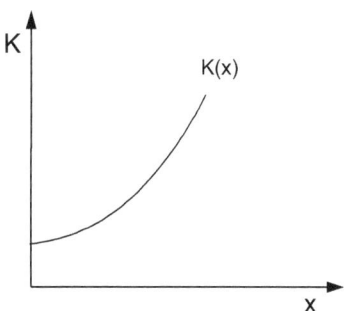

Abbildung 3.20.a: Partielle Produktionsfunktion   *Abbildung 3.20.b: Zugehörige Kostenkurve*

Die Kostenkurve verläuft im Vergleich zur Ertragskurve stärker gekrümmt, falls der Faktorpreis $q_1 > 1$, und weniger stark gekrümmt, falls $q_1 < 1$ ist.

Der Grund dafür, dass aus einer unterproportional verlaufenden Produktionsfunktion eine überproportional ansteigende Kostenfunktion folgt, ist einfach: Je mehr Mengeneinheiten von einem Faktor eingesetzt werden, umso geringer wird der Grenzertrag ($\partial^2 x/\partial v^2 < 0$). Jede zusätzliche Ausbringungsmenge erfordert also einen höheren Faktoreinsatz als die vorhergehende und verursacht bei einem konstanten Faktorpreis immer höhere zusätzliche Kosten pro Einheit.

Umgekehrt gilt: Steigt die Produktivität des Faktors mit steigendem Einsatz ($\partial^2 x/\partial v^2 > 0$), verläuft die Produktionsfunktion überproportional und die zugehörige Kostenfunktion unterproportional, weil wegen der steigenden Produktivität die zusätzlichen Kosten für jede weitere produzierte Einheit sinken. Bei konstanter Produktivität des Faktors, also einer linearen partiellen Produktionsfunktion, muss dem gemäß auch die Kostenfunktion linear sein.

3.4.2 Die kurzfristige Kostenfunktion bei zwei variablen Produktionsfaktoren

Bei mehr als einem variablen Produktionsfaktor lautet die Kostengleichung:

$$K(v_j) = q_1 v_1 + q_2 v_2 + ... + q_m v_m + q_F F \; ; \qquad j = 1, 2, ... m.$$

Die Kosten setzen sich aus den Ausgaben für alle Produktionsfaktoren zusammen. Beschränken wir uns auf zwei variable Faktoren v_1 und v_2 sowie einen fixen Faktor F, so können wir die Kostengleichung schreiben als:

$$K(v_1, v_2) = \underbrace{q_1 v_1 + q_2 v_2}_{VK} + \underbrace{q_F F}_{FK} \; . \qquad (3.12)$$

Die Kosten hängen vom Einsatz beider Produktionsfaktoren ab. Bei streng komplementären Produktionsfaktoren (also bei linear limitationalen Produktionsfunktionen) liegt das Faktoreinsatzverhältnis durch die technologischen Gegebenheiten fest. Bei substituierbaren Produktionsfaktoren ist jedoch zunächst das Problem zu lösen, mit welcher Mengenkombination am billigsten produziert werden kann. Die kostengünstigste Kombination der substituierbaren Produktionsfaktoren zur Herstellung einer bestimmten Ausbringungsmenge nennt man **Minimalkostenkombination**.

> Wir haben also ein entsprechendes Problem wie in der Haushaltstheorie. Dort wurde das höchste Nutzenniveau gesucht, das sich bei gegebenem Budget erreichen lässt. Hier suchen wir die geringsten Kosten, mit denen sich eine bestimmte Produktionsmenge herstellen lässt. Daneben besteht ein weiterer wesentlicher Unterschied: Die Produktionsmenge ist im Gegensatz zum Nutzen kardinal messbar.

Wir gehen zunächst graphisch vor: Ein bestimmtes Produktionsniveau wird durch eine Isoquante dargestellt (vgl. Abschnitt 3.3.3). Wir suchen nun die geringsten Kosten, die wir zur Produktion des Outputs aufbringen müssen. Welche Kosten durch den Einsatz der beiden Faktoren entstehen, sagt uns Gleichung (3.12). Damit die Kostengleichung in ein v_1/v_2-Diagramm eingezeichnet werden kann, lösen wir Gleichung (3.12) nach v_1 auf. Ferner nehmen wir an, dass eine bestimmte Kostensumme vorgegeben ist. Die Kostengleichung lautet dann:

$$v_1 = \frac{\overline{K} - FK}{q_1} - \frac{q_2}{q_1} v_2 \quad .$$

Bei gegebener Kostensumme, gegebenen Faktorpreisen und feststehenden Fixkosten beschreibt die Kostengleichung eine Gerade. Da die Kostensumme festgelegt ist, spricht man auch von **Isokostengleichung** bzw. in der graphischen Darstellung von **Isokostengerade** (IG; vgl. Abb. 3.21). Die Achsenabschnitte zeigen, wie viel jeweils von einem der beiden variablen Faktoren nach Abzug der Fixkosten maximal beschafft werden kann.

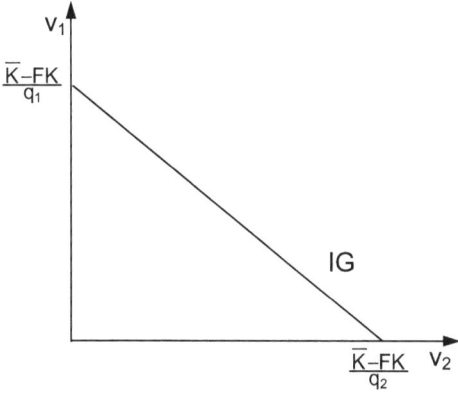

Abbildung 3.21: Isokostengerade

Die Isokostengerade ist der geometrische Ort aller Faktormengenkombinationen, die eine Unternehmung bei gegebener Kostensumme, gegebenen Fixkosten und gegebenen Faktorpreisen maximal kaufen kann. Sie ist damit das Analogon zur Budgetgeraden in der Haushaltstheorie. Dem gemäß entspricht der Absolutwert der Steigung der Isokostengerade dem umgekehrten Preisverhältnis der beiden Faktoren:

$$\left| \frac{dv_1}{dv_2} \right| = \frac{q_2}{q_1} \quad . \tag{3.13}$$

Änderungen der Kostensumme und der Faktorpreise haben dieselben Auswirkungen auf die Isokostengerade wie eine Änderung des Einkommens und der Güterpreise auf die Budgetgerade: also Parallelverschiebung bei einer Erhöhung der Kostensumme, Drehung um den Abszissenabschnitt, falls sich der Preis des Faktors 1 ändert, und Drehung um den Ordinatenabschnitt bei einer Änderung des Preises des Faktors 2.

Die Minimalkostenkombination liegt dort, wo eine Isokostengerade die gegebene Isoquante tangiert (vgl. Abb. 3.22).

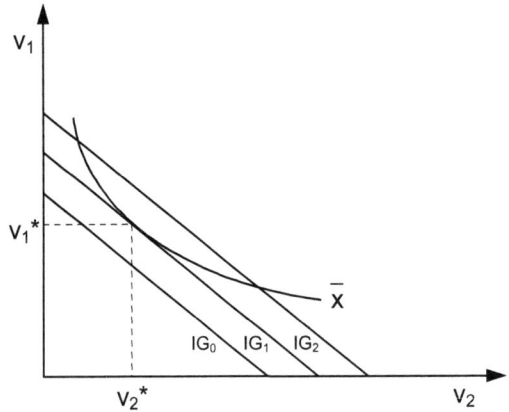

Abbildung 3.22: Minimalkostenkombination

Wir erhalten also eine der Haushaltstheorie entsprechende Lösung. Im Tangentialpunkt gilt, dass die Steigung der Isoquante der Steigung der Isokostengerade (3.13) entspricht. Wie wir in Abschnitt 3.3.3 hergeleitet haben, wird der Absolutwert der Isoquantensteigung durch das umgekehrte Verhältnis der Grenzproduktivitäten der Faktoren bestimmt (Gleichung 3.1). Daher folgt als Bedingung für die Minimalkostenkombination:

$$\frac{\partial x / \partial v_2}{\partial x / \partial v_1} = \frac{q_2}{q_1} \; . \tag{3.14}$$

Das Verhältnis der Grenzproduktivitäten entspricht im Optimum dem Verhältnis der Faktorpreise. Gleichung (3.14) kann umgeformt werden zu:

$$\frac{\partial x / \partial v_1}{q_1} = \frac{\partial x / \partial v_2}{q_2} \; . \tag{3.15}$$

Die mit den Faktorpreisen gewogenen Grenzproduktivitäten müssen sich im Optimum ausgleichen, oder anders ausgedrückt: der **Grenzertrag des Geldes** ist in beiden Verwendungen gleich. Ist dies nicht der Fall, so erzielt das Geld in der alternativen Verwendung einen höheren Ertrag, und die Ausgaben für die Faktoren sollten umgeschichtet werden.

Warum man (3.15) als Grenzertrag des Geldes bezeichnet (ebenfalls in Analogie zur Haushaltstheorie), kann folgendermaßen versinnbildlicht werden: Im Optimum entspricht der Grenzertrag dem zusätzlichen Ertrag der letzten eingesetzten Faktoreinheit, der Faktorpreis entspricht dem für diese Einheit aufzuwendenden Geldbetrag.[1] Es gilt also:

$$\frac{\partial x / \partial v_1}{q_1} = \frac{\dfrac{\text{Grenzertrag von Faktor 1}}{\text{zusätzliche Faktoreinheit}}}{\dfrac{\text{zusätzlicher Geldbetrag}}{\text{zusätzliche Faktoreinheit}}} = \frac{\text{Grenzertrag von Faktor 1}}{\text{zusätzlicher Geldbetrag}} \ .$$

Für die Minimalkostenkombination gibt es noch eine weitere Interpretation, die keine Entsprechung in der Haushaltstheorie findet, weil der Nutzen nicht kardinal messbar ist. Bilden wir den Kehrwert von (3.15) so erhalten wir:

$$\frac{\partial v_1}{\partial x} q_1 = \frac{\partial v_2}{\partial x} q_2 \ .$$

Der Kehrwert der Grenzproduktivität beschreibt den zusätzlichen Faktoreinsatz, der notwendig ist, um eine weitere Ausbringungseinheit herzustellen. Wird der zusätzliche Faktoreinsatz mit dem zugehörigen Faktorpreis multipliziert, erhält man die Grenzkosten des Faktors bzw. die **Faktorgrenzkosten**. Im Optimum müssen sich demnach die Faktorgrenzkosten der jeweiligen Faktoren ausgleichen.

> Bei alternativ substituierbaren Produktionsfaktoren schneiden die Isoquanten die Achsen. Daher ist analog zur Haushaltstheorie eine Randlösung möglich. Hierbei sind die Optimalitätsbedingungen nicht erfüllt. Vielmehr gilt, wenn wir an die letzte Interpretation anknüpfen, dass die Faktorgrenzkosten des einen Faktors stets niedriger sind als die Faktorgrenzkosten des anderen. Falls etwa: $(\partial v_1/\partial x) \cdot q_1 > (\partial v_2/\partial x) \cdot q_2$, wird nur Faktor 2 in der Produktion eingesetzt. Gemessen an seiner Produktivität ist Faktor 1 zu teuer.

Wie in der Haushaltstheorie das Haushaltsoptimum lässt sich auch die Minimalkostenkombination rechnerisch mit Hilfe eines Lagrangeansatzes bestimmen. In der Unternehmenstheorie haben wir es im Gegensatz zur Haushaltstheorie allerdings mit einem Minimierungsproblem zu tun. Zu minimieren sind die Produktionskosten als Zielfunktion unter der Nebenbedingung, dass ein bestimmtes Produktionsniveau $\bar{x}$ realisiert wird. Bezeichnen wir den Lagrangemultiplikator mit μ, so lässt sich die folgende Lagrangefunktion aufstellen:

$$L = \underbrace{q_1 v_1 + q_2 v_2 + FK}_{K(v)} + \mu \cdot [\bar{x} - x(v_1, v_2)] \ .$$

---

[1] Vgl. Schumann, J., Meyer, U. und Ströbele, W., Grundzüge der mikroökonomischen Theorie, 7. Aufl., Springer-Verlag, 1999, S. 153.

Die notwendigen Bedingungen für ein Kostenminimum ergeben sich durch partielle Differentiation der Lagrangefunktion nach den endogenen Variablen und Nullsetzen:

$$\frac{\partial L}{\partial v_1} = q_1 - \mu \frac{\partial x}{\partial v_1} = 0$$

$$\frac{\partial L}{\partial v_2} = q_2 - \mu \frac{\partial x}{\partial v_2} = 0$$

$$\frac{\partial L}{\partial \mu} = \overline{x} - x(v_1, v_2) = 0 \quad .$$

Indem wir zunächst nach μ auflösen und anschließend gleichsetzen erhalten wir aus den beiden ersten Gleichungen die uns bereits aus der geometrischen Analyse bekannte Bedingung für die Minimalkostenkombination:

$$\frac{\partial x / \partial v_2}{\partial x / \partial v_1} = \frac{q_2}{q_1} \quad .$$

Die Interpretation dieser Bedingung wurde oben bereits erläutert.

Verwenden wir als Beispiel die Cobb-Douglas-Funktion $x = v_1^{\alpha} \cdot v_2^{1-\alpha}$. Die Produktionsfunktion ist linear homogen in den variablen Faktoren v_1, v_2. Wir können die Minimalkostenkombination nun über den Lagrangeansatz bestimmen oder direkt Gleichung (3.14) anwenden, was hier der Kürze halber geschieht. Wir ermitteln zunächst das Verhältnis der Grenzproduktivitäten:

$$\frac{\partial x / \partial v_1}{\partial x / \partial v_2} = \frac{\alpha \cdot v_1^{\alpha-1} \cdot v_2^{1-\alpha}}{(1-\alpha) \cdot v_2^{-\alpha} \cdot v_1^{\alpha}} = \frac{\alpha}{(1-\alpha)} \cdot \frac{v_2}{v_1} \quad .$$

Dies wird dem Verhältnis der Faktorpreise gleichgesetzt:

$$\frac{\alpha}{(1-\alpha)} \cdot \frac{v_2}{v_1} = \frac{q_1}{q_2} \quad ,$$

woraus aufgelöst nach v_1 die Minimalkostenkombination folgt:

$$v_1 = \frac{\alpha}{(1-\alpha)} \cdot \frac{q_2}{q_1} \cdot v_2 \quad . \tag{3.16}$$

Wenn α den Wert 0,5 annimmt, wird $\alpha/(1-\alpha) = 1$. Das Einsatzverhältnis der Faktoren wird in diesem Fall allein durch das Preisverhältnis der Faktoren bestimmt, weil die Produktionselastizität der Faktoren identisch ist. Folglich hängt es vom Preisverhältnis ab, ob mehr Mengeneinheiten von Faktor 1 oder von Faktor 2 zu minimalen Kosten führen. Ist etwa q_2 doppelt so hoch wie q_1, dann werden die Faktoren 1 und 2 im Verhältnis 2:1 eingesetzt ($v_1 = 2v_2$).

Für eine Unternehmung ist allerdings nicht nur eine einzige Minimalkostenkombination relevant, sondern die Gesamtheit aller Minimalkostenkombinationen für variierende Produktionsmengen. Die Menge aller Minimalkostenkombinationen wird durch den **Expansionspfad** beschrieben. Bei homogenen Produktionsfunktionen ist der Expansionspfad eine Gerade aus dem Ursprung, d. h. das jeweils kostenminimale Faktoreinsatzverhältnis ist konstant. Die Faktorintensität bleibt somit unverändert (vgl. Anhang A.9). Dieser Sachverhalt lässt sich graphisch wie in Abbildung 3.23 darstellen, wobei dem höheren Produktionsniveau der Faktoreinsatz $k \cdot v_1^*$ und $k \cdot v_2^*$ zugeordnet ist.

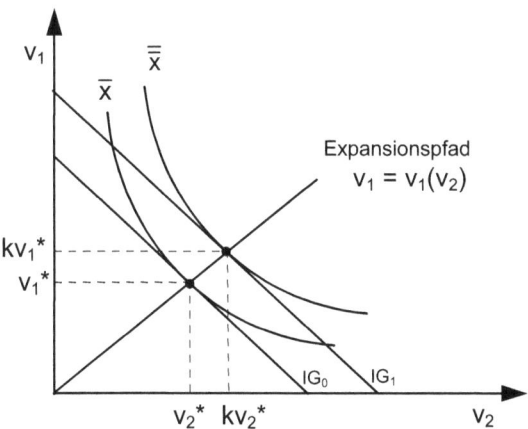

Abbildung 3.23: Expansionspfad

Analytisch erhalten wir den Expansionspfad, indem wir die Minimalkostenkombination für alternative Mengen bestimmen. Da sich bei homogenen Produktionsfunktionen die optimale Faktormengenkombination nicht mit der Produktionsmenge ändert, gibt Gleichung (3.14) nicht nur die Minimalkostenkombination, sondern auch den Expansionspfad wieder.

> Bei der Bestimmung der Minimalkostenkombination für alternative Produktionsmengen lautet die Nebenbedingung in der Lagrangefunktion statt $[\bar{x} - x(v_1, v_2)]$ nun $[x - x(v_1, v_2)]$. Die notwendigen Bedingungen für ein Kostenminimum und damit das Verhältnis der Grenzproduktivitäten ändern sich nicht. Das zeigt ebenfalls, dass es sich beim Expansionspfad um eine Gerade handeln muss. Für die Cobb-Douglas-Funktion lautet der Expansionspfad: $v_1 = [\alpha/(1-\alpha)] \cdot (q_2/q_1) \cdot v_2$. Das Einsatzverhältnis ist für gegebene Faktorpreise konstant, da α eine Konstante ist.

Vom Expansionspfad $v_1 = v_1(v_2)$ zur Kostenfunktion kommen wir nun in drei Schritten:
- Zunächst ist das optimale Faktoreinsatzverhältnis in der Produktionsfunktion, also in der dritten partiellen Ableitung der Lagrangefunktion zu berücksichtigen. Dadurch reduziert sich bei zwei variablen Produktions-

faktoren der Zusammenhang zwischen der produzierten Menge und dem Faktoreinsatz auf einen Produktionsfaktor. Wir erhalten so die Gleichung $x = x\,[v_1(v_2)]$. Lösen wir sie nach v_2 auf, resultiert die optimale Einsatzmenge des Faktors 2 in Abhängigkeit vom Output und somit die Nachfragefunktion für den Faktor 2.

– Wenn wir die Gleichung für den Expansionspfad umformen zu $v_2 = v_2(v_1)$, in die Produktionsfunktion einsetzen und nach v_1 auflösen, erhalten wir den Zusammenhang zwischen den optimalen Mengen des Faktors 1 in Abhängigkeit vom Output, also die Nachfragefunktion für Faktor 1.

– Mit diesen beiden Gleichungen können im dritten Schritt die Faktoreinsatzmengen in der Kostengleichung ersetzt werden. Die variablen Kosten sind nun nur noch von den Faktorpreisen und der Produktionsmenge abhängig.

Auch dies soll am Beispiel gezeigt werden. Dabei verwenden wir die folgende einfache Produktionsfunktion:

$$x = v_1^{1/2} \cdot v_2^{1/2} \ .$$

Die Gleichung (3.16) für den Expansionspfad vereinfacht sich zu:

$$v_1 = (q_2/q_1) \cdot v_2 \ . \tag{3.17}$$

1. Schritt: Wir setzen das optimale Faktoreinsatzverhältnis (3.17) in die Produktionsfunktion ein und erhalten:

$$x = (q_2/q_1)^{1/2} \cdot v_2 \ .$$

Aufgelöst nach v_2 resultiert die optimale Einsatzmenge des Faktors 2 in Abhängigkeit vom Output:

$$v_2 = (q_1/q_2)^{1/2} \cdot x \ .$$

Die Produktionsmenge ist nur noch von v_2 abhängig.

2. Schritt: (3.17) wird nach v_2 aufgelöst: $v_2 = (q_1/q_2) \cdot v_1$. Einsetzen in die Produktionsfunktion und auflösen nach v_1 führt zu:

$$v_1 = (q_2/q_1)^{1/2} \cdot x \ .$$

3. Schritt: Die optimalen Einsatzmengen der Faktoren[1] werden nun in die Kostengleichung $K = q_1 v_1 + q_2 v_2 + FK$ eingesetzt und wir erhalten als Kostenfunktion: $K = q_1 \cdot (q_2/q_1)^{1/2} \cdot x + q_2 \cdot (q_1/q_2)^{1/2} \cdot x + FK$ d. h. $K = 2 \cdot (q_1 \cdot q_2)^{1/2} \cdot x + FK$ bzw. in anderer Schreibweise:

$$K = 2 \sqrt{q_1 \cdot q_2} \cdot x + FK \ .$$

Dies ist die gesuchte Kostenfunktion. Da die Faktorpreise als konstant unterstellt werden, ist sie linear.

Wie im voranstehenden Abschnitt erörtert, hängt die Gestalt der Kostenfunktion bei nur einem variablen Faktor von der partiellen Produktionsfunktion ab. Bei zwei variablen Faktoren ist dagegen der Verlauf der Niveau-

---

[1] Die optimalen Faktoreinsatzmengen stellen zugleich die nachgefragten Faktormengen dar (vgl. Abschnitt 4.6).

produktionsfunktion maßgeblich. Ziehen wir nochmals die Abbildungen 3.6 bis 3.8 in Abschnitt 3.3.4 heran. In Abbildung 3.6 ist eine Niveauproduktionsfunktion mit steigenden Skalenerträgen sowie das zugehörige Isoquantensystem abgebildet. An letzterem sieht man, dass der Faktoreinsatz bei einer proportionalen Ausdehnung des Outputs nur unterproportional wächst. Da die Faktorpreise konstant sind, steigen auch die Kosten nur unterproportional. Steigende Skalenerträge verursachen somit einen unterproportionalen Kostenverlauf, während sinkende Skalenerträge zu einem überproportionalen Kostenverlauf führen. Bei konstanten Skalenerträgen ist die Kostenfunktion linear.

Charakteristika der Produktionsfunktion		Verlauf der (Niveau-)Produktionsfunktion	Verlauf der Kostenfunktion
ein variabler Faktor	mehrere variable Faktoren	$x = x(v_1)$ bzw. $x = x(k)$	$K(x) = VK + FK$
konstante Grenzerträge $x = a \cdot v_1$	konstante Skalenerträge; linear homogen $r = 1$ $x = a \cdot v_1^{1/2} \cdot v_2^{1/2}$	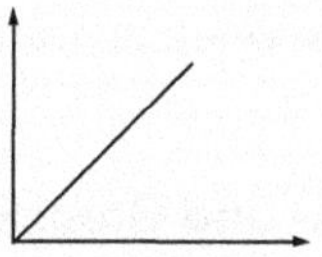 linear	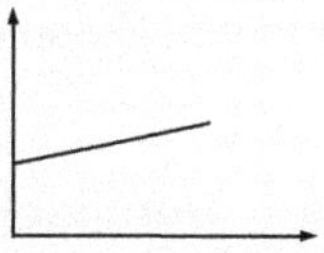 linear
zunehmende Grenzerträge $x = a \cdot v_1^2$	steigende Skalenerträge; überlinear homogen $r > 1$ $x = a \cdot v_1^2 \cdot v_2$	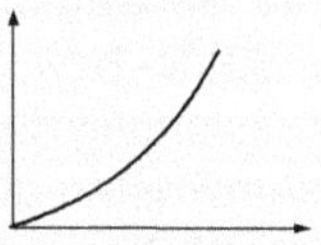 überlinear	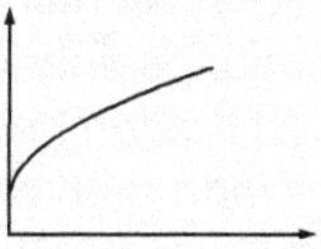 unterlinear
abnehmende Grenzerträge $x = a \cdot v_1^{1/2}$	sinkende Skalenerträge; unterlinear homogen $r < 1$ $x = a \cdot v_1^{1/2} \cdot v_2^{1/4}$	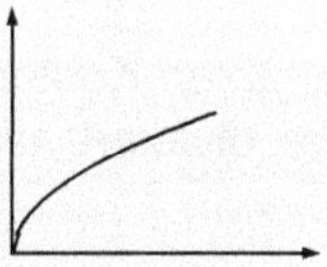 unterlinear	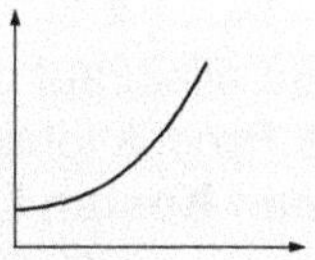 überlinear
erst zunehmende, dann abnehmende Grenzerträge $x = \dfrac{a \cdot v_1^2}{v_1^3 + a}$	erst steigende, dann sinkende Skalenerträge; nicht-homogen erst $r > 1$, dann $r < 1$ $x = \dfrac{1}{2} \cdot v_1^2 \cdot v_2^2 - \dfrac{1}{4} \cdot v_1^3 \cdot v_2^3$	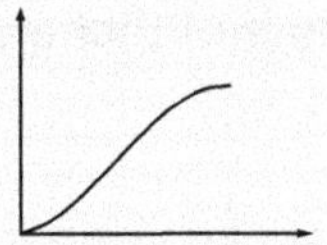 ertragsgesetzlich	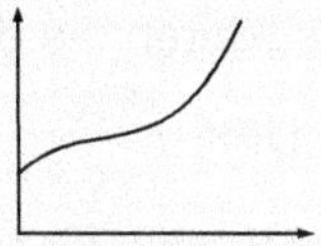 ertragsgesetzlich

Übersicht 3.2: Produktions- und zugehörige Kostenfunktionen

Die sogenannte 'typische' bzw. 'klassische' oder auch 'ertragsgesetzliche' Kostenkurve verläuft zunächst unterproportional und ab einer bestimmten Produktionsmenge überproportional. Mit der Produktion sind zunächst steigende, dann sinkende Skalenerträge verbunden. Die Produktionsfunktion ist nicht homogen.

> Dem ertragsgesetzlichen Verlauf der kurzfristigen Kostenfunktion liegt die Vorstellung zugrunde, dass der Einsatz der variablen Produktionsfaktoren entlang des Expansionspfads zunächst in ein günstiges Verhältnis zum fixen Faktor hineinwächst und später die Relation zwischen den variablen Produktionsfaktoren und dem fixen Faktor zunehmend ungünstiger wird. Man kann sich aber auch vorstellen, dass zunächst Vorteile der Massenproduktion auftreten, die später von organisatorischen Ineffizienzen dominiert werden.

In Übersicht 3.2 sind die Zusammenhänge zwischen Produktions- und Kostenfunktion bei einem und bei zwei variablen Produktionsfaktoren anhand von Beispielfunktionen zusammengestellt.

3.4.3 Durchschnitts- und Grenzkosten

Damit wir die Kostensituation eines Unternehmens beurteilen können, benötigen wir nicht nur die Gesamtkosten, sondern auch die Kosten pro Ausbringungseinheit, also Stück- bzw. Durchschnittskosten, sowie die zusätzlichen Kosten bei der Ausweitung der Produktion, also die Grenzkosten.

Wenn man die Gesamtkosten durch die Produktionsmenge dividiert, erhält man die **Durchschnittskosten** DK:

$$DK = \frac{K(x)}{x} \ .$$

Wird allein auf die variablen Kosten VK abgestellt und werden diese durch die Produktionsmenge dividiert, erhält man die **durchschnittlichen variablen Kosten** DVK:

$$DVK = \frac{VK(x)}{x} \ .$$

Werden dagegen die Fixkosten FK durch die produzierte Menge geteilt, so resultieren die **durchschnittlichen fixen Kosten** DFK:

$$DFK = \frac{FK}{x} \ .$$

Die Kosten für die Produktion einer zusätzlichen Mengeneinheit bezeichnet man als **Grenzkosten**. Die Grenzkosten GK erhält man, indem man die Kostenfunktion nach der Produktionsmenge ableitet:

$$GK = \frac{dK(x)}{dx} \ .$$

Sie entsprechen der Steigung der jeweiligen Tangente an die Kostenfunktion.

Der Verlauf der Durchschnitts- und Grenzkosten hängt von der Form der Gesamtkostenfunktion ab, die ihrerseits von der verwendeten Produktionstechnik bestimmt ist (vgl. Übersicht 3.2). Im Folgenden gehen wir von zwei variablen Produktionsfaktoren aus; maßgeblich für die Gestalt der Kostenfunktion ist somit die Niveauproduktionsfunktion.

Da wir bei der Marktpreisbildung häufig mit einer **ertragsgesetzlichen Kostenfunktion** arbeiten, behandeln wir diese als erste. Sie lässt sich in der Form

$$K = ax^3 - bx^2 + cx + FK$$

abbilden. Damit ergibt sich für die Durchschnittskosten K/x:

$$DK = ax^2 - bx + c + FK/x \ ,$$

für die variablen Durchschnittskosten VK/x:

$$DVK = ax^2 - bx + c \tag{3.18}$$

und für die Grenzkosten dK/dx:

$$GK = 3ax^2 - 2bx + c \ . \tag{3.19}$$

Die graphische Darstellung findet sich in Abbildung 3.24. Dabei sind im oberen Teil die Gesamtkostenkurve und im unteren Teil die zugehörigen Grenz- und Durchschnittskosten eingezeichnet.

Für eine Produktionsmenge, die gegen null geht, streben die gesamten Durchschnittskosten gegen unendlich, weil die Fixkosten auf einer winzig kleinen Produktionsmenge lasten. Die Kurve der gesamten Durchschnittskosten hat daher keinen Ordinatenabschnitt, sondern nähert sich der Ordinate mit sinkender Produktionsmenge asymptotisch an. Wie Gleichungen (3.18) und (3.19) zeigen, besitzen die Kurve der variablen Durchschnittskosten und die Grenzkostenkurve dagegen einen gemeinsamen Ordinatenabschnitt, denn bei x = 0 gilt: DVK = GK = c.

Eigentlich sind die durchschnittlichen variablen Kosten (VK/x) für eine Produktionsmenge von null nicht definiert. Es lässt sich aber zeigen, dass der Grenzwert der durchschnittlichen variablen Kosten bei einer Produktion von null gleich den Grenzkosten ist. Hierzu verwenden wir die **Regel von L'Hôpital** (vgl. Anhang A.8):

$$\lim_{x \to 0} \frac{VK(x)}{x} = \left. \frac{\partial VK(x)/\partial x}{\partial x/\partial x} \right|_{x=0} = \frac{\partial VK(0)/\partial x}{1} = \frac{\partial K(0)/\partial x}{1} = \frac{\partial K(0)}{\partial x} \ .$$

Die Differenz zwischen Durchschnittskosten und durchschnittlichen variablen Kosten entspricht genau den durchschnittlichen Fixkosten:

$$DK - DVK = DFK \ .$$

Die variablen Stückkosten liegen also immer unterhalb der gesamten Durchschnittskosten, nähern sich für große Werte von x jedoch den gesamten Durchschnittskosten an, weil die durchschnittlichen Fixkosten mit zunehmender Produktionsmenge sinken.

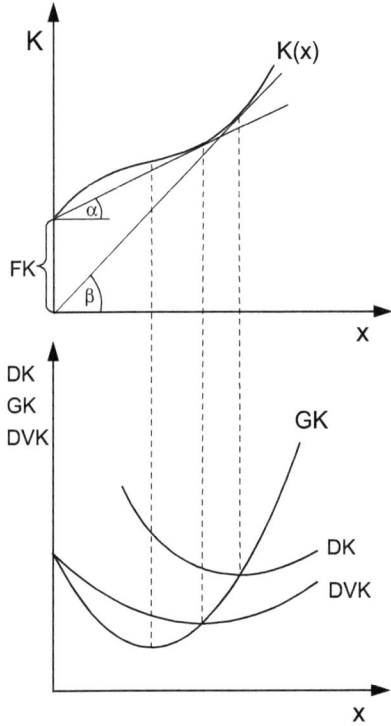

Abbildung 3.24: Ertragsgesetzliche Kostenverläufe

Solange die Kosten für die Produktion einer zusätzlichen Mengeneinheit, also die Grenzkosten, noch unterhalb der Durchschnittskosten liegen, sinken diese. Sind die Kosten für eine zusätzliche Mengeneinheit dagegen höher als die Durchschnittskosten für die bislang produzierte Menge, müssen die Durchschnittskosten wieder ansteigen.

Bei der unterstellten ertragsgesetzlichen Kostenfunktion kommt der Verlauf der durchschnittlichen variablen Kosten (DVK) durch zunächst zunehmende und dann abnehmende Skalenerträge zustande. Im Bereich zunehmender Skalenerträge verläuft die Funktion der durchschnittlichen variablen Kosten oberhalb der Grenzkostenkurve. Im Bereich abnehmender Skalenerträge gilt das Umgekehrte.

> Ob die Skalenerträge konstant sind, abnehmen oder zunehmen, lässt sich mit Hilfe der Skalenelastizität feststellen. Wir zeigen in Anhang A.10, dass sich die Skalenelastizität $\eta_{x,k}$ als Quotient der durchschnittlichen variablen Kosten und der Grenzkosten darstellen lässt:
>
> $$\eta_{x,k} = \frac{DVK}{GK} \, .$$
>
> Bei DVK > GK liegen steigende, bei DVK < GK sinkende Skalenerträge vor und bei DVK = GK haben wir es mit konstanten Skalenerträgen zu tun.

Auch die gesamten Durchschnittskosten sinken zunächst und steigen wieder an, nachdem sie ihr Minimum erreicht haben. Das anfängliche Sinken der gesamten Durchschnittskosten ist auf gleichzeitig sinkende durchschnittliche variable und durchschnittliche Fixkosten zurückzuführen. Später sinken die durchschnittlichen Fixkosten nur noch wenig und die durchschnittlichen variablen Kosten steigen, z. B. aufgrund von Kapazitätsgrenzen, im Verhältnis hierzu überproportional an. Das Ergebnis sind ansteigende Durchschnittskosten.

Graphisch lassen sich die Minima der Stückkosten folgendermaßen bestimmen: Das Minimum der gesamten Durchschnittskosten liegt dort, wo der Fahrstrahl aus dem Ursprung des Koordinatensystems zur Tangente an die Kostenfunktion wird (vgl. Abb. 3.24). Die Höhe der zugehörigen Durchschnittskosten entspricht dem Tangens des Winkels β (tg β = K/x). Das Minimum der variablen Durchschnittskosten liegt dort, wo der Fahrstrahl aus dem Ordinatenabschnitt in Höhe der Fixkosten zur Tangente an die Kostenfunktion wird. Die Höhe der variablen Durchschnittskosten kann durch den Tangens des Winkels α gemessen werden (tg α = VK/x). Da Fahrstrahl und Tangente identisch sind, befindet sich das Minimum der Durchschnittskostenfunktionen im jeweiligen Schnittpunkt mit der Grenzkostenfunktion (für einen Beweis vgl. Anhang A.11). Man spricht hierbei vom **Prinzip des Durchschnittsextremums**.

Bei einer ertragsgesetzlichen Kostenfunktion können wir ein eindeutiges Durchschnittskostenminimum bestimmen. Dies ist für **lineare Kostenfunktionen** nicht möglich. Eine lineare Kostenfunktion beruht auf einer Produktionsfunktion mit konstanten Skalenerträgen. Sie hat die Form:

K = cx + FK .

Daraus folgt für die gesamten Durchschnittskosten K/x:

DK = c + FK/x ,

für die variablen Durchschnittskosten VK/x:

DVK = c

und für die Grenzkosten dK/dx:

GK = c .

Die entsprechenden Kurvenverläufe sind in Abbildung 3.25 dargestellt.

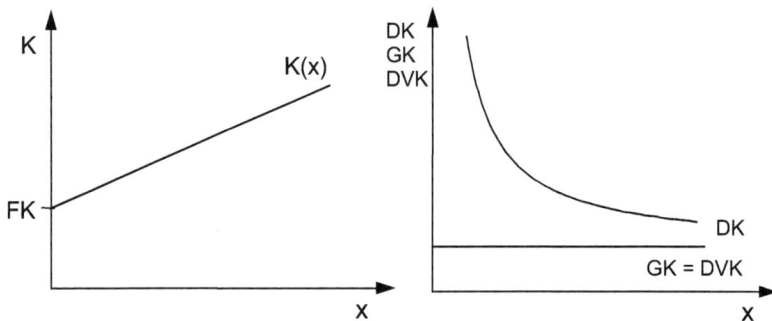

Abbildung 3.25: Lineare Kosten

Die Grenzkosten und die variablen Durchschnittskosten sind identisch und verlaufen parallel zur Abszisse. Die gesamten Durchschnittskosten kommen dagegen wieder aus dem Unendlichen und sinken fortlaufend, weil sich die Fixkosten auf eine immer größere Produktionsmenge verteilen. Für große Werte von x nähern sie sich den durchschnittlichen variablen Kosten asymptotisch an.

> Ein Beispiel hierfür ist die Kostenfunktion der Cobb-Douglas-Produktionsfunktion. Für $\alpha = 0{,}5$ hatten wir als Kostenfunktion ermittelt (vgl. Abschnitt 3.4.2):
>
> $$K = 2\sqrt{q_1 \cdot q_2} \cdot x + FK, \quad \text{d. h.} \quad 2\sqrt{q_1 \cdot q_2} \equiv c .$$
>
> Die Grenzkostenfunktion und die Funktion der durchschnittlichen variablen Kosten sind identisch:
>
> $$\frac{dK}{dx} = \frac{VK}{x} = 2\sqrt{q_1 \cdot q_2} ,$$
>
> während die gesamten Durchschnittskosten aufgrund der Fixkosten mit der Ausbringungsmenge sinken:
>
> $$\frac{K}{x} = 2\sqrt{q_1 \cdot q_2} + \frac{FK}{x}$$
>
> und sich für große Werte von x den durchschnittlichen variablen Kosten annähern:
>
> $$\lim_{x \to \infty} \frac{K}{x} = 2\sqrt{q_1 \cdot q_2} .$$

Für den Fall durchweg steigender Skalenerträge verläuft die Kostenfunktion konkav, d. h. die Kosten steigen wie in Abbildung 3.26 unterproportional mit der Produktionsmenge an.

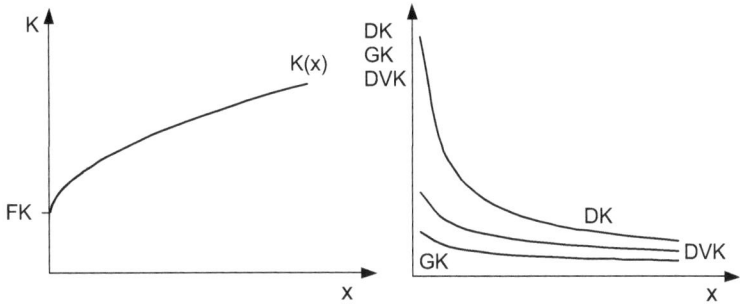

Abbildung 3.26: Kostenverläufe bei steigenden Skalenerträgen

Bei steigenden Skalenerträgen liegt die Funktion der durchschnittlichen variablen Kosten immer oberhalb der Grenzkostenfunktion. Außerdem sinken die durchschnittlichen variablen Kosten (dDVK/dx < 0), die Durchschnittskosten (dDK/dx < 0) und auch die Grenzkosten (dGK/dx < 0).

Sinken die Skalenerträge ständig, ist die Kostenfunktion konvex (vgl. Abb. 3.27). Die Kosten steigen überproportional mit der Produktionsmenge. Die durchschnittlichen variablen Kosten sind hier durchgängig geringer als die Grenzkosten. Außerdem steigen sowohl die durchschnittlichen variablen Kosten (dDVK/dx > 0) als auch die Grenzkosten an (dGK/dx > 0), während die Durchschnittskosten u-förmig verlaufen. Ihr Minimum liegt wiederum dort, wo ein Fahrstrahl aus dem Ursprung zur Tangente an die Kostenfunktion wird, bzw. die Grenzkostenkurve die Durchschnittskostenkurve schneidet.

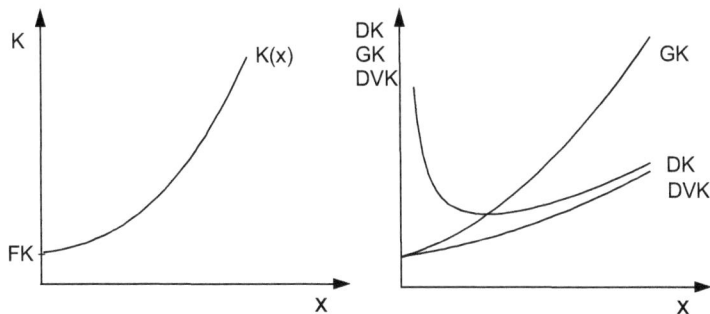

Abbildung 3.27: Kostenverläufe bei sinkenden Skalenerträgen

Bei quadratischen Kostenfunktionen (vgl. das Beispiel in Abschnitt 4.2.1) steigen sowohl die Grenzkosten als auch die variablen Durchschnittskosten linear an.

3.4.4 Langfristige Kostenfunktion

Kurzfristige und langfristige Kostenfunktionen unterscheiden sich durch die Möglichkeit, die Betriebsgröße wählen zu können. Diese Wahl ist von der gewünschten Produktionsmenge abhängig. Gehen wir davon aus, dass ein Unternehmen mit möglichst geringen Durchschnittskosten produzieren will, so werden geringe Produktionsmengen am günstigsten in einem kleinen Betrieb produziert und große Produktionsmengen in einem entsprechend größeren. Für jeweils unterschiedliche Betriebsgrößen gilt eine andere kurzfristige Kostenfunktion. Ein Unternehmen trifft die Wahl seiner Kapazität dann optimal, wenn für eine gegebene zu produzierende Menge die Kosten minimal sind.

Dieser Zusammenhang lässt sich mit Hilfe der folgenden Abbildung 3.28 veranschaulichen. Betrachten wir zunächst lediglich die linke Seite.

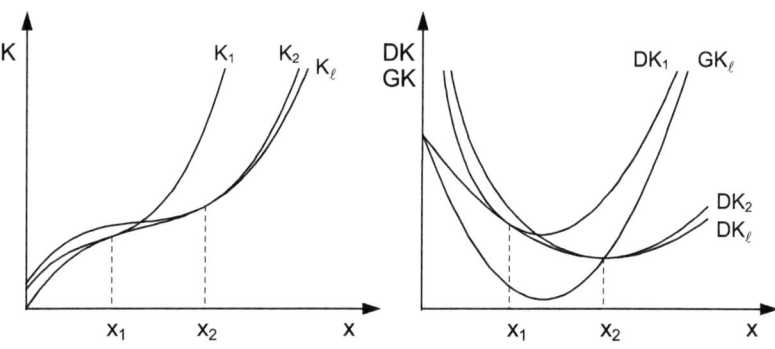

Abbildung 3.28: Kurz- und langfristige ertragsgesetzliche Kosten

Die beiden ertragsgesetzlichen (klassischen) Kostenkurven K_1 und K_2 sind kurzfristige Kostenkurven bei festliegender Kapazität. Die Kurve K_2 weist die höheren Fixkosten auf, weil die Fixkosten mit wachsender Betriebsgröße steigen. Die Umhüllende (oder Enveloppe) der kurzfristigen Kostenkurve stellt die langfristige Kostenkurve K_ℓ dar. Die langfristige Kostenfunktion gibt die minimalen Kosten bei *variabler* Betriebsgröße, die kurzfristigen Kostenfunktion die minimalen Kosten für eine *gegebene* Betriebsgröße wieder. Die langfristige Kostenfunktion kann also nirgends oberhalb der kurzfristigen Kostenfunktionen liegen.

Die langfristige Kostenkurve hat mit jeder kurzfristigen Kostenkurve genau einen gemeinsamen Punkt (vgl. Abb. 3.28). Folgende Überlegungen helfen beim Verständnis dieser Behauptung: Die langfristige Kostenfunktion ist das Ergebnis eines Optimierungsprozesses, in dem die kostenminimalen Faktormengen für ein gegebenes Produktionsniveau $\overline{x}$ festgelegt werden. Im Gegensatz zur kurzfristigen Kostenfunktion wird die Optimierungsaufgabe jedoch auf den fixen Faktor F ausgedehnt. Ist die Entscheidung bezüglich des fixen Faktors getroffen, kann sie kurzfristig nicht mehr verändert werden. Für die Produktionsmenge $\overline{x}$ bestünde hierzu jedoch auch kein Anlass. Denn die Wahl der Kapazität wurde ja im Hinblick auf die Produktion der Menge $\overline{x}$ optimal getroffen. Wir befinden uns also sowohl im langfristigen als auch im kurzfristigen Kostenminimum.

> In diesem gemeinsamen Punkt ist die Steigung der kurzfristigen Kostenfunktion für eine gegebene Betriebsgröße gleich der Steigung der langfristigen Kostenfunktion, d. h. die langfristigen Grenzkosten sind gleich den kurzfristigen Grenzkosten.
>
> Definieren wir die langfristige Kostenfunktion als $K_\ell = K(q_1, q_2, q_F, x, F(x))$ und die kurzfristige Kostenfunktion als $K_i = K(q_1, q_2, q_F, x, F)$. An der Stelle $\overline{x}$ (also z. B. x_1 und x_2 in Abb. 3.28) sind die langfristigen Kosten gleich den kurzfristigen Kosten, wobei die kurzfristig unveränderbare Kapazität $\overline{F}$ der kostenminimalen Kapazität an der Stelle $\overline{x}$ entspricht: $\overline{F} = F(\overline{x})$. Wenn wir die konstanten Faktorpreise als Argumente unterdrücken, folgt hieraus: $K(\overline{x}, F(\overline{x})) = K(\overline{x}, F)$.
>
> Wie verändern sich die langfristigen Kosten im Minimum, wenn eine zusätzliche Einheit produziert wird? Die Antwort liefert die folgende totale Ableitung der langfristigen Kostenfunktion:
>
> $$\frac{dK_\ell}{dx} = \frac{\partial K(\overline{x}, \overline{F})}{\partial x} + \frac{\partial K(\overline{x}, \overline{F})}{\partial F} \frac{dF(\overline{x})}{dx} .$$
>
> Da die Kapazitätskosten F bezüglich der Menge $\overline{x}$ optimal gewählt wurden, ist $\partial K / \partial F = 0$. Also entsprechen die langfristigen Grenzkosten an der Stelle $\overline{x}$ den kurzfristigen Grenzkosten:
>
> $$\frac{dK_\ell}{dx} = \frac{\partial K(\overline{x}, \overline{F})}{\partial x} .$$

Während die kurzfristige Kostenfunktion noch fixe Kosten enthält, sind langfristig alle Kosten variabel. Da es nur noch variable Kosten gibt, müssen die langfristigen durchschnittlichen variablen Kosten DVK_ℓ mit den langfristigen Durchschnittskosten DK_ℓ übereinstimmen. Folglich gibt es nur eine langfristige Durchschnittskostenkurve.

Wenn sowohl die kurzfristigen Kostenfunktionen als auch die langfristige Kostenfunktion wie in Abbildung 3.28 ertragsgesetzlich verlaufen, sind die dazugehörigen Durchschnittskostenkurven u-förmig. Da die kurzfristigen Kostenfunktionen jeweils bis auf einen Punkt oberhalb der langfristigen Kostenfunktion liegen, sind die Durchschnittskosten nur in einem Punkt identisch. In diesem Punkt hat die Funktion der langfristigen Durchschnitts-kosten die gleiche Steigung wie die jeweilige Funktion der kurzfristigen Durchschnittskosten. In allen anderen Punkten liegen die kurzfristigen Durchschnittskosten oberhalb der langfristigen Durchschnittskosten.

Solange die langfristigen Durchschnittskosten fallen, berühren die zuge-hörigen kurzfristigen Durchschnittskostenkurven die DK_ℓ ebenfalls in deren fallendem Bereich (sonst könnten die Steigungen ja nicht übereinstimmen). Die Menge x_1 in Abbildung 3.28 wird somit am kostengünstigsten nicht mit einer Kapazität produziert, die dem Minimum einer kurzfristigen Durch-schnittskostenkurve entspricht, sondern mit einer Betriebsgröße, bei der das Minimum der zugehörigen kurzfristigen Durchschnittskostenkurve noch nicht erreicht ist. Umgekehrt gilt: Im steigenden Bereich der langfristigen Durchschnittskostenkurve tangieren die zugehörigen kurzfristigen Durch-schnittskostenkurven die DK_ℓ in ihrem ansteigenden Ast. Muss eine Be-triebsgröße im ab- oder aufsteigenden Ast der DK_ℓ gewählt werden, weil es die Anpassung an die Marktgegebenheiten verlangt, ist die gewählte Kapa-zität zwar für die gegebene Produktionsmenge kostenminimal, aber nicht optimal.

Die optimale Betriebsgröße liegt in Abbildung 3.28 bei der Produktions-menge x_2. Dort erreicht die langfristige Durchschnittskostenkurve ihr Mini-mum und daher auch die tangierende kurzfristige. Die Produktionsmenge x_2 kann bei der Wahl der zugehörigen Kapazität mit den geringst mögli-chen Stückkosten produziert werden.

Nun ist es jedoch auch denkbar, dass die langfristige Kostenfunktion nicht ertragsgesetzlich verläuft, sondern linear oder unterlinear. Bei einer linea-ren langfristigen Kostenkurve und ertragsgesetzlichen kurzfristigen Kos-tenkurven sind die langfristigen Grenzkosten gleich den langfristigen Durchschnittskosten (vgl. Abb. 3.29). Wir haben es mit konstanten Skalen-erträgen bei variierender Betriebsgröße zu tun. In diesem Fall muss der Tangentialpunkt zwischen langfristiger und der jeweiligen kurzfristigen Durchschnittskostenkurve gerade im Minimum der entsprechenden kurz-fristigen Durchschnittskostenkurven liegen.

Wenn die langfristigen Durchschnittskosten konstant sind, kann die op-timale Betriebsgröße nicht bestimmt werden. Liegt der Güterpreis über den langfristigen Durchschnittskosten, lohnt es sich für ein Unternehmen, den Produktionsapparat stetig auszubauen. Ist der Güterpreis geringer als die Durchschnittskosten, könnte nur mit Verlust produziert werden. Bei einem Güterpreis, der den langfristigen Durchschnittskosten entspricht, ist jede Betriebsgröße optimal.

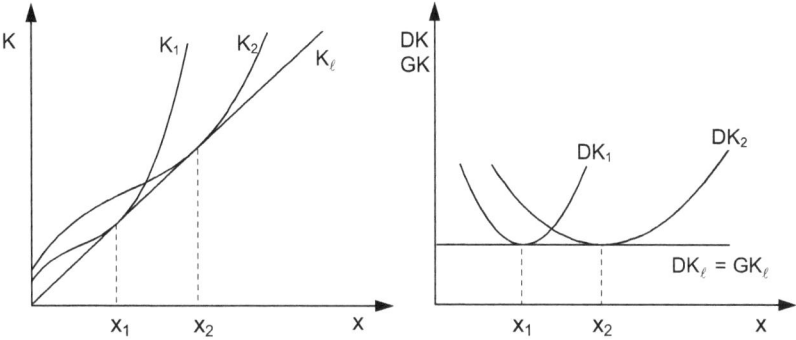

Abbildung 3.29: Langfristig konstante Skalenerträge

Verläuft die langfristige Kostenfunktion unterlinear, die kurzfristigen Kostenkurven jedoch ertragsgesetzlich, wie in Abbildung 3.30, sinken sowohl die langfristigen Grenzkosten als auch die langfristigen Durchschnittskosten. Die kurzfristigen Durchschnittskostenkurven verlaufen wiederum u-förmig. Die langfristigen Durchschnittskosten liegen stets über den langfristigen Grenzkosten; es treten langfristig steigende Skalenerträge auf. Der gemeinsame Punkt zwischen den jeweiligen kurzfristigen und langfristigen Durchschnittskosten ist hier wiederum nicht durch das entsprechende Minimum der kurzfristigen Durchschnittskosten gegeben. Aufgrund der steigenden Skalenerträge lohnt es sich für ein Unternehmen, seinen Produktionsapparat immer weiter auszubauen, weil damit sinkende Durchschnittskosten verbunden sind.

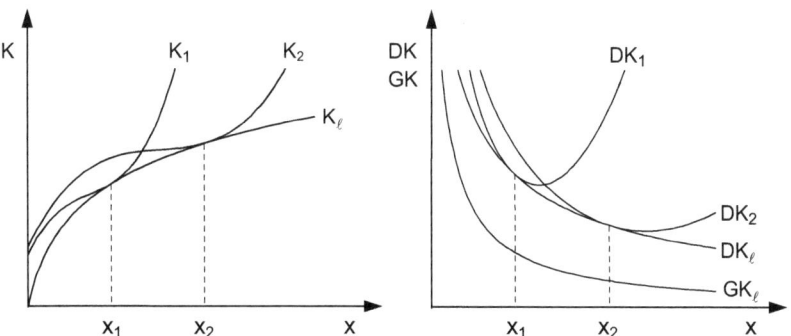

Abbildung 3.30: Langfristig steigende Skalenerträge

Bei unterlinearem Verlauf der langfristigen Kostenkurve und linearem Verlauf der kurzfristigen Kostenkurven, sinken sowohl die langfristigen Grenzkosten als auch die langfristigen Durchschnittskosten (vgl. Abb. 3.31). Die kurzfristigen Durchschnittskosten sinken ebenfalls stetig. Auch in diesem Fall lohnt es sich für ein Unternehmen, seinen Produktionsapparat zur Ausnutzung der wachsenden Skalenerträge auszubauen.

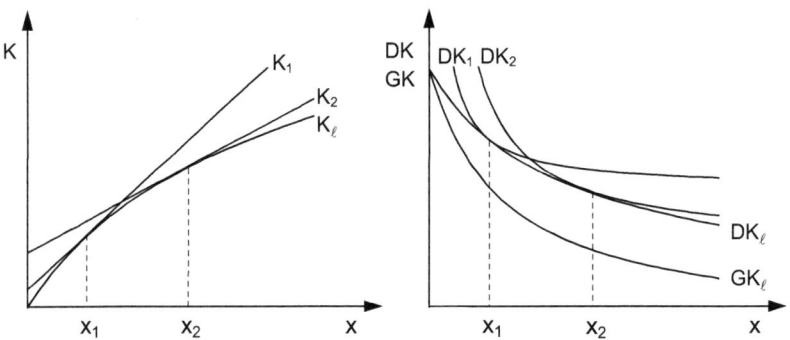

Abbildung 3.31: Durchweg steigende Skalenerträge

Empirische Studien haben gezeigt, dass für die Industrie ein Verlauf der langfristigen Kosten als typisch gelten kann, der erst durch steigende und anschließend durch konstante Skalenerträge geprägt ist. Bei einer weiteren Ausdehnung der Betriebsgröße treten schließlich sinkende Skalenerträge auf.

> Ein solcher Verlauf kann anschaulich erklärt werden. Zunächst werden mit einer wachsenden Betriebsgröße Lerneffekte in der Produktion erzielt. Außerdem können größere, effizientere Maschinen eingesetzt und die Arbeitskräfte spezialisiert werden; charakteristisch ist also eine zunehmende Arbeitsteilung. Sind die Vorteile der Massenproduktion ausgeschöpft und treten keine Probleme bei den betrieblichen Abläufen auf, gibt es keinen Grund, warum eine proportionale Ausdehnung der Kapazität nicht auch zu einem proportionalen Anstieg der Produktion führen sollte. Wird eine bestimmte Betriebsgröße überschritten, führen Organisationsprobleme allerdings dazu, dass eine weitere Ausdehnung der Kapazität nur noch eine unterproportionale Mengensteigerung mit sich bringt; somit steigen die langfristigen Durchschnittskosten wieder an.

Die langfristige Durchschnittskostenkurve hat dann das Aussehen einer Badewanne, wie in Abbildung 3.32. Es gibt nicht nur eine einzige optimale Betriebsgröße wie in Abbildung 3.28, sondern einen ganzen Bereich, in dem zu den geringst möglichen Stückkosten produziert werden kann. Dort, wo die langfristige Durchschnittskostenkurve erstmals ihr Minimum erreicht, liegt die sogenannte **mindestoptimale Betriebsgröße** (MOG). Die Produktion kleinerer Mengen (wie x_1) bei geringerer Kapazität ist mit einem

Kostennachteil verbunden. In dem gesamten horizontalen Abschnitt ab MOG kann dagegen optimal produziert werden (etwa die Menge x_2).

> Die genaue Lage der mindestoptimalen Größe ist dabei von Branche zu Branche sehr unterschiedlich und stets im Verhältnis zur Nachfrage zu sehen. Ein extremes Beispiel stellt die Herstellung von Passagierflugzeugen dar. Hier würde ein einziger Betrieb genügen, um den gesamten Weltmarktbedarf kostenoptimal zu decken. (Tatsächlich gibt es nur zwei etwa gleich große Konkurrenten: Boeing und Airbus Industries.) Im Maschinenbau, in der Textilindustrie und im Ernährungsgewerbe etwa sind die mindestoptimalen Betriebsgrößen im Verhältnis zur Nachfrage dagegen recht klein. Dementsprechend gibt es eine große Anzahl von Anbietern.

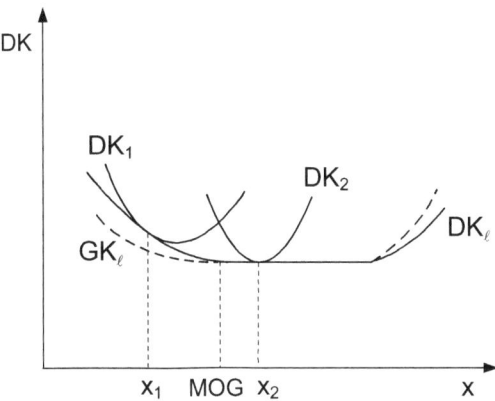

Abbildung 3.32: Typischer langfristiger Kostenverlauf

Wie auf der rechten Seite von Abbildung 3.28 liegen die langfristigen Grenzkosten vor Erreichen der mindestoptimalen Größe unterhalb der langfristigen Durchschnittskosten und bei wieder ansteigenden DK_ℓ darüber. Im horizontalen Bereich stimmen langfristige Grenz- und Durchschnittskosten überein.

3.4.5 Zum Zusammenhang zwischen Kosten und Angebot

Wir haben aus den technischen Bedingungen der Produktion unter der Annahme gegebener Faktorpreise die Kostenfunktion einer Unternehmung hergeleitet. Die Kosten sind ein wichtiger Bestimmungsgrund des Angebots (vgl. Abschnitt 3.2). Ein weiterer ist der am Markt erzielbare Preis für das hergestellte Gut und die Preise von Gütern, die alternativ mit dem gegebenen Produktionsapparat hergestellt werden könnten. Da wir im Weiteren von **Einproduktunternehmen** ausgehen, blenden wir diese aus der Betrachtung aus. Als Bestimmungsgründe des Angebots sind daher die Kosten und der erzielbare Preis maßgeblich.

Die Frage ist nun, ob wir analog zur Haushaltstheorie eine Angebotsfunktion ableiten können, die alternativen Preisen bestimmte angebotene Mengen zuordnet. Dies ist nicht möglich, weil es auf die Marktbedingungen ankommt, ob Unternehmen den Marktpreis als gegeben hinnehmen müssen. Eine Angebotsfunktion lässt sich jedoch nur für gegebene Marktpreise herleiten, wie dies bei der im nächsten Kapitel dargestellten vollständigen Konkurrenz der Fall ist.[1]

Unabhängig von der Marktform hängt die angebotene Menge allerdings immer von den Produktionskosten ab. Dies lässt sich folgendermaßen zeigen: Als Zielsetzung der Unternehmen unterstellen wir Gewinnmaximierung. Der Gewinn ist definiert als Differenz zwischen Erlös und Kosten.

Der **Erlös**, der auch als **Umsatz** bezeichnet wird (nicht zu verwechseln mit dem Ertrag, der die physische Produktionsmenge darstellt), ergibt sich aus der verkauften Menge multipliziert mit dem Preis, der dafür erzielt wird. In den Kosten sind alle Aufwendungen für Produktionsfaktoren enthalten, also auch der normale **Unternehmerlohn** (in Höhe der Opportunitätskosten für eine anderweitige Beschäftigung) und die Verzinsung des **Eigenkapitals** (in Höhe einer anderweitig möglichen Geldanlage).

Erlös und Kosten sind Funktionen der Menge, so dass sich der Gewinn folgendermaßen schreiben lässt:

$$G(x) = E(x) - K(x) \ .$$

Im Gewinnmaximum muss der Grenzgewinn null werden (Bedingung 1. Ordnung):

$$\frac{dG(x)}{dx} = \frac{dE(x)}{dx} - \frac{dK(x)}{dx} = 0 \quad d.h. \quad \underbrace{\frac{dE(x)}{dx}}_{GE} = \underbrace{\frac{dK(x)}{dx}}_{GK} \ .$$

Es müssen sich also Grenzerlöse (GE) und Grenzkosten (GK) ausgleichen. Solange die Grenzerlöse größer sind als die Grenzkosten, lohnt es sich, zusätzliche Einheiten zu verkaufen. Sollten dagegen die Grenzkosten höher sein als die Grenzerlöse, muss das Unternehmen für jede produzierte infinitesimale Einheit einen Verlust hinnehmen, weil der Preis die Produktionskosten nicht deckt.

---

[1] Sowohl für die Herleitung der Nachfragefunktion als auch der Arbeitsangebotsfunktion wurde unterstellt, dass die Haushalte die Güterpreise und den Lohnsatz als Datum akzeptieren müssen. Ohne diese Annahme lässt sich keine Funktion herleiten, welche die nachgefragte Gütermenge in eindeutiger Weise dem Preis zuordnet bzw. die angebotene Arbeitsmenge dem Lohnsatz.

Die Bedingung zweiter Ordnung für ein Gewinnmaximum lautet:

$$G''(x) = E''(x) - K''(x) < 0 \quad \text{d.h.} \quad E''(x) < K''(x) \ .$$

Die Steigung der Grenzerlöskurve muss geringer sein als die Steigung der Grenzkostenkurve.

Diese Gewinnmaximierungsbedingungen müssen in *jeder* Marktform erfüllt sein. Aus ihnen lässt sich jedoch keine allgemein gültige Angebotsfunktion herleiten, weil der Grenzerlös für jede Marktform verschieden ausfällt. Anhand der Marktform der vollständigen Konkurrenz und des Monopols wird der Unterschied sehr deutlich werden.

Übungsaufgaben

Aufgabe 15:
Die Produktionsfunktion lautet: $x = 2v_1$, der Preis des Faktors beträgt $q_1 = 5$ und die Fixkosten FK = 100.
a) Wie lautet die Kostenfunktion?
b) Warum muss sie linear sein?

Aufgabe 16:
Ermitteln Sie die Kostenfunktion der Studentin aus Aufgabe 14, wenn eine Mine 0,2 Geldeinheiten und eine Seite Papier 0,05 Geldeinheiten kosten.

Aufgabe 17:
a) Die Produktionsfunktion lautet: $x = v_1^2 \cdot v_2^{1/2}$. Die Faktorpreise sind mit $q_1 = 2$ und $q_2 = 1$ gegeben. Ermitteln Sie die Minimalkostenkombination anhand der Gleichung (3.14).
b) Ist die Minimalkostenkombination mit dem Expansionspfad identisch? Was bedeutet dies inhaltlich?

Aufgabe 18:
a) Es wird folgende Produktionsfunktion unterstellt: $x = 4v_1^{1/2} \cdot v_2^{1/2}$. Die Faktorpreise betragen $q_1 = 10$ und $q_2 = 2,5$; die Fixkosten belaufen sich auf 100 Geldeinheiten. Ermitteln Sie die Kostenfunktion mit Hilfe des Lagrangeansatzes. Begründen Sie den linearen Verlauf.
b) Wie verläuft die zur Produktionsfunktion aus Aufgabe 17 gehörige Kostenfunktion? Begründen Sie Ihre Aussage.

Aufgabe 19:
Berechnen Sie die Grenzkosten, die gesamten und die variablen Durchschnittskosten für die Kostenfunktion aus Aufgabe 18 a).

Aufgabe 20:
Eine ertragsgesetzliche Kostenfunktion laute: $K = (1/100)x^3 - x^2 + 40x + 1000$.
Ermitteln Sie DK, DVK und GK sowie das Minimum der DVK.

4 Vollständige Konkurrenz

Wir haben nun die wesentlichen Vorarbeiten geleistet, um die Preisbildung auf Märkten analysieren zu können: Im Rahmen der Haushaltstheorie wurde die Nachfrage nach Gütern und das Angebot an Produktionsfaktoren durch die Haushalte hergeleitet. Die Kosten der Produktion, welche für das Angebot an Gütern und die Nachfrage nach Produktionsfaktoren maßgeblich sind, wurden in der Theorie der Unternehmung untersucht. Dort haben wir auch festgestellt, dass es keine allgemeine, von der Marktform unabhängige Angebotsfunktion gibt. Eine Angebotsfunktion lässt sich nur für die Marktform der vollständigen Konkurrenz herleiten, d. h. für einen Markt, auf dem viele kleine Anbieter vielen kleinen Nachfragern gegenüberstehen und das gehandelte Gut homogen ist.

Im Folgenden geht es also zunächst darum, das Güterangebot bei vollständiger Konkurrenz zu bestimmen. Danach wenden wir uns der Marktpreisbildung zu.

4.1 Güterangebot bei vollständiger Konkurrenz

Wir verdeutlichen uns als erstes, wie die Marktsituation eines einzelnen kleinen Anbieters aussieht und ziehen daraus Schlüsse für sein Angebotsverhalten. Im nächsten Schritt werden wir das Angebot der Unternehmen, die auf dem Markt tätig sind, aggregieren und schließlich Aussagen über die Stärke der Veränderung des Angebots bei Preisänderungen treffen.

4.1.1 Die Situation des einzelnen Anbieters

Jeder Anbieter muss entscheiden, welche(n) Aktionsparameter er wählen möchte, um damit der Marktgegenseite ein Angebot zu unterbreiten. Auf einem homogenen Markt, wo sich die angebotenen Produkte in den Augen der Abnehmer nicht unterscheiden, kommen in der Realität wichtige Alternativen wie Produktdifferenzierung durch Werbung, Kundenpflege, Standort oder Service nicht in Betracht. Ein Unternehmen hat hier nur die Wahl, den Preis zu setzen oder die Angebotsmenge festzulegen.

Jeder einzelne Anbieter hat einen so verschwindend kleinen Marktanteil, dass eine Veränderung der angebotenen Menge keinen spürbaren Einfluss auf den Marktpreis ausübt. Im Rahmen seiner Kapazität kann daher jeder Anbieter bei vollständiger Konkurrenz frei bestimmen, welche Menge er bei gegebenem Marktpreis herstellt. Die Wahl der Menge als Aktionsparameter stellt somit kein Problem dar.

Anders sieht es aus, wenn ein Polypolist auf dem vollkommenen Markt den Preis autonom festlegen wollte. Dies machen wir uns anhand seiner individuellen Nachfragekurve klar. Sie wird auch **Preis-Absatzfunktion** genannt, denn sie gibt an, wie sich die Menge in Abhängigkeit vom gesetzten Preis verhält. Für einen Polypolisten auf dem vollkommenen Markt ist die Preis-Absatzkurve eine Parallele zur Abszisse in Höhe des Marktpreises $\bar{p}$, d. h. sie ist völlig elastisch, weil er beim gegebenen Marktpreis jede im Rahmen seiner Kapazität herstellbare Menge absetzen kann (vgl. Abb. 4.1). Wenn ein einzelner kleiner Anbieter seinen Preis jedoch etwas über den Marktpreis erhöht, kann er wegen der Homogenität des Gutes nichts mehr absetzen. Die Nachfrager haben keinerlei Präferenzen und werden sofort bei einem anderen Anbieter kaufen. Umgekehrt kann es nicht im Interesse des Anbieters liegen, einen Preis unterhalb von $\bar{p}$ zu verlangen, denn er kann zum gegebenen Marktpreis jede gewünschte Menge absetzen. Falls es in seinem Interesse läge, seine Kapazität voll auszulasten (x_{KG}), bedarf es daher keiner Preissenkung. Eine sinnvolle Preisstrategie lässt sich folglich im homogenen Polypol nicht durchführen.

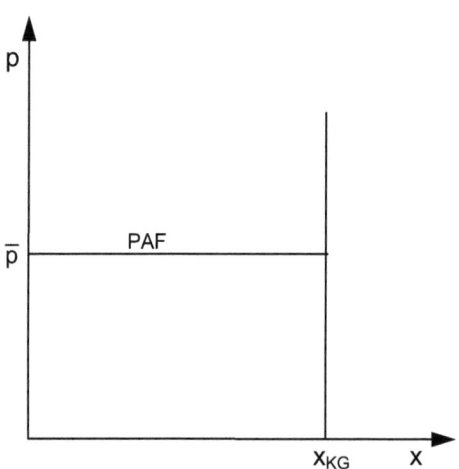

Abbildung 4.1: Preis-Absatzfunktion eines einzelnen Anbieters im homogenen Polypol

Weil der einzelne Anbieter den Marktpreis mit seiner Menge nicht merklich beeinflusst, kann er ihn als gegeben hinnehmen und seine Angebotsmenge optimal an diesen Marktpreis anpassen. Man bezeichnet den Polypolisten auf dem vollkommenen Markt deshalb als **Mengenanpasser**. Der Preis ist für ihn ein Datum.

Bei Annahme einer kurzfristigen Gewinnmaximierung lässt sich die Angebotsmenge bei vorgegebenem Marktpreis leicht bestimmen, denn im Gewinnmaximum müssen sich Grenzerlös und Grenzkosten entsprechen (vgl. Abschnitt 3.4.5). Der Erlös ist das Produkt aus abgesetzter Menge und gegebenem Preis:

$$E(x) = x \cdot \overline{p} \ .$$

Damit ergibt sich als Grenzerlös:

$$\frac{dE(x)}{dx} = \overline{p} \ .$$

Der Grenzerlös, d. h. der zusätzliche Erlös pro zusätzlich abgesetzter infinitesimaler Mengeneinheit, entspricht also dem Marktpreis. Da der Grenzerlös gleich den Grenzkosten sein muss, erreicht ein Anbieter bei vollständiger Konkurrenz sein Gewinnmaximum dort, wo der Preis mit den zusätzlichen Kosten der zuletzt produzierten Einheit übereinstimmt:

$$\overline{p} = GK \ . \tag{4.1}$$

Diese Gewinnmaximierungsbedingung nennt man **Grenzkosten-Preis-Regel**.

> Die Bezeichnung gibt immer wieder Anlass zu Missverständnissen, weil sie nahe legt, dass der Preis in Höhe der Grenzkosten festgelegt wird. Tatsächlich bedeutet die Grenzkosten-Preis-Regel aber, dass diejenige Produktionsmenge gesucht wird, bei welcher Preis und Grenzkosten übereinstimmen.

Der Marktpreis ist für den einzelnen Anbieter zwar gegeben, er kann sich jedoch ändern, z. B. wenn sich die Marktnachfrage ändert. Dann muss eine neue gewinnmaximale Produktionsmenge gefunden werden, wobei die Bedingung (4.1) wieder zu erfüllen ist. Folglich bildet die Grenzkostenkurve für alternative, vorgegebene Marktpreise die **Angebotskurve** des Polypolisten auf dem homogenen Markt.

Dabei ist zu beachten, dass auch die Bedingung 2. Ordnung für ein Gewinnmaximum zu erfüllen ist, nämlich: $E''(x) < K''(x)$. Da $E'(x)$ dem vorgegebenen Marktpreis entspricht, ist die Ableitung $E''(x) = 0$. Aus der Gewinnmaximierungsbedingung 2. Ordnung folgt damit:

$K''(x) > 0$.

Als Angebotskurve kommt deshalb nur der aufsteigende Ast der Grenzkostenkurve in Frage.

Wir können allerdings nicht den gesamten aufsteigenden Ast der Grenzkostenkurve als Angebotskurve ansehen, weil nicht in jedem Punkt gewährleistet ist, dass das Unternehmen seine gesamten Kosten deckt. Dies machen wir uns anhand der Abbildungen 4.2 und 4.3 klar.

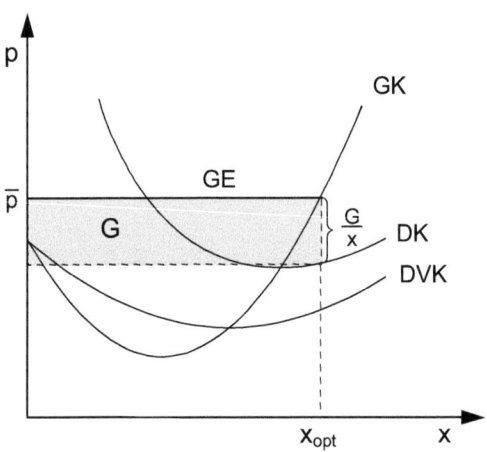

Abbildung 4.2: Angebot bei u-förmigem Kostenverlauf

Wir gehen von einem klassischen Kostenverlauf aus, d. h. die Grenzkosten und die Durchschnittskosten verlaufen u-förmig. Wie wir aus Abschnitt 3.4.3 wissen, gilt das Prinzip des Durchschnittsextremums, d. h. die Minima der variablen und der gesamten Durchschnittskosten liegen im Schnittpunkt mit der Grenzkostenkurve. Wenn der Marktpreis $\bar{p}$ gilt, können wir als Preis-Absatzkurve des Polypolisten eine Parallele zur Abszisse einzeichnen, wobei die Grenzerlöse mit der Preis-Absatzkurve übereinstimmen. Die gewinnmaximale Menge befindet sich dort, wo die Grenzerlösgerade die Grenzkostenkurve schneidet. Die optimale Menge liegt nur dann an der (hier nicht eingezeichneten) Kapazitätsgrenze, falls der Marktpreis so hoch ist, dass er die zusätzlichen Kosten für die letzte Mengeneinheit abdeckt. Bei steigenden Grenzkosten befindet sich das Gewinnmaximum in der Regel nicht bei der vollen Kapazitätsauslastung, weil die Grenzkosten für jede zusätzliche Einheit steigen, während die Grenzerlöse konstant sind.

Die in Abbildung 4.2 dargestellte Situation ist für den betrachteten Produzenten äußerst angenehm; er erzielt einen Stückgewinn in Höhe der

Differenz zwischen dem Marktpreis und seinen Stückkosten, denn: $G(x) = E(x) - K(x)$. Dividiert durch x ergibt dies:

$$\frac{G}{x} = \frac{E}{x} - \frac{K}{x} \quad \text{bzw.} \quad \frac{G}{x} = \bar{p} - DK \ .$$

Der Stückgewinn multipliziert mit der abgesetzten Menge ergibt den Gesamtgewinn; er entspricht der grauen Fläche in Abbildung 4.2.

Auch bei einem etwas geringeren Preis als $\bar{p}$ erzielt der betrachtete Anbieter noch einen Gewinn. Je weiter der Marktpreis sinkt, desto weniger übersteigt der Stückgewinn die Stückkosten. Dabei orientiert sich der Anbieter bei der Festlegung seiner Produktionsmenge stets an seiner Grenzkostenkurve. Wenn ein Marktpreis erreicht ist, der gerade noch die gesamten Durchschnittskosten DK deckt, erwirtschaftet der Anbieter nur noch den in den Kosten enthaltenen **Normalgewinn**; er kann alle Produktionsfaktoren bezahlen, einschließlich seiner eigenen Arbeitsleistung und der der Verzinsung des eingesetzten Eigenkapitals. Diese Situation ist in Abbildung 4.3 dargestellt.

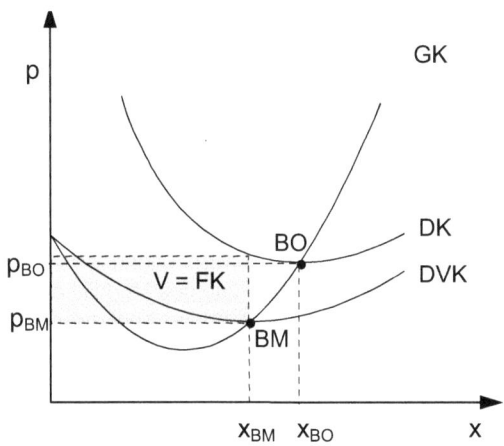

Abbildung 4.3: Preisuntergrenzen

Man beachte, dass der Anbieter beim Preis p_{BO} eine geringere Menge produziert als beim Preis $\bar{p}$ (vgl. Abb. 4.2). Er lastet seine Kapazität also noch weniger aus. Damit stellt er sich besser, als wenn er den Preis p_{BO} geringfügig unterschreiten und dadurch seine Kapazität (deren Grenze hier nicht eingezeichnet ist) voll auslasten würde. Die Durchschnittskosten bei Vollauslastung sind nämlich höher und es entstünde ein Verlust.

Der Schnittpunkt des Minimums der Durchschnittskostenkurve mit der Grenzkostenkurve wird als **Betriebsoptimum** (BO) bezeichnet. Für diese

Bezeichnung ist nicht die Sicht des Unternehmens ausschlaggebend, denn dieses stellt sich bei jedem Preis oberhalb von p_{BO} besser, sondern die gesamtwirtschaftliche Sicht. Im Betriebsoptimum ist die Güter- und die Faktorallokation optimal. Die Produktion findet zu den geringst möglichen Stückkosten statt, wobei diesen Stückkosten bei mehr als einem variablen Faktor die Minimalkostenkombination zugrunde liegt. Daher gibt es bei gegebenem Stand der Technik und gegebener Betriebsgröße keine Faktormengenkombination, mit der das Gut billiger hergestellt werden könnte; die Faktorallokation ist also optimal. Bei einem Marktpreis in Höhe von p_{BO} wird das Gut ferner zum geringst möglichen kostendeckenden Preis angeboten. Damit ist auch die Güterallokation optimal.

Auf Dauer gesehen ist jedes Unternehmen auf einen kostendeckenden Preis angewiesen, d. h. variable und fixe Kosten (wie Mieten für das Fabrikgebäude, Zinsen auf das eingesetzte Kapital, Abschreibungen) müssen bedient werden. Wenn der Preis jedoch denjenigen im Betriebsoptimum kurzfristig unterschreitet, kann der Anbieter auch dann noch weiterproduzieren, wenn nur ein Teil der Fixkosten gedeckt ist, wie bei Preisen zwischen p_{BO} und p_{BM}. Die absolute Preisuntergrenze ist erreicht, wenn nur noch die variablen Stückkosten erwirtschaftet werden. Dies ist in Punkt BM der Abbildung 4.3 der Fall, den man als **Betriebsminimum** bezeichnet. Das Betriebsminimum ist durch den Schnittpunkt der Kurven der variablen Durchschnittskosten und der Grenzkosten gekennzeichnet.

> Man könnte einwenden, dass es doch möglich wäre, die Rechnungen für Material oder Arbeitskräfte zu stunden und daher auch dann noch im Markt zu bleiben, wenn nicht einmal die laufenden Aufwendungen erwirtschaftet werden. Man würde in diesem Fall jedoch außerhalb des Modells argumentieren, denn die vielen kleinen Anbieter bei vollständiger Konkurrenz fragen die Produktionsfaktoren auf homogenen Polypolmärkten nach. Kein Faktoranbieter wäre auf einem solchen Markt bereit, seine Leistung für einige Zeit unentgeltlich zur Verfügung zu stellen, wie das in der Realität vorkommen kann.

Falls der Marktpreis tatsächlich bis auf p_{BM} fällt, erleidet das Unternehmen einen Stückverlust in Höhe der Differenz zwischen den gesamten und den variablen Durchschnittskosten, der – multipliziert mit der Menge im Betriebsminimum – den Fixkosten entspricht (vgl. die schraffierte Fläche in Abb. 4.3). Da die Fixkosten von der Höhe der Produktion unabhängig sind, muss das Unternehmen diesen Verlust in jedem Fall hinnehmen, ob es produziert oder nicht. Die Entscheidung, ob die Produktion weitergeführt oder eingestellt wird, hängt dann von den zukünftigen Erwartungen hinsichtlich der Entwicklung des Marktpreises ab. Wird damit gerechnet, dass der Marktpreis bald wieder steigt, kann mit jedem Preis zwischen p_{BM} und p_{BO} zumindest ein Deckungsbeitrag zu den Fixkosten erwirtschaftet werden. Es muss jedoch die begründete Aussicht bestehen, wieder einen kostendeckenden Preis zu erzielen, weil sich längerfristig keine verlustbringende Produktion durchhalten lässt.

Es gibt also zwei Preisuntergrenzen: Eine im Betriebsminimum, die nur kurzfristig realisiert werden kann, und die zweite im Betriebsoptimum, die eine Produktion auf Dauer erlaubt. Daraus folgt: In der kurzen Frist wird die **Angebotskurve** eines Unternehmens bei vollständiger Konkurrenz durch die Grenzkostenkurve ab dem Betriebsminimum gebildet, längerfristig dagegen durch die Grenzkostenkurve ab dem Betriebsoptimum.

> In der Literatur findet sich außerdem eine langfristige Angebotskurve auf der Grundlage der langfristigen Kosten bei variabler Betriebsgröße (siehe Abschnitt 3.4.4). Die langfristige Grenzkostenkurve entspräche der langfristigen Angebotskurve, falls das Unternehmen seine Kapazität laufend optimal anpassen könnte. Für unsere weitere Argumentation benötigen wir diese Angebotskurve nicht.

Die hergeleitete Angebotskurve verläuft 'typisch', d.h. mit steigendem Preis nimmt die angebotene Menge zu. Dies ist jedoch auf den unterstellten klassischen Kostenverlauf zurückzuführen, bei dem sich die Gewinnmaximierungsbedingung (4.1) problemlos erfüllen lässt. Liegt dagegen eine lineare Kostenfunktion vor (und somit konstante Skalenerträge), versagt die Gewinnmaximierungsregel, denn aus:

$$K = cx + FK,$$

folgt für die Grenzkosten:

$$GK = \frac{dK}{dx} = c \ .$$

Die Grenzkosten sind also konstant und die Grenzkosten-Preis-Regel ist obsolet, weil die Gewinnmaximierungsbedingung 1. Ordnung

$$\bar{p} = c$$

nur zufällig erfüllt sein kann. Die Bedingung 2. Ordnung ist überhaupt nicht zu erfüllen, weil $E''(x) = 0$ und $K''(x) = 0$. Damit kann $E''(x)$ nicht kleiner als $K''(x)$ sein.

Das Angebot eines Unternehmens muss sich folglich nach anderen Kriterien richten. Wie sich seine angebotene Menge bestimmt, verdeutlichen wir uns am besten zunächst anhand der Gesamterlös- und der Gesamtkostenkurve (Abb. 4.4). Dabei müssen wir beachten, dass das Unternehmen nur über eine begrenzte Kapazität x_{KG} verfügt, über die hinaus nicht produziert werden kann.

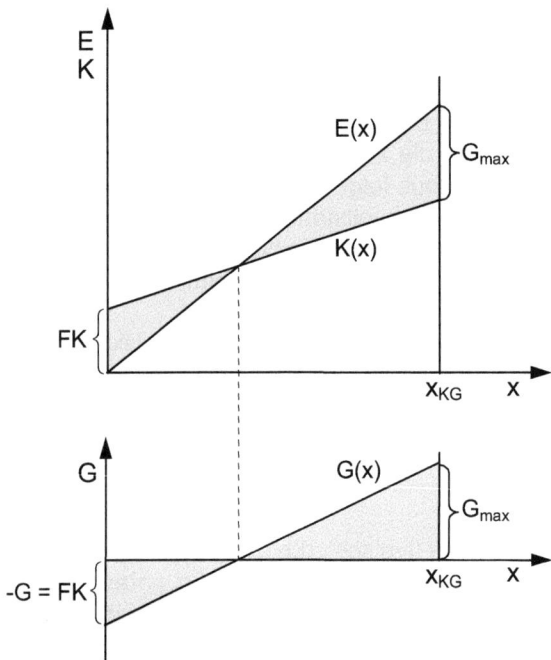

Abbildung 4.4: Lineare Kosten, Erlös und Gewinn

Die Erlöskurve ist eine Gerade mit der Steigung $\bar{p}$; sie beginnt im Null-punkt, weil der Erlös bei einem Absatz von $x = 0$ ebenfalls null beträgt. Die Kostengerade weist die Steigung c und einen Ordinatenabschnitt in Höhe der Fixkosten auf. Die Differenz zwischen dem Erlös und den Kosten, also der Gewinn, wurde in das Diagramm darunter übertragen. Im Schnittpunkt von Erlös- und Kostengerade beträgt der Gewinn null. Bei kleineren Men-gen erzielt das Unternehmen einen Verlust, bei größeren ist der Gewinn positiv. Dabei wird ersichtlich, dass sich der maximale Gewinn an der Ka-pazitätsgrenze erzielen lässt. Der Polypolist wird daher bei einem linearen Kostenverlauf im Allgemeinen an der Kapazitätsgrenze anbieten.

Von diesem Prinzip gibt es nur eine Ausnahme, die wir uns anhand der Abbildung 4.5 verdeutlichen. Diese Darstellung ermöglicht ferner einen direkten Vergleich mit der Situation eines Anbieters mit klassischem Kos-tenverlauf.

Bei linearen Gesamtkosten entsprechen sich die Grenz- und die variab-len Durchschnittskosten: $GK = DVK = c$ (vgl. Abschnitt 3.4.3). Bei einem Preis über den Durchschnittskosten (z.B. p_0), liegt die gewinnmaximale Produktionsmenge an der Kapazitätsgrenze, da dort die Differenz zwischen Preis und Durchschnittskosten, also der Stückgewinn, am größten ist. Weil ferner die maximal mögliche Menge produziert wird, fällt auch der Gesamtgewinn maximal aus. Aber selbst bei geringeren Preisen als p_{DK} (mit dem gerade die Durchschnittskosten an der Kapazitätsgrenze gedeckt sind) stellt sich ein Unternehmen mit der Vollauslastung am besten. An der Kapazitätsgrenze wird der höchste Deckungsbeitrag erzielt, weil mit jeder verkauften Einheit der Beitrag zur Abdeckung der Fixkosten steigt.

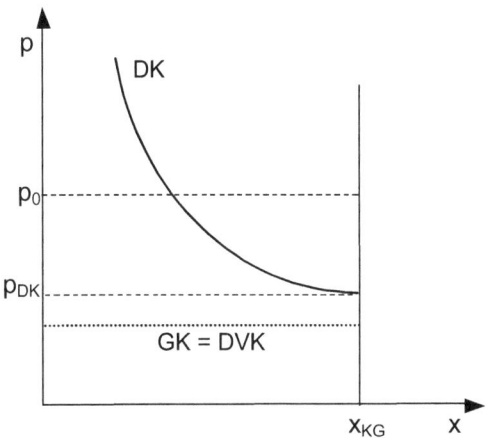

Abbildung 4.5: Angebot bei konstanten Grenzkosten

Es wird also bei allen Preisen, die über den Grenzkosten liegen, stets an der Kapazitätsgrenze produziert, wobei sich Preise unterhalb der gesamten Durchschnittskosten wiederum nur kurzfristig durchstehen lassen. Falls der Preis jedoch genau bis auf die Grenzkosten fällt, tritt bei jeder Menge stets ein Verlust in Höhe der Fixkosten auf.

> Dies lässt sich auch formal zeigen. Der Gewinn: $G = E - K$ lässt sich schreiben als:
>
> $$G = \overline{p} \cdot x - \left(\frac{VK}{x} \cdot x + FK \right).$$
>
> Wenn der Preis bis auf die Grenzkosten fällt, gilt: $\overline{p} = VK/x$. Damit kann $\overline{p}$ durch VK/x ersetzt werden und wir erhalten: $G = -FK$ bzw. $-G = FK$ für jede mögliche Menge x.

Welche Produktionsmenge gewählt wird, bleibt in diesem Bereich folglich offen. Die kurzfristige Angebotskurve ist in Höhe der Grenzkosten bis zur Kapazitätsgrenze unbestimmt (daher die gestrichelte Waagerechte). An der Kapazitätsgrenze mündet sie in eine Senkrechte. Die längerfristige Angebotskurve wird durch die Senkrechte an der Kapazitätsgrenze ab p_{DK}

repräsentiert. Bei allen Preisen, welche die Grenzkosten übersteigen, haben wir daher für jeden einzelnen Anbieter ein starres Angebot.

4.1.2 Aggregation der Einzelangebote zum Gesamtangebot

Ebenso wie die Nachfrage der Haushalte muss das Angebot der Unternehmen zusammengefasst werden, um Analysen für einen Markt mit vollständiger Konkurrenz durchführen zu können. Wir betrachten im Folgenden das kurzfristige Angebot.

Analog zur Haushaltstheorie wird das Angebot über die Menge aggregiert. Für zwei Unternehmen mit einem klassischen Kostenverlauf erfolgt die Aggregation graphisch wie in Abbildung 4.6:

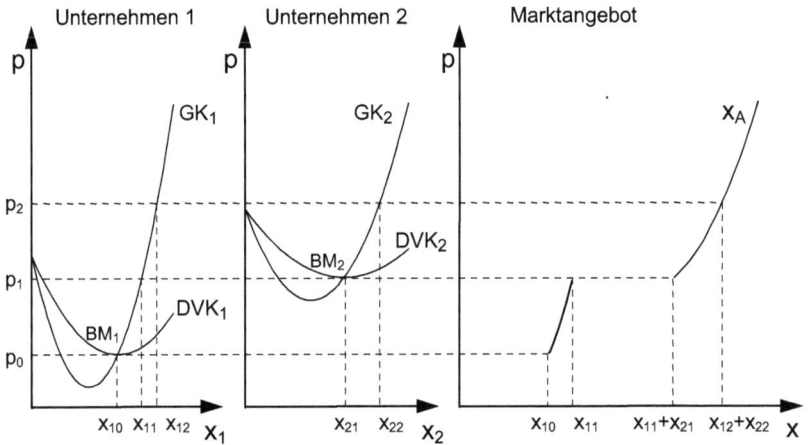

Abbildung 4.6: Aggregation zweier Angebotskurven

Das Unternehmen 1 weist einen günstigeren Kostenverlauf auf als Unternehmen 2, weil es auch noch zu Preisen produzieren kann, bei denen in Unternehmen 2 nicht einmal mehr die variablen Kosten gedeckt sind. Mit anderen Worten: Die Stückkosten im Betriebsminimum sind bei Firma 1 niedriger als bei Firma 2.[1] Falls der Preis p_0 beträgt, wird nur Unternehmen 1 zu einem Angebot bereit sein (und das auch nur, wenn es auf steigende Preise hoffen kann). Zwischen p_0 und p_1 besteht die Gesamtangebotskurve daher nur aus dem Angebot der Firma 1. Die Mengen x_{10} und x_{11} sind vom linken in das rechte Diagramm für den Gesamtmarkt zu übertragen.

---

[1] Damit ist nicht unbedingt gesagt, dass auch die Stückkosten im Betriebsoptimum geringer sind. Dies hängt von der Höhe der Fixkosten ab.

Ab dem Preis p_1 beteiligt sich auch die Unternehmung 2 am Gesamtangebot. Da sie die Produktion nicht mit einer infinitesimalen Menge aufnimmt, sondern mit der Menge im Betriebsminimum x_{21}, ergibt sich bei der Gesamtangebotskurve nicht nur ein Knick wie bei der Aggregation der individuellen Nachfragefunktionen, sondern eine Sprungstelle. Ab p_1 müssen nun für alle möglichen Preise die Angebotsmengen beider Unternehmen addiert werden; für p_2 erhält man so die Menge $x_{12} + x_{22}$.

Da sehr viele kleine Anbieter auf einem Polypolmarkt tätig sind, lassen sich die Sprungstellen vernachlässigen, wenn alle mit unterschiedlichen Kosten produzieren. Mit der Zahl der Anbieter verkleinert sich zudem der Maßstab, so dass der Einfachheit halber von einer Angebotsfunktion ab einem positiven Ordinatenabschnitt (dem Mindestpreis des kostengünstigsten Anbieters) ausgegangen werden kann.[1] Falls alle Anbieter denselben Kostenverlauf aufweisen, kann allerdings auch näherungsweise kein Ordinatenabschnitt eingezeichnet werden, weil dann sämtliche Unternehmen bei der gemeinsamen Preisuntergrenze mit der Produktion derselben Menge beginnen, d. h. es wird bei n Anbietern n-mal die Mindestmenge angeboten. Die aggregierte Angebotskurve beginnt daher bei einer strikt positiven Menge.

Ob gleiche oder unterschiedliche klassische Grenzkostenverläufe: Stets gilt, dass die Marktangebotsfunktion flacher verläuft als die Grenzkostenkurven der einzelnen Unternehmen. Dies lässt sich ökonomisch einfach erklären: Ceteris paribus wird bei einer Preiserhöhung das Angebot von vielen Unternehmen stärker ausgedehnt als von einem einzelnen (und bei einer Preissenkung die Menge insgesamt stärker eingeschränkt).

Etwas anders sieht es aus, wenn alle Unternehmen mit linearen Kosten und daher zu konstanten Grenzkosten an der Kapazitätsgrenze produzieren. Falls alle Anbieter dieselben konstanten Grenzkosten aufweisen, ergibt die Aggregation der individuellen Angebotskurven eine ebenfalls senkrechte Marktangebotskurve, die in Höhe der Grenzkosten beginnt und der Summe der Kapazitätsmengen entspricht. Nicht nur das Angebot eines einzelnen Unternehmens ist in diesem Fall starr, sondern ebenso das Marktangebot.

Daneben besteht die Möglichkeit, dass die Unternehmen zwar mit konstanten aber unterschiedlich hohen Grenzkosten produzieren. Wird die Grenzkostenkurve als kurzfristige Preisuntergrenze, bei der die Produktionsmenge offen bleibt, einbezogen, ergibt sich als aggregiertes Gesamtangebot eine Treppenkurve, wie Abbildung 4.7 für zwei Unternehmen zeigt.

Wiederum weist Unternehmen 1 die geringeren Kosten auf; seine kurzfristige Angebotskurve ist in Höhe der Grenzkosten bis zu seiner Kapazitätsgrenze unbestimmt (die gestrichelte Waagerechte) und verläuft dann

---

[1] Der Abstand zwischen Nullpunkt und x_{10} strebt gegen null.

entlang der Kapazitätsgrenze als Senkrechte. Zwischen den Preisen p_0 und p_1 besteht die Gesamtangebotskurve nur aus derjenigen des Unternehmens 1. Danach erfolgt wieder ein Sprung. Bei Preisen, die p_1 übersteigen, wird die Kapazitätsmenge des Unternehmens 2 zusätzlich angeboten.

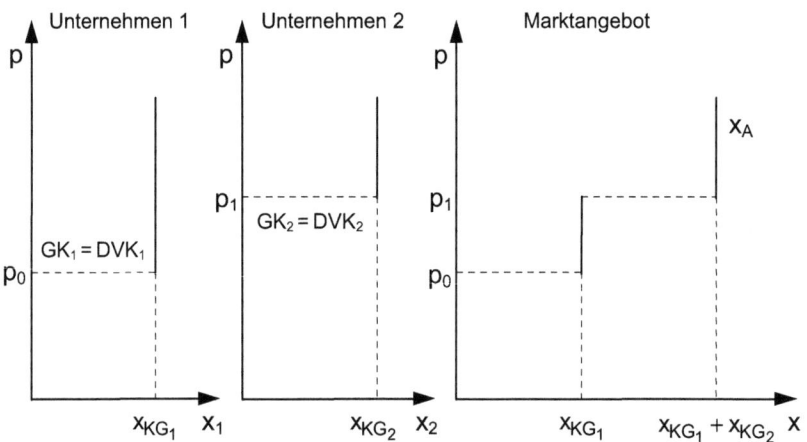

Abbildung 4.7: Aggregiertes Angebot bei konstanten Grenzkosten

Genau in Höhe des Preises p_1 kann wieder eine gestrichelte Waagerechte eingezeichnet werden, die angibt, dass das Unternehmen 2 irgendeine dieser Mengen zusätzlich anbieten kann.

Bei vielen Anbietern mit unterschiedlichen Kosten werden die Sprungstellen vernachlässigbar. Die Marktangebotskurve weist dann zunächst einen flachen Bereich auf, bei dem sich die Menge mit steigendem Preis ausdehnt, weil weitere Anbieter hinzukommen. Sie endet in einer Senkrechten, wenn alle Anbieter an ihrer Kapazitätsgrenze produzieren.

In Abbildung 4.8 sind die Marktangebotsfunktionen bei Anbietern mit unterschiedlichen Kosten dargestellt. Dabei wurde im linken Diagramm von klassisch verlaufenden und im rechten von konstanten Grenzkosten ausgegangen. Die gestrichelte Senkrechte im linken Teil der Abbildung soll verdeutlichen, dass auch bei Anbietern mit klassischem Kostenverlauf irgendwann die Kapazitätsgrenzen erreicht sind. Letztlich ist der Unterschied beim aggregierten Angebot somit eher graduell, sofern die Preisuntergrenzen nicht identisch sind.

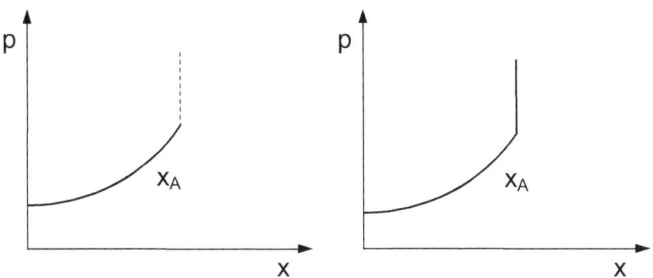

Abbildung 4.8: Marktangebot bei vielen Anbietern

Bei der rechnerischen Aggregation ist wieder zu beachten, dass nach der Menge aufgelöst werden muss, bevor addiert werden kann. Zunächst müssen die Grenzkosten ermittelt und dann bei klassischen Kostenfunktionen die Grenzkosten-Preis-Regel beachtet werden. Die Angebotsfunktion $p = p(x)$, die daraus resultiert, ist nach $x = x(p)$ umzuformen.

Dies sei anhand zweier Anbieter demonstriert, wobei angesichts der erheblichen Rechenprobleme bei einer klassischen Kostenfunktion von durchweg überproportional ansteigenden Gesamtkosten und linear steigenden Grenzkosten ausgegangen wird. Die Kostenfunktionen für Unternehmen 1 und 2 lauten: $K_1 = c_1 x_1^2 + d_1 x_1 + FK_1$ und $K_2 = c_2 x_2^2 + d_2 x_2 + FK_2$. Daraus folgen über die erste Ableitung die Grenzkosten als: $GK_1 = 2c_1 x_1 + d_1$ und $GK_2 = 2c_2 x_2 + d_2$. Da die Unternehmen die Menge stets so wählen, dass Grenzkosten = Preis gilt, folgt daraus: $p = 2c_1 x_1 + d_1$ und $p = 2c_2 x_2 + d_2$. Aufgelöst nach x erhalten wir die jeweilige individuelle Angebotsfunktion:

$$x_1 = \frac{1}{2c_1}p - \frac{d_1}{2c_1} \qquad \text{sowie} \qquad x_2 = \frac{1}{2c_2}p - \frac{d_2}{2c_2} \ .$$

Bei der Aggregation sind nun noch die Preisuntergrenzen zu beachten. Kurzfristig wird bei klassischer Kostenfunktion ab dem Minimum der variablen Durchschnittskosten angeboten. Dieses liegt hier bei $x = 0$, weil die DVK eine Gerade mit der halben Steigung der Grenzkosten darstellen (DVK = cx + d). Maßgeblich ist somit der Ordinatenabschnitt der DVK, also d. Nun nehmen wir an, dass Unternehmen 1 das kostengünstigere ist, d.h. es soll gelten: $c_1 < c_2$ sowie $d_1 < d_2$. Unternehmen 1 wird daher anbieten, sobald der Preis die Größe d_1 überschreitet, während Unternehmen 2 erst ab einem Preis hinzukommt, der größer als d_2 ist. Damit lässt sich das Gesamtangebot der beiden Firmen schreiben als:

$$x_A = \begin{cases} 0 & \text{für} \quad p \leq d_1 \\ \frac{1}{2c_1} \cdot p - \frac{d_1}{2c_1} & \text{für} \quad d_2 \geq p > d_1 \\ \left(\frac{1}{2c_1} + \frac{1}{2c_2}\right) \cdot p - \left(\frac{d_1}{2c_1} + \frac{d_2}{2c_2}\right) & \text{für} \quad p > d_2 \ . \end{cases}$$

Analog zur Marktnachfrage kann der erste Teil der Angebotsfunktion vernachlässigt werden, da noch kein Angebot vorhanden ist.

Auch das Marktangebot bleibt solange unverändert, wie die ceteris-paribus-Annahme gilt. Das Angebot wird ausgeweitet (zu jedem Preis wird eine größere Menge angeboten), d. h. die Angebotskurve verschiebt sich nach rechts, wenn
– bestehende Anbieter ihre Kapazitäten bei unveränderter Produktionstechnik ausbauen oder
– wenn neue Anbieter mit derselben Produktionstechnik wie die Etablierten auf den Markt kommen.
Die Angebotskurve verschiebt sich nach unten (jede Mengeneinheit wird billiger produziert), wenn
– die Faktorpreise sinken oder
– die Unternehmen ein billigeres Produktionsverfahren einführen.
Bei einer steigenden Angebotsfunktion besteht optisch zwischen einer Verschiebung nach unten oder rechts kein Unterschied.

4.1.3 Preiselastizität des Angebots

So wie die Preiselastizität der Nachfrage ein Maß für die Stärke der Nachfragereaktion auf Preisänderungen darstellt, bietet sich die Preiselastizität des Angebots an, um die Stärke der Reaktion der angebotenen Menge infolge einer Preisänderung zu messen. Zur besseren Unterscheidung bezeichnen wir die Preiselastizität des Angebots mit η. Sie lautet also:

$$\eta_{x,p} = \frac{dx_A / x_A}{dp/p} \quad \text{bzw.} \quad \eta_{x,p} = \frac{dx_A}{dp} \cdot \frac{p}{x_A} \ .$$

Auch für die Preiselastizität des Angebots ergibt sich normalerweise für jeden Punkt ein anderer Wert, es sei denn, die Angebotsfunktion weist die Form $x = a \cdot p^b$ auf (sie müsste somit durch den Nullpunkt verlaufen, was nach allem Voranstehenden nicht plausibel ist), oder das Angebot ist völlig starr. Die Angebotselastizität ist in diesem Fall gleich null.

Analog zur Einkommenselastizität der Nachfrage lässt sich für einen bestimmten Punkt auf einer 'normalen' Angebotskurve leicht ablesen, ob das Angebot elastisch oder unelastisch reagiert. Dazu schreiben wir die Preiselastizität des Angebots in der Form:

$$\eta_{x,p} = \frac{dx_A / dp}{x_A / p} = \frac{tg\alpha}{tg\beta} \ .$$

Wiederum müssen der Winkel der Tangente in einem Punkt mit dem Winkel des Fahrstrahls an diesen Punkt verglichen werden. Dabei ist zu beachten, dass wir die Angebotsfunktion insofern nicht korrekt zeichnen, als wir den Preis als unabhängige Variable auf der Ordinate und die Menge als abhängige Variable auf der Abszisse abtragen. Daher müssen wir die Winkel α und β an einer Hilfsordinate ablesen, die wir parallel zur Ordinate durch den betrachteten Punkt P ziehen, wie in Abbildung 4.9.

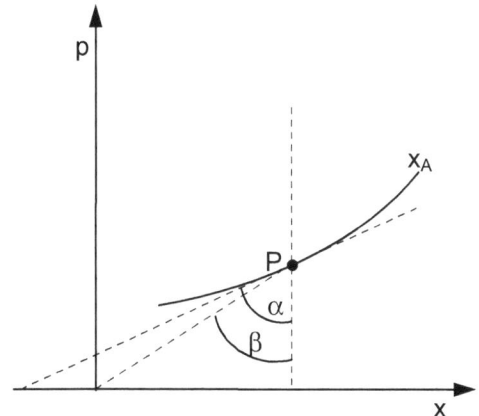

Abbildung 4.9: Grafische Messung der Preiselastizität des Angebots

In dem betrachteten Punkt ist die Preiselastizität des Angebots größer als 1, da tg α > tg β.

Zur Messung der Preiselastizität des Angebots genügt es, den Schnittpunkt der Tangente mit der Abszisse zu betrachten. Schneidet sie die Abszisse im negativen Bereich, gilt stets tg α > tg β und die Elastizität ist größer als 1; schneidet sie die Abszisse im positiven Bereich, gilt tg α < tg β und die Angebotselastizität ist kleiner als 1.

Bei einer typischen Angebotskurve, die dem klassischen Grenzkostenverlauf ab der Preisuntergrenze entspricht, reagiert das Angebot zunächst elastisch (η > 1) und dann unelastisch (η < 1) auf Preisänderungen. Eine linear ansteigende Angebotskurve mit einem positiven Ordinatenabschnitt (als kurzfristiger Preisuntergrenze) weist dagegen stets eine Angebotselastizität auf, die den Wert 1 übersteigt. Mit zunehmender Menge nähert sie sich allerdings dem Wert 1 an, weil tg β immer größer wird, während tg α gleich bleibt.

4.1.4 Produzentenrente

Die **Produzentenrente** (PR) ist das Analogon zur Konsumentenrente. Während bei der Berechnung der Konsumentenrente jedoch einige Fallstricke zu beachten waren, ist die Berechnung der Produzentenrente weniger problematisch. Als Maßstab der Wohlfahrtsmessung bietet sich der Gewinn an, weil annahmegemäß die Zielsetzung der Unternehmen in der Gewinnmaximierung besteht. Nun wissen wir, dass ein Unternehmen kurzfristig solange bereit ist, ein Gut anzubieten, wie seine variablen Kosten noch gedeckt sind. Jeder Preis, der die variablen Durchschnittskosten übersteigt, ist daher höher als der unbedingt notwendige Preis. Berücksichtigen wir außerdem die zu einem bestimmten Preis verkaufte Menge, können wir sagen: Jeder Erlös, der die variablen Kosten der Produktion übersteigt, ist höher als der unbedingt notwendige Erlös, den der Produzent gerade noch akzeptiert, um am Markt zu bleiben.

Folgerichtig wird die **Produzentenrente** als Differenz zwischen Erlös und variablen Kosten definiert. Die Produzentenrente entspricht daher dem **Bruttogewinn**, von dem noch die Fixkosten abgezogen werden müssen, um zum **(Netto-)Gewinn** zu gelangen.[1] Im Gegensatz zur Konsumentenrente ist die Produzentenrente kein Betrag, den man *behält*, sondern einer, den die Unternehmen *erhalten*.

Üblicherweise wird die Produzentenrente in Analogie zur Konsumentenrente mit Hilfe der Angebotsfunktion dargestellt. Dies kann die Angebotsfunktion eines einzelnen Unternehmens oder die Marktangebotsfunktion sein. Das Konzept der Produzentenrente kann jedoch auch auf Marktformen angewendet werden, bei denen es keine Angebotsfunktion gibt, da zur Messung lediglich die Grenzkosten benötigt werden.

Wie lässt sich anhand der Angebotskurve bzw. der Grenzkosten die Differenz zwischen Erlös und variablen Kosten abbilden? Dazu muss man berücksichtigen, dass die Grenzkosten die erste Ableitung der Gesamtkosten darstellen. Da bei der Ableitung die Fixkosten wegfallen, entsprechen die Grenzkosten der ersten Ableitung der variablen Kosten.[2]

Im Umkehrschluss gilt, dass das Integral über den Grenzkosten die variablen Kosten ergeben muss. Daher stimmt die Fläche unter der Grenzkostenkurve mit den variablen Kosten überein. Diese müssen vom Erlös abgezogen werden, wobei der Erlös dem Rechteck mit den Seitenlängen Preis und Menge entspricht. Folglich lässt sich die Produzentenrente, die bei einer bestimmten Verkaufsmenge entsteht, als Fläche zwischen der Preisgeraden und der Grenzkostenkurve wiedergeben. Für die Menge x* kann ihre Höhe somit anhand der grau schraffierten Fläche in Abbildung 4.10 abgelesen werden.

Die Produzentenrente wird allgemein folgendermaßen berechnet:

$$PR = p^* \cdot x^* - \int_0^{x^*} GK(x)\, dx \ . \tag{4.2}$$

---

[1] In der angloamerikanischen Literatur wird die PR allerdings teilweise auch mit dem Nettogewinn gleichgesetzt.
[2] GK = dK(x)/dx bzw. GK = d(VK)/dx.

Führt man die Integration in (4.2) durch erhält man:

$$PR = p^* \cdot x^* - \left[VK(x^*) - VK(0)\right] = p^* \cdot x^* - VK(x^*) \ .$$

Die Produzentenrente kann auch als **Deckungsbeitrag** zu den Fixkosten interpretiert werden, falls mit ihr nur ein Teil der Fixkosten abgedeckt wird.

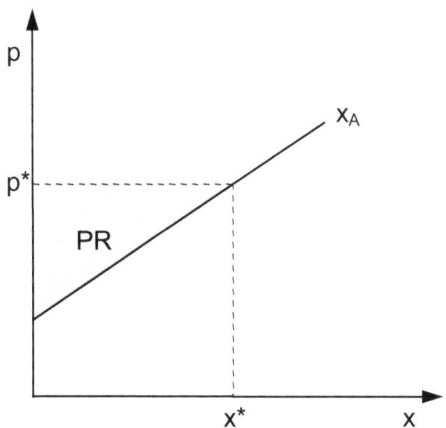

Abbildung 4.10: Produzentenrente

Da die Produzentenrente nichts anderes als der Bruttogewinn ist, also die Differenz zwischen dem am Markt erzielten Preis und den variablen Stückkosten, multipliziert mit der abgesetzten Menge, kann man sie auch anders darstellen. In Abbildung 4.2 des Abschnitts 4.1.1 wird G_{br}/x durch die Strecke zwischen $\bar{p}$ und DVK dargestellt und die Produzentenrente entspräche der Fläche $(\bar{p} - DVK) \cdot x_{opt}$. Die Produzentenrente in Abbildung 4.3 ist dagegen bei BM genau null. Andererseits entspricht sie bei einem Preis in Höhe des Betriebsoptimums gerade den Fixkosten.

Übungsaufgaben

Aufgabe 21:
Ein Unternehmen produziert mit der Kostenfunktion $K = \frac{1}{4} x^2 + 2x + 100$. Leiten Sie seine kurz- und seine längerfristige Angebotsfunktion aus seinem Gewinnmaximierungskalkül ab.

Aufgabe 22:
a) 50 Unternehmen produzieren jeweils mit der Kostenfunktion aus Aufgabe 21; weitere 50 Unternehmen dagegen mit $K = \frac{1}{2} x^2 + 4x + 50$. Ermitteln Sie die längerfristige aggregierte Angebotsfunktion.
b) Berechnen Sie die Preiselastizität des Angebots für $p = 16$. Kann die Preiselastizität einen Wert annehmen, der kleiner als eins ist?

4.2 Partielles Marktgleichgewicht

Nachdem wir neben der Nachfragefunktion auch die Angebotsfunktion hergeleitet haben, können wir nun das Marktgleichgewicht bestimmen. Dabei handelt es sich lediglich um ein 'partielles' Gleichgewicht, weil wir die Vorgänge auf allen anderen Märkten unter die ceteris-paribus-Bedingung stellen.

Wir werden zunächst das Gleichgewicht graphisch und algebraisch darstellen, dann nach der Stabilität und nach Gründen für Veränderungen des Gleichgewichts fragen und schließlich einen dynamischen Anpassungsprozess analysieren.

4.2.1 Graphische und algebraische Herleitung

Nach den umfangreichen Vorarbeiten lässt sich das Marktgleichgewicht selbst sehr einfach darstellen. Ein Marktgleichgewicht ist dann erreicht, wenn die geplanten Angebotsmengen der Unternehmen und die geplanten Nachfragemengen der Haushalte übereinstimmen, d. h. es liegt im Schnittpunkt von Angebots- und Nachfragekurve. Diese Kurven werden im Folgenden meistens linear angenähert (vgl. Abb. 4.11).

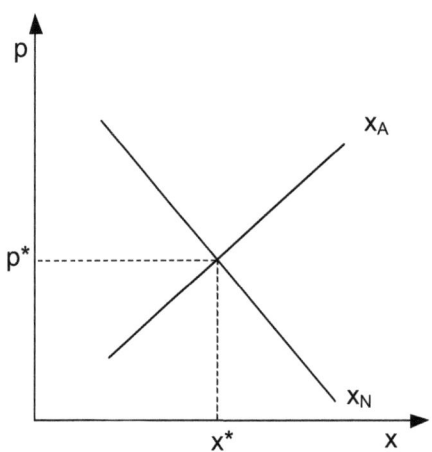

Abbildung 4.11: Statisches Marktgleichgewicht

Beim Gleichgewichtspreis p^* kann jedes Unternehmen die zu diesem Preis geplante Menge absetzen und jeder Nachfrager die geplante Menge kaufen. Insgesamt wird die Menge x^* gehandelt (das Sternchen steht für eine Gleichgewichtssituation).

Ganz allgemein formuliert lässt sich das Marktmodell in drei Gleichungen fassen, nämlich in die Verhaltensgleichung für die Marktnachfrage

$$x_N = \sum_{i=1}^{n} x_i(p) = x_N(p) \ , \quad \text{mit } i = 1,2,...,n \text{ Haushalten,}$$

die Verhaltensgleichung für das Marktangebot

$$x_A = \sum_{j=1}^{m} x_j(p) = x_A(p), \quad \text{mit } j = 1,2,...,m \text{ Unternehmen}$$

und die Gleichgewichtsbedingung

$$x_N = x_A \ .$$

Je nach Formulierung der Verhaltensgleichungen lassen sich daraus Gleichgewichtspreis und -menge konkret berechnen.

> Als Beispiel verwenden wir eine lineare Nachfragefunktion der Form $x_N = a/b - (1/b)p$ sowie $K = \frac{1}{2} cx^2 + dx + FK$ als aggregierte Kostenfunktion der Unternehmen. Durch die Ableitung dK/dx ergeben sich die Grenzkosten: $GK = cx + d$. Diese bilden die Angebotsfunktion, wobei der Koeffizient d die kurzfristige Preisuntergrenze angibt. Die längerfristige Preisuntergrenze wird im Folgenden ignoriert. Nach der Grenzkosten-Preis-Regel gilt: $p = cx + d$. Auflösen nach x ergibt die Angebotsfunktion: $x_A = (1/c)p - d/c$. Damit haben wir beide Verhaltensgleichungen spezifiziert. Aus der Gleichgewichtsbedingung folgt:
>
> $$\frac{a}{b} - \frac{1}{b}p = \frac{1}{c}p - \frac{d}{c} \ .$$
>
> Nach p aufgelöst erhalten wir den Gleichgewichtspreis:
>
> $$p^* = \frac{ac + bd}{b + c}$$
>
> und durch Einsetzen in die Nachfrage- oder Angebotsfunktion die Gleichgewichtsmenge:
>
> $$x^* = \frac{a - d}{b + c} \ .$$

Alle Preise, die über oder unter dem Gleichgewichtspreis liegen, sind nicht markträumend. Es erhebt sich daher die Frage, wie dieser Preis gefunden werden kann. Dazu gibt es theoretisch zwei Funktionsmechanismen: das **Tâtonnement** und das **Recontracting**.

Beim Tâtonnement tastet man sich an den Marktpreis heran. Dazu benötigt man allerdings einen Auktionator, der den Gleichgewichtspreis ermittelt, indem er zunächst zufällig einen Preis nennt und zu diesem die angebotenen und nachgefragten Mengen sammelt. Wählt er einen zu hohen Preis, etwa p_0 in Abbildung 4.12, stellt er fest, dass das Angebot die Nachfrage übersteigt. Man spricht hierbei von einem **Angebotsmengenüber-**

schuss (AMÜ). Wenn der Auktionator annimmt, dass die nachgefragte Menge mit sinkendem Preis steigt, während das Angebot sinkt, wird er als nächstes einen niedrigeren Preis ausrufen. Liegt dieser unterhalb des Gleichgewichtspreises, wie p_1 in Abbildung 4.12, wird er nun feststellen, dass die Nachfrage das Angebot übertrifft, mithin ein **Nachfragemengenüberschuss** (NMÜ) vorhanden ist. Daraufhin wird er einen Preis zwischen p_0 und p_1 ausrufen und sich so an den Gleichgewichtspreis herantasten. Der Handel findet erst statt, wenn der Gleichgewichtspreis feststeht.

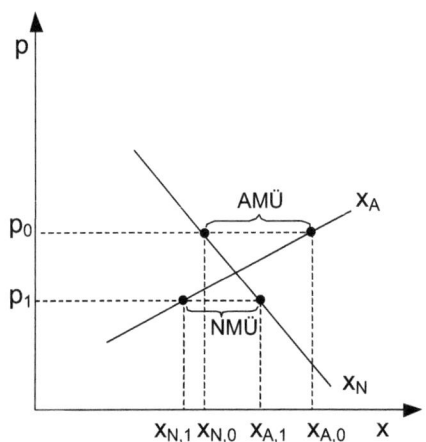

Abbildung 4.12: Tâtonnement

Beim Recontracting schließen die einzelnen Nachfrager und Anbieter Kaufverträge, die jederzeit widerrufen werden können, falls günstiger gekauft bzw. verkauft werden kann. Da vollständige Preisinformation herrscht und es keine Präferenzen für bestimmte Marktteilnehmer gibt, werden alle Verträge zum selben Preis abgeschlossen. Stellt sich zum Vertragspreis ein Nachfragemengenüberschuss ein, bieten die nicht zum Zuge gekommenen Nachfrager einen höheren Preis, um Anbieter zum Rücktritt von ihrem Vertrag zu veranlassen. Sobald ein Vertrag zu einem höheren Preis abgeschlossen wird, treten alle anderen Anbieter ebenfalls von ihren Verträgen zurück und schließen neue Kontrakte zu dem höheren Preis ab. Dies setzt sich solange fort, bis der Nachfragemengenüberschuss beseitigt ist. Bei einem Angebotsmengenüberschuss läuft das Recontracting umgekehrt ab. Die Verträge werden erst erfüllt, wenn der Gleichgewichtspreis erreicht ist.

> Während es Märkte, die nach dem Auktionsprinzip funktionieren, durchaus gibt, erscheint das Szenario des Recontracting wirklichkeitsfremd. Wir werden jedoch sehen, dass es für das Funktionieren der Marktwirtschaft hauptsächlich darauf ankommt, ob Überschussangebot und -nachfrage als

Signal für die Änderung der Wirtschaftspläne dienen, selbst wenn die Preisbildung nicht idealtypisch abläuft.

Im Gleichgewicht gilt das **Gesetz der Unterschiedslosigkeit der Preise** von Jevons: Auf einem vollkommenen (Polypol-)Markt kann es nur einen einheitlichen Preis geben.

Falls wir annehmen, dass der Marktzutritt und der Marktaustritt frei sind, also jedes Unternehmen, das noch nicht auf dem betrachteten Markt tätig war, eintreten, und jedes Unternehmen den Markt ohne Kosten verlassen kann, tendiert der Gleichgewichtspreis zu den Durchschnittskosten im Betriebsoptimum eines Betriebs mit mindestoptimaler Größe. Liegt der Preis nämlich darüber (z. B. bei p_0 in Abb. 4.13), erzielen zumindest einige Anbieter übernormale Gewinne. Da der Marktzutritt frei ist, bildet dies einen Anreiz für andere Unternehmen, in den Markt einzutreten. Diese produzieren eine zusätzliche Menge, d. h. die Angebotskurve auf dem Markt verschiebt sich nach rechts. Bei dem ursprünglichen Marktpreis herrscht nun ein Angebotsmengenüberschuss, der nur durch eine Preissenkung beseitigt werden kann. Dadurch ergibt sich ein neues Marktgleichgewicht bei p_1^*.

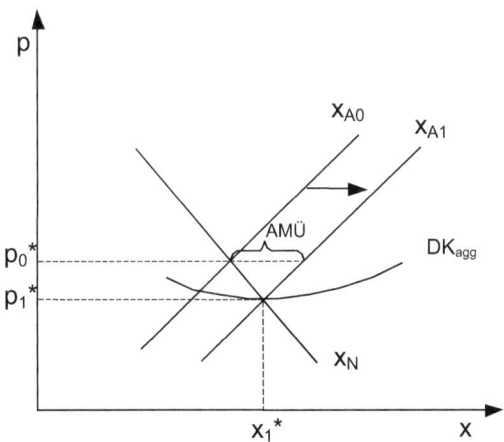

Abbildung 4.13: Langfristiges Marktgleichgewicht (p_1^*/x_1^*)

Die kostenungünstigsten Unternehmen, die bei dem ursprünglichen Marktpreis p_0^* gerade ihre Durchschnittskosten gedeckt hatten, werden aus dem Markt ausscheiden, wenn der Preis fällt. Andere Anbieter, die bei p_0 noch einen Gewinn erwirtschafteten, werden zu **Grenzanbietern**. Falls Unternehmen mit der besten Produktionstechnik noch übernormale Gewinne erzielen, wird es zu weiteren Markteintritten und Marktaustritten kommen. Es

besteht solange ein Anreiz zum Markteintritt mit der besten Produktionstechnik und mit mindestoptimaler Größe, bis alle unrentablen Unternehmen
verdrängt sind und auch die kostengünstigsten Unternehmen nur noch Normalgewinne (G = 0) erzielen. Jedes dieser Unternehmen produziert dann
mit der mindestoptimalen Betriebsgröße (also im Minimum der langfristigen
Durchschnittskostenkurve) und im Betriebsoptimum (d. h. im Minimum der
kurzfristigen Durchschnittskostenkurve). Bei einer Produktionstechnik, die
mit linearen kurzfristigen Kosten verbunden ist, wird an der Kapazitätsgrenze, also ebenfalls zu geringst möglichen Durchschnittskosten
produziert.

> Allerdings fragt man sich, warum Unternehmen nach neuen, kostensparen-
> den Techniken suchen sollten, wenn sie nur ganz kurzfristig davon profitieren
> können. Schließlich herrscht vollkommene Markttransparenz und jeder kann
> die neue Technik sofort übernehmen. Der Anreiz zu Forschung und Entwick-
> lung ist daher äußerst gering; man spricht auch von 'Schlafmützenkonkur-
> renz'. Die vollständige Konkurrenz bringt zwar eine optimale Güter- und Fak-
> torallokation mit sich, doch der technische Fortschritt bleibt auf der Strecke.

Wenn ein solches **langfristiges Marktgleichgewicht** erreicht wird, bei
dem die Unternehmen mit der mindestoptimalen Betriebsgröße im Betriebsoptimum produzieren, ist die Faktor- und die Güterallokation auf dem Markt
optimal. Bei bestehendem technischem Wissen gibt es keine Möglichkeit,
das Gut zu geringeren Kosten pro Stück herzustellen, wobei den Kosten
bei zwei und mehr Produktionsfaktoren die Minimalkostenkombination
zugrunde liegt. Auch durch eine Veränderung der eingesetzten Faktormengenkombination lässt sich keine weitere Ersparnis erzielen. Bei einem
Preis, der den geringst möglichen Durchschnittskosten entspricht, können
auch die Käufer nicht mehr bessergestellt werden, denn der optimale Preis
kann nicht niedriger sein als die unbedingt aufzuwendenden Faktorkosten.
Wäre er niedriger, würden Leistungen, die zur Herstellung des Gutes notwendig sind, nicht bezahlt. Im langfristigen Gleichgewicht wird also der
geringst mögliche Preis realisiert und zu diesem Preis die größtmögliche
Menge produziert. Damit ist die Summe aus Konsumenten- und Produzentenrente maximal.

> Legen wir die inverse lineare Nachfragefunktion p = a − bx zugrunde, so
> beträgt die Konsumentenrente für eine willkürlich angenommene Menge x_0
> (vgl. Abschnitt 2.12.1):
>
> $$KR = \frac{1}{2} b x_0^2 \ . \qquad (2.34)$$
>
> Die Produzentenrente ergibt sich als Fläche zwischen der Preislinie p_0 und
> der Grenzkostenkurve. Diese Fläche lässt sich für die Kostenfunktion
> $K = \frac{1}{2}cx^2 + dx + FK$ folgendermaßen berechnen:
>
> $$PR = p_0 x_0 - \int_0^{x_0} (cx + d)\, dx \ .$$

Für p_0 substituieren wir die rechte Seite der inversen Nachfragefunktion und erhalten somit für die Produzentenrente:

$$PR = ax_0 - bx_0^2 - \frac{1}{2}cx_0^2 - dx_0 \ . \tag{4.3}$$

Wenn wir (2.34) und (4.3) addieren und dabei alle Terme mit $x_0{}^2$ bzw. x_0 zusammenfassen, erhalten wir:

$$KR + PR = -\frac{1}{2}(b+c)x_0^2 + (a-d)x_0 \ .$$

Um das Maximum zu erhalten, muss diese Summe nach x_0 abgeleitet und anschließend gleich null gesetzt werden. Es ergibt sich:

$$x_0 = \frac{a-d}{b+c} \ .$$

Dies entspricht der Menge bei vollständiger Konkurrenz, wie sie zu Anfang des Abschnitts berechnet wurde.

Die Summe aus Konsumenten- und Produzentenrente dient in der Volkswirtschaftslehre als Wohlfahrtskriterium. Da die Summe aus Konsumenten- und Produzentenrente bei vollständiger Konkurrenz maximal ist, wird sie als Referenzmodell für Wohlfahrtsvergleiche mit anderen Marktformen herangezogen.

Die Aussage, dass die auf dem Markt erzielte Rente maximal ist, bedeutet nicht, dass der Preis des gehandelten Gutes niedrig sein muss (was stets relativ in Bezug auf die Preise anderer Güter zu sehen ist). Der Preis wird zwar durch die geringst möglichen Produktionskosten pro Stück bestimmt, doch können diese bei hohen Faktorpreisen für sehr knappe Produktionsfaktoren erheblich sein. Ein langfristiges Marktgleichgewicht setzt dann eine entsprechende Zahlungsbereitschaft der Nachfrager voraus, wie in Abbildung 4.14.a.

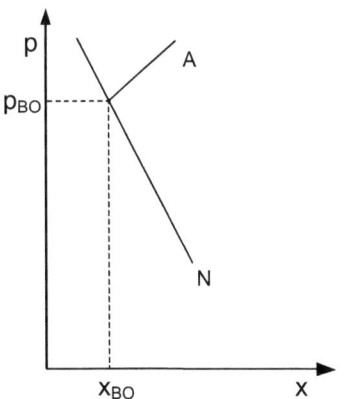
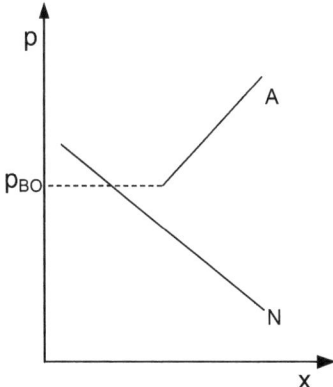

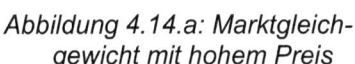

Abbildung 4.14.a: Marktgleich-gewicht mit hohem Preis   *Abbildung 4.14.b: Kein Marktgleich-gewicht möglich*

Es sind sogar Angebots- und Nachfragebedingungen möglich, bei denen kein langfristiges Gleichgewicht zustande kommt. Falls der betriebsoptimale Preis aufgrund einer relativ teuren Produktion hoch ist, die Kaufbereitschaft dagegen gering, kann es sein, dass es keinen Schnittpunkt zwischen der längerfristigen Angebotskurve und der Nachfragekurve gibt (vgl. Abb. 4.14.b). Das Produkt ist nicht 'marktfähig'.

4.2.2 Stabilität des Gleichgewichts

Bei normal verlaufenden Nachfrage- und Angebotsfunktionen ist ein Marktgleichgewicht im statischen Modell in dem Sinne stabil, dass eine Abweichung vom Gleichgewichtspreis – etwa ein vom Auktionator falsch festgelegter Preis – Anpassungsprozesse auslöst, die zum Gleichgewicht hinführen. Nachfragemengen- und Angebotsmengenüberschüsse müssen somit abgebaut werden.

Aus dieser Forderung lässt sich leicht die Bedingung für ein stabiles Gleichgewicht ableiten. Ein Nachfragemengenüberschuss liegt vor, wenn die Differenz D zwischen nachgefragter und angebotener Menge positiv ist, d. h. wenn gilt:

$$D(p) = x_N(p) - x_A(p) > 0 \ .$$

Entsprechend liegt ein Angebotsmengenüberschuss vor, falls:

$$D(p) = x_N(p) - x_A(p) < 0 \ .$$

Der jeweilige Überschuss muss kleiner werden, damit das Gleichgewicht erreicht werden kann. Die Stabilitätsbedingung lautet folglich:

$$D'(p) = x_N'(p) - x_A'(p) < 0 \ .$$

Instabilität liegt demnach vor, wenn gilt: $D'(p) \geq 0$.

Der Ausdruck $x_N'(p)$ stellt die Steigung der Nachfragefunktion dar und entsprechend $x_A'(p)$ die Steigung der Angebotsfunktion. Für ein stabiles Gleichgewicht ist also erforderlich, dass:

$$x_N'(p) < x_A'(p) \quad \text{bzw.} \quad x_A'(p) > x_N'(p) \ .$$

Die Angebotsfunktion muss eine größere Steigung besitzen als die Nachfragefunktion. Bei einem normalen Verlauf von Angebots- und Nachfragefunktionen ist diese Stabilitätsbedingung stets erfüllt, weil die Angebotsfunktion eine positive und die Nachfragefunktion eine negative Steigung aufweist. Das statische Gleichgewicht ist instabil, wenn die Nachfragekurve im Preis-Mengen-Diagramm positiv geneigt ist und flacher verläuft als die Angebotsfunktion (vgl. Abb. 4.15).

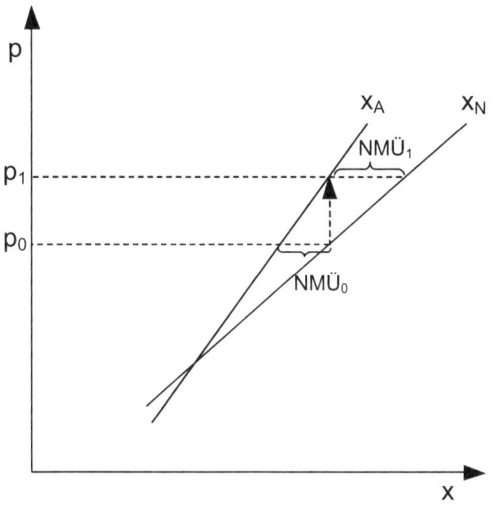

Abbildung 4.15: Instabiles Gleichgewicht

Ausgehend vom Preis p_0 lässt sich die Instabilität folgendermaßen verdeutlichen: Bei p_0 herrscht ein Nachfragemengenüberschuss. Da nicht alle Nachfrager zum Zuge kommen, wird der Auktionator einen höheren Preis ausrufen oder Nachfrager werden beim Recontracting einen höheren Preis bieten. Bei einem höheren Preis wird der Nachfragemengenüberschuss nicht etwa kleiner, sondern größer, was bei beiden Arten der Preisfindung zu einem noch höheren Preis führt.

> Bei einem Preis unterhalb des Gleichgewichtspreises kommt der umgekehrte Prozess in Gang: Bei einem Angebotsmengenüberschuss werden die Anbieter oder der Auktionator durch eine Preissenkung versuchen, die überschüssige Angebotsmenge an die Käufer zu bringen. Bei einem niedrigeren Preis wird die Lücke zwischen Nachfrage und Angebot allerdings noch größer.

Bei normalem Käuferverhalten können solche instabilen Gleichgewichte nicht auftreten, wohl jedoch bei Giffen-Gütern und bei Snob-Effekten (je billiger, desto weniger wird gekauft; je teurer, desto höher ist die Nachfrage). Beides haben wir durch entsprechende Annahmen im Rahmen der Haushaltstheorie ausgeschlossen. Sie mögen zwar auf einzelnen Märkten auftreten, doch stellen sie bestimmt nicht das alltägliche Käuferverhalten dar. Das statische Marktgleichgewicht ist daher normalerweise stabil.

4.2.3 Veränderungen des Marktgleichgewichts

In einer dynamischen Wirschaft verändern sich die Daten, welche den Wirtschaftsplänen von Nachfragern und Anbietern zugrunde liegen. Die Nachfragewünsche werden revidiert, wenn sich die Präferenzen, die Preise verbundener Güter oder das Einkommen ändern; die Angebotspläne wandeln sich, wenn die Preise alternativ herstellbarer Güter oder die Faktorpreise schwanken oder eine neue Produktionstechnik zur Verfügung steht.

Zunächst wird untersucht, wie sich eine Veränderung der Nachfrage auf das Marktgleichgewicht auswirkt. Dabei gehen wir davon aus, dass die Nachfrage nach dem betrachteten Gut steigt. Die Wirkungen einer sinkenden Nachfrage sind genau umgekehrt und müssen daher nicht gesondert dargestellt werden. Eine steigende Nachfrage äußert sich darin, dass die nachgefragte Menge bei jedem Preis zunimmt; die Marktnachfrage verschiebt sich nach rechts, wie in Abbildung 4.16.

Dabei muss sich die Marktnachfragekurve keineswegs parallel verschieben. Eine parallele Verlagerung bedeutet, dass zu jedem Preis eine absolut gleiche Menge zusätzlich nachgefragt wird. Daneben sind für lineare Nachfragekurven zwei andere Extreme möglich: Die Nachfragekurve kann sich um den Ordinaten- oder und den Abszissenabschnitt drehen. Ersteres drückt aus, dass zu jedem Preis eine gleich hohe relative (prozentuale) Nachfragesteigerung eintritt. Bei einer Drehung um den Abszissenabschnitt dagegen steigt vor allem die Kaufbereitschaft: Die Käufer sind bereit, für jede Menge einen gleich hohen prozentualen Aufschlag zu bezahlen. Der absolute und der relative Nachfragezuwachs ist bei hohen Preisen größer als bei niedrigen.

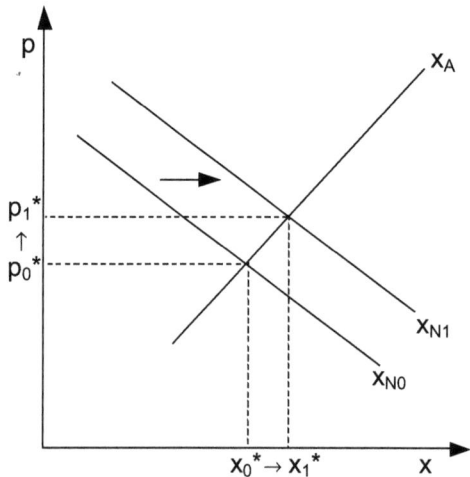

Abbildung 4.16: Wirkungen einer Nachfragesteigerung

Wenn wir eine komparativ-statische Betrachtung anstellen, vergleichen wir nur das ursprüngliche und das neue Marktgleichgewicht, ohne zu fragen, ob und wie es zustande kommt (siehe hierzu Abschnitt 4.4). Nachdem die Nachfrage auf x_{N1} gestiegen ist, herrscht beim ursprünglichen Gleichgewichtspreis p_0 ein Nachfragemengenüberschuss, der sich nur durch eine Preiserhöhung beseitigen lässt. Wie aus Abbildung 4.16 ersichtlich ist, führt eine steigende Nachfrage daher zu einer Preis- und zusätzlich zu einer Mengenerhöhung, weil sich die Anbieter entlang ihrer Angebotskurve an den gestiegenen Preis anpassen.

Davon gibt es zwei Ausnahmen: Ist das Angebot völlig starr (alle Unternehmen produzieren mit denselben linearen Kosten), dann bleibt die Mengenerhöhung in der kurzfristigen, komparativ-statischen Betrachtung aus; bei einem völlig elastischen Angebot würde es dagegen zu keiner Preiserhöhung kommen.

Wie man sich anhand der Abbildung 4.16 verdeutlichen kann, ist die Mengenausweitung umso größer, je elastischer die Angebotskurve verläuft. Im Fall einer Parallelverschiebung der Nachfragekurve ist gleichzeitig die Preiserhöhung umso geringer, je elastischer das Angebot reagiert.

> Falls sich die Nachfragekurve um die Ordinate dreht, gilt dieser eigentlich einleuchtende Zusammenhang nicht, wie Sie sich selbst anhand einer Graphik mit zwei Nachfragekurven und alternativen linearen Angebotskurven mit demselben positiven Ordinatenabschnitt klarmachen können. Verläuft eine Angebotskurve sehr steil, dann fällt sowohl der absolute als auch der relative Preisanstieg sehr moderat aus, weil die Nachfragekurven in ihrem jeweiligen oberen Abschnitt nahe beieinander liegen. Bei einer flacher verlaufenden Angebotskurve ist der Preisanstieg dagegen höher.[1] Wird die Angebotskurve jedoch sehr flach, ist das Angebot also nahezu völlig elastisch, wirkt sich die Nachfrageerhöhung wiederum in einem geringen Preisanstieg aus.

In Abbildung 4.17 ist ein sinkendes Angebot abgebildet, was z. B. auf steigende Faktorpreise bei unveränderter Faktorproduktivität zurückgehen kann. Zu jedem Preis wird eine geringere Menge angeboten, weil nur bei verringerter Produktion der Preis wieder mit den (aggregierten) Grenzkosten übereinstimmt. Da nun zum Preis p_0 weniger Mengeneinheiten angeboten werden als im ursprünglichen Gleichgewicht, kommt es zu einem Nachfragemengenüberschuss, der durch einen Preisanstieg abgebaut wird. Da die Nachfrager auf steigende Preise mit Kaufzurückhaltung reagieren, folgt auf eine Angebotsverknappung im Allgemeinen ein Preisanstieg und ein Rückgang der am Markt gehandelten Menge.

---

[1] Verlängert man die Angebotskurve gedanklich, so schneidet eine flacher verlaufende Angebotskurve die Abszisse weiter links von der steileren und weist damit in jedem Punkt eine höhere Elastizität auf.

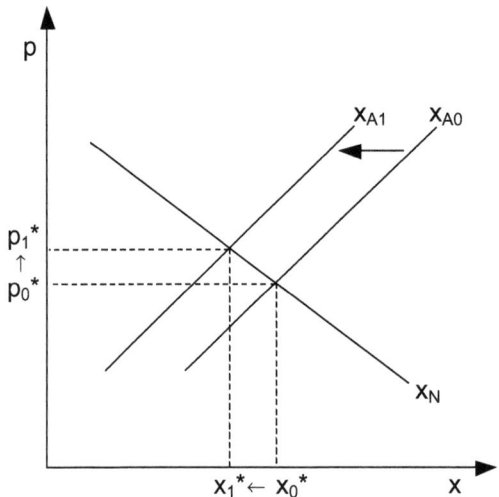

Abbildung 4.17: Wirkungen eines Angebotsrückgangs

Auch hiervon gibt es zwei Ausnahmen: Bei einer völlig preiselastischen Nachfrage kann kein Preisanstieg stattfinden; nur die gehandelte Menge sinkt. Ist die Nachfrage dagegen völlig preisunelastisch, findet nur ein Preisanstieg statt, während die Gleichgewichtsmenge unverändert bleibt.

Der Preisanstieg ist c. p. umso ausgeprägter und der Mengenrückgang umso geringer, je preisunelastischer die Nachfrage reagiert, d. h. je steiler die Nachfragekurve verläuft.

Es ist zu beachten, dass eine Verschiebung der Marktnachfragekurve eine Anpassung der Angebotsmenge entlang der Angebotskurve auslöst; analog folgt auf eine Verschiebung der Marktangebotskurve eine Anpassung der nachgefragten Menge entlang der Nachfragekurve. Zwischen Bewegungen auf Nachfrage- oder Angebotskurven und Bewegungen von einem Gleichgewicht zu einem anderen, also von einer Kurve zu einer anderen, muss daher sorgfältig unterschieden werden. Die Aussage: "Bei steigender Nachfrage steigt der Preis", bezieht sich auf eine komparativ-statische Betrachtung zweier Gleichgewichte. Die Aussage: "Bei steigendem Preis sinkt die Nachfrage", beschreibt dagegen die Käuferreaktion auf einer normal verlaufenden Nachfragekurve.

Übungsaufgabe

Aufgabe 23:
Die aggregierte Kostenfunktion auf einem Markt mit vollständiger Konkurrenz lautet: $K = (1/200)x^2 + 3x + 100$. Die Marktnachfrage sei: $x_N = 700 - 100p$.
a) Berechnen Sie das Marktgleichgewicht.

b) Überprüfen Sie Ihre Berechnung, indem Sie die Formeln $p^* = (ac + bd)/(b + c)$ sowie $x^* = (a-d)/(b+c)$ benutzen, wobei gilt: $p = a - bx$ und $GK = cx + d$.
c) Liegt ein kurz- oder ein langfristiges Gleichgewicht vor?
d) Berechnen Sie das neue Gleichgewicht, wenn ursprünglich 50 Anbieter auf dem Markt waren und 25 weitere mit derselben Kostenfunktion eintreten. (Achtung: Sie müssen zunächst aus der Marktangebotsfunktion aus a) die Angebotsfunktion eines einzigen Anbieters und dann die neue Marktangebotsfunktion berechnen, weil nur über die Menge aggregiert werden darf.)

4.3 Zur Lenkungsfunktion der Preise

Im Einführungskapitel wurde erläutert, dass die grundlegende Frage des Wirtschaftens lautet, was in welchen Mengen wie für wen produziert wird. Die Antwort darauf lässt sich nun präzisieren: Bei vollständiger Konkurrenz entscheiden die am Absatzmarkt zu erzielenden Güterpreise, die für die Produktion aufzuwendenden Kosten und die zur Verfügung stehenden Produktionstechniken darüber, welche Güter in welchen Mengen wie produziert werden. Die Präferenzen der Haushalte und deren Kaufkraft sind bestimmend dafür, wer die Güter bekommt. Letztlich sind für die Allokation alle Bestimmungsgründe der Nachfrage und des Angebots maßgeblich, denn diese schlagen sich in der Marktnachfrage und dem Marktangebot nieder.

Optimale Allokation setzt voraus, dass zu den geringst möglichen Kosten produziert wird und der Preis den Durchschnittskosten im Betriebsoptimum entspricht. Der durch Gewinnanreize ausgelöste Anpassungsprozess wurde bereits in Abschnitt 4.2.1 beschrieben. Hier soll gezeigt werden, dass nicht nur Gewinne, sondern auch Verluste zu Anpassungsprozessen führen.

Wir betrachten einen Wandel in den Kaufgewohnheiten (aufgrund einer Änderung der Einkommen, der Präferenzen oder gesetzlicher Vorschriften), der sich in einer erhöhten Nachfrage auf Markt A und einer rückläufigen auf Markt B niederschlägt. Dabei sollen sich beide Märkte, bevor der Strukturwandel eintritt, im langfristigen Gleichgewicht befinden. (Auf das Sternchen als Symbol für einen Gleichgewichtswert wird hier verzichtet, damit die Darstellung nicht noch komplexer wird). Im Ausgangsgleichgewicht gilt somit, dass der jeweilige Preis sowohl den Grenzkosten jedes Anbieters als auch den aggregierten Grenzkosten sowie den zugehörigen Durchschnittskosten entspricht:

$$p_{A0} = GK_{A0} = DK_{A0} \text{ und } p_{B0} = GK_{B0} = DK_{B0} \text{ ; d. h. } G_{A0} = 0 \text{ und } G_{B0} = 0 \text{ .}$$

Der Wandel im Kaufverhalten zeigt sich in Abbildung 4.18.a in einer Rechtsverlagerung der Nachfragekurve von N_{A0} auf N_{A1}, in Abbildung 4.18.b in einer Linksverschiebung von N_{B0} auf N_{B1}.

Um die Übersichtlichkeit zu wahren, wird in den folgenden Abbildungen auch die Notation der Nachfrage- und Angebotskurven vereinfacht: sie werden mit N statt x_N und A statt x_A bezeichnet. Gemeint sind nach wie vor die nachgefragten bzw. angebotenen Mengen in Abhängigkeit vom Preis.

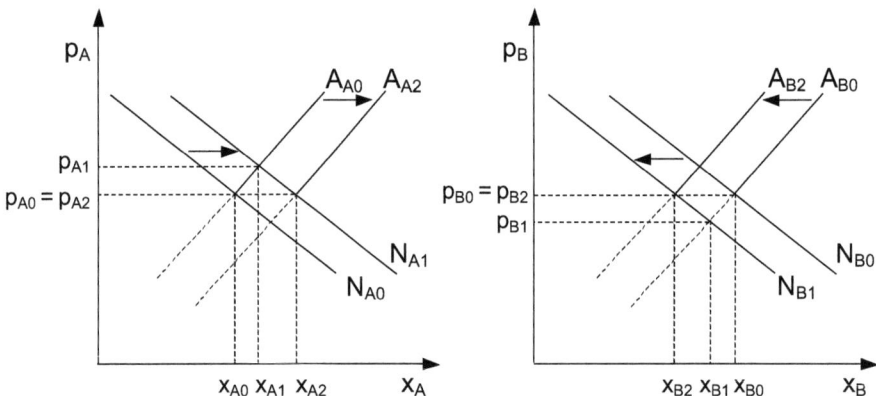

Abbildung 4.18.a: Preisentwicklung bei Nachfrageanstieg   *Abbildung 4.18.b: Preisentwicklung bei Nachfragerückgang*

Aufgrund der gestiegenen Nachfrage wird es zunächst auf Markt A zu einer Preiserhöhung auf p_{A1} kommen, weil die Unternehmen ihre Produktion bei gegebenen Kapazitäten entlang ihrer Angebotsfunktion A_{A0} anpassen. Auf Markt B sinkt entsprechend wegen der verminderten Nachfrage der Preis bis p_{B1}. Es verändern sich somit die relativen Preise. Diese Veränderung der relativen Preise informiert die Marktteilnehmer darüber, dass sich die Knappheitsverhältnisse geändert haben.

Der gestiegene Preis für das Gut A bringt übernormale Gewinne mit sich, denn nun gilt:

$$p_{A1} = GK_{A1} > DK_{A1} \text{ und somit } G_{A1} > 0 .$$

In Markt B dagegen kann der gesunkene Preis nicht mehr kostendeckend sein, weil der Ausgangspreis den Durchschnittskosten im Betriebsoptimum entsprach. Daher gilt hier:

$$p_{B1} = GK_{B1} < DK_{B1} \text{ und somit } G_{B1} < 0 .$$

Die Gewinnänderungen infolge der Preisänderungen lösen Anpassungsprozesse aus: Produzenten des Gutes A werden ihre Kapazitäten ausbauen (was jedoch letztlich nicht zu steigenden Kosten im Vergleich zur mindestoptimalen Größe führen darf) und/oder Unternehmen werden in den Markt eintreten, um die Gewinnchancen zu nutzen. Hersteller des Gutes B werden ihre Kapazität einschränken und/oder den Markt verlassen und sich einer gewinnträchtigeren Produktion zuwenden – z. B. der Herstellung des Gutes A. Mit zunehmender Ausweitung des Angebots auf Markt A sinkt dort der Preis wieder; derjenige auf Markt B dagegen steigt wegen der Einschränkung des Angebots. Damit werden sowohl die Gewinnanreize auf Markt A als auch die Verluste auf Markt B geringer. Die Impulse hören ganz auf, wenn in Markt A keine überdurchschnittlichen Gewinne mehr erzielt werden können und sich in Markt B wieder Normalgewinne verdienen lassen.

Die Produktionsanpassungen zeigen sich in den Abbildungen 4.18.a und 4.18.b in einer Verlagerung der Angebotskurve für Markt A nach rechts auf A_{A2} bzw. nach links auf A_{B2}. Der neue langfristige Gleichgewichtspreis muss dem ursprünglichen entsprechen und es muss wieder gelten:

$$p_{A2} = GK_{A2} = DK_{A2} \text{ und } p_{B2} = GK_{B2} = DK_{B2}; \text{ d. h. } G_{A2} = 0 \text{ und } G_{B2} = 0.$$

> Warum ist es letztlich nicht möglich, dass die Unternehmen in Markt A ihre Kapazität auch dann ausbauen können, wenn die neue Betriebsgröße zu höheren Kosten führt? Ganz einfach deshalb, weil sie nicht konkurrenzfähig wären. Würden Anbieter mit einer suboptimalen Betriebsgröße produzieren und läge der Marktpreis so hoch, dass ihre Kosten gedeckt wären, würden sie von Unternehmen verdrängt, die mit mindestoptimaler Größe in den Markt eintreten, denn damit lassen sich wegen der geringeren Produktionskosten übernormale Gewinne erzielen. Der Anreiz zum Markteintritt hört wiederum erst auf, wenn alle Betriebe eine mindestoptimale Größe aufweisen.

Die Lenkungsfunktion der relativen Preise führt dazu, dass sich das Angebot an die veränderte Nachfrage anpasst: Für Markt A wird die Produktion gesteigert, für Markt B gesenkt. Anders ausgedrückt: Die Produktionsfaktoren werden aus einer Verwendung, in der sie nicht mehr so stark gebraucht werden, in eine neue Verwendung gelenkt, die den Konsumenteninteressen mehr entgegenkommt.

Die veränderte Nachfrage auf den Endproduktmärkten wirkt sich folglich ebenfalls auf die Faktormärkte für Arbeit und Kapital aus. Für die erhöhte Produktion auf Markt A werden mehr Arbeit, Material und Maschinen nachgefragt, während die Produzenten des Gutes B Arbeitskräfte entlassen müssen und ihre Materialbezüge einschränken. Die Zulieferer haben ihrerseits wiederum Vorlieferanten, die ebenfalls die Veränderung der Nachfrage auf den beiden Endproduktmärkten spüren.

> Als Beispiel sei angenommen, im Zuge der Fitnesswelle und der verschärften Vorschriften über die zulässige Promillegrenze beim Autofahren habe die Nachfrage nach Mineralwasser zugenommen (Markt A), während die Nachfrage nach Bier gesunken ist (Markt B). Die gestiegene Nachfrage nach Mineralwasser wird zu einer erhöhten Nachfrage nach Kohlensäure, Mineralwasserflaschen und Abfüllanlagen führen. Dagegen sehen sich die

Hersteller von Brauereieinrichtungen, die Hopfen- und Gersteproduzenten und die Hersteller von Bierflaschen oder -dosen mit einer gesunkenen Nachfrage konfrontiert. Damit verändert sich ferner z. B. die Nachfrage in der Glas- und Metallindustrie.

Alle vorgelagerten Märkte hängen also von den Konsumentscheidungen der Haushalte ab. Verändert sich die Nachfrage auf Endproduktmärkten, verändert sich ebenso die abgeleitete Nachfrage auf vorgelagerten Märkten. Eine Verschiebung in der Nachfragestruktur auch nur zweier Märkte wirkt sich auf zahlreiche andere aus.

Damit die Preise ihre Lenkungsfunktion erfüllen können, müssen die Märkte flexibel reagieren. Die Marktform der vollständigen Konkurrenz ist dabei keine zwingende Voraussetzung; es genügt, dass die Märkte weitgehend offen sind und die Unternehmer gewinnorientiert handeln. Freilich sind in der Realität Verzögerungen und Friktionen bei den Anpassungsprozessen zu erwarten. Der Tendenz nach müssen in einer funktionierenden Marktwirtschaft die Vorgänge jedoch so ablaufen, wie sie hier dargestellt wurden.

Im obigen Modell reagierten die Anbieter auf die Preissignale ohne Verzögerung mit einer Anpassung ihrer Menge. Ein neues Gleichgewicht wurde stets erreicht. Im folgenden Abschnitt werden wir sehen, dass bei einer verzögerten Anpassung selbst im Modell der vollständigen Konkurrenz die Annäherung an ein neues Gleichgewicht nicht zwingend erfolgen muss.

4.4 Das Cobweb-Modell

Bei der komparativ-statischen Analyse werden Gleichgewichte verglichen. Ob ein neues Gleichgewicht jedoch erreicht wird, lässt sich nur durch eine dynamische Analyse klären, die den Weg vom alten zum neuen Gleichgewicht beschreibt. Das **Cobweb-** (oder **Spinngewebe-)Modell** zeigt, dass die komparativ-statische Betrachtung auch in die Irre führen kann.

Wir gehen wieder von einer Verlagerung der Nachfrage aus: Die Nachfrage steige von N_0 auf N_1. Wenn wir dazu eine Angebotsfunktion einzeichnen, wie in Abbildung 4.19, ergeben sich bei komparativ-statischer Betrachtung zwei partielle Gleichgewichte. Das neue (kurzfristige) Gleichgewicht wird erreicht, falls die Unternehmen ihre Produktion sofort entlang ihrer Angebotsfunktion ausdehnen können. Wenn ein Produktionsprozess jedoch Zeit kostet, wie z. B. bei der landwirtschaftlichen Produktion, dann ist das Angebot in der kurzen Frist starr und die Angebotskurve zeigt nur, wie sich die Unternehmen bei ihrer Produktions*planung* an alternative Preise anpassen. Die Angebotsmenge selbst kann jedoch erst in der Folgeperiode auf den Markt gebracht werden; das Angebot reagiert mit Verzöge-rung.

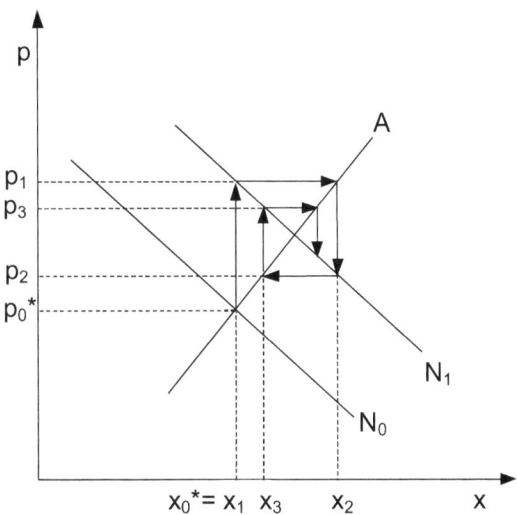

Abbildung 4.19: Anpassung bei verzögertem Angebot

Wir nehmen wieder an, dass die Unternehmen den Marktpreis als gegeben hinnehmen. Bei einer verzögerten Reaktion bedeutet das: Die Produktion, die in einer Periode t auf den Markt kommt, wird in der Vorperiode aufgrund des Preises p_{t-1} geplant. Wenn sich nun die Nachfrage in Periode 1 auf N_1 erhöht und damit ein Nachfragemengenüberschuss auftritt, ergibt sich aufgrund des kurzfristig starren Angebots ein marträumender Preis in Höhe von p_1. Die Nachfrageerhöhung schlägt sich ausschließlich in einer Preissteigerung nieder.

Dieser Preis liegt nun der Produktionsplanung der Anbieter für die Periode 2 zugrunde. Da sie als Gewinnmaximierer nach der Grenzkosten-Preis-Regel handeln, weiten sie ihre Produktion beim Preis p_1 gemäß ihrer Angebotsfunktion aus. In Periode 2 kommt daher die Menge x_2 auf den Markt. Dieses kurzfristig wiederum starre Angebot lässt sich jedoch nur zum Preis p_2 verkaufen, weil sich bloß zu diesem Preis der Angebotsmengenüberschuss beseitigen lässt. Der niedrige Preis p_2 liegt der Produktionsplanung für die nächste Periode 3 zugrunde, d. h. die Anbieter produzieren die kleinere Menge x_3, bei der wieder ein Nachfragemengenüberschuss auftritt, was zu einem Preisanstieg auf p_3 führt. Daraufhin wird die Produktion wieder ausgeweitet, usw. Das neue Gleichgewicht im Schnittpunkt von N_1 und A wird genau genommen erst nach unendlich vielen Perioden erreicht.

Letztlich stimmt das Endergebnis mit der komparativ-statischen Analyse überein. Das muss jedoch, wie bereits angedeutet, keineswegs der Fall sein (vgl. Abb. 4.20).

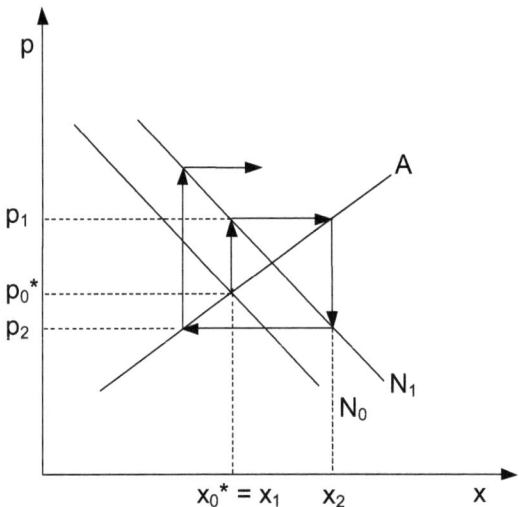

Abbildung 4.20: Instabile dynamische Anpassung

In Abbildung 4.20 folgt auf den Anstieg des Preises auf p_1 eine derart große Produktionsausweitung, dass der Preis in Periode 2 noch unter den alten Gleichgewichtspreis sinkt. Daraufhin wird die Produktion radikal eingeschränkt, was wiederum zu einem enormen Preisanstieg und einer entsprechenden Produktionsausweitung führt. Die Preisbewegung führt vom neuen Gleichgewicht weg, statt zu ihm hin.

Anhand der Abbildungen lässt sich bereits erahnen, woran es liegt, ob der Anpassungsprozess zum neuen Gleichgewicht konvergiert oder explodiert: Das Ergebnis hängt von der Steigung der Angebotskurve und der Nachfragekurve ab, wie die nachfolgende analytische Betrachtung zeigt.
    Dabei verwenden wir zwei lineare Funktionen. Die Nachfrage hängt vom Preis der laufenden Periode ab und lässt sich daher wie folgt schreiben:[1]

$$x_{N,t} = ap_t + b \quad \text{mit} \quad a < 0, \ b > 0 \ .$$

Die am Markt angebotene Menge beruht dagegen auf dem Preis der Vorperiode:

---

[1] Wir verwenden hier andere Funktionen als bislang, weil sich damit einfacher rechnen lässt.

$x_{A,t} = cp_{t-1} + d$ mit $c > 0$.

In jeder Periode wird der Markt geräumt, d. h. die angebotene und die nach-gefragte Menge entsprechen sich:

$x_{N,t} = x_{A,t}$,   d. h. $ap_t + b = cp_{t-1} + d$.

Aufgelöst nach p_t:

$$p_t = \frac{c}{a} \cdot p_{t-1} + \frac{d-b}{a} \; . \tag{4.4}$$

Gleichung (4.4) ist eine Differenzengleichung erster Ordnung; sie gibt die Preisentwicklung im Zeitablauf wieder. Ihre Lösung ist relativ kompliziert, weshalb wir uns (zunächst) mit einer einfachen Plausibilitätsüberlegung be-gnügen:

Ein Gleichgewicht wird erreicht, wenn die Differenz zwischen dem Preis in der laufenden und der Vorperiode kleiner wird und schließlich verschwin-det. Es muss also gelten:

$$\lim_{t\to\infty} \Delta p_t = p_t - p_{t-1} = 0 \; .$$

Dies tritt jedoch nur ein, wenn die Preisdifferenzen nicht von Periode zu Periode größer werden. Hierfür muss der Faktor vor p_{t-1} dem Betrag nach kleiner als 1 sein, d. h.:

$$\left|\frac{c}{a}\right| < 1 \quad \text{bzw.} \quad c < |a| \quad \text{bzw.} \quad \frac{1}{c} > \left|\frac{1}{a}\right| \; . \tag{4.5}$$

Die Steigung c der Angebotsfunktion $x_{A,t}$ muss kleiner sein als der Abso-lutwert der Steigung a der Nachfragefunktion $x_{N,t}$. Anders ausgedrückt: Im **p/x-Diagramm** muss die Angebotskurve steiler verlaufen als die Nachfra-gekurve (1/c > |1/a|). Falls beide Steigungen denselben Betrag aufweisen, kommt es zu einer ständigen Abfolge von einem hohen und einem niedri-gen Preis mit entsprechender Produktionsausweitung und -einschränkung. Verkehrt sich Bedingung (4.5) in ihr Gegenteil, bewegt sich der Preis im-mer weiter vom Gleichgewicht weg.

Die Bedingung (4.5) lässt sich auch ohne Lösen der Differenzengleichung etwas exakter herleiten. Dazu benötigen wir außer der Gleichung (4.4) für die Preisanpassung den Gleichgewichtspreis, der sich schließlich einstellen soll. Im Gleichgewicht muss gelten: $p_t = p_{t-1} = p$. Wird dies in der jeweils rechten Seite von Angebots- und Nachfragefunktion berücksichtigt und wer-den diese gleichgesetzt, erhalten wir: $ap + b = cp + d$ und daraus den Gleichgewichtspreis:

$$p^* = \frac{d-b}{a-c} \; . \tag{4.6}$$

Nun definieren wir die Preisdifferenz Δp nicht als Differenz zwischen den Preisen zweier Perioden wie oben, sondern als Differenz des Preises einer Periode und dem Gleichgewichtspreis, d. h.

$\Delta p_t = p_t - p^*$ und $\Delta p_{t-1} = p_{t-1} - p^*$.

Nach p_t bzw. p_{t-1} aufgelöst und in (4.4) eingesetzt, ergibt:

$$\Delta p_t + p^* = \frac{c}{a} \cdot (\Delta p_{t-1} + p^*) + \frac{d-b}{a}.$$

p^* kann durch (4.6) ersetzt werden, wodurch wir erhalten:

$$\Delta p_t + \frac{d-b}{a-c} = \frac{c}{a} \cdot \Delta p_{t-1} + \frac{c(d-b)}{a(a-c)} + \frac{d-b}{a}.$$

Wenn die beiden rechten Terme auf einen Bruchstrich gebracht, ausmultipliziert und gekürzt werden, bleibt $(d-b)/(a-c)$ übrig, das somit unter Berücksichtigung der linken Seite wegfällt. Daraus folgt:

$$\Delta p_t = \frac{c}{a} \cdot \Delta p_{t-1}.$$

Damit die Differenz sinkt, muss $|c/a|$ kleiner als eins sein.

Der Fall, dass sich der Preis immer weiter vom Gleichgewicht entfernt, spielt empirisch glücklicherweise keine große Rolle. Der andere Fall, bei dem die Anpassung an ein neues Gleichgewicht zyklisch erfolgt, ist dagegen relevant, denn insbesondere in der Landwirtschaft lassen sich tatsächlich erhebliche Produktions- und Preisschwankungen beobachten. Deshalb spricht man beim Cobweb-Modell auch vom **Schweinezyklus**.

Dabei stellt sich natürlich die Frage, warum die Produzenten den Prozess nicht durchschauen und prognostizieren, dass ein einmal erzielter hoher Preis sich bei einer Produktionsausweitung nicht halten wird. Die Alternative bestünde darin, dass jeder bei der niedrigen Produktionsmenge bleibt. Ohne dass sich die Hersteller absprechen, läuft ein Einzelner jedoch Gefahr, dass er allein die Menge auf dem niedrigen Niveau beibehält und der Preis dennoch sinkt (und zwar im gleichen Ausmaß, weil sich seine geringe Produktionsmenge nicht auf den Marktpreis auswirkt). Dann würde er sich noch schlechter stellen.

Übungsaufgabe

Aufgabe 24:
Für zwei Märkte gelte in der Periode 0 jeweils die Nachfrage: $x_N = 700 - 100p$. Auf beiden Märkten sind jeweils 50 Anbieter mit der Kostenfunktion $K_i = \frac{1}{2} x_i^2 + x_i + 8$ tätig.
a) Berechnen Sie Gleichgewichtsmenge und -preis und zeigen Sie, dass die Anbieter im Betriebsoptimum produzieren und einen Gewinn von null erzielen.
b) In Markt 1 steigt die Nachfrage auf $x_{N,1} = 800 - 100p$. Berechnen Sie den Preis und den Stückgewinn jedes Anbieters, der sich bei Anpassung der Produktion gemäß der Angebotsfunktion $x_{A,0}$ ergibt. Ermitteln Sie die zusätzliche Anzahl von Anbietern, die bei unveränderter Produktionstechnik im neuen langfristigen Gleichgewicht notwendig ist.

c) Führen Sie die entsprechenden Berechnungen für Markt 2 durch, auf dem die Nachfrage auf $x_{N,1}$ = 600 − 100p sinkt. Wie viele Anbieter müssen den Markt verlassen?

d) Kämen die neuen Marktgleichgewichte auch zustande, falls sich die Anbieter jeweils am Preis der Vorperiode orientieren würden?

4.5 Wirkungen staatlicher Eingriffe auf das Marktgleichgewicht

Es kommt immer wieder vor, dass nationale oder internationale Einrichtungen mit Hoheitsbefugnissen versuchen, ein nach ihrem Verständnis unerwünschtes Marktergebnis zu korrigieren. Die staatliche Institution kann entweder direkt auf die Preishöhe einwirken oder durch Vorschriften versuchen, das Angebot und/oder die Nachfrage zu lenken. Auch die Erhebung von Steuern, die in einer sozialen Marktwirtschaft unerlässlich ist, damit die nur von der Gemeinschaft zu leistenden Aufgaben erfüllt werden können, bleibt nicht ohne Auswirkung auf das Marktergebnis. Das Pendant zu Steuern sind Subventionen, die in einer Marktwirtschaft nur in Ausnahmefällen adäquat sind.

Gründe für staatliche Eingriffe	Instrumente
Marktversagen	
• Internalisierung externer Effekte • Bereitstellung öffentlicher Güter	Steuern, Auflagen, Abgaben, Zertifikate
Meritorisierung	
Steigerung der Nachfrage nach staatlich erwünschten Gütern	Subventionen
Verbraucherschutz	
• Schutz der Verbraucher vor zu hohen Preisen	• Höchstpreise
• Sicherung einer stetigen und angemessenen Versorgung	• Mindestpreise, • Subventionen
Produzentenschutz	Mindestpreise, Subventionen, Ankaufgarantien Importbeschränkungen, Produktionsbeschränkungen
Schutz der Produzenten vor zu starken Preisschwankungen bzw. vor zu geringen Erlösen	
Unerwünschte Einkommensverteilung	
• Verhinderung übermäßiger Gewinne • Umverteilung von Einkommen	• Höchstpreise • Steuern

Übersicht 4.1: Gründe und Instrumente für staatliche Eingriffe

Die Gründe, die sich zur Rechtfertigung staatlicher Eingriffe finden lassen, sind zahlreich. Die wichtigsten sind mitsamt den Instrumenten, die zur Zielerreichung eingesetzt werden können, in der vorstehenden Übersicht zusammengestellt.

Im Folgenden sollen zunächst die Wirkungen von Preisvorschriften und danach die von Steuern und Subventionen analysiert werden.

4.5.1 Wirkungen von Höchst- und Mindestpreisen

Höchstpreise sollen die Verbraucher davor schützen, für lebensnotwendige Güter zu hohe Ausgaben leisten zu müssen.

> Höchstpreise werden häufig als Folge von Krisen erlassen, wie nach Kriegen oder bei anderen Versorgungsengpässen. So haben Belgien und Italien während der Ölkrise Mitte der siebziger Jahre Höchstpreise verhängt; in Österreich werden die Mieten kontrolliert. Auch Preisstopps sind nichts anderes als Höchstpreise. Dieses Mittel wird von Ländern mit galoppierender Inflation eingesetzt.

Wie sich Höchstpreise auswirken, hängt von der Struktur des Marktes ab. Das Ziel, die Verbraucher zu schützen, lässt sich manchmal durchaus erreichen, wie wir am Monopolmodell noch zeigen werden. Bei einem Markt, auf dem die Preise ihre Lenkungsfunktion erfüllen, bedeutet jedoch jede Preisvorschrift, dass der Marktmechanismus gestört wird.

Ein Höchstpreis wirkt sich nur dann aus, wenn er unterhalb des Gleichgewichtspreises festgelegt wird (vgl. Abb. 4.21).

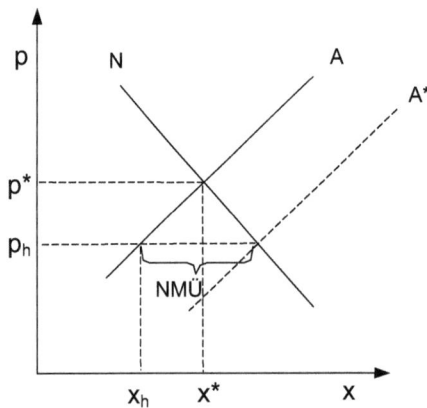

Abbildung 4.21: Wirkung eines Höchstpreises

Bei p_h stimmen nachgefragte und angebotene Menge nicht überein; vielmehr besteht ein Nachfragemengenüberschuss, weil die Nachfrager bei dem geringen Preis mehr Mengeneinheiten kaufen möchten als die Anbieter herzustellen bereit sind. Am Markt gehandelt wird statt der Menge x* die geringere Menge x_h. Das Angebot bildet die sogenannte 'kurze Marktseite', welche die Handelsmenge bestimmt.

Der Höchstpreis schützt zwar die Nachfrager vor hohen Preisen, doch sind die Folgen gravierend: Ein Teil der Kaufwünsche bleibt unbefriedigt. Da die Nachfragekurve zeigt, dass es Käufer gibt, die mehr zu zahlen bereit sind als den Höchstpreis, wird sich ein **Schwarzmarkt** herausbilden, auf dem sich Nachfrager mit hohen Reservationspreisen ihren Kaufwunsch erfüllen. Die Anbieter werden sich den Schwarzmarkt zunutze machen, indem sie von entsprechend zahlungskräftigen Kunden Preise verlangen, die über dem Gleichgewichtspreis liegen. Damit der Höchstpreis überhaupt zum Tragen kommt, müssen also **Preiskontrollen** durchgeführt werden. Da ein Nachfragemengenüberschuss besteht, muss außerdem der Mangel über eine Mengenkontingentierung, z. B. durch ein **Bezugsscheinsystem**, verwaltet werden.

> Nach dem Zweiten Weltkrieg gab es zahlreiche Schwarzmärkte, weil viele Güter bewirtschaftet wurden. Lebensmittel konnten nur gegen Bezugsscheine gekauft werden. Eine Bevölkerungsgruppe, die davon profitierte, war neben den sogenannten Schiebern, welche das Angebot für die Schwarzmärkte besorgten, die Gruppe der Bauern, denn zu ihnen wanderten die Städter an den Wochenenden, um Schmuck, Wäsche oder sonstigen Hausrat gegen Eier und Kartoffeln zu tauschen. Während im Jahr 1948 nach der Währungsreform die meisten Preise freigegeben wurden, blieb der Wohnungsmarkt lange reguliert. Die Folge waren raffinierte Umgehungen; so verlangten Wohnbaugesellschaften von den Mietern einen Baukostenzuschuss in Höhe von mehreren tausend Mark – damals sehr viel Geld. Der Baukostenzuschuss war teilweise 'verloren', kam also einer einmaligen Zahlung gleich, während der andere Teil mit der Miete verrechnet wurde, also ein zinsloses Darlehen darstellte. Die tatsächliche Miete übertraf daher die staatliche Höchstgrenze bei weitem.

Der Markt wird durch den Höchstpreis daran gehindert, einem Gleichgewicht zuzustreben, es sei denn, die Nachfrage nach dem Gut sinkt soweit, dass der Gleichgewichtspreis mit dem Höchstpreis übereinstimmt oder sogar darunter liegt. Bleibt es jedoch bei dem Ungleichgewicht zwischen Angebot und Nachfrage, wird sich die Situation bei einem Höchstpreis, der nicht kostendeckend ist, noch verschlimmern. Anbieter, denen ein Ausweichen auf den gewinnbringenden Schwarzmarkt zu riskant ist und die daher nur mit Verlust produzieren können, werden aus dem Markt austreten und damit die angebotene Menge weiter verringern; die Angebotskurve verschiebt sich nach links und die Unterversorgung der Nachfrage verstärkt sich.

Selbst wenn der Preis p_h kostendeckend oder sogar gewinnbringend wäre, kann der Höchstpreis auf einem Markt mit wirksamer Konkurrenz nicht als ökonomisch sinnvoll angesehen werden. Bei einer Freigabe des Preises wird dieser zwar kurzfristig auf p^* steigen (so erhöhten sich die Lebenshaltungskosten bis Ende 1948 um 17%). Die übernormalen Gewinne sorgen jedoch für Markteintritte und damit für eine Ausweitung des Angebots. Letztendlich sinkt der Preis bei vollständiger Konkurrenz bis auf die Durchschnittskosten und der Markt wird geräumt. Auch in der Wirtschaftswunderzeit hat dieser Mechanismus der Tendenz nach hervorragend funktioniert, obgleich die Märkte nicht dem Modell der vollständigen Konkurrenz entsprachen.

Falls der Nachfragemengenüberschuss nicht nur vorübergehend auftritt, müssen weitere Maßnahmen ergriffen werden. Entweder muss der Staat versuchen, die Nachfrage zu vermindern. Bei lebensnotwendigen Gütern ist das freilich nicht sehr sinnvoll. Oder das Angebot muss so weit ausgedehnt werden, dass beim Preis p_h der Markt ausgeglichen ist (Angebotskurve A* in Abb. 4.21). Um dies zu erreichen, muss der Staat das Gut in Eigenregie herstellen oder die Anbieter durch **Subventionen** animieren, ihre Produktion auszuweiten. Dabei besteht die Gefahr, dass die Subventionen zur kostspieligen Dauereinrichtung werden.

Für einen Teilbereich des Wohnungsmarktes, den sozialen Wohnungsbau, wendet der Staat auch heute noch Subventionen auf. Die Nachfrage wird durch Wohnberechtigungsscheine geregelt, da sonst auch Mieter des freien Wohnungsmarktes als Nachfrager nach Sozialwohnungen aufträten. Das Instrument der Fehlbelegungsabgabe zeigt, dass eine zusätzliche Maßnahme dafür sorgen muss, dass Mieter, die aufgrund ihres Einkommens in den freien Wohnungsmarkt überwechseln sollten, nicht im Markt des Sozialwohnungsbaus verbleiben.

Es mag gute moralische Gründe dafür geben, ein lebensnotwendiges Gut durch einen Höchstpreis schützen zu wollen. Die Gewinnanreize auf einem Markt, auf dem der Lenkungsmechanismus der Preise funktioniert, sorgen jedoch auf mittlere Frist dafür, dass eine Versorgung gesichert ist, bei welcher die Nachfrager für den Faktorverzehr bezahlen und die Anbieter allenfalls mäßige übernormale Gewinne erzielen.

Während Höchstpreise die Verbraucher schützen sollen, wird mit **Mindestpreisen** ein Schutz der Produzenten angestrebt. Mindestpreise werden nur wirksam, wenn sie oberhalb des Gleichgewichtspreises liegen, wie in Abbildung 4.22.

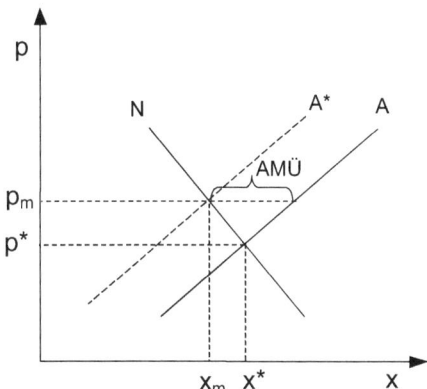

Abbildung 4.22: Wirkung eines Mindestpreises

Auch hier liegt eine Ungleichgewichtssituation vor, weil die Produzenten zu dem hohen Preis mehr anbieten, als die Nachfrager abzunehmen bereit sind. Die gehandelte Menge x_m wird wieder von der kurzen Marktseite bestimmt, hier also durch die Nachfrage. Es besteht ein Angebotsmengenüberschuss.

Wie bei Höchstpreisen besteht ein Anreiz, auf einen Schwarzmarkt auszuweichen, denn offensichtlich gibt es Anbieter, die bereit sind, auch unterhalb des Mindestpreises zu verkaufen. Daher sind wiederum Kontrollen notwendig, damit der Mindestpreis nicht unterlaufen wird.

> Dieses Problem tritt insbesondere bei Arbeitsmärkten auf, falls Gewerkschaften oder der Staat Mindestlöhne durchsetzen. Die unfreiwillige Arbeitslosigkeit als Angebotsmengenüberschuss führt zu Schwarzarbeit, von der beide Seiten – Arbeitgeber wie Arbeitnehmer – profitieren, die Gesellschaft als ganze jedoch geschädigt wird, weil der Sozialversicherung Beiträge und dem Staat Steuern entgehen.

Wenn der Mindestpreis mit der Absicht eingeführt wurde, die Unternehmen einer bestimmten Branche am Leben zu erhalten, sind flankierende Maßnahmen notwendig. Der Versuch, die private Nachfrage zu stärken, ist i. Allg. wenig erfolgreich; es muss daher an der Angebotsseite angesetzt werden. Eine Möglichkeit besteht darin, den Angebotsmengenüberschuss durch staatliche Stellen aufzukaufen, also die fehlende private Nachfrage durch staatliche zu ersetzen.

> Der Aufkauf überschüssiger Agrarprodukte war in der EG lange Zeit die vorrangige Maßnahme. Der Mindestpreis nimmt hier die Form eines Interventionspreises an. Wird dieser unterschritten, erfolgt ein staatlicher Ankauf. Nicht lagerfähige Produkte müssen vernichtet werden, lagerfähige

wandern in Kühlhäuser. Dies führte dazu, dass der Bestand an Magermilchpulver auf 1,4 Mio. Tonnen im Sommer 1976 und der Butterberg bis
zum Herbst 1986 auf 1,5 Mio. Tonnen anwuchs.

Falls der Mindestpreis höher ist als die Durchschnittskosten und daher mit
der Produktion Gewinne zu erzielen sind, wird wegen der Preis- und An-
kaufgarantie der Angebotsmengenüberschuss noch vergrößert, weil die
Kapazitäten ausgeweitet werden oder neue Anbieter in den Markt eintreten. Das Problem verschärft sich somit.

Auf Dauer ist der Ankauf des Angebotsmengenüberschusses nicht
durchzuhalten. Die staatliche Zielsetzung muss etwa dahingehend geändert werden, Angebotsmengenüberschüsse zu vermeiden und nur noch
einer kleineren Anzahl von Anbietern die Existenz zu sichern. Es wird dann
versucht, das Angebot zu verringern; die Angebotskurve in Abbildung 4.22
soll sich auf A* verschieben. Solche Maßnahmen, die auch ohne die Ver-
ordnung eines Mindestpreises durchgeführt werden können, bestehen in
Produktionsbeschränkungen durch Quoten oder Kontingente, Subventionen für die Einstellung der Produktion und/oder Importbeschränkungen. Es
müssen somit Kapazitäten verringert werden oder Anbieter den Markt verlassen.

Dieser Weg wurde inzwischen von der EG-Agrarpolitik beschritten – mit
Milchquoten, Abschlachtprämien für Vieh und Stilllegungsprämien für Bö-
den. Dadurch konnten die eingelagerten Lebensmittel erheblich verringert
werden. So beliefen sich die Interventionsbestände im Jahr 2004 nur noch
auf 85.000 Tonnen Butter und 30.000 Tonnen Magermilchpulver.

Ein Eingriff in den Preismechanismus eines Marktes mit funktionierendem
Wettbewerb zieht somit stets weitere Interventionen nach sich. Eine optimale Allokation wird verhindert, weil die Faktoren nicht so eingesetzt werden, dass sie die Bedürfnisse der Nachfrager in effizienter Weise erfüllen.

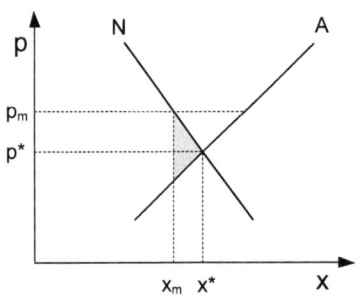

*Abbildung 4.23.a: Wohlfahrts-
verlust bei Mindestpreis*

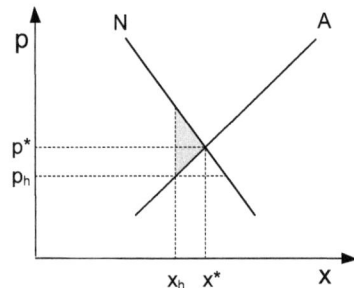

*Abbildung 4.23.b: Wohlfahrts-
verlust bei Höchstpreis*

Die Summe aus Konsumenten- und Produzentenrente sinkt sowohl bei Mindest- als auch bei Höchstpreisen. Der Verlust an Rente wird in den Abbildungen 4.23.a und 4.23.b durch die grau unterlegte Fläche ausgewiesen. Dieser Verlust wird auch als **dead-weight loss** bezeichnet (vgl. hierzu auch Abschnitt 5.3).

4.5.2 Steuern und Subventionen

Steuern haben in jedem Fall Auswirkungen auf das Marktgeschehen, sogar eine Pro-Kopf-Steuer, die alle gleich belastet. Die relativen Preise würden sich selbst dann ändern, wenn der Staat die eingenommenen Steuern nur dazu verwenden würde, um Haushalten, die kein Faktorangebot unterbreiten können, das Überleben zu sichern. Haushalte mit hohem Einkommen würden nämlich aufgrund der Steuerzahlung bei dem dann geringeren verfügbaren Einkommen ihre Nachfrage nach inferioren Gütern erhöhen und nach superioren Gütern senken. Die für wohlausgestattete Haushalte inferioren Güter sind für Haushalte, die von der staatlichen Unterstützung leben, vermutlich superior. Die Nachfrage nach diesen Gütern steigt somit, während die Nachfrage nach Gütern, welche für die wohlhabenderen Haushalte superior sind, sinkt. Damit ändern sich auch die relativen Preise. Dies gilt erst recht, wenn der Staat zur Erfüllung seiner Aufgaben seinerseits als Nachfrager auftritt, weil er andere Güter (z.B. Kampfflugzeuge) kaufen wird als die privaten Haushalte.

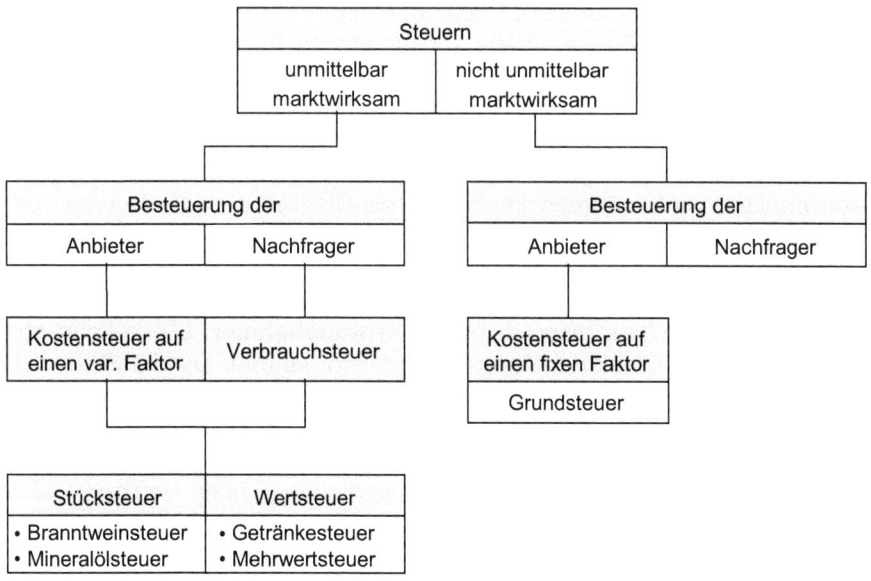

Übersicht 4.2: Steuerarten

In diesem Abschnitt wenden wir uns Steuern zu, die auf eine direktere Weise marktwirksam werden. Sie sind in der vorstehenden Übersicht mit einigen Beispielen zusammengestellt.

Obgleich man meinen sollte, eine Nachfragesteuer würde am besten bei den Haushalten erhoben, während Kostensteuern von den Unternehmen zu bezahlen sind, werden in der Realität alle Steuern von den Unternehmen abgeführt. Dies ist ökonomisch sinnvoll, weil es weit weniger Unternehmen als Haushalte gibt und dadurch Transaktionskosten gespart werden. Auch wir gehen im Folgenden davon aus, dass die Anbieter das Steueraufkommen abführen. Am Marktergebnis ändert sich c. p. ohnehin nichts, ganz gleich, vom wem der Fiskus die Steuer einfordert.

Sobald eine unmittelbar marktwirksame Steuer erhoben wird, müssen zwei Preise unterschieden werden: Der Nettopreis ohne Steuern und der Bruttopreis mit Steuern. Bei einer **Stücksteuer**, der wir uns zunächst zuwenden, gilt:

$$p_{br} = p_n + \tau \ .$$

Der Nettopreis steigt um den Steuersatz, welcher für jede Mengeneinheit τ Geldeinheiten beträgt. Für die Nachfrager zählt stets der Bruttopreis, denn dieser geht in die Budgetrestriktion ein. Für die Haushalte ist es unerheblich, wie sich der Bruttopreis zusammensetzt, d. h., ob die Preishöhe nur von den Faktorkosten bestimmt wird oder ob darin auch ein Steueranteil enthalten ist. Die Anbieter dagegen richten ihre Produktion an dem Nettopreis aus, denn nur dieser fließt ihnen zu.

Da wir nun zwei Preise haben, können wir die Steuerwirkungen entweder anhand der Nettopreise oder anhand der Bruttopreise darstellen. Beides läuft auf dasselbe hinaus. Der Unterschied liegt darin, dass im Nettopreis-Diagramm der neue Netto-Gleichgewichtspreis als Schnittpunkt von Angebots- und Nachfragekurve jeweils in Abhängigkeit von den Nettopreisen ermittelt wird, während im Bruttopreis-Diagramm beide Kurven vom Bruttopreis abhängen und deren Schnittpunkt daher den neuen Brutto-Gleichgewichtspreis ergibt.

Wir beginnen mit den Wirkungen einer Steuer auf jede am Markt verkaufte Mengeneinheit, also mit einer **Verbrauchsteuer**. Diese kann aus Anbietersicht auf zweierlei Weise interpretiert werden: Da die Steuer zu den Produktionskosten je Stück hinzukommt, wirkt die Verbrauchsteuer wie eine Kostenerhöhung, mit der Folge, dass sich die Grenzkostenkurve nach oben verschiebt. Die andere Sichtweise besteht darin, auf die Erlösminderung abzustellen, denn für jede verkaufte Einheit verringert sich durch die abzuführende Steuer der Nettopreis, der den Anbietern verbleibt. Die erste Interpretation bezieht sich auf Bruttopreise und die zweite auf Nettopreise. Letztere wird zuerst dargestellt.

In Nettopreisen ausgedrückt, lassen sich die Nachfrage- und die Angebotsfunktion in allgemeiner Form schreiben als:

$$x_N = x_N(p_{br}) \quad \text{bzw.} \quad x_N = x_N(p_n + \tau) \, ; \qquad x_A = x_A(p_n) \, .$$

Die Nachfrage hängt vom Bruttopreis p_{br} ab. Damit sie als Funktion des
Nettopreises ausgedrückt werden kann, muss p_{br} durch $p_n + \tau$ ersetzt werden. Es gibt nun zwei Nachfragefunktionen: Eine vor der Steuereinführung,
also $x_N = x_N(p_{br})$, wobei Brutto- und Nettopreis identisch sind, und eine nach
Steuererhebung, $x_N = x_N(p_n + \tau)$. Diese ist offensichtlich im p/x-Diagramm
gegenüber der ursprünglichen um τ nach unten verschoben.

Die ursprüngliche und die neue Nachfragekurve sind in Abbildung 4.24
abgetragen.

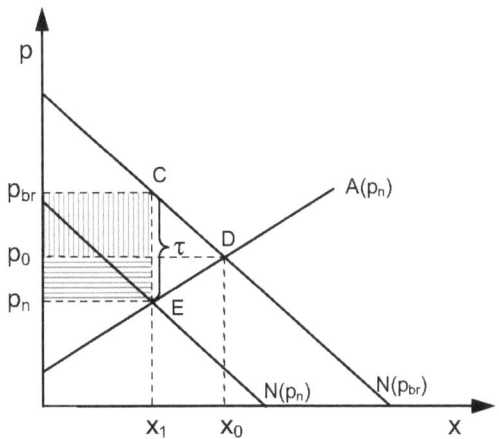

Abbildung 4.24: Wirkung einer Stücksteuer – Nettopreis-Diagramm

Vor der Steuererhebung wird im Marktgleichgewicht die Menge x_0 gehandelt und der Marktpreis beläuft sich auf p_0. Mit der um τ nach unten ver-
schobenen Nachfragekurve ergibt sich das neue Marktgleichgewicht im
Schnittpunkt von $A(p_n)$ und $N(p_n)$. Die gehandelte Menge schrumpft durch
die Steuererhebung auf x_1. Der Nettopreis, der zum Schnittpunkt gehört,
beläuft sich auf p_n. Das ist der Preis, der den Anbietern bleibt. Die Nachfrager müssen jedoch den Bruttopreis bezahlen, der sich an der Nachfragekurve $N(p_{br})$ ablesen lässt.

Der Erlös, den die Anbieter am Markt erzielen, besteht aus $x_1 \cdot p_{br}$. Davon
behalten sie jedoch nur $x_1 \cdot p_n$. Die Fläche des Rechtecks $(p_{br} - p_n) \cdot x_1$ bzw.
$\tau \cdot x_1$ repräsentiert den Teil des Erlöses, der dem Staat als Steuereinnahme
zufließt.

Durch den Vergleich von Brutto- und Nettopreis mit dem Gleichgewichtspreis ohne Steuern zeigt sich, welche Steuerlast die Nachfrager und wel-

che die Anbieter zu tragen haben. Der Betrag $(p_{br} - p_0) \cdot x_1$ entfällt auf die Nachfrager, $(p_0 - p_n) \cdot x_1$ auf die Anbieter. Das längs gestreifte Rechteck entspricht daher der Steuerbelastung der Nachfrager, das quer gestreifte derjenigen der Anbieter. Die Anbieter können also lediglich einen Teil der Verbrauchsteuer auf die Nachfrager überwälzen. Dies zeigt, dass diejenigen, die der Fiskus eigentlich belasten will – hier die Käufer –, letztlich nicht unbedingt auch die Steuer im wirtschaftlichen Sinne tragen (**ökonomische Inzidenz**). Hinzu kommt ein Wohlfahrtsverlust.

> Wie man anhand von Abbildung 4.24 erkennen kann, entsteht durch die Besteuerung ein unwiederbringlicher Wohlfahrtsverlust in Höhe des Dreiecks CDE. Dieses Dreieck stellt einen Verlust an Konsumenten- und Produzentenrente dar, der dem Staat nicht als Steuereinnahme zufließt. Deswegen spricht man auch von der **Zusatzlast der Besteuerung** (engl.: excess burden), womit zum Ausdruck gebracht werden soll, dass die Erhebung einer Steuer in der hier dargestellten Situation zu Wohlfahrtsverlusten führt.

Die Steuerwirkung lässt sich analog durch eine Betrachtung des Gleichgewichts zu Bruttopreisen darstellen. In diesem Fall lassen sich die Nachfrage- und die Angebotsfunktion in allgemeiner Form schreiben als:

$$x_N = x_N(p_{br}) \; ; \qquad x_A = x_A(p_n) \quad \text{bzw.} \quad x_A = x_A(p_{br} - \tau) \, .$$

In Abbildung 4.25 stimmen $A(p_n)$ und $N(p_{br})$ mit den Kurven in Abbildung 4.24 überein. Damit sind auch die Ausgangsgleichgewichte (x_0, p_0) identisch.

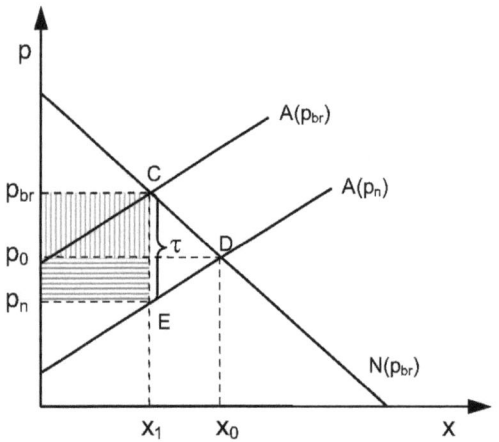

Abbildung 4.25: Wirkung einer Stücksteuer – Bruttopreisdiagramm

Die Angebotskurve nach Steuern $A(p_{br})$ ist im p/x-Diagramm um denselben Steuersatz τ nach oben verschoben wie die Nachfragekurve in Abbildung 4.24 nach unten. Der Bruttopreis nach Steuern ergibt sich aus dem Schnittpunkt der Angebotskurve $A(p_{br})$ und der Nachfragekurve; er stimmt exakt mit dem Bruttopreis in Abbildung 4.24 überein.

Der Nettopreis lässt sich hier auf der Angebotskurve $A(p_n)$ ablesen; selbstverständlich ist auch er identisch mit demjenigen in Abbildung 4.24. Damit stimmen auch die Steuerlasten wieder überein: $(p_{br} - p_0) \cdot x_1$ ist von den Nachfragern zu tragen, $(p_0 - p_n) \cdot x_1$ dagegen von den Unternehmen und der Wohlfahrtsverlust entspricht dem gleich großen Dreieck CDE .

Eine **Wertsteuer** auf den Verbrauch hat tendenziell dieselben Wirkungen wie eine Stücksteuer. Die Verschiebung der Angebotskurve (im Brutto-preis-Diagramm) bzw. der Nachfragekurve (im Nettopreis-Diagramm) ist lediglich etwas komplizierter.

> Der Bruttopreis bei einer Wertsteuer lässt sich schreiben als: $p_{br} = p_n(1+\tau)$, mit τ als Dezimalbruch (also 0,2 bei einem Steuersatz von 20%). Damit ergibt sich die Angebotsfunktion in Bruttopreisen als $x_A = x_A[p_{br}/(1+\tau)]$. Die Angebotskurve verschiebt sich im p/x-Diagramm also um einen prozentualen Faktor nach oben. Bei einer Angebotskurve wie in Abbildung 4.24 bzw. 4.25 läge der Ordinatenabschnitt höher und die Steigung wäre größer.
> Die Nachfragefunktion in Nettopreisen ergibt sich als $x_N = x_N[p_n \cdot (1 + \tau)]$. Eine lineare Nachfragekurve dreht sich um den Abszissenabschnitt zum Nullpunkt hin. Bei beiden Kurven erhöht sich folglich mit steigenden Preisen die absolute Differenz zwischen Brutto- und Nettopreis.

Die Wirkungen einer **Kostensteuer** auf einen variablen Produktionsfaktor unterscheiden sich prinzipiell nicht von denen einer Verbrauchsteuer. Da sich durch eine Kostensteuer der Preis eines Faktors erhöht, wie z. B. für Spediteure der Preis für Kraftstoff durch die Mineralölsteuer, verschiebt sich die Grenzkostenkurve und damit die Angebotskurve nach oben; die gehandelte Menge sinkt und der Preis steigt. Bei normal verlaufenden Angebots- und Nachfragekurven kann wiederum nur ein Teil der Steuerlast auf die Nachfrager überwälzt werden.

> Die exakte Analyse einer Kostensteuer ist allerdings weit komplizierter als bei einer Stücksteuer auf den Verbrauch. Wie sich die Besteuerung eines variablen Faktors auswirkt, hängt von den Substitutionsmöglichkeiten und vom Anteil der Kosten für diesen Faktor an den gesamten Produktionskosten ab. Die Angebotskurve muss sich daher keineswegs gerade um τ verschieben. Werden jedoch alle variablen Faktoren mit einer bestimmten prozentualen Steuer belastet, dann erhöhen sich die Grenzkosten um denselben Prozentsatz.

Allgemein gilt: Bei jeder Besteuerung des Verbrauchs oder des Einsatzes variabler Produktionsfaktoren sinken die am Markt erzielten Renten um den Steuerbetrag, der abzuführen ist, sowie um nicht mehr realisierte Konsumenten- und Produzentenrente. Weil durch die Einführung der Steuer üblicherweise das Handelsvolumen sinkt, übersteigt in aller Regel der Verlust an Rente bei den Anbietern und Nachfragern die Steuereinnahmen. Damit geht ein unwiederbringlicher Wohlfahrtsverlust einher.

Welcher Anteil der Steuerlast auf die Haushalte und welcher auf die Unternehmen entfällt, hängt c. p. von der Preiselastizität der Nachfrage und des Angebots im Ausgangsgleichgewicht ab. Dabei entspricht das Verhältnis der Steuerlast dem umgekehrten Verhältnis der Preiselastizitäten.

Dies lässt sich sehr einfach zeigen, indem die Preiselastizitäten von Nachfrage und Angebot als Bogenelastizitäten geschrieben werden, wobei wir die Mengen- und Preisänderungen positiv formulieren:

$$\varepsilon_{x,p} = \frac{x_0 - x_1}{p_{br} - p_0} \cdot \frac{p_0}{x_0} \ ; \quad \eta_{x,p} = \frac{x_0 - x_1}{p_0 - p_n} \cdot \frac{p_0}{x_0} \ .$$

Wenn wir die Angebotselastizität zur Nachfrageelastizität ins Verhältnis setzen, kürzen sich die Terme $(x_0 - x_1)$ sowie p_0/x_0 heraus und es bleibt:

$$\frac{\eta_{x,p}}{\varepsilon_{x,p}} = \frac{p_{br} - p_0}{p_0 - p_n} = \frac{(p_{br} - p_0) \cdot x_1}{(p_0 - p_n) \cdot x_1} = \frac{\text{Steuerlast der Konsumenten}}{\text{Steuerlast der Produzenten}} \ .$$

Damit kann man folgende Extreme unterscheiden:
- Bei einer völlig unelastischen Nachfrage gelingt den Unternehmen eine vollständige Überwälzung; die gesamte Steuer wird von den Nachfragern bezahlt und die Anbieter erleiden keine Einbuße.

> Kurzfristig wird die Nachfrage dann preisunelastisch sein, wenn sich das nun teurere Gut erst nach einiger Zeit substituieren lässt. Eine Einführung bzw. Erhöhung der Heizölsteuer führt kurzfristig zu einem sehr geringen Rückgang der Nachfrage. Mittelfristig werden Haushalte, welche ohnehin ihre Heizung modernisieren müssen oder neu bauen, günstigere Alternativen wählen, falls solche vorhanden sind (Gas, Solarenergie) oder zumindest versuchen, den Verbrauch durch bessere Wärmedämmung und andere Einsparmöglichkeiten zu verringern.

- In dem unrealistischen Fall einer völlig elastischen Nachfrage können die Anbieter dagegen nichts überwälzen.
- Bei dem – ebenfalls realitätsfernen – Szenario eines völlig elastischen Angebots müssen dagegen die Haushalte die gesamte Steuerlast tragen; der Nettopreis ändert sich nicht. Falls die Nachfrage aufgrund der

Preiserhöhung zurückgeht (normal verlaufende Nachfragekurve), sinkt jedoch der Erlös, den die Unternehmen am Markt erzielen.
– Bei einem völlig preisunelastischen Angebot entfällt die gesamte Steuer auf die Unternehmen, denn der Bruttopreis bleibt unverändert.

Es ergibt sich somit folgende unmittelbare Wirkung bei der Erhebung oder Erhöhung einer direkt marktwirksamen Steuer: Diejenige Marktseite, welche die geringere Preiselastizität im Ausgangsgleichgewicht aufweist, trägt den größeren Teil der Steuerlast.

Bei vollständiger Konkurrenz wird die Steuerlast mittel- bis langfristig jedoch von den Nachfragern getragen. Dies kann man sich anhand der Abbildung 4.24 (analog anhand der Abb. 4.25) klarmachen: Falls sich der Markt vor Steuererhebung (oder -erhöhung) im langfristigen Gleichgewicht befand, wurden durch den Preis p_0 gerade die gesamten Durchschnittskosten gedeckt; p_n kann somit kein kostendeckender Preis sein. Daher müssen so lange Anbieter aus dem Markt ausscheiden (und/oder ihre Kapazität verkleinern), bis wegen des geringeren Angebots wieder der Preis p_0 erzielt wird. In Abbildung 4.24 muss sich die Angebotskurve $A(p_n)$ so weit nach links verschieben, bis sie die Nachfragekurve $N(p_n)$ bei p_0 schneidet. Der Bruttopreis liegt entsprechend um τ höher.

> Falls die Steuer zu dem Zweck erhoben wurde, Staatseinnahmen zu erzielen, ist das für den Finanzminister keine erfreuliche Entwicklung, weil das Marktvolumen verglichen mit dem Ausgangsgleichgewicht noch weiter schrumpft und damit auch die Steuereinnahmen. Das ist übrigens auch das Problem einer Ökosteuer: Wenn sie Wirkung zeigt, wobei sich ja aufgrund erwünschter Substitutionsprozesse auch noch die Nachfragekurve nach links verlagert, trägt sie nur ungenügend zu den Staatseinnahmen bei.

Eine **Kostensteuer auf fixe Produktionsfaktoren** wie die Grundsteuer auf Betriebsgebäude hat kurzfristig keinen Einfluss auf das Marktgleichgewicht, weil die Fixkosten nicht in das Gewinnmaximierungskalkül der Anbieter eingehen. Die gewinnmaximale Angebotsmenge bleibt zunächst unverändert. Allerdings vermindern sich die Gewinne oder es entstehen Verluste. Letzteres gilt, wenn sich der Markt vor der Steuermaßnahme im langfristigen Gleichgewicht befand. Die Folgen sind dieselben wie bei einer Kostensteuer auf variable Produktionsfaktoren: Das Angebot muss solange schrumpfen und der Marktpreis solange steigen, bis der Gewinn wieder null wird. Im Fall der vollständigen Konkurrenz wird daher auch eine Steuer auf fixe Produktionsfaktoren letztlich voll auf die Käufer überwälzt.

Die bislang erarbeiteten Ergebnisse lassen sich verallgemeinern: Auf Märkten, bei denen der Zutritt nicht beschränkt ist und ein lebhafter Wettbewerb dazu führt, dass nur Normalgewinne erzielt werden können, muss jede

Steuer, die den Stückerlös der Anbieter senkt oder die Fixkosten erhöht, längerfristig zu einer Überwälzung auf die Käufer führen. Sind von der Steuer nicht alle Märkte bzw. Anbieter betroffen, wird es auch auf Märkten, bei denen der Zutritt beschränkt ist und nach wie vor Gewinne erzielt werden, aufgrund der verringerten Gewinnmöglichkeiten zu einer Umorientierung bei den Unternehmen kommen. Sie werden sich nach Produktionsmöglichkeiten umsehen, die höhere Gewinne versprechen. Die Nachfrager wiederum werden nach Substitutionsmöglichkeiten für die teurer gewordenen Güter suchen. Aufgrund der Veränderung der relativen Preise wird ein Umschichtungsprozess stattfinden, wobei das Handelsvolumen auf den von Steuern betroffenen Märkten sinkt, während es auf anderen Märkten, deren Güter nicht besteuert werden, steigt.

Subventionen wirken wie negative Steuern. Die Subventionierung variabler Faktoren, wie etwa Arbeit, verbilligt die Produktion (die Angebotskurve verschiebt sich nach unten). Die Produktion wird ausgedehnt, der Preis sinkt, wobei wiederum bei normal verlaufenden Kurven ein Teil der Subventionen den Nachfragern zugute kommt, während der andere Teil den Anbietern zufließt. Die dadurch (oder durch die Subventionierung eines fixen Faktors) entstehenden Gewinne sorgen bei vollständiger Konkurrenz dafür, dass sich das Angebot noch weiter ausdehnt, bis die Gewinnchancen ausgeschöpft sind. Letztlich gilt daher: Die Subventionen kommen langfristig voll und ganz den Konsumenten zugute.

> Werden Subventionen an Branchen vergeben, die notleidend sind und deren Unternehmen ohne staatliche Unterstützung Verluste einfahren würden (wie bei der Kohle), wird der Lenkungsmechanismus der Preise außer Kraft gesetzt. Eigentlich müssten so lange Unternehmen den Markt verlassen, bis keine Verluste mehr auftreten. Da die Kohle international gehandelt wird, müssten also alle Steinkohlezechen in Deutschland schließen, weil sie nicht konkurrenzfähig sind. Dies ist politisch offensichtlich nicht gewollt oder nicht durchsetzbar.

Auf einem Markt mit subventionierter Produktion steigt die Summe aus Konsumenten- und Produzentenrente. Dies ist jedoch nicht positiv zu werten, da die Subventionen aus Steuermitteln aufzubringen sind und daher die Rente auf anderen Märkten sinkt. Während die Erhebung von Steuern notwendig ist, um Staatseinnahmen zu erzielen und sich als sinnvoll herausstellt, um negative externe Effekte zu internalisieren, lassen sich Subventionen ökonomisch nur rechtfertigen, wenn es um die Produktion von öffentlichen Gütern oder um die Internalisierung positiver externer Effekte geht (siehe Kapitel 8). Sogenannte 'Erhaltungssubventionen' führen jedoch zu einer Produktionsstruktur, die den Wünschen der Nachfrager nicht optimal entspricht.

Übungsaufgaben

<u>Aufgabe 25:</u>
Es gelten die Funktionen aus Aufgabe 23: $x_A = 100p - 300$ und $x_N = 700 - 100p$.
Der Staat verfügt einen Höchstpreis in Höhe von $p_h = 4$.
a) Welche Marktseite ist die kurze? Wie hoch fällt der Überschuss aus?
b) Warum wird sich der Nachfragemengenüberschuss ohne weitere staatliche Eingriffe noch erhöhen?

<u>Aufgabe 26:</u>
a) Wir verwenden erneut die Angebots- und die Nachfragefunktion aus Aufgabe 23 bzw. 25. Der Staat erhebt eine Verbrauchsteuer in Form einer Stücksteuer in Höhe von $\tau = 2$. Berechnen Sie Brutto- und Nettopreis nach beiden Methoden sowie die Menge x_1.
b) Ermitteln Sie mit den berechneten Werten die Preiselastizitäten der Nachfrage und des Angebots als Bogen- und als Punktelastizität und zeigen Sie, dass aus dem Verhältnis der Elastizitätswerte folgt, dass Anbieter und Nachfrager dieselbe Steuerlast tragen.
c) Wie hoch ist das Steueraufkommen? Berechnen Sie den unwiederbringlichen Verlust an Konsumenten- und Produzentenrente (ziehen Sie Abb. 4.24 heran).

4.6 Exkurs: Die Faktornachfrage der Unternehmen

4.6.1 Herleitung aus der Gewinngleichung

Am Rande sind wir auf die Faktornachfrage schon in der Kostentheorie eingegangen. Dort leiteten wir die Faktornachfragefunktionen aus der Minimalkostenkombination ab (vgl. Abschnitt 3.4.2). Den Zusammenhang zwischen der Produktionsmenge, die im Gleichgewicht der nachgefragten Menge entsprechen muss, dem Güterpreis, den Faktorpreisen und der Faktornachfrage können wir auch noch auf einem anderen Weg herleiten. Dazu betrachten wir die Gewinngleichung eines Unternehmens, das unter den Bedingungen der vollständigen Konkurrenz anbietet. Sowohl der Güterpreis als auch die Faktorpreise sind für das Unternehmen exogene Größen. Da wir die Gewinne in Abhängigkeit von den eingesetzten Faktormengen betrachten möchten, schreiben wir die Gewinngleichung des Unternehmens folgendermaßen:

$$G(v_1, v_2) = p \cdot x(v_1, v_2) - q_1 \cdot v_1 - q_2 \cdot v_2 - FK \ .$$

Der erste Ausdruck auf der rechten Seite ist der Erlös $E = p \cdot x$, wobei die Produktionsmenge von den eingesetzten Faktormengen abhängt. Der Erlös in Abhängigkeit von den eingesetzten Faktormengen wird auch als Wert der Produktion bzw. **Wertprodukt** bezeichnet. Diese Bezeichnung verdeutlicht, dass der Erlös c. p. vom Marktpreis p abhängt, der für die produzierte Menge bezahlt wird. Von den Erlösen sind die Kosten abzuziehen, die sich aus den Ausgaben für die variablen Faktoren und den Fixkosten zusammensetzen.

Ableiten der Gewinngleichung nach v_1 und v_2 und anschließendes Nullsetzen liefert die Bedingungen erster Ordnung für das Gewinnmaximum:

$$\frac{\partial G}{\partial v_1} = p \cdot \frac{\partial x}{\partial v_1} - q_1 = 0$$

$$\frac{\partial G}{\partial v_2} = p \cdot \frac{\partial x}{\partial v_2} - q_2 = 0 \; .$$

Durch Auflösen nach q_1 bzw. q_2 erhält man daraus:

$$p \cdot \frac{\partial x}{\partial v_1} = q_1 \quad \text{bzw.} \quad p \cdot \frac{\partial x}{\partial v_2} = q_2 \; . \tag{4.7}$$

Diese Bedingungen sind folgendermaßen zu interpretieren: $p \cdot \partial x / \partial v_i$ wird **Grenzwertprodukt** genannt. (Man spricht auch vom Wert des Grenzprodukts oder von Wertgrenzprodukt.) Das Grenzwertprodukt gibt den Zusatzerlös an, den der Einsatz einer weiteren Faktoreinheit erbringt. Da die Kosten für einen Faktor $v_i \cdot q_i$ betragen, sind q_i die Grenzkosten, die für den Einsatz der zusätzlichen Faktoreinheit anfallen. Im Gewinnmaximum müssen sich die Grenzkosten und die Grenzerlöse ausgleichen. Nichts anderes besagen die Gleichungen (4.7).

Wenn wir beide Maximierungsbedingungen nun noch durch den Produktpreis dividieren erhalten wir:

$$\frac{\partial x}{\partial v_1} = \frac{q_1}{p} \quad \text{bzw.} \quad \frac{\partial x}{\partial v_2} = \frac{q_2}{p} \; .$$

Im Gewinnmaximum ist die Grenzproduktivität gleich dem realen Faktorpreis.

Angewendet auf den Arbeitsmarkt heißt dies: Bei vollständiger Konkurrenz entspricht die Grenzproduktivität des Faktors Arbeit im Gewinnmaximum dem 'Reallohn', wobei hier allerdings der Nominallohn nur mit dem Preis auf dem betrachteten Gütermarkt gewichtet wird und nicht mit dem Durchschnittspreis aller Güter, welche die Arbeitskräfte nachfragen. Nehmen wir an, dass die Grenzproduktivität der Arbeit mit steigendem Faktoreinsatz sinkt, können wir folgenden Zusammenhang herstellen: Ist die Grenzproduktivität geringer als der Reallohn, wird die Faktornachfrage eingeschränkt, ist die Grenzproduktivität höher als der Reallohn, wird die Faktornachfrage ausgedehnt und zwar solange, bis Gleichheit zwischen beiden Größen herrscht. Analog hierzu gilt für den Kapitalmarkt, dass die Grenzproduktivität des Kapitals im Gewinnmaximum dem Realzins entspricht. Für Abweichungen der beiden Größen gilt das für den Arbeitsmarkt Gesagte entsprechend.

Da die Faktornachfrage also immer so ausgerichtet wird, dass das Grenzwertprodukt dem Faktorpreis entspricht, muss diese Bedingung auf der Faktornachfragekurve stets erfüllt sein.

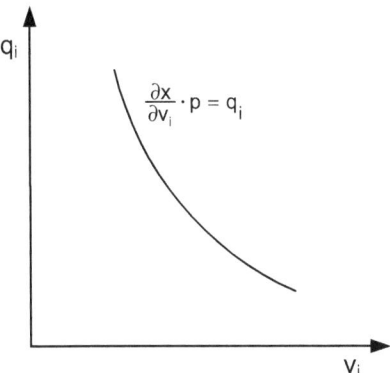

Abbildung 4.26: Faktornachfragekurve

Wenn die Grenzproduktivität mit steigendem Faktoreinsatz sinkt, verläuft die Faktornachfragekurve fallend. Damit kann die jeweilige Gewinnmaximierungsbedingung nur dann erfüllt sein, wenn auch der Faktorpreis entsprechend geringer ist.

Übertragen wir das ganze wieder auf den Arbeitsmarkt und zeichnen zur Arbeitsnachfragekurve die Arbeitsangebotskurve der Haushalte in ein Diagramm ein (vgl. Abb. 4.27[1]), dann entspricht ℓ^* der Grenzproduktivität der Arbeit.

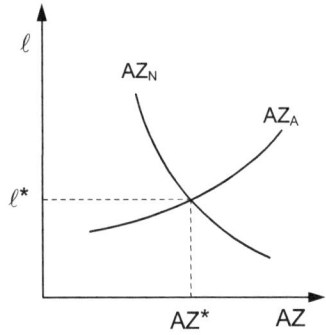

Abbildung 4.27: Nachfrage und Angebot auf dem Arbeitsmarkt

[1] Dabei gehen wir davon aus, dass der Substitutionseffekt einer Lohnänderung den Einkommenseffekt übersteigt.

Allerdings lassen sich grundsätzliche Einwände gegen diese Darstellung der Funktionsweise des Arbeitsmarktes vorbringen. Zum einen handelt es sich bei der Arbeitsleistung nicht um ein homogenes Gut. Zum anderen ist der Arbeitsmarkt in der Realität auf vielfältige Weise reglementiert. Auf dem Arbeitsmarkt herrscht keine vollständige Konkurrenz. Vielmehr wird der Lohnsatz in bilateralen Verhandlungen zwischen Arbeitgeber- und Arbeitnehmervertretern ausgehandelt. Es ist angesichts der hohen unfreiwilligen Arbeitslosigkeit auch anzunehmen, dass in diesen Verhandlungen von den Tarifparteien kein gleichgewichtiger Lohnsatz (im Sinne von ℓ^*) vereinbart wird. Vielmehr besteht auf dem Arbeitsmarkt in Deutschland seit Jahren ein Angebotsüberschuss, was darauf hindeutet, dass der ausgehandelte Lohn über dem Gleichgewichtslohn liegt. Hinzu kommen jedoch auch 'Mismatch'-Probleme, weil die angebotene Arbeitsqualifikation nicht mit der nachgefragten übereinstimmt.

4.6.2 Herleitung aus Kosten- bzw. Gewinnfunktion *

Wenn man die Faktornachfrage sowohl aus der Gewinngleichung als auch als Nebenprodukt der Kostenminimierung erhält, mag man sich fragen, worin der Zusammenhang zwischen beiden Vorgehensweisen besteht. Um diese Frage zu beantworten, geben wir zunächst den Lagrangeansatz des Kostenminimierungsproblems nochmals wieder:

$$L = q_1 v_1 + q_2 v_2 + FK + \mu \left[\overline{x} - x(v_1, v_2) \right] \ .$$

Die zugehörigen Bedingungen erster Ordnung für ein Kostenminimum lauten:

$$\frac{\partial L}{\partial v_1} = q_1 - \mu \frac{\partial x}{\partial v_1} = 0 \tag{4.8}$$

$$\frac{\partial L}{\partial v_2} = q_2 - \mu \frac{\partial x}{\partial v_2} = 0 \tag{4.9}$$

$$\frac{\partial L}{\partial \mu} = \overline{x} - x(v_1, v_2) = 0 \ .$$

Nun kann mit Hilfe des Enveloppen-Theorems gezeigt werden, dass der Lagrangemultiplikator μ den Grenzkosten im Kostenminimum entspricht. Hierzu werden die kostenminimalen Faktormengen in die Lagrangefunktion eingesetzt:

$$L = q_1 v_1^* + q_2 v_2^* + FK + \mu^* \left[\overline{x} - x(v_1, v_2) \right] \ .$$

Anschließendes Differenzieren nach x liefert: $dL^*/dx = \partial K/\partial x = \mu^*$. Herrscht vollständige Konkurrenz auf dem Gütermarkt, so entsprechen die Grenzkosten dem exogen gegebenen Güterpreis. Setzen wir μ in (4.8) und (4.9) gleich p, so erhalten wir (4.7), d. h. das Grenzwertprodukt entspricht im

Kostenminimum dem jeweiligen Faktorpreis. Durch (4.7) wird implizit die Faktornachfrage determiniert. Wir können die Faktornachfragefunktionen jedoch auch mit Hilfe des Enveloppen-Theorems durch partielle Differentiation der Kostenfunktion nach dem jeweiligen Faktorpreis ableiten (**Shephards Lemma**). Für den Faktor 1 also beispielsweise: $dL^*/dq_1 = \partial K/\partial q_1 = v_1^*$.

Darüber hinaus können wir die Faktornachfrage des Unternehmens – wiederum unter Anwendung des Enveloppen-Theorems – durch partielle Differentiation der **Gewinnfunktion** herleiten (**Hotellings Lemma**). Die Gewinnfunktion ist nicht identisch mit der Gewinngleichung (genauso wenig wie Kostengleichung und Kostenfunktion dasselbe sind). Die Gewinnfunktion liefert vielmehr den *maximalen* Gewinn bei gegebenen, alternativen Preisen. In unserem Fall lautet sie:

$$G^* = p \cdot x(v_1^*, v_2^*) - q_1 \cdot v_1^* - q_2 \cdot v_2^* - FK .$$

Führen wir zur Verdeutlichung der Wirkungsweise des Enveloppen-Theorems die totale Differentiation der Gewinnfunktion durch, so erhalten wir:

$$dG^* = p\frac{\partial x}{\partial v_1} \cdot dv_1^* + p\frac{\partial x}{\partial v_2} \cdot dv_2^* - q_1 \cdot dv_1^* - v_1^* \cdot dq_1 - q_2 \cdot dv_2^*$$

und daraus die Ableitung nach q_1:

$$\frac{dG^*}{dq_1} = p\frac{\partial x}{\partial v_1}\frac{dv_1^*}{dq_1} + p\frac{\partial x}{\partial v_2}\frac{dv_2^*}{dq_1} - q_1\frac{dv_1^*}{dq_1} - v_1^* - q_2\frac{dv_2^*}{dq_1}$$

$$= \left[p\frac{\partial x}{\partial v_1} - q_1\right]\frac{dv_1^*}{dq_1} + \left[p\frac{\partial x}{\partial v_2} - q_2\right]\frac{dv_2^*}{dq_1} - v_1^* .$$

(4.10)

Im Gewinnmaximum sind die Ausdrücke in den eckigen Klammern gleich null und somit vereinfacht sich (4.10) zu:

$$\frac{dG^*}{dq_1} = \frac{\partial G}{\partial q_1} = -v_1^* .$$

Die Ableitung der Gewinnfunktion nach dem Faktorpreis liefert also die negative Faktornachfrage. Der Ausdruck ist negativ, weil durch eine Erhöhung des Faktorpreises der Gewinn sinkt.

4.6.3 Entlohnung nach der Grenzproduktivität und Verteilung *

Wir präsentieren das Euler-Theorem in Anhang A.7, schreiben es hier zur Erinnerung jedoch nochmals auf:

$$\frac{\partial x(v_1, v_2)}{\partial v_1} \cdot v_1 + \frac{\partial x(v_1, v_2)}{\partial v_2} \cdot v_2 = r \cdot x(v_1, v_2) \ . \tag{4.11}$$

Aus dem Euler-Theorem werden für die Verteilungstheorie (**Grenzproduktivitätstheorie der Verteilung**) weitreichende Schlussfolgerungen gezogen, die allerdings nur unter Zusatzannahmen Gültigkeit beanspruchen können.[1] Unterstellen wir eine linear homogene Produktionsfunktion, d. h. einen Homogenitätsgrad von r = 1, so erhalten wir aus (4.11):

$$\frac{\partial x(v_1, v_2)}{\partial v_1} \cdot v_1 + \frac{\partial x(v_1, v_2)}{\partial v_2} \cdot v_2 = x(v_1, v_2) \ . \tag{4.12}$$

Multiplikation von (4.12) mit dem Güterpreis p führt zu:

$$p \cdot \frac{\partial x(v_1, v_2)}{\partial v_1} \cdot v_1 + p \cdot \frac{\partial x(v_1, v_2)}{\partial v_2} \cdot v_2 = p \cdot x(v_1, v_2) \ . \tag{4.13}$$

Die Faktoren werden bei vollständiger Konkurrenz auf den Faktormärkten gemäß ihrem Grenzwertprodukt entlohnt, wie wir oben hergeleitet haben. Beachten wir dies in (4.13), so erhalten wir:

$$q_1 \cdot v_1 + q_2 \cdot v_2 = p \cdot x \ .$$

Der Erlös wird bei einer linear homogenen Produktionsfunktion also vollständig auf die Produktionsfaktoren aufgeteilt. Es entstehen weder Unternehmensgewinne noch -verluste (**Adding-up Theorem**).

Dieses Ergebnis kann man allerdings nicht ohne weitere Annahmen stehen lassen. Zunächst muss unterstellt werden, dass es sich bei der Kostenfunktion um die langfristige und nicht um die kurzfristige handelt. Wie wir wissen, steigen die kurzfristigen Kosten bei konstanten Skalenerträgen linear an; die Grenzkosten sind konstant und die Durchschnittskosten sinken bis zur Kapazitätsgrenze, liegen aber stets über den Grenzkosten (vgl. Abschnitt 3.4.3). Die Gewinnmaximierungsregel, auf der das Adding-up Theorem aufbaut, versagt. Beim Grenzkostenpreis würde ein Verlust in Höhe der Fixkosten entstehen.

Es muss daher eine Situation unterstellt werden, in der Fixkosten keine Rolle spielen. Dies ist der Fall bei langfristigen Kostenfunktionen, die auf Produktionsfunktionen mit konstanten Skalenerträgen beruhen. Bei diesen stimmen die Grenz- und die Durchschnittskosten überein. Daher entstehen bei einem Preis, der den Grenzkosten entspricht, keine Verluste. Weil die konstanten Grenzkosten a priori jedoch nur zufällig mit dem vom Markt bestimmten Preis identisch sind, versagt auch hier die Gewinnmaximierungsregel. Allerdings lässt sich das Problem durch folgende Überlegung

---

[1] Vgl. hierzu auch Henderson, J. M. und R. E. Quandt, Microeconomic Theory, A Mathematical Approach, 3rd edition, McGraw-Hill, 1980, S. 109f.

lösen: Ist der Marktpreis höher als die Grenzkosten, wird ein positiver Gewinn erzielt, und der Gewinn kann durch Vergrößerung der Produktionskapazität noch erhöht werden. Dies wird die angebotene Menge erhöhen und damit eine Preissenkung herbeiführen. Ist der Preis geringer als die Durchschnittskosten, wird ein Verlust erzielt, und Unternehmen treten aus dem Markt aus, weshalb es zu einer Preissteigerung kommt. Durch Markteintritte bzw. -austritte wird ein langfristiges Gleichgewicht erreicht, bei dem der Preis den Grenzkosten (und damit auch den Durchschnittskosten) entspricht und ein Nullgewinn erzielt wird. Dies ist die Situation, die offensichtlich in der Verteilungstheorie vorausgesetzt wird. Es bleibt jedoch auch bei langfristiger Betrachtung noch eine ungelöste Frage: Die Betriebsgröße ist unbestimmt. Dieses Problem kann nur durch eine willkürlich gesetzte maximale Betriebsgröße gelöst werden.

Wie wir in Abschnitt 4.2.1 gesehen haben, lassen sich langfristige Gleichgewichte bei vollständiger Konkurrenz sehr gut mit einer ertragsgesetzlichen Produktionsfunktion herleiten, die erst steigende, dann sinkende Skalenerträge aufweist und daher mit einem klassischen Kostenverlauf einhergeht. Der Konkurrenzdruck sorgt bei offenen Märkten dafür, dass im langfristigen Gleichgewicht jedes Unternehmen mit mindestoptimaler Betriebsgröße im Betriebsoptimum produziert und Nullgewinne erzielt (die ja den Unternehmerlohn und die Verzinsung des Eigenkapitals einschließen). Insofern genügt es, das Adding-up Theorem schlicht aus der Nullgewinnbedingung abzuleiten – also unabhängig vom Homogenitätsgrad der Produktionsfunktion. Denn aus der Nullgewinnbedingung:

$$G = px - q_1 v_1 - q_2 v_2 = 0$$

folgt unmittelbar das Adding-up Theorem:

$$q_1 v_1 + q_2 v_2 = px \ ,$$

und das, ohne das Euler-Theorem verwendet zu haben. Es kommt allein darauf an, dass der Markt offen ist, so dass sich ein stabiles Gleichgewicht bei Nullgewinnen einstellt.

5 Monopol

5.1 Vorbemerkungen

Vollständige Konkurrenz stellt ein Extrem auf einer Skala der Marktmacht dar, nämlich vollkommene Marktohnmacht. Dabei ist Marktmacht definiert als die Möglichkeit, das Marktgeschehen zu beeinflussen. Auf einem Markt mit vielen kleinen Nachfragern besteht ein anderes Extrem darin, dass es nur einen Anbieter gibt, den Monopolisten.

Für das von einem Monopolisten produzierte Gut gibt es keine oder nur höchst ungenügende Substitute. Die Nachfrager können also bei einer Preiserhöhung nicht auf die Produkte anderer Anbieter ausweichen. Sie können sich jedoch entschließen, weniger zu kaufen oder ganz auf das Gut zu verzichten. Die Macht des Monopolisten wird daher durch die Nachfrageseite begrenzt. Der Monopolist kann **entweder** die Menge festlegen und den Nachfragern überlassen, wie viel sie für diese Menge bezahlen wollen (dazu wird jedoch ein Auktionator benötigt), **oder** den Preis. Letzteres ist der praktischere Weg. Wenn der Monopolist den Preis festsetzt, entscheiden die Nachfrager über die Menge, die sie zu diesem Preis kaufen wollen. Der Monopolist hat jedoch nicht genügend Macht, um sowohl Menge als auch Preis vorzugeben.

> Dies geht nur, wenn man einen persönlichen Verhandlungspartner hat, den man unter Druck setzen kann, wie beim bilateralen Monopol mit je einem Anbieter und einem Nachfrager. Eine große Firma mit einem erheblichen Finanzpolster als Nachfrager könnte z. B. einen kleinen Lieferanten mit Existenzängsten vor die Wahl stellen, eine bestimmte Menge zu einem bestimmten Preis bereitzustellen oder auf das Geschäft zu verzichten. Den Marktmächtigen nennt man 'Optionsfixierer'. Allerdings muss auch hier ein Mindestpreis geboten werden, damit der 'Optionsempfänger' das Geschäft nicht ablehnt. Dieser Mindestpreis entspricht den Durchschnittskosten des Lieferanten, sonst würde er mit Verlusten den Markt verlassen müssen.

Im Folgenden werden wir davon ausgehen, dass der Monopolist nur ein Gut herstellt und den Eintritt eines Konkurrenten in den Markt nicht befürchten muss. Der Marktzutritt ist somit im Gegensatz zum Modell der vollständigen Konkurrenz ausgeschlossen.

Letztlich gibt es nur drei Möglichkeiten, den Marktzutritt zu verhindern: durch ein Patent, durch den alleinigen Besitz eines für die Produktion notwendigen Faktors oder durch den Staat. Der Patentschutz soll innovativen Firmen für eine bestimmte Dauer eine Monopolstellung einräumen, damit sich die Innovation finanziell auch lohnt. Daher kommen Monopolstellungen in einer frühen Marktphase häufiger vor. Der zweite Fall ist seltener zu finden (etwa de Beer auf dem Diamantenmarkt). Staatliche Begrenzungen des Marktzugangs gab es bei Leitungsnetzen, die mit steigenden Skalenerträgen verbunden sind (Energie- und Wasserversorgung, Telekommunikation, Bahnverkehr); sie sind jedoch weitgehend abgebaut.

Als Alleinanbieter auf einem geschützten Markt lastet auf dem Monopolisten kein Wettbewerbsdruck, d. h. er muss nicht unbedingt seine Kosten minimieren und seinen Gewinn maximieren.[1] Ein Anbieter bei vollständiger Konkurrenz könnte langfristig nicht überleben, falls er auf beides verzichten wollte, weil er dann teurer produzieren würde als seine Konkurrenten. Der Monopolist kann sich dagegen andere Ziele setzen, wie etwa eine bestimmte Verzinsung des Kapitals oder der Investitionen. In Frage kommt auch Umsatzmaximierung (Erlösmaximierung), Absatzmaximierung unter der Nebenbedingung eines Mindestgewinns oder langfristige Gewinnmaximierung. Die letztgenannten Ziele stehen dann im Vordergrund, wenn der Monopolist befürchten muss, dass seine geschützte Marktstellung in absehbarer Zeit verloren geht. Das haben wir jedoch oben ausgeschlossen; daher werden wir im Folgenden zunächst wiederum von kurzfristiger Gewinnmaximierung ausgehen.

Die Analyse des Monopols ist deswegen hilfreich, weil auf diesem Modell zahlreiche weitere aufbauen und es einen Eindruck davon vermittelt, wie sich Marktmacht auswirkt. Zunächst wenden wir uns der Preissetzung im Monopol zu und analysieren den Unterschied zur vollständigen Konkurrenz. Anschließend wird untersucht, welchen Effekt Datenänderungen und staatliche Eingriffe auf das Monopolmarktgleichgewicht haben.

Eine ganze Reihe von Fragestellungen, die bei der vollständigen Konkurrenz behandelt wurden, tauchen somit nicht auf. Für das Monopol gibt es keine Angebotsfunktion, weil der Marktpreis nicht gegeben ist. Ebenso erübrigt sich eine Analyse der Stabilität und einer verzögerten Anpassung des Angebots. Da dem Preis keine Lenkungsfunktion zukommt – annahmegemäß führen eventuelle Monopolgewinne nicht zu einem Marktzutritt – gibt es auch zu Abschnitt 4.3 kein Gegenstück.

---

[1] Kostenminimierung und Gewinnmaximierung sind nicht dasselbe. Ein Unternehmen kann mit minimalen Kosten produzieren und dennoch nicht die gewinnmaximale Menge herstellen. Falls jedoch Gewinnmaximierung angestrebt wird, müssen auch die Kosten minimiert werden.

5.2 Monopolmarktgleichgewicht

Der Monopolist steht der gesamten Nachfrage als alleiniger Anbieter gegenüber. Er weiß, dass die Menge, die er absetzen kann, vom Preis abhängt, und er weiß auch, dass die Menge umso geringer ist, je höher er den Preis setzt. In der Realität kennt kein Anbieter die Marktnachfrage genau, doch er hat i. Allg. eine Vorstellung davon, wie sich sein Absatz verändert, wenn er den aktuellen Preis etwas erhöht oder senkt. Für die Herleitung des Monopolmarktgleichgewichts genügt dies nicht. Wir gehen im Folgenden daher von der Annahme aus, dass der Monopolist die Marktnachfrage tatsächlich kennt.

5.2.1 Algebraische Herleitung

Wie stets bedeutet Gewinnmaximierung, dass die Differenz zwischen dem Erlös und den Kosten maximal werden muss. Da die Kosten von der Menge abhängen, lässt sich auch der maximale Gewinn am einfachsten in Abhängigkeit von der Menge bestimmen. Der zugehörige Preis ist dann der gewinnmaximale Monopolpreis, den der Anbieter setzt.

Wenn der Gewinn in Abhängigkeit von der Menge betrachtet wird, muss das auch für den Erlös gelten. Damit der Erlös als Funktion der Menge geschrieben werden kann, ist eine Umformung der Nachfragefunktion erforderlich. Die Marktnachfrage lautet:

$x_N = x_N(p)$.

Hieraus bilden wir die Inverse, indem wir nach p auflösen:

$p = p(x_N)$.

Wenn wir davon ausgehen, dass der Monopolist stets genau diejenige Menge anbieten kann und wird, welche die Nachfrager bei dem von ihm festgesetzten Preis kaufen wollen, dann ist die Bedingung für ein Marktgleichgewicht erfüllt:

$x_A = x_N$.

Daher können wir auch schreiben: $p = p(x_A)$ oder allgemein: $p = p(x)$, mit $x = x_A = x_N$. Die Funktion $p = p(x)$ nennt man **Preis-Absatzfunktion**, denn sie zeigt alle Preis-Mengenkombinationen, zwischen denen der Monopolist (oder jeder andere Anbieter mit Preissetzungsmacht) wählen kann.

Nun können wir das Gewinnmaximum des Monopolisten allgemein bestimmen. Der Gewinn in Abhängigkeit von der Menge ist definiert als:

$G(x) = E(x) - K(x)$.

Wie wir bereits in Abschnitt 3.4.5 ermittelt haben, lautet die Bedingung 1. Ordnung für ein Gewinnmaximum:

$$E'(x) = K'(x) \quad \text{bzw.} \quad GE = GK$$

und die Bedingung 2. Ordnung:

$$E''(x) < K''(x) \ .$$

Im Gegensatz zur vollständigen Konkurrenz ist der Preis für den Monopolisten kein Datum, sondern wird von ihm gesetzt. Daher entspricht sein Grenzerlös auch nicht dem Marktpreis. Wir erhalten den Grenzerlös als Ableitung des Erlöses nach der Menge. Der Erlös ist definitionsgemäß das Produkt aus abgesetzter Menge und Preis – der Preis hängt jedoch wiederum von der Menge ab:

$$E(x) = x \cdot p(x) \ . \tag{5.1}$$

Den impliziten Zusammenhang zwischen Preis und Menge bei p(x) müssen wir bei der Ableitung berücksichtigen. Diese lautet (unter Verwendung der Produktregel):

$$\frac{dE}{dx} = p(x) + x \cdot \frac{dp(x)}{dx} \ . \tag{5.2}$$

Die Änderung des Erlöses aufgrund einer infinitesimalen Änderung der verkauften Menge besteht also einmal im Preis, der für diese Mengeneinheit zu erzielen ist (wie bei vollständiger Konkurrenz), zudem jedoch in der Preisänderung, die durch die Mengenänderung hervorgerufen wird, multipliziert mit der insgesamt verkauften Menge.

> Offensichtlich liegt im zweiten Term der rechten Seite von Gleichung (5.2) der Unterschied zu einem Anbieter bei vollständiger Konkurrenz. Verkauft dieser eine Mengeneinheit mehr, hat das keinen messbaren Einfluss auf den Marktpreis. Daher erzielt er als zusätzlichen Erlös für eine weitere Mengeneinheit genau den Marktpreis. Will der Monopolist eine Mengeneinheit mehr verkaufen, bekommt er dafür ebenfalls den Preis als zusätzlichen Erlös. Er kann diese Mengeneinheit jedoch nur verkaufen, wenn er den Preis, den er vorher verlangt hat, senkt – und zwar nicht nur für die zuletzt verkaufte Mengeneinheit, sondern für alle Mengeneinheiten. Da dp/dx somit einen negativen Wert annimmt, ist der Grenzerlös des Monopolisten geringer als der Preis.

Damit man erkennen kann, von welchen Einflussgrößen der Grenzerlös abhängt, erweitern wir zunächst den zweiten Term auf der rechten Seite mit p (wobei wir das '(x)' weglassen):

$$\frac{dE}{dx} = p + \frac{x}{p} \cdot \frac{dp}{dx} \cdot p \ .$$

Der zweite Term auf der rechten Seite entspricht dem Kehrwert der Preiselastizität der Nachfrage [$\varepsilon_{x,p}$ = (dx/dp)·(p/x)]. Indem wir p ausklammern, lässt sich der Grenzerlös schreiben als:

$$\frac{dE}{dx} = GE = p\left(1 + \frac{1}{\varepsilon_{x,p}}\right) . \tag{5.3}$$

Gleichung (5.3) nennt man **Amoroso-Robinson-Relation**.[1] Sie zeigt, dass der Grenzerlös von der Preiselastizität der Nachfrage abhängt. Da die Preiselastizität der Nachfrage negative Werte aufweist, wird die Interpretation einfacher, wenn wir sie als Absolutbetrag schreiben:

$$GE = p\left(1 - \frac{1}{|\varepsilon_{x,p}|}\right) . \tag{5.4}$$

Aus Gleichung (5.4) ergibt sich, dass der Grenzerlös um so höher ist, je höher der Betrag der Preiselastizität der Nachfrage, weil der Bruch $1/|\varepsilon_{x,p}|$ mit größerem Nenner kleiner wird. Nimmt die Preiselastizität der Nachfrage den Wert eins an, wird der Grenzerlös null. Bei noch geringeren Werten der Preiselastizität sind die Grenzerlöse negativ.[2]

Zu der allgemeinen Formel für den gewinnmaximalen Monopolpreis ist es nur noch ein kleiner Schritt. Wir wissen, dass im Gewinnmaximum der Grenzerlös mit den Grenzkosten übereinstimmen muss. Folglich gilt unter Verwendung von Gleichung (5.4):

$$p\left(1 - \frac{1}{|\varepsilon_{x,p}|}\right) = GK ,$$

woraus sich durch Auflösen nach p der gewinnmaximale Monopolpreis ergibt:

$$p^M = \frac{GK}{1 - \frac{1}{|\varepsilon_{x,p}|}} . \tag{5.5}$$

Gleichung (5.5) zeigt folgendes:
– Der Monopolpreis stimmt nur bei $|\varepsilon_{x,p}| = \infty$ mit den Grenzkosten überein. Eine horizontale Preis-Absatzfunktion kann für das Monopol jedoch ausgeschlossen werden.

---

[1] Die Bezeichnung deutet auf die Urheberschaft von Joan Robinson und Luigi Amoroso hin.
[2] Aus Gleichung (5.4) ist ebenfalls ersichtlich, dass der Grenzerlös stets kleiner ist als der Preis, denn der Wert in Klammern muss immer kleiner als eins sein.

- Damit der Nenner – und damit der Preis – nicht negativ wird, muss der Betrag der Preiselastizität der Nachfrage größer als eins sein.
- Bei einer Preiselastizität der Nachfrage, die dem Betrag nach größer als eins ist, wird der Nenner kleiner als eins. Damit liegt der Monopolpreis stets über den Grenzkosten. Der Abstand zu den Grenzkosten wird c. p. umso größer, je mehr sich die Preiselastizität dem Wert eins nähert.
- Der Monopolpreis ist c. p. umso höher, je höher die Grenzkosten sind. Die Fixkosten spielen für die Preishöhe keine Rolle.

Im Gegensatz zur vollständigen Konkurrenz ist die Form der Kostenfunktion von untergeordneter Bedeutung; die Gewinnmaximierung im Monopol lässt sich mit konstanten Grenzkosten sogar besonders einfach darstellen s. u.).

Auch im Monopol gibt es jedoch einen Fall, bei der die Gewinnmaximierungsregel versagt, nämlich bei einer constant-outlay-curve als Preis-Absatzfunktion: $p = a/x$ (vgl. Abschnitt 2.7.4). Welchen Preis der Monopolist auch immer setzt, die Nachfrager passen sich mit ihrer Menge so an, dass ihre Ausgaben, und damit der Erlös des Monopolisten, konstant bleiben. Folglich ist der Grenzerlös null und kann nicht mit positiven Grenzkosten in Übereinstimmung gebracht werden. Da eine constant-outlay-curve durchweg eine Elastizität von −1 aufweist, versagt (natürlich) ebenso Gleichung (5.5) für die Bestimmung des Monopolpreises.

Für eine Berechnung des Monopolpreises kann Gleichung (5.5) erst nach einer Umformung der Preiselastizität der Nachfrage verwendet werden, weil diese selbst vom Preis abhängt.

Wir ersetzen hierzu in Gleichung (5.5) $1 - 1/|\varepsilon|$ durch $1 + (dp/dx) \cdot x/p$:

$$p = \frac{GK}{1 + (dp/dx) \cdot x/p} \ .$$

Durch Multiplikation mit dem Nenner der rechten Seite, Ausmultiplizieren und Kürzen ergibt sich:

$$p + \frac{dp}{dx} \cdot x = GK \ .$$

Dies ist nichts anderes als die Gleichheit von Grenzerlös und Grenzkosten. Daraus folgt für den Preis:

$$p = GK - \frac{dp}{dx} \cdot x \ . \qquad (5.6)$$

Da die Steigung der Preis-Absatzfunktion (dp/dx) sowie die Nachfragefunktion (x) als bekannt vorausgesetzt werden, lässt sich aus (5.6) der Monopolpreis berechnen (siehe unten). Dieses Vorgehen ist allerdings nicht üblich.

Um den Monopolpreis konkret zu bestimmen, wird eine ausformulierte Nachfrage- bzw. Preis-Absatzfunktion benötigt. Wir wählen eine lineare Funktion und außerdem konstante Grenzkosten. Dies liefert gleichzeitig eine ganz einfache Formel für den Monopolpreis, die wir noch weiter verwenden werden. Aus der Nachfragefunktion $x = a/b - (1/b)p$ folgt nach p aufgelöst die Preis-Absatzfunktion:

$$p = a - bx \ .$$

Damit ergibt sich der Erlös als:

$$E(x) = p(x) \cdot x = (a - bx) \cdot x = ax - bx^2$$

und der Grenzerlös als:

$$\frac{dE}{dx} = GE = a - 2bx \ . \tag{5.7}$$

Den Grenzerlös setzen wir gleich den Grenzkosten ($GK = c$) und erhalten: $a - 2bx = c$, woraus sich die gewinnmaximale Menge ergibt:

$$x^M = \frac{a-c}{2b} \ .$$

Den gewinnmaximalen Monopolpreis erhalten wir, indem wir die Monopolmenge in die Preis-Absatzfunktion einsetzen: $p = a - [b \cdot (a-c)/2b]$, woraus folgt:

$$p^M = \frac{a+c}{2} \ . \tag{5.8}$$

Der Koeffizient a ist der Ordinatenabschnitt der Preis-Absatzfunktion, also der Prohibitivpreis, zu dem auch der Nachfrager mit der höchsten Zahlungsbereitschaft auf einen Kauf verzichtet. Der Monopolpreis bei linearer Nachfrage und konstanten Grenzkosten entspricht somit der Hälfte der Summe aus Prohibitivpreis und Grenzkosten.

> Mehrere alternative Berechnungen führen ebenfalls zu dem Monopolpreis in Gleichung (5.8):
> (1) Anstatt Grenzerlös und Grenzkosten gesondert zu berechnen und dann gleichzusetzen, lässt sich auch unmittelbar die Gewinngleichung verwenden. Dabei sind die gesamten Kosten $K(x) = cx + FK$ zu berücksichtigen. Es gilt somit:
> $G(x) = E(x) - K(x) = p(x) \cdot x - (VK + FK) = (a - bx) \cdot x - c \cdot x - FK$.
> Berechnung des Grenzgewinns und Nullsetzen liefert:
> $dG/dx = a - 2bx - c = 0$ und somit: $x^M = (a-c)/2b$, was eingesetzt in die Preis-Absatzfunktion den Monopolpreis $p^M = (a+c)/2$ ergibt.
> (2) Die zweite Möglichkeit besteht darin, zunächst den Monopolpreis zu ermitteln, indem man die Gewinngleichung in Abhängigkeit vom Preis

schreibt. Dabei ist jedoch zu beachten, dass die Kosten von der Menge und diese wiederum vom Preis abhängen:

G(p) = E(p) − K[x(p)] = x(p)·p − K[x(p)] .

Wir benötigen nun die Nachfragefunktion, also x = a/b − (1/b)p. Die rechte Seite der Nachfragefunktion müssen wir sowohl beim Erlös als auch bei den Kosten berücksichtigen. Jeweils eingesetzt erhält man:

$$G(p) = \left(\frac{a}{b} - \frac{1}{b}p\right) \cdot p - c \cdot \left(\frac{a}{b} - \frac{1}{b}p\right) - FK = (p - c) \cdot \left(\frac{a}{b} - \frac{1}{b}p\right) - FK .$$

Nun leiten wir nach p ab und setzen gleich null:

$$\frac{dG}{dp} = \frac{a}{b} - \frac{2}{b}p + \frac{1}{b}c = 0 .$$

Der Koeffizient b lässt sich herauskürzen, so dass aus a − 2p + c = 0 wiederum die Formel (5.8) für den Monopolpreis folgt.

(3) Schließlich kann auch Gleichung (5.6) verwendet werden:

$$p = GK - \frac{dp}{dx} \cdot x .$$

Mit GK = c, der Ableitung der Preis-Absatzfunktion dp/dx = −b sowie der rechten Seite der Nachfragefunktion x = a/b − (1/b)p folgt durch Einsetzen ebenfalls $p^{M} = (a+c)/2$.

5.2.2 Graphische Herleitung

Der Einfachheit halber gehen wir weiterhin von der linearen Preis-Absatzfunktion p = a − bx aus, zu der die Erlösfunktion E = ax − bx² gehört. Wir beginnen mit der Darstellung des Monopolmarktgleichgewichts anhand der Erlöskurve und einer linearen Kostenkurve. Wie Abbildung 5.1 zeigt, ist die Erlöskurve eine gleichseitige, nach unten geöffnete Parabel, deren Maximum bei der halben Sättigungsmenge liegt (durch Nullsetzen der Gleichung (5.7) folgt: x = ½ a/b).

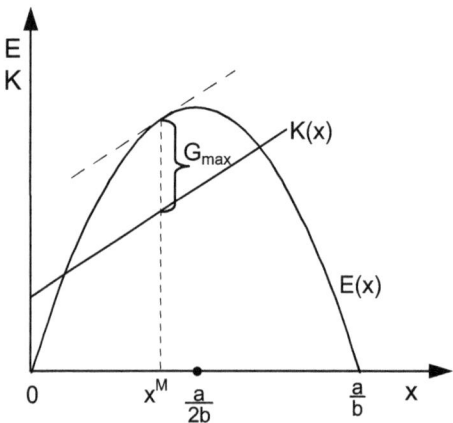

Abbildung 5.1: Gewinnmaximum mit Gesamtkosten und -erlös

Das Gewinnmaximum wird dort erreicht, wo die Steigungen von Erlös- und Kostenkurve (somit Grenzerlös und Grenzkosten) identisch sind. Bei der eingezeichneten linearen Gesamtkostenkurve lässt sich dies einfach dadurch bestimmen, dass eine Parallele zur Kostenkurve solange nach oben verschoben wird, bis sie die Erlöskurve tangiert. Die Differenz zwischen Erlös- und Kostenkurve ist dann definitionsgemäß der Gewinn; die zugehörige Monopolmenge ist x^M.

> Anhand der Abbildung 5.1 wird der Unterschied zu einem Anbieter bei vollständiger Konkurrenz mit linearen Kosten besonders gut deutlich. Im Monopol liegt die gewinnmaximale Menge stets links von der halben Sättigungsmenge, weil die Steigung der Kostenkurve nur auf dem ansteigenden Ast der Parabel mit der Steigung der Erlöskurve übereinstimmen kann. Der Monopolist wird die Menge daher beschränken. Die Erlöskurve eines Anbieters bei vollständiger Konkurrenz ist hingegen eine Gerade, deren Steigung größer sein muss als diejenige der Kostenkurve (vgl. Abb. 4.4 in Abschnitt 4.1.1). Dadurch wird die Differenz zwischen Erlös und Kosten mit zunehmender Ausbringung immer größer; der Polypolist möchte so viel wie möglich produzieren, wobei ihm seine Kapazität eine Grenze setzt.

Den Monopolpreis können wir graphisch aus Abbildung 5.1 nicht ermitteln. Dazu benötigen wir eine Darstellung, welche die Preis-Absatzfunktion enthält und zudem die Grenzerlös- sowie die Grenzkostenkurve. Wir wissen bereits, dass zur Preis-Absatzfunktion $p = a - bx$ die Grenzerlösfunktion $GE = a - 2bx$ gehört [Gleichung (5.7)]. Die Grenzerlöskurve hat somit die doppelte Steigung der Preis-Absatzkurve. Beide weisen denselben Ordinatenabschnitt auf, den Prohibitivpreis a.[1] Wie wir bereits oben festgestellt haben, wird der Grenzerlös bei der halben Sättigungsmenge null, d. h. hier schneidet die Grenzerlöskurve die Abszisse.

In Abbildung 5.2 wurden die Preis-Absatzfunktion (PAF), die zugehörige Grenzerlöskurve und konstante Grenzkosten eingezeichnet. Zunächst wird der Schnittpunkt von Grenzerlös- und Grenzkostenkurve gesucht. Die zugehörige Monopolmenge x^M lässt sich durch Fällen des Lots auf die Abszisse bestimmen. Die vertikale Verlängerung führt zum sogenannten **Cournotschen Punkt** C, welcher den vom Monopolisten gewählten Punkt auf der PAF markiert. Den zugehörigen Monopolpreis können wir auf der Ordinate ablesen.

> Bei konstanten Grenzkosten liegt der Monopolpreis genau in der Mitte zwischen der Grenzkostengeraden und dem Prohibitivpreis. Das lässt sich anhand der oben entwickelten Formel: $p^M = \frac{1}{2}(a+c)$ zeigen, die gleichbedeutend ist mit $p^M = \frac{1}{2}(a-c) + c$.

---

[1] $p|_{x=0} = a$ und $GE|_{x=0} = a$.

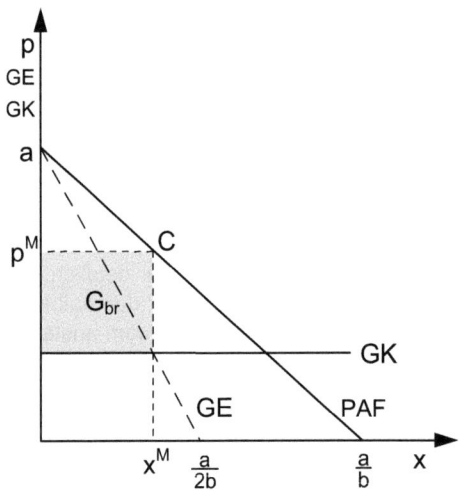

Abbildung 5.2: Monopolmarktgleichgewicht mit Grenzkosten und -erlös

Die graue Fläche stellt den Bruttogewinn des Monopolisten dar; er entspricht der Produzentenrente. Ob der Monopolist auch einen Nettogewinn erzielt, hängt von der Höhe seiner Fixkosten ab.

Unterstellen wir statt einer linearen eine klassische Kostenfunktion und damit u-förmige Grenzkosten, erhalten wir eine Lösung wie in Abbildung 5.3. Der einzige Unterschied liegt im Verlauf der Grenzkosten, ansonsten ist das Konstruktionsprinzip dasselbe.

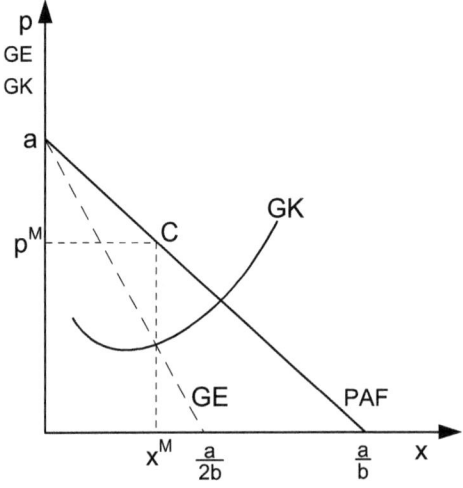

Abbildung 5.3: Monopolmarktgleichgewicht mit u-förmigen Grenzkosten

5.2.3 Zwei extreme Marktgleichgewichte

Im Gegensatz zu einem Anbieter bei vollständiger Konkurrenz kann sich die gewinnmaximale Menge des Monopolisten unterhalb des Betriebsoptimums, unterhalb des Betriebsminimums und sogar auf dem fallenden Ast der Grenzkostenkurve befinden. Es muss lediglich gewährleistet sein, dass die Steigung der Grenzerlöskurve geringer ist als die Steigung der Grenzkostenkurve, d. h. die Grenzerlöskurve muss steiler verlaufen als die Grenzkostenkurve. Eine solche Situation ist in Abbildung 5.4 dargestellt.

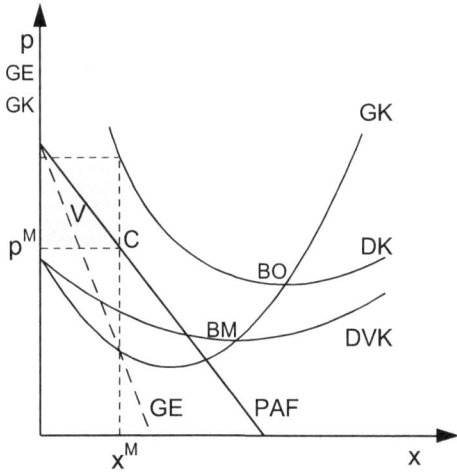

Abbildung 5.4: Monopolmarkt mit Verlust

Da die Kapazitätsgrenze rechts vom Betriebsoptimum liegt, hat der Monopolist im Verhältnis zur Marktnachfrage eine viel zu große Kapazität errichtet, die er bei weitem nicht auslasten kann. Die nicht zur Nachfrage passende Kapazität führt in Abbildung 5.4 dazu, dass trotz der Preissetzungsmacht des Monopolisten keine Kostendeckung erreicht wird. Der Cournotsche Punkt C stellt zwar immer noch ein Gewinnmaximum dar, jedoch in Gestalt eines Verlustminimums (graue Fläche in Abb. 5.4). Falls der Monopolist nicht mit einer wachsenden Nachfrage rechnen oder seine Kapazität ohne großen Aufwand verringern kann, muss er längerfristig die Produktion einstellen.

> Die dargestellte Situation ist keineswegs so unrealistisch, wie es auf den ersten Blick scheint. Man denke an einen Erfinder, der ein neues, patentgeschütztes Produkt auf den Markt bringt. Wenn er an seine Innovation glaubt, wird er eine Kapazität errichten, die einige Zeit ausreicht, um mit dem erhofften Nachfragewachstum Schritt halten zu können. Läuft alles wie

geplant, wächst die Produktion relativ schnell in seine Kapazität hinein; erweist sich die Innovation als Flop, muss die Produktion allerdings aufgegeben werden. Unrealistisch an der Darstellung ist jedoch, dass der Innovator die Marktnachfrage in dem betrachteten Zeitpunkt kennt und deshalb sein Verlustminimum genau bestimmen kann.

Ein Monopolist in einem stagnierenden Markt, der sich Periode für Periode einer gleich großen Nachfrage gegenübersieht, würde jedoch eine ganz andere Produktionskapazität wählen. Den größtmöglichen Gewinn kann er nämlich erzielen, wenn er die Monopolmenge im Betriebsoptimum produziert, weil hier die Durchschnittskosten minimal sind (siehe Abb. 5.5).

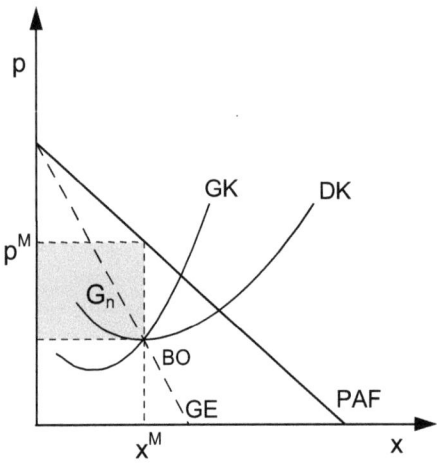

Abbildung 5.5: Optimale Produktion im Monopol

Die Wahl jeder anderen Betriebsgröße würde zu höheren Durchschnittskosten und damit zu niedrigeren Gewinnen führen.

Von der Kostenseite her haben wir in diesem Fall insofern eine Übereinstimmung mit der vollständigen Konkurrenz, als gilt: DK = GK. Die Produktionsfaktoren werden von daher optimal eingesetzt. Aber: Während bei vollständiger Konkurrenz mit freiem Marktzutritt außerdem der Preis den Durchschnittskosten entspricht, liegt er im Monopol darüber. Zudem ist nicht gewährleistet, dass der Monopolist mit einer mindestoptimalen Größe produziert. Ob er diese erreicht oder ob er sogar eine Kapazität errichtet, die auf dem wieder ansteigenden Ast der langfristigen Kostenkurve liegt, hängt von der Marktgröße ab.

5.2.4 Andere Zielsetzungen

Die kurzfristige Gewinnmaximierung bringt eine schlechte Marktversorgung mit sich, weil der Monopolist stets weniger als die halbe Sättigungsmenge anbietet. Wie bereits gesagt, ist ein Monopolist indes keineswegs gezwungen, seinen kurzfristigen Gewinn zu maximieren. Andere Zielsetzungen führen jedoch zu anderen Marktergebnissen, die in der Regel für die Konsumenten besser sind. Dies soll kurz an zwei Alternativen gezeigt werden, der Erlös- (Umsatz-)maximierung und der Absatzmaximierung unter der Nebenbedingung eines Mindestgewinns. Die langfristige Gewinnmaximierung, etwa in Form eines Limit-pricing, wird dagegen nicht behandelt.[1]

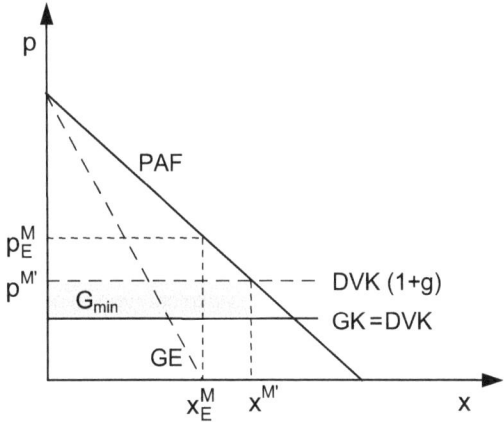

Abbildung 5.6: Erlös- und Absatzmaximierung

Für die Erlösmaximierung haben wir die wesentliche Vorarbeit bereits geleistet. Wir wissen, dass der Erlös dort sein Maximum aufweist, wo der Grenzerlös null wird, also für den Fall linearer Nachfragekurven bei der halben Sättigungsmenge. Bei Umsatzmaximierung wird ein Monopolist somit stets die halbe Sättigungsmenge produzieren (x_E^M) und dafür den halben Prohibitivpreis (p_E^M) verlangen (vgl. Abb. 5.6). Die Marktversorgung ist damit besser als bei kurzfristiger Gewinnmaximierung.

> Bei einer linearen Preis-Absatzfunktion ergibt sich der Grenzerlös aus Gleichung (5.7). Durch Nullsetzen und Auflösen nach der Menge erhält man: $x_E^M = \frac{1}{2}\,a/b$. Wird dies in die Preis-Absatzfunktion $p = a - bx$ eingesetzt, folgt: $p_E^M = \frac{1}{2}\,a$.

---

[1] Siehe hierzu etwa Wied-Nebbeling, S., Preistheorie und Industrieökonomik, 4. Aufl., Springer-Verlag, 2004, S. 249 ff.

Falls der Monopolist mit relativ geringen Kosten produziert, kann Abatzma-ximierung unter der Nebenbedingung eines Mindestgewinns eine noch bessere Marktversorgung mit sich bringen. Freilich ist dies keine Zielset-zung, die sich formal eindeutig herleiten ließe (ein Grund, warum die kurz-fristige Gewinnmaximierung bei Theoretikern so beliebt ist). Abbildung 5.6 stellt daher nur eine von vielen Möglichkeiten dar.

Auf die konstanten Grenzkosten, die mit den variablen Durchschnittskos-ten übereinstimmen, wird ein (bei der Zielsetzung der Absatzmaximierung eben nicht genau bestimmbarer) Bruttogewinn pro Stück aufgeschlagen. Der Preis entspricht dann $p^{M'}$ = DVK (1+g). Die zu diesem Preis nachge-fragte Menge $x^{M'}$ kann größer sein als die halbe Sättigungsmenge (wie in Abb. 5.6), jedoch bei hohen Kosten und/oder größeren Gewinnansprüchen auch kleiner.

> Wir haben eingangs bereits erwähnt, dass Ziele wie Umsatz- oder Absatz-maximierung von Belang sind, wenn ein Monopolist auf absehbare Zeit mit Marktzutritten rechnen muss. Eine kurzfristige Gewinnmaximierung wäre dann insofern von Nachteil, als er der Konkurrenz ein großes nicht ausge-schöpftes Nachfragepotential böte, wodurch der (ehemalige) Monopolist sehr schnell in eine unbedeutende Position geraten könnte, insbesondere in einem wachsenden Markt. Mit einer besseren Marktversorgung bindet der Monopolist dagegen Käufer an sich, welche die Konkurrenten erst abwer-ben müssen. Damit wird er zunächst (bis er vielleicht von einem kos-tengünstigeren Konkurrenten überholt wird) eine dominierende Marktstel-lung einnehmen und die Preispolitik selbst bestimmen können, anstatt sich an andere anpassen zu müssen.

Übungsaufgabe

Aufgabe 27:
Die Nachfragefunktion auf einem Monopolmarkt lautet: x_N = 1000 − 100p. Die Kosten des Monopolisten belaufen sich auf K = 4x + 400.
a) Ermitteln Sie die gewinnmaximale Menge, indem Sie GE(x) und GK(x) gleich-setzen. Berechnen Sie den Preis anhand der Gewinngleichung in Abhängigkeit vom Preis. Überprüfen Sie Ihr Ergebnis mit den Formeln x^M = (a−c)/2b und p^M = (a+c)/2.
b) Berechnen Sie die Produzentenrente des Monopolisten und seinen Nettoge-winn.
c) Ermitteln Sie Preis, Menge und Gewinn, falls der Monopolist den Erlös maxi-mieren möchte. Welche allgemeine Schlussfolgerung lässt sich hinsichtlich Menge und Preis bei Erlösmaximierung für lineare Nachfragefunktionen tref-fen?

5.3 Vergleich von Monopol- und Konkurrenzgleichgewicht

Jeder Vergleich hinkt – und dieser ganz besonders. Die Gegenüberstellung der Marktergebnisse bei vollständiger Konkurrenz und Monopol fehlt jedoch in fast keinem Lehrbuch und wird für andere Marktformen in abgewandelter Form ebenfalls verwendet. Daher, und um die Fragwürdigkeit des Vergleichs zwischen Polypol und Monopol aufzuzeigen, wird er auch hier dargestellt.

Um überhaupt einen sinnvollen Vergleich der Marktergebnisse durchführen zu können, müssen wir drei Annahmen treffen:
- Die Grenzkostenkurve des Monopolisten entspricht den *aggregierten* Grenzkosten der vielen kleinen Anbieter im Polypol, d. h. ab dem Betriebsminimum stimmen die Grenzkostenkurve des Monopolisten und die kurzfristige Angebotskurve auf dem Markt mit vollständiger Konkurrenz überein.
- Der Monopolist schätzt die Gesamtnachfrage richtig ein, d. h. die Preis-Absatzfunktion entspricht der Marktnachfrage.
- Die Anbieter bei vollständiger Konkurrenz und der Monopolist sind kurzfristige Gewinnmaximierer.

Wir gehen ferner von einem langfristigen Konkurrenzgleichgewicht aus, d. h. für den Konkurrenzpreis gilt: $p^k = GK = DK$. Unter diesen Annahmen kann der Vergleich zwischen dem Marktergebnis bei vollständiger Konkurrenz und im Monopol anhand der Abbildung 5.7 vorgenommen werden.

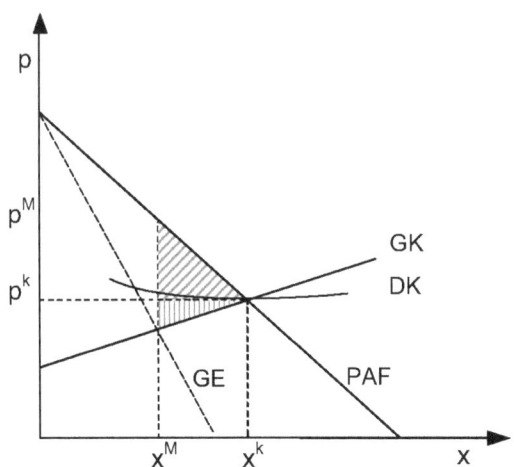

Abbildung 5.7: Monopol und vollständige Konkurrenz

Vom Monopolisten wird eine kleinere Menge produziert als von den vielen Anbietern bei vollständiger Konkurrenz; entsprechend liegt der Monopolpreis höher. Die Versorgung durch einen Monopolisten ist unter den getroffenen Annahmen schlechter als im Polypol. Alle Anbieter produzieren zwar nach demselben Prinzip, nämlich solange, bis Grenzerlös und Grenzkosten übereinstimmen. Während der Monopolpreis jedoch über den Grenzkosten liegt, ergibt sich aus der Gleichheit von Marktpreis und Grenzerlös im Polypolfall, dass sich der Marktpreis und die Grenzkosten entsprechen.

Der Wohlfahrtsverlust, den ein Monopolist im Vergleich zur vollständigen Konkurrenz verursacht, lässt sich an der Rente ablesen, die bei der Beschränkung der Produktionsmenge auf x^M nicht entsteht. Wird die Menge zwischen x^M und x^k nicht hergestellt, gehen potentielle Konsumentenrente (schräg schraffiertes Dreieck) und Produzentenrente (längs schraffiertes Dreieck) verloren. Dies ist ein dead-weight loss.

> Die Konsumenten verlieren noch mehr, wenn sie statt des Konkurrenzpreises den Monopolpreis bezahlen müssen. Sie büßen zusätzlich Konsumentenrente in der Größe der Fläche $(p^M - p^k) \cdot x^M$ ein. Dieser Betrag fließt jedoch dem Monopolisten als Produzentenrente zu, es findet also lediglich eine Umverteilung statt. Das kann man zwar missbilligen, doch setzt dies eine Norm voraus. Objektiv kann nicht entschieden werden, ob eine Rente den Konsumenten oder dem Produzenten zukommen sollte.

Der angestellte Vergleich weist gravierende Schwächen auf, weil die Annahmen über Zielsetzung und Kostenstruktur angreifbar sind. Im voranstehenden Abschnitt wurde bereits erläutert, dass im Monopolfall nicht von kurzfristiger Gewinnmaximierung ausgegangen werden muss (während ein Anbieter bei vollständiger Konkurrenz nur überleben kann, wenn er dieses Ziel verfolgt). Ein Monopolist, der eine Absatzmaximierung anstrebt und sich mit einem etwas höheren als dem Normalgewinn zufrieden gibt, würde c. p. nahezu dieselbe Menge anbieten wie die Anbieter bei vollständiger Konkurrenz. Der Wohlfahrtsverlust wäre dann sehr klein.

Der Vergleich ist insbesondere hinsichtlich der unterstellten Kostenstruktur angreifbar. In dem in Abbildung 5.7 dargestellten Fall hätte der Monopolist eine zu große Kapazität gewählt. Ein Monopolist wird aber eine kleinere Kapazität wählen als es der Summe der Kapazitäten der Polypolisten entspricht, weil er weniger produziert.

> Wir könnten freilich auch die optimale Kapazität des Monopolisten als Vergleichsbasis wählen (vgl. Abb. 5.5). Dann würden die Anbieter bei vollständiger Konkurrenz allerdings (ebenfalls) übernormale Gewinne erzielen, die – wie wir wissen – hier nur vorübergehend auftreten können. Dieser Vergleich scheitert somit gleichfalls.

Noch kritischer muss die Annahme beurteilt werden, dass sich die Produktionsweise der polypolistischen Anbieter und des Monopolisten entspricht und somit von der Anzahl und der Größe der Anbieter völlig unabhängig ist. Bei dem angestellten Vergleich würde der Monopolist schlicht die Produktion der kleinen Anbieter vervielfachen, d. h. er würde viele kleine Betriebe mit mindestoptimaler Größe errichten, bis er seine Menge x^M produzieren kann. Dann fragt man sich allerdings, wie bei solchen Produktionsbedingungen ein Monopol entstehen sollte. Dazu wäre eine staatliche Zugangsbeschränkung notwendig (für die es keine Begründung gäbe). Ohne eine unüberwindliche Zugangsschranke kann sich ein Monopol jedoch nur halten, wenn es erhebliche Vorteile der Massenproduktion, also steigende Skalenerträge, gibt. Bei diesen Produktionsbedingungen wiederum ist vollständige Konkurrenz unmöglich, weil die Anbieter mit suboptimalen Betriebsgrößen produzieren müssten und von größeren, kostengünstigeren verdrängt würden, bis nur noch ein Unternehmen übrig bliebe. Man spricht hierbei von einem 'natürlichen' Monopol.

Die Anbieterstruktur ist eben nicht unabhängig von den Produktionsbedingungen, sondern im Gegenteil: Die Produktionsbedingungen sind ein wesentlicher Bestimmungsgrund der Marktform.

> Wenn die Produktion mit beträchtlichen Größenvorteilen verbunden ist und die langfristige Durchschnittskostenkurve erst bei erheblichen Produktionszahlen ihr Minimum (MOG) erreicht, setzen sich im Wettbewerb nur wenige Unternehmen durch. Es entstehen sogenannte Oligopole, wie bei der Herstellung von Pkws und Lkws, Reifen, Kühl- und Gefrierschränken, Mähdreschern, Motorrädern oder Zigaretten. Eine Produktion durch viele kleine Anbieter wäre höchst ineffizient. Bei einem kleinen Markt im Verhältnis zur mindestoptimalen Größe stellt das natürliche Monopol die effiziente Marktform dar.

Ein Vergleich der Marktergebnisse unterschiedlicher Marktformen unter der Annahme gleicher Produktionsbedingungen ist daher problematisch.

> Ein solcher Vergleich bietet sich allerdings dann an, wenn auf verschiedene Verhaltensweisen der Marktteilnehmer abgestellt wird. So kann sinnvoll verglichen werden, welchen Unterschied es macht, ob z. B. drei Anbieter in einen harten Preiswettbewerb treten – dann erhalten wir eventuell ein Ergebnis analog zur vollständigen Konkurrenz, nämlich p = GK = DK – oder ob sie gemeinsam als Kartell den Gewinn maximieren, woraus die Monopollösung folgt. Hier kann der Wohlfahrtsverlust durchaus sinnvoll gemessen werden.

Übungsaufgabe

Aufgabe 28:
Die Marktnachfrage lautet wieder: $x_N = 700 - 100p$. Die aggregierte Kostenfunktion der Polypolisten entspreche der Kostenfunktion eines Monopolisten und lautet: $K = 0,01x^2 + x + 400$. Der Monopolist hat eine zutreffende Vorstellung von der Marktnachfrage.

a) Berechnen Sie Monopolpreis und -menge sowie den dead-weight loss.
b) Wie viel Konsumentenrente zieht der Monopolist an sich? Vergleichen Sie seinen Zuwachs an Konsumentenrente mit dem Verzicht auf Produzentenrente.

5.4 Veränderungen des Monopolmarktgleichgewichts

Im Modell der vollständigen Konkurrenz gilt bei normal verlaufenden Angebots- und Nachfragefunktionen stets: Wenn die Nachfrage oder die Kosten steigen, steigt der Preis, und umgekehrt. Ein gewinnmaximierender Monopolist wird bei einer steigenden Nachfrage jedoch keineswegs immer seinen Preis erhöhen oder auf eine schrumpfende Nachfrage mit einer Preissenkung reagieren.

Im Folgenden gehen wir von einer steigenden Nachfrage aus, wobei wieder lineare Preis-Absatzfunktionen unterstellt werden. Damit wir den Einfluss des Nachfrageanstiegs auf den Preis isolieren können, nehmen wir an, dass der Monopolist mit konstanten Grenzkosten produziert. Anhand der Gleichung (5.5) aus Abschnitt 5.2.1 sehen wir, dass es dann auf die Preiselastizität der Nachfrage ankommt, ob und wie sich der gewinnmaximale Monopolpreis ändert:

$$p^M = \frac{GK}{1 - \frac{1}{|\varepsilon_{x,p}|}} \ .$$
(5.5)

Es können drei Fälle unterschieden werden:

(1) Die Preiselastizität sinkt bei einem Anstieg der Nachfrage; damit wird $1/|\varepsilon_{x,p}|$ größer und der gesamte Nenner kleiner – der gewinnmaximale Preis steigt. Die Preiselastizität der Nachfrage sinkt dann, wenn sich der Prohibitivpreis im Zuge des Nachfragewachstums erhöht. Ob sich die Steigung der Preis-Absatzfunktion verändert, ist dagegen für den Wert der Preiselastizität und damit für die Preisänderung unerheblich.

> Das lässt sich analytisch leicht zeigen. Dazu muss p = a − bx nach x aufgelöst werden: x = a/b − (1/b)p. Daraus ergibt sich dx/dp = −(1/b). Wenn wir in der Elastizitätsformel ε = (dx/dp)·(p/x) die Terme dx/dp sowie x ersetzen, erhalten wir einen Ausdruck, in dem die Steigung keine Rolle spielt:
>
> $$|\varepsilon_{x,p}| = \frac{1}{b} \cdot \frac{p}{(a/b)-(1/b)p} = \frac{p}{a-p} \ .$$

Die Nachfragekurve kann sich also nach rechts verschieben, wie in Abbildung 5.8 oder sich um den Abszissenabschnitt nach außen drehen. Letzteres kann als charakteristisch für Nachfrageschwankungen auf stagnierenden Märkten angesehen werden.

Dass die Steigung keine Rolle spielt, lässt sich auch unmittelbar an der Formel für den Monopolpreis bei linearer Nachfrage und konstanten Grenzkosten ablesen: p^M = (a+c)/2. Maßgeblich für die Höhe des Monopolpreises ist nur der Prohibitivpreis a. Die Ableitung des Monopolpreises nach dem Prohibitivpreis dp^M/da = ½ zeigt, dass dp^M = ½ da, d. h. der Monopolist erhöht seinen Preis genau um die Hälfte des Anstiegs des Prohibi-tivpreises $(a_1 - a_0)$.

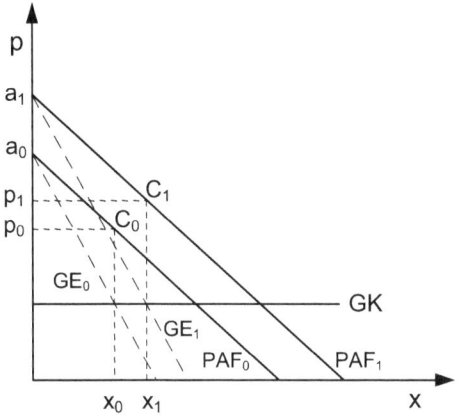

Abbildung 5.8: Steigender Monopolpreis bei Nachfrageanstieg

Bei einer Nachfrageverschiebung, die mit einem größeren Ordinatenab-schnitt einhergeht, erhalten wir somit ein analoges Resultat zur vollständi-gen Konkurrenz: Preis und gehandelte Menge steigen.[1]

(2) Die Preiselastizität der Nachfrage bleibt bei einem Nachfrageanstieg unverändert. Nach dem Voranstehenden kann das nur der Fall sein, wenn sich die Preis-Absatzfunktion um den Ordinatenabschnitt dreht, d. h. die Nachfrage wie in Abbildung 5.9 proportional wächst.

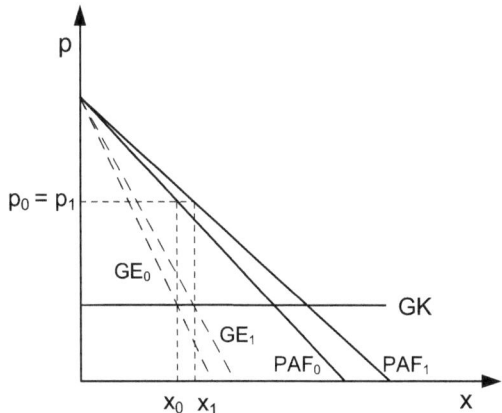

Abbildung 5.9: Konstanter Monopolpreis bei Nachfrageanstieg

---

[1] Dabei hängt der Anstieg der Menge sehr wohl von der Steigung der Preis-Absatzfunktion ab, denn in $x^M = (a-c)/2b$ ist der Steigungsparameter b enthalten.

Es kommt nur zu einem Anstieg der Menge, der Monopolpreis bleibt hingegen konstant. Auch an der Formel $p^M = (a+c)/2$ wird dies unmittelbar deutlich, da sich weder a noch c ändern.

(3) Die Preiselastizität der Nachfrage steigt; das setzt voraus, dass der Prohibitivpreis trotz wachsender Nachfrage sinkt. Eine solche Nachfrageverschiebung (siehe Abb. 5.10) ist typisch für junge expandierende Märkte, auf denen langlebige Gebrauchsgüter gehandelt werden, bei denen sich erst im Verlauf der zunehmenden Verbreitung ein Preisbewusstsein herausbildet.

> Hierfür lassen sich zahlreiche Beispiele nennen, wie Fernsehgeräte, Taschenrechner, PCs, CD-Player oder DVD-Player. Die ersten Personal Computer etwa waren sehr teuer. Im Zuge der Diffusion der PCs ist nicht nur deren Qualität erheblich gestiegen (was wir nicht abbilden können), sondern auch das Preisniveau drastisch gesunken. Damit dürfte zugleich der Reservationspreis des zahlungswilligsten Nachfragers, also der Prohibitivpreis, gesunken sein.

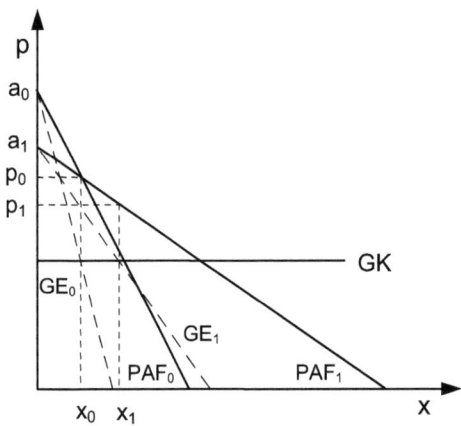

Abbildung 5.10: Sinkender Monopolpreis bei Nachfrageanstieg

Der Monopolpreis sinkt um die Hälfte des Rückgangs des Prohibitivpreises, während die Menge steigt. Die Annahme unveränderter Grenzkosten ist hierbei jedoch sehr unrealistisch, weil sie normalerweise bei zunehmender Erfahrung mit der Herstellung eines neuen Produktes und zunehmenden Stückzahlen ebenfalls sinken. Es gibt dann einen doppelten Grund für eine Preissenkung.

Dies leitet unmittelbar zu den Auswirkungen einer Kostenänderung über, die sich tendenziell nicht von denen bei vollständiger Konkurrenz unterscheiden: Steigende variable Kosten führen zu einem Preisanstieg sowie einem Mengenrückgang, und umgekehrt. Ein gewinnmaximierender Monopolist wird einen Kostenanstieg nicht voll im Preis weitergeben; genauso wenig wird er eine Kostensenkung voll einbehalten. Dazu hätte er zwar die Macht, doch würde er sein Gewinnmaximierungsziel verfehlen. Am einfachsten kann man das wieder für lineare Verhältnisse an unserer Preisformel erkennen: Aus $p^M = (a+c)/2$ folgt: $dp^M/dc = \frac{1}{2}$, d. h. $dp^M = \frac{1}{2} dc$. Der Monopolist gibt nur die Hälfte einer Änderung der variablen Kosten weiter.

Bei steigenden Grenzkosten, wie in Abbildung 5.11, wird sogar weniger als die Hälfte eines Kostenanstiegs überwälzt, wie ein Vergleich des Anstiegs von Grenzkosten und Preis zeigt.

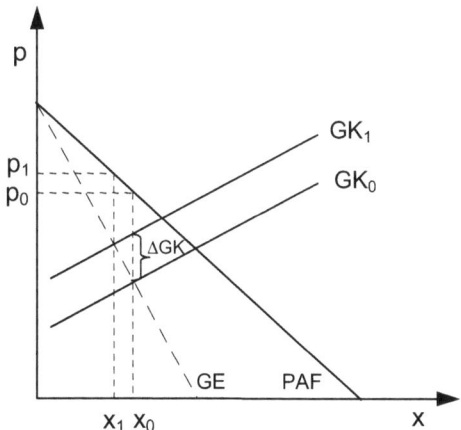

Abbildung 5.11: Veränderung des Monopolpreises bei Kostensteigerung

Daraus kann umgekehrt gefolgert werden, dass bei fallendem Verlauf der Grenzkostenkurve mehr als die Hälfte eines Kostenanstiegs im Preis weitergegeben wird. Eine vollständige Überwälzung kann ein gewinnmaximierender Monopolist bei einer geneigten PAF jedoch nie erreichen.

Übungsaufgabe

Aufgabe 29:
Die Grenzkosten eines Monopolisten seien GK = 5. Die Nachfragefunktion in Periode 0 lautet: $x_{N,0} = 100 - 10p$.

a) Zeigen Sie anhand der Formel $p^M = (a + c)/2$, dass der Monopolpreis konstant bleibt, falls in Periode 1 die Nachfrage insgesamt um 20 Prozent höher ist, jedoch steigt, falls sich nur die Sättigungsmenge um 20 Prozent erhöht hat.

b) Zeigen Sie ferner, dass die Preiselastizität der Nachfrage im ersten Fall konstant bleibt, während sie im zweiten Fall sinkt.

c) Überprüfen Sie Ihre Berechnungen anhand von Gleichung (5.5).

5.5 Wirkungen staatlicher Eingriffe

Falls ein Monopol die effiziente Marktform darstellt, weil steigende Skalenerträge vorliegen, muss eine staatliche Regulierungsbehörde dafür sorgen,
dass der Monopolist seine Stellung nicht zu Lasten der Verbraucher ausnutzt. Zur Regulierung solcher 'natürlichen' Monopole gibt es eine umfang-
reiche Literatur. Im Rahmen des vorliegenden Lehrbuchs wollen wir auf
diese Problematik jedoch nicht näher eingehen.

Analog zu der Analyse für die vollständige Konkurrenz sollen hier lediglich die Wirkungen einer staatlichen Preisvorgabe und von Steuern behandelt werden. Eine staatliche Preisvorschrift in Form eines Mindestpreises
ist für das Monopol nicht relevant; entweder der Anbieter kann mit seinem
Monopolpreis überleben oder es gibt keinen Preis, zu dem dies möglich
wäre (vgl. Abschnitt 5.2.3). Wir beschränken uns daher auf die Wirkung
eines Höchstpreises.

5.5.1 Wirkung eines Höchstpreises

Für einen Markt mit funktionierendem Wettbewerb haben wir festgestellt,
dass ein staatlicher Höchstpreis zu einem Nachfragemengenüberschuss,
also zu einem Marktungleichgewicht führt, das sich nicht von alleine ab-
baut. Es kann zwar verhindert werden, dass die Käufer hohe Preise bezahlen müssen, aber die Marktversorgung verschlechtert sich.

Beim Monopol kann ein Höchstpreis dagegen eine sinnvolle Maßnahme
darstellen, mit der sich tatsächlich eine Ausbeutung der Nachfrager unter-
binden und eine bessere Marktversorgung erreichen lässt. Eine entsprechende Situation ist in Abbildung 5.12 dargestellt. Damit die Wirkung eines
Höchstpreises ganz deutlich wird, stellen wir die Situation vor und nach
dem Preiserlass gesondert dar. Auf der linken Seite ist das übliche Mono-
polgleichgewicht abgebildet. Wird nun ein Höchstpreis p_h in Höhe der
Durchschnittskosten vorgeschrieben, kann der Monopolist die Preis-
Mengen-Kombinationen auf dem oberen Teil der Preis-Absatzkurve nicht
mehr verwirklichen. Seine PAF weist nun einen Knick in Höhe des Höchstpreises auf. Sie lautet:

$$p = \begin{cases} \overline{p}_h & \text{für} \quad x \leq x_h \\ a - bx & \text{für} \quad x > x_h \end{cases}.$$

Damit gilt für den Erlös beim Höchstpreis $E = \overline{p}_h \cdot x$ und daher für den
Grenzerlös:

$$GE = \begin{cases} \overline{p}_h & \text{für} \quad x \leq x_h \\ a - 2bx & \text{für} \quad x > x_h \end{cases}.$$

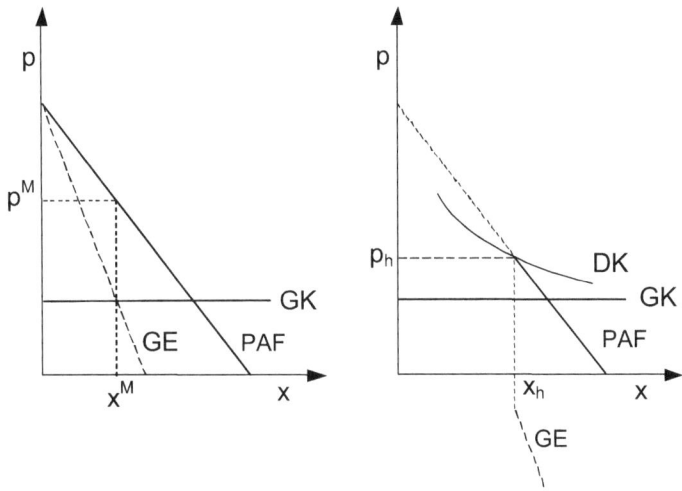

Abbildung 5.12: Höchstpreis im Monopol

Die Grenzerlöskurve fällt also zunächst mit der Preisgeraden zusammen, weist dann eine Sprungstelle auf und läuft ab x_h mit der doppelten Steigung der PAF weiter.

Wo liegt nun das Gewinnmaximum des Monopolisten? Es gibt keinen Schnittpunkt mehr zwischen Grenzerlös- und Grenzkostenkurve; vielmehr läuft die Grenzkostenkurve durch die Sprungstelle, in der die Grenzerlöse nicht definiert sind. Die Antwort finden wir, indem wir uns überlegen, ob mit einer Produktionsmenge, die kleiner oder größer ist als x_h ein Gewinn verbunden ist (bei p_h = DK gilt: G = 0). Für eine Produktionsmenge $x < x_h$ ist der Grenzerlös (= $\bar{p}_h$) größer als die Grenzkosten; folglich lohnt sich eine Ausdehnung der Produktion bis x_h. Für eine Menge $x > x_h$ dagegen sind die Grenzerlöse geringer als die Grenzkosten; folglich lohnt es sich nicht, mehr als x_h herzustellen. Die optimale Produktionsmenge liegt daher bei x_h.

> Da $x_h > x^M$, muss der Monopolist vermutlich seine Kapazität ausbauen, um x_h produzieren zu können. Der Höchstpreis muss sich also auf die Durchschnittskosten der Produktionsmenge x_h nach einer Kapazitätserweiterung beziehen. Solange nicht erheblich sinkende Skalenerträge auftreten, ist der Kapazitätsausbau unproblematisch.

Bei den in Abbildung 5.12 unterstellten konstanten Grenzkosten wird das Ziel einer besseren Marktversorgung erreicht, solange der Höchstpreis größer oder gleich den Durchschnittskosten ist. Ein Preis in Höhe der Grenzkosten wäre dagegen nicht kostendeckend, weil sich die Durchschnittskosten darüber befinden. Bei steigenden Grenzkosten liegt der theoretisch optimale Höchstpreis allerdings bei p_h = GK. Dies wäre ein sogenanntes first-best Optimum, bei dem der Käufer mit der geringsten Zahlungsbereitschaft gerade einen Preis bezahlt, der die Kosten der zuletzt produzierten Mengeneinheit deckt. Wenn die staatliche Regulierungsbehörde allerdings versucht, den Preis stets in Höhe der Grenz- bzw. Durchschnittskosten festzulegen, wird der Monopolist seine Gewinnchance darin suchen, überhöhte Kosten auszuweisen (bei deren Überprüfung sich die Regulierungsbehörde schwer tut). Falls der Monopolist damit rechnen kann, dass nachgewiesene Kosten akzeptiert werden, besteht außerdem ein Anreiz, auf konsequente Kostenminimierung zu verzichten und stattdessen z. B. die Mitarbeiter übertariflich zu bezahlen.

5.5.2 Steuern im Monopol

Wir betrachten analog zur vollständigen Konkurrenz zunächst die Auswirkung einer Verbrauchsteuer als Stücksteuer. Dabei können wir auf die Darstellung im Bruttopreis-Diagramm verzichten, weil das Ergebnis genau dasselbe ist wie bei einer Erhöhung der Grenzkosten (vgl. Abb. 5.11, bei der gedanklich ΔGK durch den Stücksteuersatz ersetzt werden kann). Falls ein Steuersatz τ erhoben wird und der Monopolist mit konstanten Grenzkosten produziert, überwälzt er nur die Hälfte der Steuer auf die Verbraucher.

Das gleiche Ergebnis muss sich auch bei einer Betrachtung mit Nettopreisen einstellen. Analog zu Abschnitt 4.5.2 müssen zwei Nachfragefunktionen, hier als Preis-Absatzfunktionen, unterschieden werden:

$$p_{br} = a - bx \quad \text{und} \quad p_n = a - \tau - bx, \text{ da } p_{br} = p_n + \tau .$$

Die Ordinatenabschnitte der beiden Preis-Absatzfunktionen in Abbildung 5.13 unterscheiden sich also um τ.

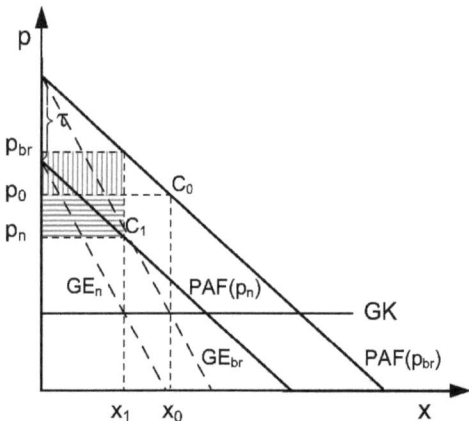

Abbildung 5.13: Wirkung einer Stücksteuer im Monopol

Der Cournotsche Punkt vor Steuererhebung liegt auf PAF(p_{br}). Nach Einführung der Stücksteuer ist für das Gewinnmaximum jedoch die PAF(p_n) und der zugehörigen Grenzerlöskurve maßgeblich. Mit der Grenzerlöskurve GE_n und der unveränderten Grenzkostenkurve ergibt sich als gewinnmaximaler Preis des Monopolisten p_n, wobei sich der zugehörige Bruttopreis für die Menge x_1 über die PAF(p_{br}) ablesen lässt.

Da sich der Ordinatenabschnitt mit Steuer um τ nach unten verschiebt, können wir sofort beweisen, dass der Bruttopreis nur um die Hälfte des Steuersatzes über dem ursprünglichen Monopolpreis p_0 liegt: Statt der Preisformel $p^M = (a+c)/2$ gilt nun: $p_n = (a-\tau+c)/2$. Damit ergibt sich als Ableitung nach τ: $dp_n/d\tau = -\frac{1}{2}$ und somit: $dp_n = -\frac{1}{2} d\tau$. Der Nettopreis sinkt um die Hälfte des Steuersatzes. Die Steuerlast $\tau \cdot x_1$ wird also zur einen Hälfte vom Monopolisten (längs gestreifte Fläche) und zur anderen Hälfte von den Konsumenten (quer gestreifte Fläche) getragen.

> Sind die Grenzkosten nicht konstant, gilt analog zu den Auswirkungen einer Kostensteigerung: Bei steigendem Verlauf der Grenzkostenkurve wird weniger als die halbe Stücksteuer überwälzt; bei sinkendem Verlauf dagegen mehr als die Hälfte. Eine vollständige Überwälzung könnte ein gewinnmaximierender Monopolist nur bei einer völlig unelastischen Nachfrage erreichen.

Auch im Monopol wird durch eine Verbrauchsteuer und ebenso durch eine Kostensteuer auf einen variablen Produktionsfaktor die Marktversorgung (noch) schlechter. Sollte das Ziel der Steuererhebung sein, den Gewinn des Monopolisten zu schmälern, wäre eine direkt marktwirksame Steuer nicht das adäquate Mittel.

Eine Gewinnsteuer, die einer Steuer auf fixe Produktionsfaktoren entspricht (nämlich der Unternehmerleistung und des eingesetzten Eigenkapitals), hat kurzfristig keine Auswirkungen auf das Marktgleichgewicht, weil sie für die Grenzkosten bzw. den Grenzerlös keine Rolle spielt. Im Gegensatz zur vollständigen Konkurrenz wird eine Gewinnsteuer auch langfristig nicht auf die Verbraucher überwälzt, weil es keine Marktaustritte gibt, die den Preis anheben. Dies gilt analog für direkt marktwirksame Steuern, von denen bei einer fallenden PAF auch langfristig ein Teil vom Monopolisten übernommen wird – falls er sich nicht entschließt, die Produktion wegen der geringeren Gewinne einzustellen bzw. in ein anderes Land zu verlagern.

Übungsaufgabe

Aufgabe 30:
Der Staat erlegt dem Monopolisten aus Aufgabe 29 einen Höchstpreis von $p_h = 6$ Geldeinheiten auf. Wie lautet die Grenzerlösfunktion des Monopolisten? Zeigen Sie, dass er mit der Menge, die zu p_h gehört, sein Gewinnmaximum erreicht.

6 Weitere Formen der unvollständigen Konkurrenz

6.1 Überblick

Mit dem Monopol haben wir bereits eine Marktform der unvollständigen Konkurrenz kennen gelernt. In der Realität gibt es zahlreiche Formen unvollständiger Konkurrenz, nämlich stets dann, wenn auf einem Markt nicht sehr viele kleine Anbieter und Nachfrager tätig sind und/oder wenn des Gut heterogen und/oder der Marktzutritt beschränkt sind.

Es gibt also drei wichtige Kriterien für die Charakterisierung eines Marktes: Die Anzahl der Marktteilnehmer, den Heterogenitätsgrad und die Offenheit des Marktes. Die Marktformen werden primär nach der Anzahl der Marktteilnehmer unterschieden. So steht im Monopol ein Alleinverkäufer[1] einer großen Anzahl von Nachfragern gegenüber. Wird der Markt umgekehrt von einem einzigen Nachfrager beherrscht, der sich vielen Anbietern gegenübersieht, spricht man von einem **Monopson** ('Alleinnachfrager').

In einer Volkswirtschaft findet man vor allem im industriellen Bereich häufig Märkte mit zahlreichen Nachfragern, die von wenigen größeren Anbietern dominiert werden: Solche Märkte werden als **Oligopole** bezeichnet. Analog dazu sind **Oligopsone** Märkte mit vielen Anbietern, aber wenigen Nachfragern. Stehen viele Nachfrager vielen Anbietern gegenüber, spricht man von einem **Polypol**.

Daneben existieren asymmetrische Marktformen, wie etwa das **Teilmonopol**; hier gibt es einen Anbieter mit einem überragenden Marktanteil und daneben noch kleinere Produzenten. Empirisch besonders relevant ist das **Teiloligopol**; wenige Anbieter mit erheblichen Marktanteilen werden durch kleine Anbieter ergänzt.

Ein Markt ist entweder homogen oder heterogen. Werden z. B. von wenigen Anbietern homogene Güter angeboten, handelt es sich um ein homogenes Oligopol, ansonsten um ein heterogenes.

Was Heterogenität bedeutet, haben wir bereits in der Einführung geklärt: Die Tauschpartner hegen Präferenzen, die sachlich, persönlich, zeitlich und/oder räumlich begründet sein können. In der Realität sind meistens Präferenzen vorhanden; folglich stellen heterogene Märkte den Regelfall

---

[1] Dies ist die Übersetzung des griechischen Wortes 'Monopol'.

dar. Analytisch wirft die Heterogenität jedoch erhebliche Probleme auf, denn wegen der Präferenzen können die Anbieter unterschiedliche Preise verlangen. Es muss daher keinen einheitlichen Marktpreis geben. Ein Marktgleichgewicht lässt sich nur dann eindeutig bestimmen, wenn man von einem repräsentativen Anbieter ausgeht (wie in Abschnitt 6.3). Ansonsten gibt es lediglich Gleichgewichtsgebiete.

Das dritte Kriterium, also die Offenheit des Marktes, findet in jüngerer Zeit zunehmend Beachtung. Der Grad der Offenheit ist wesentlich dafür, welches Marktergebnis sich letzlich einstellt und ob Wohlfahrtsverluste auftreten. Bei vollständiger Konkurrenz, also einem homogenen Polypol mit freiem Marktzutritt, werden die Anbieter zu optimalem Faktoreinsatz gezwungen, weil sich für neue Anbieter eine Gewinnchance böte, falls die Etablierten ihre Kosten nicht minimieren würden. Folglich würden Unternehmen, die zu teuer produzieren, von billigeren verdrängt. Wenn der Marktzutritt nicht frei ist, fällt der Zwang zum optimalen Wirtschaften weg. Die Notwendigkeit, sich bei einem offenen Markt effizient zu verhalten, gilt nicht nur für das Polypol, sondern auch für die meisten anderen Marktformen. Daraus folgt im Umkehrschluss, dass die vollständige Konkurrenz nicht die einzige Marktform ist, bei der eine optimale Allokation zustande kommt. Vielmehr kann sich ein optimales Ergebnis auf allen homogenen Märkten mit mindestens zwei Anbietern einstellen, falls Markteintritt und -austritt völlig frei sind.

> Lange Zeit hat man die vollständige Konkurrenz als einzige Marktform betrachtet, die optimale Ergebnisse mit sich bringt. Die Theorie der angreifbaren Märkte ('contestable markets') von Baumol, Panzar und Willig hat ein gewisses Umdenken bewirkt.[1] Letztlich ist diese Theorie genauso abstrakt wie die der vollständigen Konkurrenz. Es wurde aber zumindest erkannt, dass die Anbieterzahl nicht das wesentliche Kriterium für die Funktionsfähigkeit eines Marktes darstellt.
>
> Wie sich eine Marktöffnung auf den Handlungsspielraum der Unternehmen auswirkt, kann man an der Entwicklung der deutschen Industrie ablesen. Diese war in den siebziger Jahren vor ausländischer Konkurrenz noch relativ gut geschützt. Damals war das Kostenbewusstsein deutscher Anbieter oftmals gering und die Gewinnspannen dennoch relativ hoch. Mit der zunehmenden Öffnung des Weltmarktes gerieten später viele deutsche Unternehmen unter Rationalisierungsdruck, um konkurrenzfähig zu bleiben.

---

[1] Baumol, W. J., J. C. Panzar und R. D. Willig, Contestable Markets and the Theory of Industry Structure, Hartcourt Brace Jovanovich Publishers, 1982. Für einen gerafften Überblick siehe Fehl, U.: Das Konzept der contestable markets und der Marktprozeß, in: Bombach G., B. Gahlen und A. E. Ott, Industrieökonomik: Theorie und Empirie, Mohr & Siebeck, 1985, S. 29 - 49 oder noch kürzer: Wied-Nebbeling, S., Markt- und Preistheorie, 3. Aufl., Springer-Verlag, 1997, S. 271 ff.

Die Offenheit eines Marktes ist nicht nur ein Charakteristikum der Markt-struktur, sondern bestimmt diese mit. So lässt sich eine Monopolstellung, die nicht darauf beruht, dass ein einziger Anbieter am kostengünstigsten produzieren kann (dann liegt ein 'natürliches' Monopol vor), nur halten, wenn weiteren Anbietern der Zugang verwehrt wird. Bei einem offenen Markt dagegen würden die Monopolgewinne solange neue Anbieter anlo-cken, bis der überdurchschnittliche Gewinn verschwunden ist. Auf einem offenen homogenen Markt ergibt sich die Anzahl der Anbieter endogen aus dem Quotienten aus Nachfragevolumen beim kostendeckenden Preis und mindestoptimaler Betriebsgröße.

Die letzte Aussage gilt streng genommen nur für einen stagnierenden Markt. Ein neu entstandener Markt weist in der Regel eine andere Struktur auf als ein seit langem bestehender. Neue Märkte werden durch Produkt-innovationen geschaffen. Sofern die Innovation nicht sofort imitiert werden kann (oder nicht zufällig zwei Firmen mit derselben Idee auf den Markt kommen), nimmt der Pionier zunächst eine Monopolstellung ein.

> Einen Innovator durch eine Zugangsschranke zu schützen und damit die Offenheit des Marktes einzuschränken, ist durchaus sinnvoll. Der Erfinder erhält einen Patentschutz, der ihn vor rascher Imitation bewahrt und ihm einen so genannten Pioniergewinn sichert. Dieser stellt einen Anreiz zur In-novation dar. Wenn durch kostspielige und risikoreiche Forschung keine übernormalen Gewinne erzielt werden könnten, weil das neue Wissen allen zur Verfügung stünde, würden keine Anstrengungen unternommen, ein neues Produktionsverfahren zu entwickeln, mit dem sich die Kosten senken lassen, oder ein neues Produkt zu erfinden, das die Bedarfe der Konsu-menten besser befriedigt.

Falls es sich nicht um ein 'natürliches' Monopol handelt und der Monopolist erkennbar Gewinne erzielt, werden spätestens nach Ablauf eines Patents neue Anbieter in den Markt eintreten. Sind es Anbieter mit relativ kleinen Kapazitäten ('small scale entry'), wird aus dem Monopol ein Teilmonopol. Ein Oligopol entsteht dann, wenn Anbieter eintreten, die etwa dieselbe Größe wie der Pionier aufweisen ('large scale entry'). In der so genannten Expansionsphase ist der Preis i. Allg. immer noch höher als die Durch-schnittskosten. Daher werden weitere Marktzutritte erfolgen. Vor allem auf heterogenen Märkten, bei denen es enge Käufer-Verkäufer-Beziehungen gibt, können neben größeren auch Nischenanbieter existieren; es bildet sich ein Teiloligopol heraus (und die Gewinne müssen nicht auf null sin-ken). Bei starkem Nachfragewachstum und einer gemessen am Nachfrage-volumen relativ kleinen mindestoptimalen Betriebsgröße kann auch ein Polypol entstehen. Welche Anbieterstruktur ein Markt aufweist, hängt dem-nach von der Lebensphase eines Marktes, der Offenheit, der Heterogenität und der mindestoptimalen Betriebsgröße ab.

Unter den Marktformen kommt dem Oligopol eine besondere Bedeutung zu. Dies liegt u.a. daran, dass viele Käufer-Verkäufer-Beziehungen aufgrund von Transportkosten regional begrenzt sind. Etliche Branchen weisen zwar eine große Anzahl von Anbietern auf – wir würden also von einem Polypol sprechen. Bei einer örtlich gebundenen Nachfrage konkurrieren jedoch vor allem die Anbieter in der nächsten Nachbarschaft miteinander.

> Dafür lassen sich zahlreiche Beispiele anführen. Güter des täglichen Bedarfs werden in der näheren Umgebung gekauft. Folglich konkurrieren die entsprechenden Läden eines Stadtviertels miteinander, nicht jedoch weit voneinander entfernte Geschäfte. Ähnliche Verhältnisse herrschen bei vielen Verkehrsdienstleistungen (nur die örtliche Taxigesellschaften sind Konkurrenten) und teilweise auch im Verarbeitenden Gewerbe (insbesondere im Handwerk). Für die örtliche Begrenzung der Märkte spielt vor allem der Wert eines Gutes im Verhältnis zu den aufzuwendenden Transport- und Zeitkosten eine Rolle.

Da die Marktform des Oligopols häufig vorkommt, setzen wir uns mit dieser Marktform im nächsten Abschnitt etwas genauer auseinander. In Abschnitt 6.3 beschäftigen wir uns mit dem heterogenen Polypol, das auch als **monopolistische Konkurrenz** bezeichnet wird. Mit diesem Modell lässt sich besonders gut demonstrieren, dass bereits eine einzige Abweichung von der Struktur des Modells der vollständigen Konkurrenz genügt, um das Erreichen eines optimalen Marktergebnisses zu verhindern. Mit der – allerdings nicht einfachen – Formulierung von Dixit und Stiglitz lässt sich außerdem direkt an die in der Haushaltstheorie erarbeiteten Ergebnisse anknüpfen.

6.2 Oligopol

Wenn sich nur wenige Unternehmen auf einem Markt als Konkurrenten gegenüberstehen, können sie sich gegenseitig nur schwer ignorieren, denn jede Handlung eines Anbieter ist für seine Konkurrenten spürbar. Eine erfolgreiche Werbekampagne, eine qualitativ verbesserte Produktvariante oder eine Kapazitätserweiterung mit anschließender Preissenkung zieht Nachfrage von den Konkurrenten ab. Unter den oligopolistischen Anbietern herrscht **Interdependenz**.

Weil niemand gerne seine Nachfrager verliert, werden die Konkurrenten versuchen, sich zu wehren. Insofern sollte sich jeder Oligopolist vor einer Aktion überlegen, ob und wie seine Konkurrenten reagieren werden. Oligopolisten müssen strategisch handeln, wenn sie unternehmerischen Erfolg haben wollen.

Eine Methode, strategisches Handeln zu analysieren, stellt die **Spieltheorie** dar. Wir werden uns im Folgenden mit einigen wichtigen Überlegungen, die auf der Spieltheorie beruhen beschäftigen, ohne jedoch auf spieltheoretische Lösungs- und Gleichgewichtskonzepte näher einzugehen.[1] Dabei betrachten wir im Folgenden der Einfachheit halber nur zwei Anbieter. Diese Marktform wird **Dyopol** (oder auch Duopol) genannt. Durch die exogene Festlegung der Anbieterzahl wird implizit angenommen, dass der Marktzutritt beschränkt ist. Ansonsten müssten Lösungen für das homogene Dyopol, die mit übernormalen Gewinnen einhergehen, ausgeschlossen werden.

Da es zahlreiche Strategiemöglichkeiten und unterschiedliche Strategieparameter gibt (Preis, Menge, Werbung, Forschung und Entwicklung, Produktdifferenzierung), existieren zahlreiche Oligopolmodelle. Wir beschränken uns im Folgenden hauptsächlich auf Preis und Menge als strategische Variablen. Dabei werden die Strategiemöglichkeiten danach unterschieden, ob die Oligopolisten gleichzeitig handeln müssen, oder ob einer vorangeht und der andere anschließend seine optimale Reaktion festlegt.

6.2.1 Simultanes Handeln

Nehmen wir an, es findet ein wichtiges Fußballspiel statt, und zwei Anbieter von Sitzkissen, die für den Verleih zugelassen worden sind, überlegen, welchen Preis sie verlangen. Sie müssen ihren Preis gleichzeitig bekannt geben und können ihn dann nicht mehr verändern. Die Nachfrager haben keine Präferenzen; es handelt sich somit um ein homogenes Dyopol. Die Kosten der Anbieter sind identisch.

Wie man sich leicht vorstellen kann, stellen sich die Konkurrenten insgesamt am besten, wenn sie beide den Monopolpreis verlangen, woraufhin sich die beim Monopolpreis relativ geringe Nachfrage auf beide gleich mäßig verteilen würde. Jeder erhielte den halben Monopolgewinn. Man sollte meinen, dass sie sich vorher treffen und sich über den Preis absprechen. Werden sich die beiden jedoch an die Abmachung halten? Falls ein Anbieter den anderen betrügt, indem er einen geringeren als den vereinbarten Preis verlangt, und falls er genügend Sitzkissen bereitstellen kann, wird der Konkurrent mit dem höheren Preis leer ausgehen und einen Verlust in Höhe der Kosten erleiden, die er aufbringen musste, um überhaupt im Stadion anbieten zu können. Der Betrüger erzielt dann einen höheren Gewinn als bei Einhaltung der Abmachung. Verlangen beide einen niedrigen Preis, machen beide Gewinne von null (warum, wird später noch geklärt).

Für welchen Preis sich die Anbieter entscheiden werden, machen wir uns anhand der folgenden **Auszahlungsmatrix** klar.

---

[1] Siehe hierzu z. B. Holler, M. J. und G. Illing, Einführung in die Spieltheorie, 6. überarb. Aufl., Springer-Verlag, 2005 oder Sieg, G., Spieltheorie, 2. überarb. Aufl., Oldenburg Verlag 2005.

U_1 \\ U_2	p_2 niedrig	p_2 hoch
p_1 niedrig	0, 0	100, −20
p_1 hoch	−20, 100	55, 55

In der Vorspalte stehen die Strategiemöglichkeiten des Unternehmens 1 und in der Kopfzeile diejenigen des Unternehmens 2. In den Matrixfeldern sind die zugehörigen Gewinne (in der Sprache der Spieltheorie 'Auszahlungen') ausgewiesen – links vom Komma diejenigen für Anbieter 1 und rechts diejenigen für Anbieter 2.

Wir gehen nun davon aus, dass ein Anbieter die Strategie des jeweils anderen nicht kennt, und überlegen, welche Wahl Anbieter 1 bei alternativen Strategien des Anbieters 2 trifft. Wenn Anbieter 1 annimmt, dass sein Konkurrent einen niedrigen Preis setzt, muss er seine Gewinne in den beiden Zellen der linken Spalte vergleichen. Wie man sieht, stellt er sich am besten, wenn er ebenfalls einen niedrigen Preis verlangt, denn ein Gewinn von null ist immer noch besser als ein Verlust in Höhe von 20 Geldeinheiten. Sollte Anbieter 2 einen hohen Preis verlangen, stellt sich Anbieter 1 wiederum mit dem niedrigen Preis besser, denn der Gewinn von 100 Geldeinheiten ist höher als der Gewinn von 55, den er erzielen würde, falls er gleichfalls einen hohen Preis verlangen würde. Die so genannte **dominante Strategie** besteht somit für Anbieter 1 darin, einen niedrigen Preis zu verlangen, unabhängig davon, was Anbieter 2 tut. Dasselbe gilt für Anbieter 2: Dazu vergleichen wir seine Gewinne in den Zellen der oberen (bzw. unteren) Zeile. Beide legen damit den niedrigen Preis fest. Falls sie eine Absprache getroffen haben, den höheren Monopolpreis zu setzen, wird sich keiner daran halten.

Die Lösung nennt man **Nash-Gleichgewicht**. In unserem Fall zeichnet sich das Gleichgewicht dadurch aus, dass jeder Anbieter durch die Wahl der dominanten Strategie seinen Gewinn maximiert, falls der Konkurrent ebenfalls die dominante Strategie wählt. Verlangen nämlich beide den niedrigen Preis, können sie sich durch eine Änderung der eigenen Strategie bei gegebener Strategie des anderen nicht besser stellen. Der Anbieter, der isoliert den höheren Preis fordern würde, müsste einen Verlust hinnehmen.

Legen beide Anbieter den Preis simultan fest, werden sie den niedrigen Preis setzen. Aber welcher Preis ist das? Gehen wir für die Argumentation vom Monopolpreis aus: Da der Markt homogen ist, genügt eine kleine Preisunterbietung, um die gesamte Nachfrage zu gewinnen. Wenn ein Anbieter den Preis aber nur geringfügig unterhalb des Monopolpreises ansetzt, muss er damit rechnen, dass sein Konkurrent einen noch niedrigeren Preis wählt. Der einzige Preis, bei dem ein Anbieter sicher sein kann, dass er durch seine Preiswahl keinen Verlust erleidet, weil der andere billiger anbietet und die gesamte Nachfrage auf sich zieht, ist der Konkurrenzpreis (p = GK = DK). Dies ist die so genannte **Bertrand-Lösung**.

> Bei der Bertrand-Lösung stellt sich dasselbe Marktergebnis wie bei vollständiger Konkurrenz ein, obgleich der Markt nicht einmal offen ist (die Stadionverwaltung hat den Zutritt beschränkt) und nur zwei Anbieter konkurrieren. Dieses Ergebnis ist von der Anbieterzahl und der Marktoffenheit prinzipiell unabhängig.

In unserem Modell verhalten sich die Anbieter **nicht-kooperativ**. Die für beide bessere **kooperative** Lösung stellt kein Gleichgewicht dar. Die Anbieter befinden sich in einem so genannten **Gefangenendilemma**.[1] Man könnte meinen, das läge einzig daran, dass die Anbieter nur einmal aufeinander treffen. In diesem so genannten **Einperiodenspiel** kann ein Anbieter, der gegen die Abmachung verstößt, nämlich nicht bestraft werden. Würden die Sitzkissenverleiher dagegen jeden Samstag aufeinander treffen, wäre zu erwarten, dass sie sich absprechen und auch an die Verabredung halten. Bricht z. B. Anbieter 1 die Abmachung, muss er damit rechnen, dass sein Konkurrent ab dem nächsten Samstag den Grenzkostenpreis verlangt. Dann hätte Anbieter 1 zwar an einem Tag einen Mehrgewinn, dafür aber einen Gewinnentgang an den folgenden Samstagen. Falls den Anbietern zukünftige Gewinne nicht ganz unwichtig sind, werden sie sich daher kooperativ verhalten – zum Nachteil der Stadionbesucher.

Diese Überlegung trifft jedoch nur für ein **Mehrperiodenspiel** zu, dessen Ende nicht feststeht. Die Anbieter wissen in diesem Fall nicht, wie oft sie sich auf einem Markt begegnen werden. Wenn allerdings die Stadionkonzession auf eine Saison beschränkt ist und die Anbieter anschließend den Verleih aufgeben, sieht die Sache aus spieltheoretischer Sicht völlig anders aus. Mehrperiodenspiele mit bekanntem Ende werden durch **Rückwärtsinduktion** gelöst. Man beginnt also mit dem Samstag, an dem die Dyopolisten das letzte Mal im Stadion anbieten. Welchen Anlass hätten sie zu kooperieren? Sie treffen sich nie wieder und keiner kann den anderen anschließend bestrafen, weil er von der Absprache abgewichen ist. Jeder muss daher befürchten, dass der andere ihm durch einen niedrige-

---

[1] Die ursprüngliche Spielsituation des Gefangenendilemmas ist folgende: Zwei Männer, die zusammen ein Verbrechen begangen haben, das man ihnen jedoch nicht nachweisen kann, werden in separaten Zellen verhört. Jeder der beiden kann gestehen und damit den anderen verraten oder seine Teilnahme bestreiten. Gesteht einer der Gauner, kommt er selbst als Kronzeuge frei und der andere wird streng bestraft. Gesteht keiner, müssen beide wegen eines kleineren, nachweisbaren Verstoßes eine Zeitlang im Gefängnis bleiben. Gestehen beide, erhalten sie eine mittlere Strafdauer. Obwohl es für beide besser wäre, zu schweigen, werden sie aus Furcht vor dem Verrat des anderen und der damit verbundenen schweren Strafe gestehen.

ren Preis einen Verlust zufügt und beide wählen die dominante Strategie des Einperiodenspiels. Am vorletzten Samstag ist beiden klar, dass am letzten Samstag keine Kooperation zustande kommen wird. Damit ist auch keine Sanktion für ein Abweichen von der Vereinbarung in der vorletzten Runde möglich. Ohne Bestrafung lässt sich eine Kooperation jedoch nicht durchsetzen; folglich verhalten sich die Anbieter auch am vorletzten Tag nicht-kooperativ. Dieselbe Überlegung gilt für den drittletzten Samstag und jeden weiteren davor. Das einzige Nash-Gleichgewicht eines Mehrperiodenspiels mit bekanntem Ende ist dasjenige des Einperiodenspiels.

> Wenn man die Auszahlungsmatrix anschaut, widerspricht dieses Ergebnis der Intuition. Die Unternehmen könnten eine ganze Saison lang Samstag für Samstag Monopolgewinne einstreichen, anstatt sich mit einem Normalgewinn zufrieden zu geben. Tatsächlich gibt es an dem Ergebnis des Gefangenendilemmas jedoch nichts zu rütteln, falls beide Anbieter völlig rational handeln und wissen, dass dies auch auf den Konkurrenten zutrifft. Nur wenn ein Anbieter nicht sicher ist, ob sich der andere völlig rational verhält, gibt es einen Ausweg aus dem Dilemma: Es wird nach dem Prinzip 'Wie Du mir, so ich Dir' gehandelt (**'tit-for-tat'**). Beim ersten Aufeinandertreffen wird ein Anbieter den Monopolpreis setzen. Hat der andere ebenfalls den hohen Preis gewählt, verhalten sich beide so lange kooperativ, bis kurz vor Spielende einer davon abweicht. Verlangt der andere in der ersten Periode jedoch den Konkurrenzpreis, kommt keine kooperative Lösung zustande. Das ist aber nicht zu erwarten. Denn selbst wenn die Wahrscheinlichkeit, dass der Konkurrent sich nicht streng rational verhält, recht gering veranschlagt wird, ist der lockende Gewinn aus einer längeren Kooperation höher als der drohende einmalige Verlust. Rechnen beide mit einer bestimmten Wahrscheinlichkeit damit, dass der andere von der dominanten Strategie abweicht, kommt es tatsächlich zu Kooperation.

Außer über den Preis können Unternehmen über die Menge konkurrieren; man spricht dann von **Mengenstrategie**. Dazu benötigt man allerdings einen Auktionator. Im Folgenden wollen wir von zwei Salatbauern ausgehen, die ihre Produktion auf dem Großmarkt anbieten, wobei der Markt von einem Auktionator geräumt wird. Fragen wir zunächst wieder nach der Lösung des Einperiodenspiels und nehmen an, dass die Anbieter wissen, wie viele Salatköpfe jeder ernten kann. Analog zur **Preisstrategie** könnten beide insgesamt den höchsten Gewinn erzielen, wenn sie sich jeweils auf die halbe Monopolmenge beschränken. Wie bei der Preisstrategie könnten sie sich am Tag vor der Ernte absprechen. Dann wäre es jedoch für jeden Anbieter lukrativer, sich nicht an die Vereinbarung zu halten. Vielmehr würde einer die abgesprochene halbe Monopolmenge des anderen als gegeben hinnehmen und die gewinnmaximale Menge bezüglich der Restnachfrage, d. h. der Gesamtnachfrage auf dem Markt abzüglich der vom anderen Anbieter angebotenen Menge, ernten.

Die Menge bei Betrug lässt sich relativ leicht ermitteln, wenn wir einige vereinfachende Annahmen treffen: Die Marktnachfrage sei linear und der Steigungskoeffizient wird auf eins normiert, d. h. $x = a - p$. Die inverse Marktnachfrage lautet somit: $p = a - x$, wobei $x = x1 + x2$ gilt. Die Anbieter produzieren mit derselben linearen Kostenfunktion $Ki = c \cdot xi$ mit $i = 1, 2$. Bringt Anbieter 2 die Menge bei gemeinsamer Gewinnmaximierung auf den Markt, wissen wir aus Abschnitt 5.2.1, dass $x2 = \frac{1}{2} xM = (a - c)/4$ beträgt. Damit sieht die Gewinngleichung von Anbieter 1 folgendermaßen aus:

$$G_1 = E_1 - K_1 = p \cdot x_1 - c \cdot x_1 = (p - c) \cdot x_1 .$$

Nun gilt für den Preis: $p = a - x_1 - x_2$ und somit für den Gewinn des Anbieters 1:

$$G_1 = \left(a - x_1 - \frac{a - c}{4} - c\right) \cdot x_1 = \left(\frac{3}{4}(a - c) - x_1\right) \cdot x_1 .$$

Daher lautet die Gewinnmaximierungsbedingung 1. Ordnung:

$$\frac{dG_1}{dx_1} = \frac{3}{4}(a - c) - 2x_1 = 0 ,$$

woraus für die gewinnmaximale Menge des Anbieters 1 folgt:

$$x_1 = \frac{3}{8}(a - c) .$$

Die Menge bei Betrug ist um die Hälfte höher als die Menge eines Anbieters bei gemeinsamer Gewinnmaximierung.

Wenn beide Anbieter davon ausgehen, dass jeder seinen Gewinn maximiert, indem er das Angebot des anderen als unveränderlich hinnimmt – was bei einem einmaligen Auftritt auf dem Großmarkt eine sinnvolle Annahme ist, können sie das Gewinnmaximierungskalkül des anderen nachvollziehen. Beide bringen dann dieselbe Menge auf den Markt. Diese liegt zwischen der Menge bei gemeinsamer Gewinnmaximierung und der Menge bei Betrug; folglich bewegt sich auch der zu erzielende Gewinn dazwischen.

Auch diese Lösung, die so genannte **Cournot-Lösung**, lässt sich leicht herleiten. Die vom Konkurrenten auf den Markt gebrachte Menge ist zunächst unbestimmt. Also lautet die Gewinngleichung des Anbieters 1:

$$G_1 = (a - x_1 - x_2 - c) \cdot x_1$$

und die Gewinnmaximierungsbedingung 1. Ordnung:

$$\frac{dG_1}{dx_1} = a - c - x_2 - 2x_1 = 0 ,$$

woraus wir für die gewinnmaximale Menge des Anbieters 1 in Abhängigkeit von einer gegebenen Menge des Anbieters 2 erhalten:

$$x_1 = \frac{a - c - x_2}{2} . \qquad (6.1)$$

Die Gewinnmaximierungsbedingung für Anbieter 2 lautet ganz analog: $x_2 = (a - c - x_1)/2$. Da Anbieter 1 diese Gewinnmaximierungsbedingung kennt, weil sie seiner eigenen entspricht, kann er sie in (6.1) einsetzen und seine gewinnmaximale Menge berechnen:

$$x_1 = \frac{a - c - \frac{a-c-x_1}{2}}{2} = \frac{1}{4}(a-c) + \frac{1}{4}x_1 \quad \text{und somit:} \quad x_1 = \frac{1}{3}(a-c) \ .$$

Anhand einer Auszahlungsmatrix lässt sich wieder verdeutlichen, warum sich dieses Gleichgewicht einstellt. Dabei wird mit x^C die Menge bezeichnet, die sich aus dem Gewinnmaximierungskalkül eines Anbieters ergibt, wenn er davon ausgeht, dass der andere seine Menge konstant hält, und mit x^M die halbe Monopolmenge.

U_1 \ U_2	x^C	x^M
x^C	1000, 1000	1400, 900
x^M	900, 1400	1200, 1200

Wiederum gibt der vor dem Komma stehende Wert den Gewinn des Anbieters 1 an. Es ist ersichtlich, dass Unternehmer 1 sich am besten stellt, wenn er die Menge x^C wählt, weil sie bei jeder Strategie des Anbieters 2 den höheren Gewinn verspricht (1000 > 900, falls U_2 die Menge x^C wählt und 1400 > 1200, U_2 die halbe Monopolmenge x^M wählt). Allerdings hängt die konkrete Höhe der Menge x^C von der Erwartung des Anbieters 1 ab, welche Strategie Anbieter 2 verfolgt, denn wie gezeigt wurde, wird Anbieter 1 eine höhere Menge auf den Markt bringen, falls Anbieter 2 sich auf die halbe Monopolmenge beschränkt.

Für Anbieter 2 gilt analog, dass er sich bei jeder der beiden Strategiemöglichkeiten des Konkurrenten mit einer Menge x^C am besten stellt. Folglich werden beide x^C auf den Markt bringen und einen Gewinn von 1000 Geldeinheiten erzielen. Wie bei der Preisstrategie handelt es sich um ein Nash-Gleichgewicht, das so genannte **Cournot-Nash-Gleichgewicht**. Durch Abweichen von der Gleichgewichtsmenge kann sich kein Anbieter besser stellen.

Auch bei der Mengenstrategie kommt in einem Einperioden- bzw. Mehrperiodenspiel mit bekanntem Ende und vollständig informierten, rationalen Anbietern keine kooperative Lösung zustande. Im Gegensatz zur Preisstrategie ist der Verzicht auf Kooperation für die Unternehmen jedoch nicht so gravierend. Bei der Preisstrategie gibt es nur alles oder nichts; dem Billigeren fällt die gesamte Nachfrage zu. Bei der Mengenstrategie findet der Auktionator den Markt räumenden Preis. Sofern nicht beide zusammen eine so große Menge anbieten, dass sie nur zum Grenzkostenpreis abgesetzt werden kann, bleibt immer ein Gewinn, wobei dem Anbieter mit dem höheren Absatz der größere Gewinn zufällt.

Für die Anbieter ist eine Mengenstrategie daher vorteilhafter als eine Preisstrategie. Wenn es jedoch keinen Auktionator gibt, müssen die Anbieter einen Preis setzen. In der Realität wird die Brisanz der Preisstrategie durch zwei Faktoren abgeschwächt. Zum einen sind die meisten Märkte heterogen. Wenn die Nachfrager Präferenzen für bestimmte Produkte hegen, verliert ein Anbieter nicht die gesamte Nachfrage, falls er teurer ist als sein(e) Konkurrent(en) und er gewinnt durch einen geringeren Preis nicht die gesamte Marktnachfrage. Zum anderen benötigt man zur Produktion eine bestimmte Kapazität. Die Bertrand-Lösung erfordert, dass die Kapazität jedes Anbieters groß genug ist, um die auf ihn entfallende Nachfrage auch befriedigen zu können. Wird die Kapazität kleiner gewählt, kann der Preis nicht bis auf die Grenzkosten fallen. Die Kapazitätswahl geht der Preisfestlegung voraus. Es handelt sich daher um ein **zweistufiges Spiel**. Schon bei der Kapazitätsfestlegung muss bedacht werden, wie sie sich auf das nachfolgende Preisspiel auswirkt.

Wenn wir davon ausgehen, dass es auf dem Großmarkt keinen Auktionator gibt und die Salatbauern die Ernte auch vermarkten und nicht vernichten wollen, müssen sie zunächst ihre Anbaufläche wählen. Treffen sie nur einmal auf dem Großmarkt aufeinander, handelt es sich bei der Kapazitätswahl um ein Einperiodenspiel. Die einzige Gleichgewichtslösung dieses Mengenspiels liegt dann in der Wahl der Cournot-Menge.

> Wird kontinuierlich Salat angebaut und nicht erkennbar, dass einer der beiden Bauern seine Produktion aufgibt, bestünde die beste Strategie allerdings wieder in einer Kooperation. Beide würden ihre Anbaufläche auf die halbe Monopolmenge beschränken.

Da die Erntemenge bei der Wahl in Höhe der Cournot-Menge geringer ist als diejenige, die zum Grenzkostenpreis gehört, werden die Salatbauern den Markt räumenden Preis verlangen und einen Gewinn erzielen.[1]

Neue Strategiemöglichkeiten ergeben sich, wenn die Anbieter nicht gleichzeitig, sondern nacheinander handeln.

6.2.2 Sequentielles Handeln

Wir wollen nun einen Markt betrachten, in den zwei Unternehmen nacheinander eintreten. Bevor sie produzieren können, müssen sie zunächst eine

---

[1] Für einen Beweis, dass bei der Wahl der Kapazität in Höhe der Cournotmenge der Gleichgewichtspreis dem Markt räumenden Preis entspricht, siehe Tirole, J., The Theory of Industrial Organization, MIT-Press, 1989, S. 214 ff.

entsprechende Kapazität errichten. Anbieter 1 tritt als erster in den Markt ein; er weiß, dass ein zweiter Anbieter den Markteintritt plant. Folglich tut er gut daran, diesen zweiten Anbieter bei seiner Kapazitätswahl zu berücksichtigen. Sind die Kapazitäten beider Anbieter aufgebaut, verkaufen sie ihre Produktionsmengen zum markträumenden Preis. Wir haben also bei der Mengenfestlegung ein **zweistufiges Spiel** vor uns. Dabei gehen wir wieder von dem einfachen Fall aus, dass der Markt homogen ist. Wir nehmen ferner an, dass die Kapazität sich nachträglich nicht verändern lässt und dass bei einer Unterauslastung erhebliche Kostennachteile entstehen.

Unter diesen Bedingungen hat das zuerst eintretende Unternehmen einen **first-mover Vorteil**. Seine Kapazität muss von dem zweiten als Faktum akzeptiert werden, der sich nun seinerseits nur noch an der von Anbieter 1 nicht abgedeckten Marktnachfrage ausrichten kann. Anbieter 1 muss folglich eine Kapazität wählen, mit der er bei der zu erwartenden Kapazität des Konkurrenten und dem Preis, der für die dann insgesamt produzierte Menge erzielt wird, einen maximalen Gewinn erreicht. Je größer die Kapazität von Anbieter 1, umso geringer ist die Restnachfrage, die für Anbieter 2 übrig bleibt und um so geringer ist der Marktpreis aufgrund der insgesamt größeren Produktionsmenge. Wie sich zeigen lässt, besteht die optimale Wahl des Anbieters 1 darin, die Monopolkapazität zu wählen, woraufhin Anbieter 2 eine halb so große Kapazität errichtet. Anbieter 1 erzielt somit einen doppelt so hohen Gewinn wie Anbieter 2.

Diese so genannte **Stackelberg-Lösung** lässt sich folgendermaßen herleiten: Im vorhergehenden Abschnitt haben wir die Gewinnmaximierungsbedingung für Anbieter 2 bei gegebener Kapazität und damit gegebener Produktionsmenge des Anbieters 1 berechnet:

$$x_2 = \frac{a - c - x_1}{2}.$$

Dieses Wissen kann Anbieter 1 nun sofort in seiner Gewinngleichung $G_1 = (p-c) \cdot x_1 = (a - x_1 - x_2 - c) \cdot x_1$ berücksichtigen:

$$G_1 = (a - x_1 - \frac{a - c - x_1}{2} - c) \cdot x_1 = \frac{1}{2}(a - c - x_1) \cdot x_1.$$

Aus der Ableitung der Gewinngleichung nach x_1 und Auflösen, ergibt sich:

$$x_1 = \frac{1}{2}(a - c).$$

Dies ist die Monopolmenge. Aus der Gewinnmaximierungsbedingung des Anbieters 2 folgt:

$$x_2 = \frac{1}{4}(a - c),$$

also eine Kapazität, die der Hälfte der Kapazität des Anbieters 1 entspricht. Bei einem einheitlichen Preis [$p = \frac{1}{4}(a - c)$] erzielt Anbieter 2 somit nur einen halb so hohen Gewinn wie Anbieter 1.

Die Überlegenheit des ersten Anbieters beruht allerdings maßgeblich darauf, dass er seine Kapazität nicht verändern kann und eine Unterauslastung teuer ist. Wäre die Kapazität leicht änderbar und/oder eine Unterauslastung nicht kostenwirksam, dann wüsste Anbieter 2, dass sich sein Konkurrent wiederum an die von ihm gewählte Kapazität anpassen würde. Er würde sich daher bei seiner Kapazitätswahl nicht auf die Restnachfrage beschränken, sondern eine größere Kapazität errichten. Letztlich erhalten wir dann dasselbe Ergebnis wie bei simultanem Handeln, auch wenn die Anpassung zeitlich gestaffelt erfolgt: Beide werden im Gleichgewicht eine Kapazität in Höhe der Cournot-Menge aufweisen bzw. ihre Kapazität nur in dieser Höhe auslasten, oder sie werden bei einem Mehrperiodenspiel mit unbestimmter Zeitdauer kooperieren, also ihre Kapazität bzw. Produktionsmenge auf die halbe Monopolmenge beschränken. Eine asymmetrische Lösung kommt nur dann zustande, wenn derjenige, der zuerst handelt, sich glaubhaft festlegen kann (sogenanntes commitment).

Wie sich an einigen Beispielen verdeutlichen lässt, ergeben sich nicht nur bei der Kapazitätswahl first-mover Vorteile:

- Auch ein Oligopolist, der zuerst mit einem Forschungsvorhaben beginnt, dessen Erfolg mit Sicherheit durch eine genau bestimmte Anzahl von Experimenten erreichbar ist, erweist sich einem Konkurrenten gegenüber als überlegen.
- Ein anderes Beispiel stellt auf Lerneffekte mit zunehmender Produktionsmenge ab. Der Erste im Markt wird seine Produktion rasch ausdehnen, um durch die Lerneffekte seine Kosten zu senken. Würde ein zweiter Anbieter seine Produktion ebenso schnell ausweiten, würde der Markt mit dem Produkt überschwemmt. Daher muss das zweite Unternehmen eine geringere Menge mit entsprechend höheren Kosten produzieren und erzielt einen niedrigeren Gewinn.
- Auf einem Markt mit heterogenen Gütern kann der Erste eine Produktvariante wählen, mit der er den Geschmack einer möglichst großen Zahl von Nachfragern erreicht. Dem Zweiten und den nachfolgenden Anbietern bleiben nur weniger attraktive Varianten übrig.
- Bei Erfahrungsgütern, deren Qualität erst nach dem Kauf beim Gebrauch (oder Verbrauch) festgestellt werden kann, müssen die Anbieter zunächst das Misstrauen der Kunden überwinden. Falls das Gut jedoch die versprochenen Eigenschaften aufweist, besteht dieses Misstrauen gegenüber dem ersten Anbieter nicht mehr und er kann nun von den Wiederholungskäufern einen höheren Preis verlangen. Ein zweiter Anbieter muss ebenfalls das Misstrauen gegenüber seinem Produkt überwinden. Er hat aber noch ein weiteres Handicap: Kunden, die mit dem Produkt des Ersten zufrieden sind und daraus eine Konsumentenrente ziehen, werden nur dann wechseln, wenn der Preis des Zweiten noch niedriger ist als der des Ersten in dessen Einführungsphase. Der Zweite erzielt daher einen geringeren Gewinn als der Erste.

Allerdings gibt es auch **second-mover Vorteile**. Bei Preisstrategie auf dem heterogenen Markt sind unterschiedliche Preise möglich. Dabei ist derjenige Anbieter benachteiligt, der seinen Preis zuerst festsetzt und eine Zeitlang beibehalten muss, weil z. B. Preislisten gedruckt wurden. Bei gegebenem Preis des ersten Anbieters kann der nachfolgende Anbieter seinen eigenen Preis anschließend optimal festlegen. Der gewinnmaximale Preis des Zweiten liegt niedriger und ist mit mehr Absatz und einem höheren Gewinn verbunden.

6.3 Monopolistische Konkurrenz

Die monopolistische Konkurrenz enthält sowohl Charakteristika eines Konkurrenzmarktes als auch solche eines Monopolmarktes. Auf einem Markt der monopolistischen Konkurrenz treffen einerseits viele kleine Anbieter auf viele kleine Nachfrager. Andererseits haben die Anbieter einen gewissen Preissetzungsspielraum, weil das von ihnen angebotenen Produkt nicht homogen ist. Da die Nachfrager Präferenzen für bestimmte Ausprägungen des auf dem Markt angebotenen Gutes haben, wandert nicht die gesamte Nachfrage zu den Konkurrenten ab, wenn der Preis einer Produktvariante höher ist als der einer anderen. Weil die Produktvarianten enge Substitute sind, ist die Preissetzungsmacht der Anbieter jedoch beschränkt.

6.3.1 Graphische Darstellung

In dem im Folgenden vorgestellten Modell der monopolistischen Konkurrenz, das auf Chamberlin zurückgeht,[1] werden einige sehr vereinfachende **(Symmetrie-)Annahmen** getroffen. Danach gleichen sich alle Anbieter vollkommen, so dass ein repräsentatives Unternehmen unterstellt werden kann. Die Konkurrenzbeziehungen zwischen den Anbietern sind gleich stark und die Nachfrage- und die Kostensituation aller sind identisch. Die Präferenzen der Konsumenten sind gleich verteilt und die Güter gleichermaßen substituierbar.

Ausgehend von einer gegebenen Marktnachfrage sind im Modell zwei Nachfragesituationen zu unterscheiden. Im ersten Fall setzen alle Anbieter den gleichen Preis; aufgrund der Symmetrieannahme entfällt dann auf jeden einzelnen ein gleich großer Teil der Nachfrage. Die zugehörige Teilnachfragekurve wird **DD-Kurve** genannt. Im zweiten Fall setzt der betrachtete Anbieter einen anderen Preis als seine Konkurrenten. Die Marktanteile

---

[1] Chamberlin, E. H., The Theory of Monopolistic Competition, Harvard University Press, 1933.

sind nun ungleich verteilt; die zugrunde liegende individuelle Nachfragekurve wird **dd-Kurve** genannt. Sie ist elastischer als die DD-Kurve, denn
bei einer isolierten Preisänderung ist die Nachfragereaktion stärker als bei
einer gemeinsamen. Dies liegt darin begründet, dass bei einer isolierten
Preiserhöhung nicht nur Nachfrage stillgelegt wird, sondern auch Kunden-
wanderungen zu den Konkurrenten stattfinden. Bei einer isolierten Preissenkung gilt das Umgekehrte.

Aufgrund der großen Anzahl von Anbietern hat die Preispolitik eines einzelnen Unternehmens einen verschwindend geringen und daher unmerkli-
chen Einfluss auf die Absatzsituation der Konkurrenten. Im Gegensatz zum
Oligopol herrscht **Independenz**. Jeder Anbieter geht deshalb davon aus,
dass die Konkurrenten auf eigene Preisänderungen nicht reagieren. Alle
Anbieter legen ihrer Gewinnmaximierung also die dd-Kurve zugrunde. Das
Marktgleichgewicht muss jedoch zugleich auf der DD-Kurve liegen, da
wegen der Symmetrieannahme für alle Anbieter der gleiche Preis gewinn-
maximal ist.

Wenn Markteintritte und -austritte jederzeit möglich sind, erzielt im
Gleichgewicht keiner der Anbieter übernormale Gewinne; der Preis entspricht daher den Durchschnittskosten. Bildlich gesprochen tangiert die
dd-Kurve die Durchschnittskostenkurve in Höhe des gewinnmaximalen
Preises, weswegen auch von der Chamberlinschen **Tangentenlösung** gesprochen wird. Graphisch kann das Gleichgewicht damit folgendermaßen
dargestellt werden:

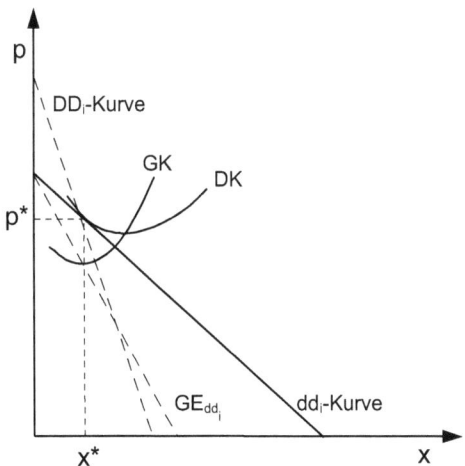

Abbildung 6.1: Chamberlinsche Tangentenlösung

Da die dd-Kurve aufgrund der Produktheterogenität negativ geneigt ist,
kommt es zu Ineffizienz. Es wird auf dem sinkenden Ast der Durchschnitts-

kostenkurve produziert, also links vom Betriebsoptimum, weil die negativ geneigte Preis-Absatzfunktion die Durchschnittskostenkurve nur hier tangieren kann. Im Gegensatz zum Modell vollständiger Konkurrenz stimmt der Preis also nicht mit den Grenz- und den Durchschnittskosten überein, sondern ist zwar gleich den Durchschnittskosten, aber größer als die Grenzkosten. Der Preis liegt folglich über den zusätzlichen Produktionskosten, die für die letzte Mengeneinheit aufzuwenden sind, obgleich das repräsentative Unternehmen keinen Gewinn macht.

Das Chamberlin-Modell ist aufgrund seiner stark vereinfachenden Annahmen vielfach kritisiert worden. Die wichtigsten Kritikpunkte setzen an der Symmetrieannahme an: Warum sollten Anbieter, die unterschiedliche Güter herstellen, identische Kostenfunktionen haben? Außerdem ist fraglich, warum die Substitutionsbeziehungen zwischen allen Produkten gleich stark sein sollten. Vielmehr ist anzunehmen, dass sie zwischen den einzelnen Gütern unterschiedlich stark sind.[1]

6.3.2 Formale Darstellung: Das Dixit-Stiglitz-Modell *

Trotz der fundamentalen Kritik am Chamberlin-Modell findet es in der Theoriebildung aufgrund seiner formalen Eleganz breite Anwendung. Eine in der Fachliteratur sehr populäre Interpretation des Modells, die aufgrund ihrer weiten Verbreitung im Folgenden dargestellt wird, haben Dixit und Stiglitz vorgenommen.[2] Ein weiterer Grund, gerade dieses Modell auszuwählen, ist didaktischer Natur: Eine Vielzahl der im Rahmen dieses Buches eingeführten Konzepte wird hier angewendet. Das Modell eignet sich deswegen dafür, diese in verändertem Kontext nochmals darzustellen.

Dixit und Stiglitz unterscheiden zwei Sektoren einer Wirtschaft. Einer der Sektoren wird in einem einzigen standardisierten Gut, dem Gut 0, zusammengefasst. In diesem Sektor herrscht vollständige Konkurrenz. Der Preis des Gutes 0 wird auf 1 normiert, und das Einkommen und die Preise der Produktvarianten des anderen Sektors werden in Relation zu diesem Numéraire gemessen.

Im anderen Sektor wird ein differenziertes Gut produziert, dessen Varianten in starker Substitutionskonkurrenz zueinander stehen. Die Substituierbarkeit gegenüber dem Gut 0 ist dagegen viel schwächer ausgeprägt. Die Varianten des heterogenen Gutes werden mit i = 1, 2,..., n bezeichnet.

---

[1] Vgl. zur graphischen Darstellung und Kritik des Chamberlin-Modells ausführlicher: Wied-Nebbeling, S., Preistheorie und Industrieökonomik, 4. Aufl., Springer-Verlag, 2004, S. 102 ff.

[2] Vgl. Dixit, A. und Stiglitz J. (1977): Monopolistic Competition and Optimum Product Diversity, American Economic Review, Vol. 67, S. 297 - 308.

Es gibt einen repräsentativen Konsumenten, dem eine **schwach separable** homothetische Nutzenfunktion unterstellt wird. Bei schwach separablen Nutzenfunktionen können Güter zu Warenkörben zusammengefasst werden (vgl. A.12). Unter einem solchen Warenkorb kann man sich z. B. den Warenkorb Obst vorstellen, in dem die Varianten Bananen, Äpfel usw. enthalten sind oder den Warenkorb Fleisch mit den Sorten Schweinefleisch, Rindfleisch etc. Im Modell von Dixit und Stiglitz werden die verschiedenen Varianten des heterogenen Gutes zu einem solchen Warenkorb zusammengefasst.

Bei schwach separablen Nutzenfunktionen ist die Nachfrage nach Gütern innerhalb einer Warengruppe unabhängig von der außerhalb der Gruppe. Sie ist allein abhängig von den Preisen der Güter innerhalb der Gruppe und der Höhe der Ausgaben für die Warengruppe als ganzer. Von den Preisen der Güter außerhalb der betrachteten Warengruppe ist sie nur insofern abhängig, als diese die Höhe der Ausgaben für die betrachtete Warengruppe mitbestimmen.

Dies hat den Vorteil, dass die Konsumentscheidung des Haushalts als zweistufiger Optimierungsprozess aufgefasst werden kann. Auf der ersten Stufe dieses Prozesses bestimmen die Haushalte die Höhe der Ausgaben für die jeweiligen Warengruppen. Auf der zweiten Stufe wird dann über die optimalen Mengen der einzelnen Produkte entschieden, die zu einer Warengruppe gehören.

Um auf der ersten Stufe die Nachfrage nach einem Warenkorb ableiten zu können, muss ein Mengenindex gefunden werden, der die Nachfrage nach diesem Warenkorb abbildet. Dieser Mengenindex soll eine Funktion der einzelnen Produktmengen sein. Außerdem ist es notwendig, einen entsprechenden Preisindex zu definieren, um die Reaktion der Nachfrage nach dem Warenkorb auf Preisänderungen darstellen zu können. Der Preisindex soll eine Funktion der einzelnen Preise sein.

Wir lassen uns bei der Konstruktion dieser Indizes von folgenden Überlegungen leiten. Die Nachfrage nach den einzelnen Varianten eines Warenkorbs kann offenbar erst dann bestimmt werden, wenn die optimalen Ausgaben für den Warenkorb insgesamt bekannt sind. Angenommen e_x sind die optimalen Ausgaben für die zu einem Warenkorb zusammen gefassten x-Varianten. Das entsprechende Nutzenniveau, das mit diesem Ausgabenbetrag verbunden ist, nennen wir U_x, die zugehörige Ausgabenfunktion $A(p_1,...,p_n; U_x)$.

Die Ausgabenfunktion gibt wieder, wie hoch die Ausgaben bei gegebenen Preisen der x-Varianten sein müssen, um das Nutzenniveau U_x erreichen zu können. Sie ist also Grundlage der Indexkonstruktion. Wenn die Nutzenfunktion $U(x_1,...,x_n)$ homothetisch ist, so nimmt die Ausgabenfunktion die Form: $A(p_1,...,p_n) \cdot U$ an. $A(p_1,...,p_n)$ ist die gesuchte Funktion der Preise. Wir können $P = A(p_1,...,p_n)$ also als Preisindex verwenden. U ist eine Funktion der Mengen. $X = U(x_1,...,x_n)$ kann damit als Mengenindex fungieren. Multiplikation von Preis- und Mengenindex ergibt die optimalen Ausgaben für den betrachteten Warenkorb.[1]

Dixit und Stiglitz legen dem repräsentativen Haushalt die folgende schwach separable homothetische Nutzenfunktion zugrunde:

$$U = U(X, x_0).$$

x_0 symbolisiert die Menge des standardisierten Gutes, zu dem der Rest der Wirtschaft zusammen gefasst wird; X wird als (strikt separable) CES-Nutzenfunktion spezifiziert und hängt vom Konsum des heterogenen Gutes ab: [2]

$$X = \left(\sum_{i=1}^{n} x_i^{-\rho} \right)^{-\frac{1}{\rho}} = \left(\sum_{i=1}^{n} x_i^{\frac{\sigma-1}{\sigma}} \right)^{\frac{\sigma}{\sigma-1}} , \text{ mit } \sigma = \frac{1}{1+\rho} . \tag{6.2}$$

σ entspricht der Substitutionselastizität zwischen jeweils zwei Produktvarianten (vgl. Abschnitt 3.3.6.4). Der Definitionsbereich von ρ ist: $-1 < \rho < 0$. Die einzelnen Varianten sind also alternativ substituierbar, ($\rho < 0 \Rightarrow \sigma > 1$).

Kommen wir zunächst auf den Preis- und den Mengenindex für den differenzierten Sektor zurück. Nach dem oben gesagten entspricht PX der Ausgabenfunktion der CES-Nutzenfunktion. Diese haben wir in Anhang 4 für zwei Güter bereits hergeleitet. Setzen wir in (A.8) α und β gleich eins, beachten, dass $\rho/(\rho+1) = 1 - \sigma$ und $(\rho+1)/\rho = 1/(1-\sigma)$, und substituieren für $\overline{U}$ (=X) die Gleichung (6.2), so erhalten wir für $A(p_1,...,p_n) \cdot U(x_1,...,x_n)$:

$$PX = \underbrace{\left(\sum_{i=1}^{n} p_i^{1-\sigma} \right)^{\frac{1}{1-\sigma}}}_{=P} \cdot \underbrace{\left(\sum_{i=1}^{n} x_i^{\frac{\sigma-1}{\sigma}} \right)^{\frac{\sigma}{\sigma-1}}}_{=X} = \sum_{i=1}^{n} p_i x_i .$$

Wenden wir uns nun der ersten Stufe des Optimierungsprozesses zu. Die Nachfrage nach dem Warenkorb X erhält man aus folgendem Lagrangeansatz:

$$L = U(X, x_0) + \lambda(e - p_0 x_0 - PX).$$

Im Optimum gilt $\partial L / \partial X = 0$ und hierzu äquivalent:

$$\frac{\partial U}{\partial X} = \lambda P . \tag{6.3}$$

---

[1] Vgl. hierzu ausführlicher: Varian, H., Microeconomic Analysis, 3. Aufl., Norton & Company, 1992, S. 147 ff.

[2] Im Originalbeitrag ist den Exponenten kein Minuszeichen vorangestellt. Hier wird jedoch ein Minuszeichen verwendet, um die Kontinuität mit der bisherigen Darstellung zu wahren. Der Unterschied zwischen beiden Schreibweisen wird durch entsprechende Definition des Wertebereichs von ρ wieder aufgehoben.

Bevor wir zur zweiten Stufe des Optimierungsprozesses kommen, leiten wir das folgende Zwischenergebnis her: Da die Funktion $U(X,x_0)$ homothetisch ist und der Preis des Gutes 0 auf 1 normiert wurde, hängt der Anteil $s(P,p_0)$ des Warenkorbs X an den Gesamtausgaben lediglich vom Preisindex ab. Entsprechendes gilt für den Anteil $[1-s(P,p_0)]$ des Gutes 0 an den Gesamtausgaben. Damit können wir schreiben:

$$PX = s(P)\cdot e \qquad \text{bzw.} \qquad X = \frac{s(P)\cdot e}{P}$$

und analog für die Ausgaben für das Gut 0: $x_0 = [1 - s(P)]\cdot e$.

Nachdem wir die Ausgabenbeträge für den Mengenindex und das Gut 0 bestimmt haben, können wir uns der zweiten Stufe des Optimierungsprozesses, der Ermittlung der Nachfrage nach den einzelnen Produktvarianten des Warenkorbs X, zuwenden. Dazu bilden wir den folgenden Lagrangeansatz:

$$L = U(X, x_0) + \lambda(e - x_0 - \sum_{i=1}^{n} p_i x_i) \ .$$

Im Optimum muss unter Verwendung von (6.2) gelten:

$$\frac{\partial L}{\partial x_i} = \frac{\partial U}{\partial X}\frac{\partial X}{\partial x_i} - \lambda p_i = \frac{\partial U}{\partial X}\cdot \left(\sum_{i=1}^{n} x_i^{\frac{\sigma-1}{\sigma}}\right)^{\frac{\sigma}{\sigma-1}-1} \cdot x_i^{\frac{\sigma-1}{\sigma}-1} - \lambda p_i = 0 \ . \qquad (6.4)$$

Die Nachfragefunktion einer Variante des Warenkorbs erhalten wir, indem wir (6.3) in (6.4) substituieren:

$$\lambda P \cdot \left(\sum_{i=1}^{n} x_i^{\frac{\sigma-1}{\sigma}}\right)^{\frac{\sigma}{\sigma-1}-1} \cdot x_i^{\frac{\sigma-1}{\sigma}-1} - \lambda p_i = 0 \ ,$$

woraus für die optimale Gütermengenkombination folgt:

$$x_i = \left(\frac{P}{p_i}\right)^{\sigma} X \ . \qquad (6.5)$$

Berücksichtigt man $s(P)\cdot e = PX$ in (6.5), so ergibt sich schließlich als Nachfragefunktion für die einzelnen Produktvarianten des Warenkorbs:

$$x_i = \frac{s(P)\cdot e \cdot P^{\sigma-1}}{p_i^{\sigma}} \ . \qquad (6.6)$$

Die Nachfrage ist positiv abhängig von der Höhe der Gesamtausgaben für den Warenkorb und vom Preisindex für den Warenkorb X, und negativ vom Preis der betrachteten Variante i. Der Preis des Gutes 0 ist nur insofern bedeutsam, als dieser den Anteil der Gesamtausgaben für den Warenkorb

X beeinflusst. Gleichung (6.6) stellt eine dd-Funktion im Sinne Chamberlins dar.

Die DD-Funktion ist hingegen dadurch definiert, dass alle Anbieter den gleichen Preis setzen. Auf der DD-Funktion gilt daher $p_i = p$. Da alle den gleichen Preis verlangen, ist auch der Absatz jedes Anbieters gleich hoch. Indem wir in der folgenden Gleichung p_i durch p substituieren resultiert:

$$P = \left(\sum_{i=1}^{n} p_i^{1-\sigma}\right)^{\frac{1}{1-\sigma}} = \left(np^{1-\sigma}\right)^{\frac{1}{1-\sigma}} = pn^{\frac{1}{1-\sigma}} \quad \text{und für } x_i = x \text{ analog:} \quad X = xn^{\frac{\sigma}{\sigma-1}}.$$

Setzen wir diese Ausdrücke in $X = s(P) \cdot e/P$ ein:

$$x = \frac{s(P) \cdot e}{pn},$$

folgt daraus die DD-Funktion im Sinne Chamberlins.

Aus Gleichung (6.6) kann man die Preiselastizität der Nachfrage für jede einzelne Produktvariante berechnen. Zunächst logarithmieren wir Gleichung (6.6): $\ln x_i = \ln(s \cdot e \cdot P^{\sigma-1}) - \sigma \cdot \ln p_i$. Damit erhalten wir für die Preiselastizität der Nachfrage, unter der Bedingung, dass die Preisänderung eines einzelnen Anbieters vernachlässigbaren Einfluss auf den Preisindex hat:

$$\varepsilon_{x_i, p_i} = \frac{d \ln x_i}{d \ln p_i} = -\sigma. \tag{6.7}$$

Der Absolutwert der Preiselastizität der Nachfrage entspricht also der Substitutionselastizität. Je geringer die Substitutionselastizität, desto weniger leicht können die Nachfrager auf eine andere Variante ausweichen, desto schwächer die Reaktion auf Preisänderungen und desto höher der Preissetzungsspielraum jedes einzelnen Anbieters.

Nehmen wir an, alle Anbieter produzieren mit der linearen Kostenfunktion $K = cx + FK$. Dies impliziert, dass jeder Anbieter nur eine Produktvariante produziert, da mit sinkenden Durchschnittskosten der Gewinn mit wachsender Menge steigt. Beachten wir darüber hinaus, dass alle Anbieter im Gleichgewicht denselben Preis ($p = p_i$) fordern, und dass sie ihrer Gewinnmaximierung die dd-Funktion zugrunde legen, dann können wir den gewinnmaximalen Preis p^* berechnen, indem wir (6.7) in die Amoroso-Robinson-Relation $p^* = GK/[1+(1/\varepsilon)]$ einsetzen:

$$p^* = \frac{\sigma}{\sigma - 1} c. \tag{6.8}$$

Der gleichgewichtige Preis ist höher als die Grenzkosten und damit höher als der bei vollständiger Konkurrenz. Je größer die Substitutionselastizität zwischen den Varianten, desto niedriger fällt der Preis aus. Kunden haben bei hoher Substitutionselastizität die Möglichkeit, leicht zwischen den Varianten zu wechseln und nehmen diese auch wahr.

Obwohl der Preis höher als die Grenzkosten ist, machen die Anbieter im Marktgleichgewicht keinen Gewinn. Denn wenn das Gleichgewicht stabil sein soll, darf bei freiem Marktzutritt zum gleichgewichtigen Preis kein Unternehmen mehr übernormale Gewinne erzielen. Eine weitere Bedingung für das Gleichgewicht ist also:

$$(p^* - c)x^* - FK = 0. \tag{6.9}$$

Durch Einsetzen von (6.8) in (6.9) kann die gleichgewichtige Menge x^* bestimmt werden:

$$x^* = (\sigma - 1)\frac{FK}{c}. \tag{6.10}$$

Die gleichgewichtige Menge ist umso größer, je höher die Substitutionselastizität und je höher die Fixkosten sind. Bei einer hohen Substitutionselastizität ist der gleichgewichtige Preis gering und die auf dem Markt gehandelte Menge groß. Je höher die Fixkosten, desto höher sind c. p. die Durchschnittskosten für eine gegebene Menge. Je höher die Durchschnittskosten, desto größer ist bei sinkenden Durchschnittskosten daher die Menge, welche die Gesamtkosten deckt.

Um die gleichgewichtige Anbieterzahl n^* der auf dem Markt aktiven Unternehmen berechnen zu können, muss die Nutzenfunktion $U(X,x_0)$ spezifiziert werden. Nehmen wir an, die Funktion habe die Gestalt einer Cobb-Douglas Funktion: $U = X^\alpha x_0^{1-\alpha}$. Die Exponenten der Cobb-Douglas Funktion symbolisieren die konstanten Anteile der Güter an den Gesamtausgaben. Also ist $s(P) = \alpha$. Da die Erlöse der Unternehmen den Ausgaben der Konsumenten entsprechen, muss gelten: $np^*x^* = \alpha e$ und da $p^*x^* = \sigma \cdot FK$ (vgl. (6.8) und (6.10)), erhalten wir für die Anzahl der am Markt aktiven Unternehmen:

$$n^* = \frac{\alpha \cdot e}{\sigma \cdot FK}.$$

Die Anzahl der am Markt aktiven Unternehmen ist um so größer, je höher die Ausgaben für das differenzierte Gut, je kleiner die Substitutionselastizität zwischen den Produktvarianten und je geringer die Fixkosten sind. Bei einer geringen Substitutionselastizität ist der Preis für jede der Produktvarianten relativ hoch und die abgesetzte Menge relativ niedrig. Damit haben verhältnismäßig viele Unternehmen Platz im Markt. Andererseits ist bei hohen Fixkosten die Menge für eine verlustfreie Produktion relativ groß. Deswegen ist bei hohen Fixkosten die gleichgewichtige Anzahl an Unternehmen verhältnismäßig gering.

Gegen das Modell kann kritisch eingewendet werden, dass jeder Nachfrager von jeder der am Markt gehandelten Produktvarianten etwas konsumiert. Realistischer wäre ein Ergebnis, bei dem jeder Konsument entsprechend seinen Präferenzen nur einige der angebotenen Produktvarianten nachfragt. Dann wäre die Unterstellung eines repräsentativen Konsumenten jedoch unmöglich und die damit einhergehende analytische Handhabbarkeit ginge verloren.

Auch die Annahme gleicher Substitutionselastizitäten zwischen den Produktvarianten ist angreifbar. Wenn ein Unternehmen seinen Preis ändert ist die Nachfragereaktion für die Konkurrenten nicht spürbar, weil sie sich gleichmäßig auf alle Produktvarianten aufteilt. In der Realität sind aber einige Produktvarianten in der Regel leichter gegeneinander substituierbar als andere.

7 Bedingungen für optimale Allokation

Der Begriff 'optimale Allokation' ist uns bereits in Kapitel 4 begegnet. Dabei wurden ein statischer (Produktion und Verkauf eines Gutes zu minimalen Kosten) und ein dynamischer Aspekt (die optimale Anpassung auf eine Nachfrageänderung) herausgearbeitet.

Hier fragen wir uns nun, wie die in einer Volkswirtschaft vorhandenen Güter in optimaler Weise aufgeteilt werden sollten. Wir gehen also über die Einzelmarktbetrachtung hinaus. Allerdings vereinfachen wir die Beantwortung der Frage insofern, als wir uns auf zwei Konsumgüter und zwei Produktionsfaktoren beschränken. Dabei werden wir im folgenden Abschnitt zunächst zeigen, wie die Mengen zweier bereits produzierter Konsumgüter am besten auf zwei Haushalte aufzuteilen sind (**optimale Güterallokation**).[1] Danach kümmern wir uns um den optimalen Einsatz zweier Produktionsfaktoren bei der Produktion zweier Güter (**optimale Faktorallokation**). Schließlich führen wir Konsum und Produktion zum gesamtwirtschaftlichen Optimum zusammen.

Damit unterschiedliche Allokationen verglichen werden können, benötigen wir ein Beurteilungskriterium. Das allgemein verwendete Maß hierfür ist das **Pareto-Kriterium**, welches besagt, dass ein optimaler Zustand dann erreicht ist, wenn durch eine weitere Umverteilung der Güter kein Individuum bessergestellt werden kann, ohne ein anderes dadurch schlechter zu stellen – die Allokation ist in diesem Fall effizient.

Das Pareto-Kriterium leuchtet zwar unmittelbar ein; dennoch handelt es sich um eine normative Festlegung, also ein Werturteil der Ökonomen. Man könnte auch die Gleichverteilung der Güter zur Maxime erheben, allerdings verstieße dies gegen das stets verwendete Maximierungs- bzw. Minimierungskalkül. Wie wir noch sehen werden, sind pareto-optimale Verteilungen unmittelbar daran geknüpft.

---

[1] Der Begriff 'optimale Güterallokation' bezieht sich hier auf den Gütertausch zwischen zwei Haushalten und wird insofern anders verwendet als bisher.

7.1 Das Tauschoptimum

Notwendige Voraussetzung für einen Tausch ist die Verschiedenartigkeit der Tauschpartner. Diese kann zum einen in unterschiedlichen Fähigkeiten, zum anderen in der Unterschiedlichkeit der Präferenzen begründet liegen. Wir beschränken uns bei unserer Betrachtung auf die Verschiedenartigkeit der Präferenzen. Wir möchten dabei demonstrieren, dass Tausch unter der Bedingung der Freiwilligkeit für die Beteiligten von Vorteil ist. Wir betrachten hier zwei Haushalte, die über bestimmte Mengeneinheiten zweier Konsumgüter verfügen.

> Man kann sich z. B. vorstellen, dass die Haushalte in Naturalien für ihre Arbeit bezahlt werden. Der eine erhält relativ viel Getreide und wenig Fleisch, der andere umgekehrt relativ viel Fleisch und wenig Getreide. Wenn der erste Haushalt eine Vorliebe für Fleisch und der zweite ausgeprägte Präferenzen für Getreide hat, verfügen sie jeweils über eine Ausstattung, die verbesserungswürdig und -fähig ist.

Das Paretokriterium lässt sich für den Tausch zwischen Haushalten folgendermaßen spezifizieren: Einen Zustand nennt man **pareto-optimal** (oder pareto-effizient), wenn alle Vorteile des Handels ausgeschöpft sind und somit keine gegenseitig vorteilhaften Tauschgeschäfte mehr gemacht werden können. Die Güterallokation ist in diesem Fall effizient.

Im Folgenden werden wir zunächst graphisch und dann algebraisch herleiten wie die Haushalte ein Tauschoptimum erreichen.

7.1.1 Graphische Lösung

Zur graphischen Darstellung der hierfür erforderlichen Bedingungen bedienen wir uns der **Edgeworth-Box**. Diese wird konstruiert, indem man auf den Achsen zunächst die Mengen der Güter abträgt. Es sei x_i die gegebene Menge des Gutes i, mit i = 1, 2, die auf die Haushalte verteilt werden kann. x_{ij} ist dann die Menge des Gutes i, die auf Haushalt j entfällt:

$$x_1 = x_{11} + x_{12} \quad \text{bzw.} \quad x_2 = x_{21} + x_{22}.$$

In ein Mengendiagramm werden wie zur Herleitung des Haushaltsoptimums Indifferenzkurven eines Haushalts eingezeichnet (vgl. Abb. 7.1). Das gleiche Koordinatensystem mit den Indifferenzkurven des zweiten Haushalts wird um 180° gedreht und mit dem Diagramm des ersten Haushalts so verschachtelt, dass sich ein Rechteck ergibt. (Daher nennt man die Edgeworth-Box auch Schachteldiagramm.) Die Seitenlängen des Rechtecks geben die Mengen beider Güter wieder, die sich insgesamt im Besitz der Haushalte befinden.

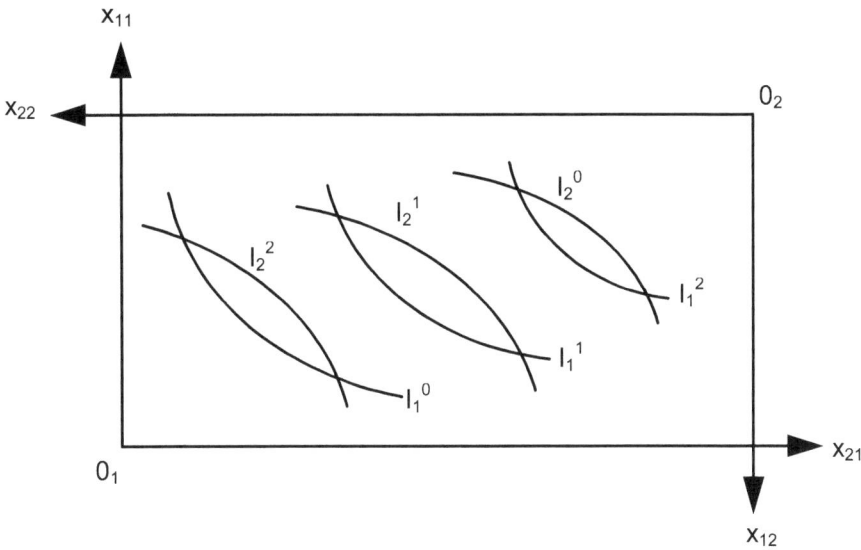

Abbildung 7.1: Edgeworth-Box

Da der Ursprung des Koordinatensystems für Haushalt 1 in 0_1 liegt, können wir festhalten, dass der Nutzen von Haushalt 1 umso größer ist, je weiter wir uns nach rechts oben bewegen. Für Haushalt 2 gilt der Ursprung 0_2, so dass seine Indifferenzkurven ein umso höheres Nutzenniveau repräsentieren, je weiter wir uns nach links unten bewegen.

Wir gehen nun von einer willkürlich gegebenen Anfangsausstattung aus und fragen uns, ob und wie sich beide Haushalte durch einen Tausch besser stellen können. Dazu betrachten wir Abbildung 7.2. Bei der gewählten Ausstattung in Punkt A besitzt Haushalt 1 x_{11}^A Mengeneinheiten des Gutes 1 und x_{21}^A Mengeneinheiten des Gutes 2. Die Mengen, die Haushalt 2 besitzt, lesen wir von 0_2 aus ab; es sind x_{12}^A und x_{22}^A. Durch Punkt A haben wir je eine Indifferenzkurve für die Haushalte eingezeichnet.

In Punkt A gilt, dass der Haushalt 1 durch einen Tausch von Mengeneinheiten des Gutes 1 gegen zusätzliche Mengeneinheiten von Gut 2 Indifferenzkurven erreichen könnte, die mit einem höheren Nutzenniveau verbunden sind, ohne dass sich das Nutzenniveau des Haushalts 2 verringert. Eine solche Indifferenzkurve ist z. B. I_1^1 mit dem Punkt B. Analoges gilt für Haushalt 2.

> Warum stellt sich Haushalt 1 besser, wenn er Mengeneinheiten des Gutes 1 gegen Gut 2 tauscht? Haushalt 1 besitzt eine relativ große Menge von Gut 1 und würde verhältnismäßig viele Einheiten von Gut 1 im Tausch für weitere Einheiten von Gut 2 hergeben, von dem er relativ wenig besitzt. Dies lässt sich an der Steigung der bisher realisierten Indifferenzkurve I_1^A

erkennen. Der Absolutbetrag der Steigung der Indifferenzkurve ist nichts anderes als die Grenzrate der Substitution $|dx_{11}/dx_{21}|$. Wenn die Grenzrate der Substitution einen hohen Wert annimmt, bedeutet dies jedoch, dass Haushalt 1 für eine große Einbuße an x_1 nur durch eine verhältnismäßig geringe Menge x_2 entschädigt werden muss, damit sein Nutzenniveau konstant bleibt. Bekommt er im Tausch relativ viele Mengeneinheiten von Gut 2, steigt sein Nutzen. Für Haushalt 2 gilt aber gerade das Umgekehrte, so dass für beide ein Tausch vorteilhaft ist.

In der grauen Linse liegen alle Punkte, die sowohl für Haushalt 1 als auch für Haushalt 2 ein höheres Nutzenniveau mit sich brächten, also auf einer günstigeren Indifferenzkurve als I_1^A bzw. I_2^A lägen. Beide Haushalte profitieren von einem Tausch, wenn auch möglicherweise in unterschiedlichem Maße. Die Anzahl dieser Tauschlösungen ist sehr groß. Sie kann jedoch noch eingegrenzt werden.

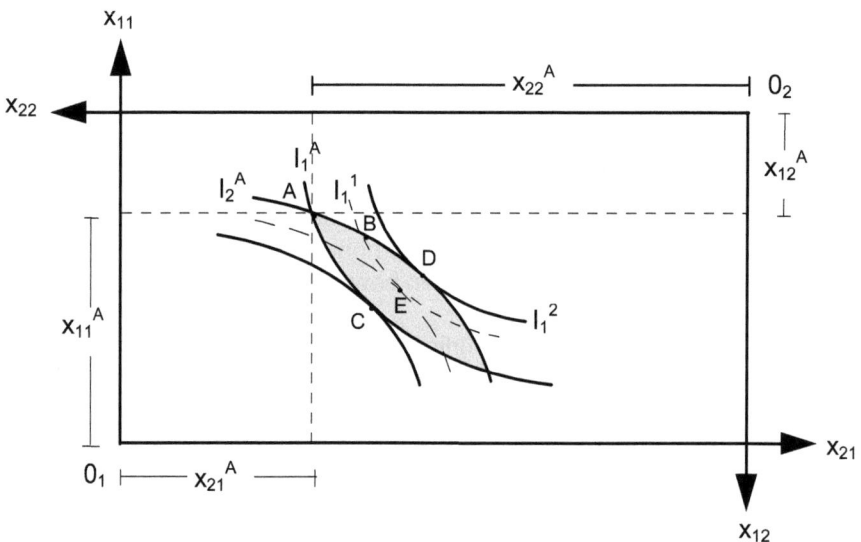

Abbildung 7.2: Anfangsausstattung und Tauschgebiet

Nicht alle Punkte der grauen Fläche stellen nämlich einen effizienten Zustand in dem Sinne dar, dass keine weiteren Tauschmöglichkeiten mehr bestünden, die dem Pareto-Kriterium genügten. Bei einigen Mengenkombinationen sind weitere Pareto-Verbesserungen möglich.

Zur Eingrenzung der Optima hilft uns folgende Überlegung: Eine optimale Lösung kann niemals im Schnittpunkt zweier Indifferenzkurven liegen, weil durch Tausch zumindest das Nutzenniveau eines Haushalts erhöht werden kann, ohne dass das Nutzenniveau des anderen Haushalts sinkt.

So kann Haushalt 1 ausgehend von Punkt B weitere Mengeneinheiten des Gutes 1 tauschen und sich entlang der Indifferenzkurve des Haushalts 2 zum Punkt D begeben. Da die Indifferenzkurve I_1^2 oberhalb von I_1^1 liegt, stellt sich Haushalt 1 in D besser als in B. Haushalt 2 befindet sich nach wie vor auf seiner ursprünglichen Indifferenzkurve und ist damit zumindest nicht schlechter gestellt als zuvor.

Da Schnittpunkte von Indifferenzkurven als Optimalpunkte ausgeschlossen sind, kommt für eine optimale Tauschlösung nur der Tangentialpunkt zweier Indifferenzkurven in Frage. In Abbildung 7.2 sind das alle Berührpunkte, die zwischen C und D liegen. Die Haushalte könnten sich beispielsweise auf Punkt E einigen. Beide Haushalte hätten dann einen höheren Nutzen als zuvor. Je weiter die Indifferenzkurve nach Tausch von der ursprünglichen entfernt liegt, desto höher ist der (allerdings nicht kardinal messbare) Nutzenzuwachs. Daraus folgt: In Punkt C würde der gesamte Nutzen aus dem Tausch lediglich Haushalt 2 zugute kommen.

Für alle möglichen Anfangsausstattungen lassen sich die Berührpunkte von Indifferenzkurven durch eine Linie verbinden, die man **Kontraktkurve** nennt. Sie ist in Abbildung 7.3 dargestellt. Die Kontraktkurve verbindet somit alle Pareto-Optima bei unterschiedlichen ursprünglichen Ausstattungen mit Gütermengen. Ihre Gestalt hängt vom Verlauf der Indifferenzkurven ab.

Abbildung 7.3: Kontraktkurve

Im Tangentialpunkt zweier Indifferenzkurven sind die Steigungen dieser Indifferenzkurven identisch, das heißt die Grenzraten der Substitution der Haushalte sind gleich, und weil diese dem umgekehrten Verhältnis der Grenznutzen entsprechen, gilt im Tauschoptimum, dass das Grenznutzenverhältnis der Güter in beiden Haushalten übereinstimmt.

Es ist zu beachten, dass es nur um die Gleichheit des Grenznutzen*verhält-nisses* der Haushalte geht und nicht um die Gleichheit der Grenznutzen oder gar der Gesamtnutzen. Falls wir z. B. einen abnehmenden Grenznutzen unterstellen und Haushalt 1 mehr Getreide und mehr Fleisch erhält als Haushalt 2, ist sein Grenznutzen sowohl beim Verzehr des Getreides als auch des Fleisches vermutlich niedriger als bei Haushalt 2, sein Gesamtnutzen dagegen höher. Das Grenznutzenverhältnis von Getreide zu Fleisch könnte sich bei Haushalt 1 nach Tausch z. B. auf 2 : 4 belaufen, beim ärmeren Haushalt 2 dagegen auf 8 : 16, das Grenznutzenverhältnis wäre also gleich, die Grenznutzen dagegen nicht (die letzte Aussage ist allerdings nur bei kardinaler Nutzenmessung sinnvoll).

Abschließend bleibt festzuhalten, dass auch mit Hilfe des Pareto-Kriteriums nicht ohne ein weiteres Werturteil entschieden werden kann, welche der Lösungen auf der Kontraktkurve realisiert werden sollte. Aus wohlfahrtstheoretischer Sicht sind alle gleichermaßen optimal. Darüber hinaus gilt: Befinden wir uns erst einmal in einem pareto-effizienten Zustand (also dem Berührpunkt zweier Indifferenzkurven), können keine wirtschaftspolitischen Maßnahmen mehr durchgeführt werden, die dem Pareto-Kriterium entsprechen, denn es kann dann niemand besser gestellt werden, ohne einen anderen schlechter zu stellen. Die Fragwürdigkeit dieser Festlegung wird deutlich, wenn wir uns vorstellen, dass die Haushalte über eine sehr ungleiche Anfangsausstattung verfügen. Auch eine extreme Verteilung, in der ein Haushalt über nahezu alle Güter verfügt und ein anderer Haushalt fast nichts bekommt, könnte nämlich dem Pareto-Kriterium entsprechen und in diesem Sinne ein effizienter Zustand sein. Verteilungsfragen lassen sich mit dem Pareto-Kriterium also nicht beantworten.

7.1.2 Algebraische Lösung

Die algebraische Lösung kann mit Hilfe des Lagrangeansatzes bestimmt werden: In der Literatur bedient man sich hierzu des gedanklichen Konstrukts eines allwissenden Planers. Der allwissende Planer maximiert den Nutzen der Haushalte unter bestimmten Nebenbedingungen.

Die Nutzenfunktionen der beiden Haushalte hängen von den konsumierten Mengen der Güter x_1 und x_2 ab:

$$U_j = U_j(x_{1j}, x_{2j}); \qquad j = 1,2 \quad \text{(Haushalte)}.$$

Der Planer muss bei der Maximierung des Nutzens beachten, wie viele Mengeneinheiten von beiden Gütern vorhanden sind:

$$x_{i1} + x_{i2} = x_i; \qquad i = 1,2 \quad \text{(Güter)}.$$

Darüber hinaus muss er das Pareto-Kriterium einhalten. Diesem kann er dadurch gerecht werden, dass er z. B. den Nutzen von Haushalt 1 unter der Nebenbedingung eines vorgegebenen Nutzenniveaus des Haushalts 2 maximiert. Die Lagrangefunktion lautet folgendermaßen:

$$L = U_1(x_{11}, x_{21}) - \lambda_1 \underbrace{[U_2(x_{12}, x_{22}) - \overline{U}_2]}_{\text{Pareto-Kriterium}} - \lambda_2[x_{11} + x_{12} - x_1]$$

$$-\lambda_3[x_{21} + x_{22} - x_2].$$

Die daraus resultierenden notwendigen Bedingungen für einen pareto-effizienten Zustand lauten:

$$\frac{\partial L}{\partial x_{11}} = \frac{\partial U_1}{\partial x_{11}} - \lambda_2 = 0$$

$$\frac{\partial L}{\partial x_{21}} = \frac{\partial U_1}{\partial x_{21}} - \lambda_3 = 0$$

$$\frac{\partial L}{\partial x_{12}} = -\lambda_1 \frac{\partial U_2}{\partial x_{12}} - \lambda_2 = 0$$

$$\frac{\partial L}{\partial x_{22}} = -\lambda_1 \frac{\partial U_2}{\partial x_{22}} - \lambda_3 = 0 .$$

Durch Ableitung nach den Lagrangemultiplikatoren werden lediglich die Nebenbedingungen des Maximierungsproblems reproduziert. Da diese in einem Pareto-Optimum immer erfüllt sind werden sie hier nicht explizit aufgeführt.

Wenn wir die erste Gleichung nach λ_2 und die zweite Gleichung nach λ_3 auflösen und das Ergebnis dann in die dritte und vierte Gleichung einsetzen, erhalten wir für diese:

$$-\lambda_1 \frac{\partial U_2}{\partial x_{12}} - \frac{\partial U_1}{\partial x_{11}} = 0$$

$$-\lambda_1 \frac{\partial U_2}{\partial x_{22}} - \frac{\partial U_1}{\partial x_{21}} = 0 .$$

Diese beiden Gleichungen können wir nun nach λ_1 auflösen. Durch Gleichsetzen kommen wir dann zu folgendem Ergebnis:

$$\frac{\partial U_1 / \partial x_{11}}{\partial U_1 / \partial x_{21}} = \frac{\partial U_2 / \partial x_{12}}{\partial U_2 / \partial x_{22}} \quad \text{bzw.} \quad \left| \frac{dx_{21}}{dx_{11}} \right| = \left| \frac{dx_{22}}{dx_{12}} \right| .$$

Für einen pareto-effizienten Zustand muss gelten, dass das Grenznutzenverhältnis und damit die Grenzrate der Substitution der Haushalte identisch ist.

7.2 Das Produktionsoptimum

Nachdem wir das Tauschoptimum bestimmt haben, leiten wir nun das Produktionsoptimum her. Wir verwenden dabei wiederum eine Edgeworth-Box zur graphischen Veranschaulichung und zeigen im Anschluss daran formal, welche Bedingungen gegeben sein müssen, damit von einem Produktionsoptimum gesprochen werden kann.

Als Maßstab hierzu verwenden wir erneut das Pareto-Kriterium, das als erfüllt gilt, wenn von einem Gut durch eine beliebige andere Faktorallokation nicht mehr produziert werden kann, ohne dass von einem anderen Gut gleichzeitig weniger produziert werden muss. Ein pareto-optimaler Zustand entspricht dann gleichzeitig dem **ökonomischen Prinzip**: Die Produktionsmenge ist bei gegebener Faktorausstattung maximal. Man spricht in diesem Fall auch von **effizienter Faktorallokation**.

Wir beschränken uns im Folgenden auf substitutive Produktionsfaktoren und gehen von einer gegebenen Faktorausstattung aus.

7.2.1 Graphische Lösung

Auf den Achsen der Edgeworth-Box sind nun nicht mehr die Gütermengen, sondern die Faktormengen abgetragen. Analog zur Herleitung des Haushaltsoptimums beschränken wir uns auf zwei Güter, die mit zwei Faktoren hergestellt werden. Die Achsenlängen entsprechen dem gegebenen Bestand an Produktionsfaktoren. Es sei v_k die gegebene Menge des Produktionsfaktors k, die in der Produktion insgesamt eingesetzt werden kann. v_{ki} ist die Menge des Faktors k die in der Produktion des Gutes i eingesetzt wird. Bei zwei Gütern und zwei Faktoren gilt also: $v_1 = v_{11} + v_{12}$ bzw. $v_2 = v_{21} + v_{22}$.

In die Edgeworth-Box (Abb. 7.4) werden Isoquanten eingezeichnet, wobei die produzierte Menge von Gut 1 (x_1) umso größer ist, je weiter wir uns in der Edgeworth-Box nach rechts oben bewegen. Für die Menge des Gutes 2 (x_2) können wir analog feststellen, dass die Isoquanten ein umso höheres Produktionsniveau repräsentieren, je weiter wir uns in der Edgeworth-Box nach links unten bewegen.

Wir gehen von der Faktorallokation aus, die durch Punkt A repräsentiert wird. In Punkt A kann durch eine Reallokation der Ressourcen, d. h. durch eine reine Umwidmung der Produktionsfaktoren, von beiden Gütern mehr hergestellt werden.

An der unterschiedlichen Steigung der Isoquanten in Punkt A lässt sich erkennen, dass sich die Grenzrate der technischen Substitution der Faktoren in der Produktion des Gutes 1 von der des Gutes 2 unterscheidet. Das heißt aber auch, dass das Verhältnis der Grenzproduktivitäten der Faktoren in der Produktion der beiden Güter unterschiedlich ist. Mit anderen

Worten: Mindestens die Grenzproduktivität eines Faktors variiert je nachdem, ob er in der Produktion des Gutes 1 oder des Gutes 2 eingesetzt wird.

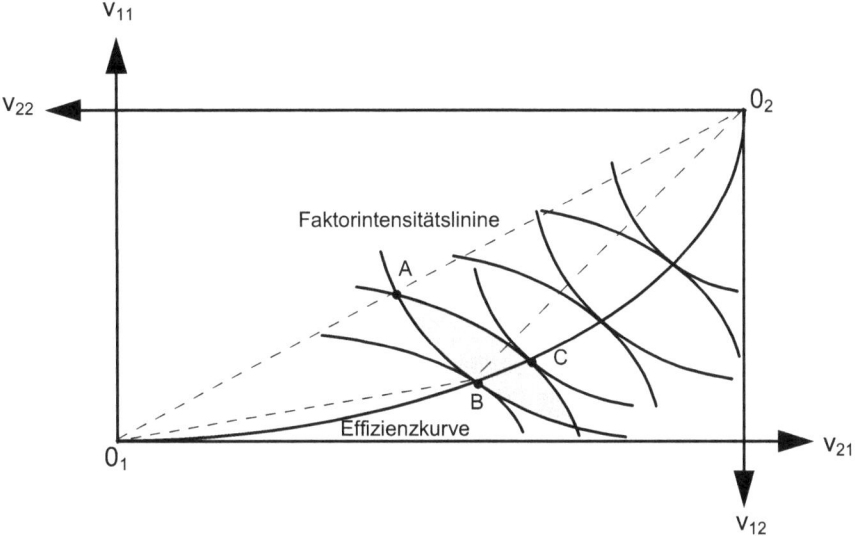

Abbildung 7.4: Faktorintensitätslinie und Effizienzkurve

Durch eine Umschichtung der Produktionsfaktoren (hier durch einen intensiveren Einsatz des Faktors 2 in der Produktion des Gutes 1 und einen intensiveren Einsatz des Faktors 1 in der Produktion des Gutes 2) kann von beiden Gütern mehr produziert werden. Dies gilt für alle Faktoreinsatzkombinationen, die durch die graue Fläche gekennzeichnet sind.[1]

Im Extrem könnte von einem Gut mehr produziert und das Produktionsniveau des anderen Gutes konstant gehalten werden. Dies käme einer Bewegung entlang der bisher realisierten Isoquante bei der Produktion des Gutes gleich, dessen Produktionsniveau konstant gehalten wird. In einem solchen Fall würden optimalerweise Produktionslösungen realisiert, die durch Punkt B (mit einer konstanten Produktion des Gutes 1) bzw. C (mit einer konstanten Produktion des Gutes 2) repräsentiert sind.

Effiziente Faktorallokationen sind dadurch gekennzeichnet, dass durch eine weitere Umschichtung der Produktionsfaktoren von keinem Gut mehr produziert werden könnte, ohne von einem anderen Gut weniger zu produzieren. Dies ist dann der Fall, wenn das Verhältnis der Grenzproduktivitä-

---

[1] Die veränderte Faktorintensität kann anhand der Steigung eines Fahrstrahls aus dem jeweiligen Ursprung abgelesen werden. Im Punkt A ist die Faktorintensität in der Produktion beider Güter identisch, weil er auf der Diagonalen der Edgeworth-Box liegt. Effizient wird in unserem Beispiel aber nur bei unterschiedlicher Faktorintensität produziert, was auch der Normalfall sein dürfte.

ten in der Produktion beider Güter und damit auch die Grenzrate der technischen Substitution in beiden Verwendungen übereinstimmen. Erfüllt sind die Voraussetzungen hierfür in allen Punkten, in denen die Steigung der Isoquanten in beiden Produktionen identisch ist, also jeweils in den Tangentialpunkten zweier Isoquanten. Die Verbindungslinie aller so definierten Tangentialpunkte nennt man **Effizienzkurve**. Sie stellt die Menge aller effizienten Faktorallokationen dar.

Um entscheiden zu können, welche der vielen effizienten Faktorallokationen realisiert werden sollte, müssen die Präferenzen der Haushalte einbezogen werden.

7.2.2 Algebraische Lösung

Für die algebraische Lösung bedienen wir uns wiederum des Lagrangeansatzes. Unser Ziel ist es, die produzierten Gütermengen unter bestimmten Nebenbedingungen zu maximieren.

Die Produktion der beiden Güter hängt von der Höhe des Einsatzes der Faktoren ab:

$$x_i = x_i(v_{1i}, v_{2i}) \qquad i = 1,2 \ \ (\text{Güter}).$$

Eine der Nebenbedingungen, die beachtet werden müssen, ist die Menge der in der Produktion einsetzbaren Faktoren, die der Volkswirtschaft zur Verfügung stehen:

$$v_{k1} + v_{k2} = v_k \qquad k = 1,2 \ \ (\text{Faktoren}).$$

Darüber hinaus muss das Pareto-Kriterium beachtet werden, das heißt, die Menge des einen Gutes wird konstant gehalten. Die Lagrangefunktion lautet dann wie folgt:

$$L = x_1(v_{11}, v_{21}) - \lambda_1 \underbrace{[x_2(v_{12}, v_{22}) - \bar{x}_2]}_{\text{Pareto–Kriterium}} - \lambda_2[v_{11} + v_{12} - v_1]$$

$$-\lambda_3[v_{21} + v_{22} - v_2].$$

Die notwendigen Bedingungen für einen pareto-effizienten Zustand lauten:

$$\frac{\partial L}{\partial v_{11}} = \frac{\partial x_1}{\partial v_{11}} - \lambda_2 = 0$$

$$\frac{\partial L}{\partial v_{21}} = \frac{\partial x_1}{\partial v_{21}} - \lambda_3 = 0$$

$$\frac{\partial L}{\partial v_{12}} = -\lambda_1 \frac{\partial x_2}{\partial v_{12}} - \lambda_2 = 0$$

$$\frac{\partial L}{\partial v_{22}} = -\lambda_1 \frac{\partial x_2}{\partial v_{22}} - \lambda_3 = 0 \ .$$

Die Nebenbedingungen, die sich aus der Ableitung nach den Lagrangemultiplikatoren ergeben, werden wiederum nicht ausdrücklich aufgeführt.

Nach entsprechenden Umformungen der notwendigen Bedingungen (vgl. Abschnitt 7.1.2), zeigt sich das auch schon in der graphischen Analyse gefundene Ergebnis:

$$\frac{\partial x_1 / \partial v_{11}}{\partial x_1 / \partial v_{21}} = \frac{\partial x_2 / \partial v_{12}}{\partial x_2 / \partial v_{22}} \quad \text{bzw.} \quad \left| \frac{dv_{21}}{dv_{11}} \right| = \left| \frac{dv_{22}}{dv_{12}} \right| \ .$$

Die Faktorallokation ist effizient, wenn das Grenzproduktivitätsverhältnis bzw. die Grenzrate der technischen Substitution in beiden Verwendungen identisch ist.

7.3 Gesamtwirtschaftliches Optimum

Für die Entscheidung, welche der möglichen effizienten Faktorallokationen realisiert werden soll, müssen die Präferenzen der Haushalte in die Entscheidung einbezogen werden. Wir verknüpfen deswegen die bisher gewonnenen Ergebnisse. Dazu ist es in einem ersten Schritt notwendig, die für den Produktionssektor gefundenen Ergebnisse dahingehend umzuformulieren, dass sie eine solche Verknüpfung mit dem Konsumsektor erlauben.

7.3.1 Effiziente Faktorallokation und Grenzrate der Transformation

7.3.1.1 Graphische Darstellung und Begriffsklärung

Für die folgende graphische Darstellung übertragen wir die Mengen der Güter, die bei effizienter Faktorallokation produziert werden können, in ein Mengendiagramm. Die sich ergebende Kurve wird **Transformations-** bzw. **Produktionsmöglichkeitenkurve** genannt.

Jedem Punkt der Effizienzkurve als Tangentialpunkt zweier Isoquanten entspricht ein Punkt auf der Transformationskurve. Die Transformationskurve verläuft monoton fallend, da die Mehrproduktion eines Gutes mit der Minderproduktion des anderen Gutes einhergeht. Die Krümmung der Kurve ergibt sich aus der Wahl der eingesetzten Produktionstechnologie.

Die Transformationskurve verläuft wie in Abb. 7.5 konkav, wenn sich die Faktorintensitäten der Produktion der beiden Güter unterscheiden und/oder mindestens ein Gut mit abnehmenden Skalenerträgen produziert wird.

Konvexe bzw. abschnittsweise konvexe Transformationskurven können sich ergeben, wenn mit der Produktion mindestens eines Gutes steigende Skalenerträge verbunden sind. Die Transformationskurve ist nur dann eine Gerade, wenn die Produktion der beiden Güter mit gleicher Faktorintensität vorgenommen wird und beide Güter mit konstanten Skalenerträgen produziert werden.

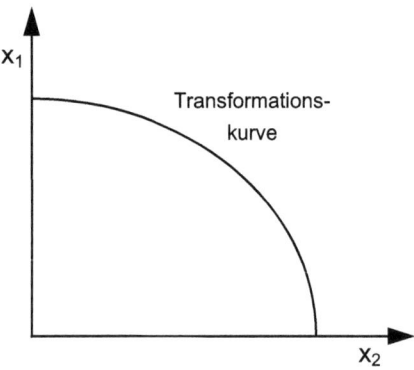

Abbildung 7.5: Transformationskurve

Zur Veranschaulichung möchten wir eine graphische Methode vorstellen, mit deren Hilfe die Transformationskurve über die Niveauertragsfunktionen aus der Effizienzkurve hergeleitet werden kann.[1] Wir nehmen dabei unterschiedliche Faktorintensitäten in der Produktion der beiden Güter, abnehmende Skalenerträge in der Produktion des Gutes 1 und konstante Skalenerträge in der Produktion des Gutes 2 an.

Wir gehen von homogenen Produktionsfunktionen für beide Güter aus:

$$k^r x_1 = x_1(kv_{11}, kv_{21})$$

$$k^r x_2 = x_2(kv_{12}, kv_{22}).$$

Wie wir aus der Darstellung der Niveauertragsfunktion bereits wissen, ergibt sich dann für $k = 1/v_{11}$ bzw. $k = 1/v_{22}$:

$$x_1 = v_{11}^r \cdot x_1\left(1, \frac{v_{21}}{v_{11}}\right)$$

$$x_2 = v_{22}^r \cdot x_2\left(\frac{v_{12}}{v_{22}}, 1\right).$$

---

[1] Vgl. Schumann, J., Meyer, U. und Ströbele, W., Grundzüge der mikroökonomischen Theorie, 7. Aufl., Springer-Verlag, 1999, S. 256 ff.

In dieser Form lassen sich die Niveauertragsfunktionen in einem zweidimensionalen Koordinatensystem graphisch darstellen (wegen des konstanten Faktoreinsatzverhältnisses ist bei homogenen Produktionsfunktionen der Klammerausdruck eine Konstante). Das hochgestellte r symbolisiert den Homogenitätsgrad der Funktionen und ist laut Annahme in der ersten Gleichung kleiner als 1 und der zweiten Gleichung gleich 1.

Betrachten wir Abbildung 7.6. In Quadrant II ist die Edgeworth-Box für den Produktionssektor eingezeichnet, in Quadrant III die Niveauertragsfunktion für das Gut 2, in Quadrant I die entsprechende Niveauertragsfunktion für das Gut 1 und in Quadrant IV die Transformationskurve, die sich aus dem Zusammenspiel der drei Funktionen ergibt.

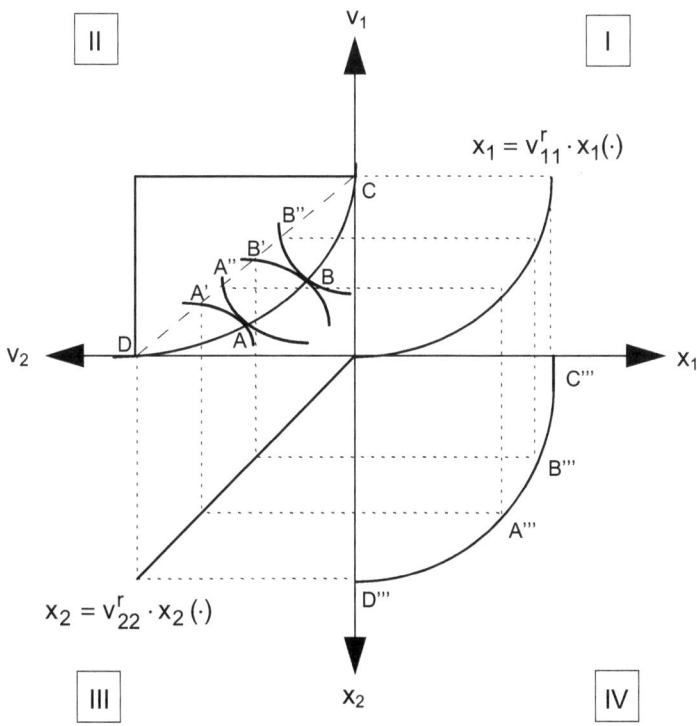

Abbildung 7.6: Niveauertragsfunktionen und Transformationskurve

Um die Transformationskurve über die Niveauertragsfunktionen aus der Edgeworth-Box herzuleiten, bedienen wir uns einer Hilfskonstruktion. Hierzu zeichnen wir in die Edgeworth-Box eine gestrichelte Faktorintensitätslinie als Hilfslinie ein. Mit Hilfe dieser Faktorintensitätslinie können die Produktionsmengen der beiden Güter, die den einzelnen Isoquanten zugeordnet sind, durch die jeweilige Niveauertragsfunktion abgebildet werden. Die Übertragung der Punkte effizienter Faktorallokation auf eine Hilfslinie konstanter Faktorintensität ist notwendig, weil die gekrümmte Effizienzkurve keine konstante Faktorintensität aufweist. Bei der Konstruktion der Niveauertragsfunktion wird jedoch eine konstante Faktorintensität unterstellt. Betrachten wir beispielsweise Punkt A in der Edgeworth-Box. Die hierdurch repräsentierte Produktionsmengenkombination kann auch durch die Punkte A' und A'' auf der Hilfslinie wiedergegeben werden, da die Bewegung von A zu A' und A'' jeweils entlang einer Isoquante verläuft.

Die Produktionsmenge des Gutes 2 in A bzw. A' kann in Quadrant III übertragen werden. Das gleiche gilt für die Produktionsmenge des Gutes 2 in B bzw. B'. Die zu den Punkten A'' und B'' gehörende Produktionsmenge von Gut 1, wird in Quadrant I übernommen.

Abschließend können die Gütermengen in Quadrant IV übertragen werden, wobei die Punkte A, B, C, D auf der Effizienzkurve den Punkten A''', B''', C''', D''' auf der Transformationskurve entsprechen. Auf diese Weise lassen sich für die verschiedenen Verläufe der Niveauertragsfunktionen sämtliche möglichen Transformationskurvenverläufe herleiten.

Anhand der Transformationskurve kann man ablesen, welche Gütermengenkombinationen bei effizienter Nutzung der Produktionsfaktoren hergestellt werden können. Die Kosten, die durch Mehrproduktion eines Gutes entstehen, lassen sich also unmittelbar in Gütereinheiten bei alternativer Verwendung der Produktionsfaktoren ausdrücken. Diese Kosten werden auch Opportunitätskosten genannt. Auf wie viele Einheiten eines Gutes bei infinitesimaler Mehrproduktion des anderen Gutes verzichtet werden muss, wird durch die **Grenzrate der Transformation** (GRT) gemessen. Sie ist definiert als:

$$GRT = \left| \frac{dx_1}{dx_2} \right|$$

und entspricht der absoluten Steigung einer an die Transformationskurve angelegten Tangente. Da in jedem Punkt auf der Transformationskurve effiziente Faktorallokation herrscht, gilt hier die Gleichheit der Grenzproduktivitätsverhältnisse der Faktoren in beiden Verwendungen.

7.3.1.2   Die Beziehung zwischen Grenzrate der technischen Substitution und Grenzrate der Transformation

Den letztgenannten Zusammenhang wollen wir uns bei der algebraischen Herleitung des Verhältnisses zwischen Grenzrate der technischen Substitution und Grenzrate der Transformation zunutze machen. Dazu rufen wir uns zunächst die Definition der Grenzrate der Transformation in Erinnerung: Der Zähler drückt eine Mengenänderung des Gutes 1, der Nenner eine Mengenänderung des Gutes 2 aus. Sowohl Zähler als auch Nenner stellen ein totales Differential dar. Man verdeutliche sich in einem ersten Schritt, dass die Produktionsfunktionen für die beiden Güter

$$x_i = x_i(v_{1i}, v_{2i})$$

lauten und bilde dann jeweils das totale Differential:

$$dx_1 = \frac{\partial x_1}{\partial v_{11}} dv_{11} + \frac{\partial x_1}{\partial v_{21}} dv_{21} \tag{7.1}$$

$$dx_2 = \frac{\partial x_2}{\partial v_{12}} dv_{12} + \frac{\partial x_2}{\partial v_{22}} dv_{22} . \tag{7.2}$$

Die Mengenänderungen in der Produktion der beiden Güter ergeben sich durch die Änderung des Einsatzes der Produktionsfaktoren, gewichtet mit ihren jeweiligen Grenzproduktivitäten. Durch Erweitern des zweiten Terms auf der rechten Seite von (7.1) mit $\partial x_1/\partial v_{11}$ und dv_{11} und Ausklammern ergibt sich der folgende Ausdruck:

$$dx_1 = \frac{\partial x_1}{\partial v_{11}} dv_{11} \left(1 + \frac{\partial x_1/\partial v_{21}}{\partial x_1/\partial v_{11}} \cdot \frac{dv_{21}}{dv_{11}} \right) .$$

Entsprechend lässt sich (7.2) umformen zu

$$dx_2 = \frac{\partial x_2}{\partial v_{12}} dv_{12} \left(1 + \frac{\partial x_2/\partial v_{22}}{\partial x_2/\partial v_{12}} \cdot \frac{dv_{22}}{dv_{12}} \right) .$$

Da in jedem Punkt der Transformationskurve die Grenzproduktivitätsverhältnisse und die Grenzraten der technischen Substitution übereinstimmen, nehmen die Klammern die gleichen Werte an und kürzen sich bei der Division von dx_1 durch dx_2 heraus. Darüber hinaus gilt bei effizienter Faktorallokation, dass der Mindereinsatz eines Produktionsfaktors in der Produktion des Gutes 1 (dv_{11}) mit einem entsprechenden Mehreinsatz dieses Produktionsfaktors in der Produktion des Gutes 2 (dv_{12}) einhergeht ($dv_{11} = dv_{12}$). Wir erhalten daher folgenden Ausdruck für die Grenzrate der Transformation:

$$\left| \frac{dx_1}{dx_2} \right| = \frac{\partial x_1/\partial v_{11}}{\partial x_2/\partial v_{12}} \quad \text{bzw.} \quad \left| \frac{dx_1}{dx_2} \right| = \frac{\partial x_1/\partial v_{21}}{\partial x_2/\partial v_{22}} .$$

Die Grenzrate der Transformation entspricht dem Verhältnis der Grenzproduktivitäten *eines* Faktors in den alternativen Verwendungen.

7.3.2 Simultanes Optimum im Produktions- und Konsumsektor

Wenden wir uns nun unserem eigentlichen Vorhaben zu: der Herleitung des simultanen Gleichgewichts im Produktions- und Konsumsektor. Dazu wird zuerst die algebraische Lösung vorgestellt, weil wir das Ergebnis für die graphische Darstellung kennen müssen. Für die algebraische Lösung verwenden wir wiederum eines Lagrangeansatz.

Die zu maximierende Nutzenfunktion haben wir bereits in Abschnitt 7.1.2 eingeführt. Sie lautet:

$$U_1 = U_1(x_{11}, x_{21}).$$

Eine der zu beachtenden Nebenbedingungen ist das konstant vorgegebene Nutzenniveau des Individuums 2. Die zweite Nebenbedingung verlangt, ausschließlich effiziente Faktorallokationen zuzulassen. Wir bewegen uns also entlang der Transformationskurve, die durch folgende implizite Funktion definiert ist:[1]

$$F(x_1, x_2) = 0.$$

Die resultierende Lagrangefunktion ergibt sich zu:

$$L = U_1(x_{11}, x_{21}) - \lambda_1 \underbrace{[U_2(x_{12}, x_{22}) - \overline{U}_2]}_{\text{Pareto–Kriterium}} - \lambda_2 \underbrace{F(x_1, x_2)}_{\substack{\text{effiziente} \\ \text{Faktorallo–} \\ \text{kation}}}.$$

Als notwendigen Bedingungen für ein Optimum erhalten wir:[2]

$$\frac{\partial L}{\partial x_{11}} = \frac{\partial U_1}{\partial x_{11}} - \lambda_2 \frac{\partial F}{\partial x_1} = 0$$

$$\frac{\partial L}{\partial x_{21}} = \frac{\partial U_1}{\partial x_{21}} - \lambda_2 \frac{\partial F}{\partial x_2} = 0$$

$$\frac{\partial L}{\partial x_{12}} = -\lambda_1 \frac{\partial U_2}{\partial x_{12}} - \lambda_2 \frac{\partial F}{\partial x_1} = 0$$

$$\frac{\partial L}{\partial x_{22}} = -\lambda_1 \frac{\partial U_2}{\partial x_{22}} - \lambda_2 \frac{\partial F}{\partial x_2} = 0.$$

Die Bedingungen, die sich aus der Ableitung nach den Lagrangemultiplikatoren ergeben, werden wieder vernachlässigt.

Nach einigen Umformungen der obigen Bedingungen, kommen wir zu folgendem Ergebnis:

---

[1] Zur Transformationskurve als impliziter Funktion vgl. A.13.
[2] Es ist zu beachten, dass $\partial x_1 / \partial x_{11} = 1$, weil $x_1 = x_{11} + x_{12}$. Das gleiche gilt für $\partial x_2 / \partial x_{21}$ usw.

$$\underbrace{\frac{\partial F / \partial x_2}{\partial F / \partial x_1}}_{\text{GRT}} = \underbrace{\frac{\partial U_1 / \partial x_{21}}{\partial U_1 / \partial x_{11}}}_{\text{GRS}_1} = \underbrace{\frac{\partial U_2 / \partial x_{22}}{\partial U_2 / \partial x_{12}}}_{\text{GRS}_2} .$$

Die Grenzrate der Transformation muss den Grenzraten der Substitution der Haushalte 1 und 2 entsprechen, damit gleichzeitig effiziente Faktor- und Güterallokation herrscht. Diese Bedingung ist relativ leicht zu interpretieren: Die Grenzrate der Transformation gibt die Opportunitätskosten der Produktion an. Die Grenzrate der Substitution die Opportunitätskosten des Konsums. Im Optimum entsprechen also die Opportunitätskosten der Produktion den Opportunitätskosten des Konsums.

Wenn die Grenzrate der Substitution beispielsweise 1/3 und die Grenzrate der Transformation 2/3 betragen würde, so könnten drei Einheiten von Gut 2 in zwei Einheiten von Gut 1 transformiert werden. Die Konsumenten könnten jedoch ihr Nutzenniveau halten, wenn sie für drei Einheiten des Gutes 2 mit lediglich einer Einheit des Gutes 1 entschädigt würden. Es wäre demnach sinnvoll, solange die Produktion von Gut 1 zu erhöhen und die von Gut 2 zu senken, bis sich die Grenzrate der Transformation und die Grenzrate der Substitution entsprechen und sich damit weitere Umschichtungen in der Produktion nicht mehr lohnen.

Graphisch lässt sich eine optimale Situation folgendermaßen abbilden:

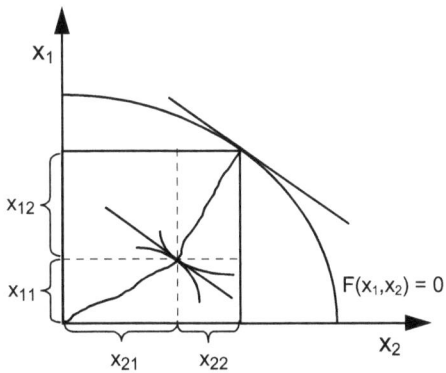

Abbildung 7.7: Optimale Güter- und Faktorallokation

Die Edgeworth-Box für den Konsumsektor wurde in das Transformationskurvendiagramm eingefügt. Ein Optimum liegt bei Gleichheit von GRS und GRT vor. In der Graphik lässt sich dies durch die Steigung der an die Transformationskurve gelegten Tangente bzw. der Steigung der an die Indifferenzkurven gelegten Tangente ablesen. Ist die Steigung der Tangenten gleich, so entsprechen sich die Grenzrate der Transformation und die Grenzrate der Substitution. Im realisierten Produktionspunkt sind die Güter 1 und 2 ungleich auf die beiden Haushalte verteilt. Individuum 1 erhält im Optimum einen größeren Teil von Gut 2 (x_{21}) und Haushalt 2 einen größeren Teil von Gut 1 (x_{12}).

7.4   Gesamtwirtschaftliches Optimum und vollständige Konkurrenz

Nachdem wir die Bedingungen für das Vorliegen eines gesamtwirtschaftlichen Optimums abgeleitet haben, wollen wir nun demonstrieren, dass jedes Konkurrenzgleichgewicht pareto-optimal ist. Es handelt sich dabei um das so genannte **erste Theorem der Wohlfahrtsökonomik**. Auf einem Wettbewerbsmarkt werden also notwendigerweise alle Vorteile des Tausches ausgeschöpft. Das **zweite Theorem der Wohlfahrtsökonomik** besagt, dass jede pareto-optimale Allokation über den Preismechanismus der vollkommenen Konkurrenz erreicht wird.[1]

Das erste Theorem der Wohlfahrtsökonomik lässt sich leicht beweisen. Beginnen wir mit dem Tauschoptimum: Da die betrachteten Güter homogen sind, existiert jeweils nur ein Preis jedes Gut. Also sind auch die Preisverhältnisse gleich. Da im Haushaltsoptimum die Grenzrate der Substitution dem umgekehrten Preisverhältnis entspricht, müssen die jeweiligen Grenzraten der Substitution im Haushaltsoptimum identisch sein:

$$\left|\frac{dx_{21}}{dx_{11}}\right| = \left|\frac{dx_{22}}{dx_{12}}\right| = \frac{p_1}{p_2} \quad .$$

Unter den Bedingungen der vollständigen Konkurrenz wird also ein Tauschoptimum erreicht. Die gleiche Argumentation gilt analog für den Produktionssektor. Da die Faktorpreise für jedes Unternehmen identisch sind und gewinnmaximierende Unternehmen bei der Wahl des Faktoreinsatzes nach der Regel 'Grenzrate der technischen Substitution gleich umgekehrtes Faktorpreisverhältnis' verfahren, wird bei vollständiger Konkurrenz das Produktionsoptimum verwirklicht:

$$\left|\frac{dv_{21}}{dv_{11}}\right| = \left|\frac{dv_{22}}{dv_{12}}\right| = \frac{q_1}{q_2} \quad .$$

Dass damit auch ein gesamtwirtschaftliches Optimum einhergeht, kann auf folgendem Weg gezeigt werden. Die Grenzrate der Transformation entspricht dem Verhältnis der Grenzproduktivitäten *eines* Faktors in den alternativen Verwendungen:

---

[1] Auf das zweite Theorem wird nicht näher eingegangen. Vgl. hierzu Kreps, D. M., A Course in Microeconomic Theory, Harvester Wheatsheaf, 1990, S. 287 f.

$$\left|\frac{dx_1}{dx_2}\right| = \frac{\partial x_1 / \partial v_{11}}{\partial x_2 / \partial v_{12}} \quad \text{bzw.} \quad \left|\frac{dx_1}{dx_2}\right| = \frac{\partial x_1 / \partial v_{21}}{\partial x_2 / \partial v_{22}} \quad .$$

Gewinnmaximierende Unternehmen verfahren beim Faktoreinsatz nach der Regel 'Grenzwertprodukt = Faktorpreis'. Da die Faktorpreise nicht von der jeweiligen Verwendung der Faktoren abhängen, können wir schreiben:

$$q_1 = p_1 \frac{\partial x_1}{\partial v_{11}} \quad \text{und} \quad q_1 = p_2 \frac{\partial x_2}{\partial v_{12}} \quad \text{und damit} \quad \frac{p_2}{p_1} = \underbrace{\frac{\partial x_1 / \partial v_{11}}{\partial x_2 / \partial v_{12}}}_{\text{GRT}} \quad .$$

Die Grenzraten der Substitution entsprechen dem umgekehrten Preisverhältnis und das Grenzproduktivitätsverhältnis eines Faktors in den alternativen Verwendungen der Grenzrate der Transformation. Deswegen erhalten wir als Ergebnis:

$$\underbrace{\left|\frac{dx_1}{dx_2}\right|}_{\text{GRT}} = \frac{p_2}{p_1} = \underbrace{\left|\frac{dx_{11}}{dx_{21}}\right|}_{\text{GRS}_1} = \underbrace{\left|\frac{dx_{12}}{dx_{22}}\right|}_{\text{GRS}_2} \quad .$$

Unter den Bedingungen der vollständigen Konkurrenz wird das gesamtwirtschaftliche Optimum erreicht.

8 Marktunvollkommenheiten durch externe Effekte und unvollständige Information

Auf Märkten mit unvollständiger Konkurrenz können Ineffizienzen auftreten. Ist der Marktzutritt frei, müssen sie jedoch nicht entstehen. In diesem Kapitel beschäftigen wir uns mit weiteren Faktoren, die Ineffizienzen hervorrufen können, den **externen Effekten** und **Informationsunvollkommenheiten**. Während Informationsunvollkommenheiten nicht gänzlich zu überwinden sind, können die Auswirkungen externer Effekte durch staatliche Maßnahmen gemildert, theoretisch sogar beseitigt werden.

In Abschnitt 8.1 wird gezeigt, dass die Marginalbedingungen für ein Pareto-Optimum verletzt sind, wenn externe Effekte vorliegen. Außerdem werden Möglichkeiten der Vermeidung externer Effekte vorgestellt. Auf den Sonderfall der **öffentlichen Güter** wird in Abschnitt 8.2 eingegangen.

Anschließend behandeln wir Informationsunvollkommenheiten. In allen bisherigen Marktmodellen sind wir mehr oder weniger stillschweigend davon ausgegangen, dass Marktplätze, Preise, die Qualität der Güter sowie Handelskonditionen jedem Marktteilnehmer bekannt sind. Tatsächlich kennen wir jedoch weder alle Alternativen, die sich bieten, noch alle Preise, die für unsere Entscheidungen wichtig sind. Einige Probleme, die sich daraus ergeben, werden in Abschnitt 8.3 erörtert.

8.1 Externe Effekte

Außer durch unvollständige Konkurrenz wird die marktwirtschaftliche Allokation durch **technologische externe Effekte** beeinträchtigt. Sie äußern sich in Kosten oder Nutzen, welche bei unbeteiligten Wirtschaftssubjekten durch die Produktion oder den Konsum von Gütern verursacht werden. Diese Wirtschaftssubjekte werden für die Kosten, die ihnen durch einen **negativen externen Effekt** entstehen, nicht entschädigt. Umgekehrt muss ein Unbeteiligter für den Nutzen, den er durch einen **positiven externen Effekt** erfährt, nicht bezahlen. Dabei können Kosten oder Nutzen sowohl bei Produzenten als auch bei Konsumenten auftreten; dementsprechend unterscheidet man zwischen externen Konsum- und Produktionseffekten.

Dafür gibt es zahllose Beispiele. Ein positiver externer Effekt des Konsums geht z. B. von einem schönen Nachbarsgarten aus, ein negativer dagegen von dem Grillgeruch und -rauch des Nachbarn. Für einen positiven externen Effekt der Produktion lässt sich das klassische Beispiel des Obstbauern und des Imkers heranziehen, deren Nachbarschaft die Erträge an Obst und Honig steigert. Negative externe Effekte bei der Produktion entstehen für Anwohner von Flughäfen durch Lärm und Abgase (hier sind Konsumenten die Leidtragenden) oder durch einen Viehzüchter, der seinen Zaun vernachlässigt und dessen Rinder die Ernte des Nachbarn zertrampeln (der negative externe Effekt trifft ebenfalls einen Produzenten).

Von den technologischen sind die **pekuniären externen Effekte** abzugrenzen. Pekuniäre externe Effekte werden im Gegensatz zu den technologischen über den Marktmechanismus vermittelt. Steigt zum Beispiel die Nachfrage nach einem Gut, so steigt der Preis. Hiervon ist der Nutzen der Haushalte, welche dieses Gut konsumieren, offenbar negativ berührt. Der steigende Preis signalisiert lediglich die gestiegene Knappheit des Gutes und dies ist ja gerade die Funktion des Preissystems. Das gleiche gilt in analoger Weise für Unternehmen. Wie wir in Abschnitt 4.3 gezeigt haben, profitieren Anbieter auf Märkten mit steigender Nachfrage durch (vorübergehende) übernormale Gewinne, während Anbieter bei rückläufiger Nachfrage Verluste erleiden. Im ersten Fall handelt es sich um einen positiven, im zweiten um einen negativen pekuniären Effekt. Wir verwenden den Begriff 'externer Effekt' im Weiteren für technologische externe Effekte und schließen pekuniäre externe Effekte von unseren Betrachtungen aus.

Ein technologischer externer Effekt geht in die Nutzen- oder die Produktionsfunktion ein. Wir verdeutlichen das an einem Beispiel für einen externen Effekt des Konsums: Der Nutzen des Haushalts 1 hänge davon ab, ob der Nachbar dieselben Rosen wie er selbst pflanzt. Betrachten wir Haushalt 1 und 2 so kann man dieses Phänomen an der Nutzenfunktion der beiden Haushalte folgendermaßen ablesen:

$$U_1 = U_1(x_1, x_2) \quad \text{bzw.} \quad U_2 = U_2(x_2).$$

Die Nutzenfunktion des Haushalts 1 hängt von der selbst konsumierten Menge des Gutes ab (x_1), und von der Menge, die von Haushalt 2 konsumiert wird (x_2). Bei einem positiven Einfluss auf den Nutzen des Haushalts 1 ($\partial U_1/\partial x_2 > 0$) spricht man von einem positiven externen Effekt, bei einem negativen ($\partial U_1/\partial x_2 < 0$) von einem negativen externen Effekt.

Haushalt 2 ist es dagegen offensichtlich gleichgültig, ob im Garten des Haushalts 1 Rosen stehen. Auch bei diesem Haushalt wäre es natürlich möglich, dass ein externer Effekt auftritt. Dabei können die Effekte durchaus unterschiedlich sein. Haushalt 2 könnte sich ebenfalls über die Rosen des Haushalts 1 freuen, jedoch auch darüber ärgern, dass dieser ihn nachahmt.

In analoger Weise zum Konsum können wir zwischen positiven und negativen externen Effekten der Produktion unterscheiden. Wenn externe Effekte im Produktionsbereich auftreten, weichen die **privaten Grenzkosten**, denen sich ein einzelnes Unternehmen gegenübersieht, von den gesamtwirtschaftlich anfallenden **sozialen Grenzkosten** ab. Der auftretende externe Effekt besteht aus der Differenz zwischen sozialen und privaten Grenzkosten.

Betrachten wir zwei Unternehmen. Unternehmen 1 sei eine Wäscherei, die ungeklärte Abwässer in einen Fluss einleitet. Dieser Fluss wird von einem Fischer zum Fischfang genutzt. Die Wäscherei berücksichtigt die Produktionseinbußen des Fischers, die durch die Einleitung der ungeklärten Abwässer entstehen, nicht. Die Produktionsfunktionen der Wäscherei (x_1) und des Fischers (x_2) lauten folgendermaßen:

$$x_1 = x_1(v_1) \quad \text{und} \quad x_2 = x_2(v_2, x_1).$$

Zur Vereinfachung nehmen wir an, dass beide Unternehmen nur einen Produktionsfaktor einsetzen. Von der Menge des Produktionsfaktors geht v_1 in die Produktion des Gutes 1 und v_2 in die Produktion des Gutes 2 ein, so dass $v = v_1 + v_2$.[1] Die Wäscherei verursacht einen negativen externen Effekt beim Fischer ($\partial x_2/\partial x_1 < 0$), der proportional zur Ausbringungsmenge der Wäscherei ist. Wenn die Unternehmen ihren Gewinn maximieren, wird die Produktion solange ausgedehnt, bis das Grenzwertprodukt dem einheitlichen Faktorpreis entspricht, also:

$$q = p_1 \frac{\partial x_1}{\partial v_1} \quad \text{und} \quad q = p_2 \frac{\partial x_2}{\partial v_2}.$$

Im Gewinnmaximum ist damit das Güterpreisverhältnis gleich dem umgekehrten Grenzproduktivitätsverhältnis:

$$\frac{p_1}{p_2} = \frac{\partial x_2 / \partial v_2}{\partial x_1 / \partial v_1}. \tag{8.1}$$

Unternehmen 1 berücksichtigt den von seiner Produktion ausgehenden externen Effekt nicht, denn würde es dies tun, wäre seine Produktionsmenge geringer.

Um dies zu zeigen, nehmen wir an, dass die beiden Unternehmen fusionieren. Ein fusioniertes Unternehmen wird den Gesamtgewinn maximieren und unter den angenommenen Bedingungen ein Pareto-Optimum erreichen, weil es in seinem Interesse liegt, den externen Effekt zu berücksichtigen. Es verhält sich daher, als ob ein 'Sozialplaner' für die Berücksichti-

---

[1] Der Index 1,2 steht bei der Produktionsmenge x für unterschiedliche Güter, bei der Faktormenge v dagegen für die Menge desselben Faktors, der in Unternehmen 1 bzw. 2 eingesetzt wird.

gung des externen Effekts sorgen würde. Deshalb bezeichnen wir im Folgenden dieses Optimum als 'gesamtwirtschaftlich' und dasjenige bei getrennten Firmen als 'privatwirtschaftlich'.

Die Gewinngleichung des fusionierten Unternehmens sieht folgendermaßen aus:

$$G = p_1 x_1(v_1) + p_2 x_2 [v_2, x_1(v_1)] - q(v_1 + v_2).$$

Die Gewinnmaximierungsbedingungen erster Ordnung lauten:

$$\frac{\partial G}{\partial v_1} = p_1 \frac{\partial x_1}{\partial v_1} + p_2 \frac{\partial x_2}{\partial x_1} \frac{\partial x_1}{\partial v_1} - q = 0$$

$$\frac{\partial G}{\partial v_2} = p_2 \frac{\partial x_2}{\partial v_2} - q = 0.$$

Im Gewinnmaximum muss der eingesetzte Produktionsfaktor sowohl in der Produktion des Gutes 1 als auch in der Produktion des Gutes 2 gemäß seinem tatsächlichen Grenzwertprodukt entlohnt werden. Wir lösen daher die Gewinnmaximierungsbedingungen nach q auf:

$$q = p_1 \frac{\partial x_1}{\partial v_1} + p_2 \frac{\partial x_2}{\partial x_1} \frac{\partial x_1}{\partial v_1} \tag{8.2}$$

$$q = p_2 \frac{\partial x_2}{\partial v_2}.$$

Da der Preis des Faktors identisch sein muss, ganz gleich, in welcher Produktion er eingesetzt wird, können wir gleichsetzen. Dies führt zum gewinnmaximalen Preisverhältnis:

$$\frac{p_1}{p_2} = \frac{\partial x_2 / \partial v_2}{\partial x_1 / \partial v_1} - \frac{\partial x_2}{\partial x_1}. \tag{8.3}$$

Wenn wir (8.3) mit (8.1) vergleichen, wird ersichtlich, dass das Preisverhältnis kleiner ist als im privatwirtschaftlichen Optimum. Ohne Berücksichtigung des externen Effekts ist der Preis des Gutes 1 gemessen am gesamtwirtschaftlich optimalen Preisverhältnis also zu gering, und der des Gutes 2 zu hoch.

Gleichung (8.3) lässt sich auch folgendermaßen schreiben:

$$p_1 \frac{\partial x_1}{\partial v_1} = p_2 \left(\frac{\partial x_2}{\partial v_2} - \frac{\partial x_2}{\partial x_1} \frac{\partial x_1}{\partial v_1} \right).$$

Das Grenzwertprodukt des Produktionsfaktors ist in der Produktion des Gutes 2 offenbar kleiner als im privatwirtschaftlichen Optimum. Eine geringere Grenzproduktivität geht mit einem größeren Faktoreinsatz einher, wenn die Grenzproduktivität mit steigendem Faktoreinsatz sinkt. Im gesellschaftlichen Optimum ist der Faktoreinsatz in der Produktion des Gutes 2 größer ist als im privatwirtschaftlichen Optimum. Im privatwirtschaftlichen Optimum wird daher zuviel von Gut 1 und zu wenig von Gut 2 produziert.

Der externe Effekt tritt auf, weil Unternehmen nur die Kosten in ihrem Gewinnmaximierungskalkül berücksichtigen, die sie selbst tragen müssen, nicht jedoch solche, die bei Dritten anfallen. Zwei Instrumente zur **Internalisierung** des externen Effekts werden im Folgenden vorgestellt: Zum einen die **Pigou-Steuer** und zum anderen die **Coase-Verhandlungslösung**.[1] Von Internalisierung spricht man, wenn die sozialen und privaten Grenzkosten in Übereinstimmung gebracht werden.

8.1.1 Die Pigou-Steuer

Bei Auftreten eines externen Effekts wird in unserem Beispiel zuviel von Gut 1 und zuwenig von Gut 2 angeboten. Die Ursache liegt, wie oben bereits angesprochen, im verzerrten Preisverhältnis. Die Verzerrung kann anhand der folgenden Gleichung abgelesen werden, die durch Umformung von (8.3) hervorgeht:

$$\frac{p_1 + p_2 \frac{\partial x_2}{\partial x_1}}{p_2} = \frac{\partial x_2 / \partial v_2}{\partial x_1 / \partial v_1}. \tag{8.4}$$

Im privatwirtschaftlichen Optimum ist der Preis des Gutes 1 offenbar um

$$-p_2 \frac{\partial x_2}{\partial x_1} \tag{8.5}$$

zu niedrig. Der Staat könnte an dieser Stelle einschreiten und eine Stücksteuer τ auf die Produktion des Gutes 1 in Höhe von (8.5) erheben.[2] Der Preis für das Gut 1 würde sich dann für jede verkaufte Einheit um τ erhöhen und so zur Produktion der optimalen Menge x^{opt} führen. Dies ist die Idee der Pigou-Steuer. Die Berechnung des Steuersatzes setzt allerdings die genaue Kenntnis der **Grenzschadenskosten** voraus, die der Differenz zwischen GK_s (s wie sozial) und GK_p (p wie privat) entsprechen.[3] Wird die Steuer in Höhe des Grenzschadens im Optimum erhoben, werden die externen Kosten internalisiert.[4]

---

[1] Die Fusion der Unternehmen kann nach den bisherigen Ausführungen ebenfalls als Möglichkeit der Internalisierung angesehen werden.
[2] Da $\partial x_2 / \partial x_1$ negativ ist, handelt es sich um einen positiven Betrag.
[3] Von Schadenskosten spricht man, weil der externe Effekt einen Schaden verursacht.
[4] Vgl. hierzu und auch zum folgenden Unterabschnitt: Gries, T., G. Sieg und H. Strulik, Repetitorium Mikroökonomik, Springer-Verlag, 1996, S. 290 ff.

Durch die Erhebung der Steuer erhöhen sich die Grenzkosten der Produktion. Die Gewinngleichung des Unternehmens 1 lautet nun folgendermaßen:

$G_1 = p_1 x_1 - q v_1 - \tau \cdot x_1$.

Hieraus ergibt sich folgende Gewinnmaximierungsbedingung erster Ordnung:

$$(p_1 - \tau) \frac{\partial x_1}{\partial v_1} = q. \tag{8.6}$$

Die Steuer wird im Optimum in Höhe der Grenzschadenskosten erhoben. Diese können anhand von Gleichung (8.4) bestimmt werden und betragen im Optimum:

$$-p_2 \frac{\partial x_2}{\partial x_1}, \tag{8.5}$$

denn in dieser Höhe wird das Grenzwertprodukt des Produktionsfaktors in der Produktion des Gutes 1 verringert. Setzt man τ in (8.6) gleich (8.5), so erhält man als Optimalbedingung:

$$\left(p_1 + p_2 \frac{\partial x_2}{\partial x_1} \right) \frac{\partial x_1}{\partial v_1} = q.$$

Dies entspricht genau der Bedingung (8.2) für den Fall, dass ein Unternehmen beide Güter produziert. Die Pigou-Steuer führt damit zum gesellschaftlich optimalen Ergebnis. Der externe Effekt wird vollkommen internalisiert.

Der optimale Steuersatz kann nur festgelegt werden, wenn die optimale Produktionsmenge bekannt ist. Eine graphische Darstellung der Situation findet sich in Abbildung 8.1.

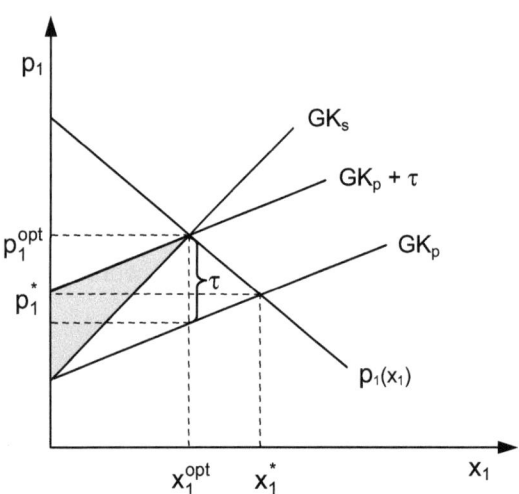

Abbildung 8.1: Pigou-Steuer

Wie man erkennen kann, wird Unternehmen 1 durch die Pigou-Steuer dazu veranlasst, die gesamtwirtschaftlich optimale Menge x^{opt} zu produzieren. Das Effizienzkriterium wird daher erfüllt. Verteilungsfragen werden dagegen vernachlässigt, denn die Steuereinnahmen sind um das graue Dreieck größer als der externe Effekt.[1] Soll dies vermieden werden, muss der Steuersatz für jede produzierte Einheit genau dem externen Effekt entsprechen, so dass die $(GK_p + \tau)$ - Kurve der GK_s - Kurve entspricht.

8.1.2 Die Verhandlungslösung nach Coase

Anders als die Pigou-Steuer, die einen staatlichen Eingriff zur Internalisierung des externen Effekts voraussetzt, ist die Coase-Verhandlungslösung eine privatwirtschaftliche Antwort auf das gleiche Problem. Nach Coase ist die Ursache für das Auftreten externer Effekte, dass Eigentumsrechte (property rights) ungenügend formuliert sind und deshalb kein Markt für Externalitäten existiert. Wären Eigentumsrechte eindeutig definiert, würden die Betroffenen in Verhandlungen eintreten und auf diesem Weg die Optimallösung erreichen. Dies ist der Inhalt des **Coase-Theorems**: Einführung von Eigentumsrechten führt zu einer Vermeidung von externen Effekten und dies unabhängig davon, wem die Eigentumsrechte zugeteilt werden.

> Die Verhandlungslösung steht allerdings unter dem Vorbehalt, dass keine **Transaktionskosten** anfallen, denn diese würden Verhandlungen oftmals unmöglich machen. Transaktionskosten sind Kosten, die bei Markttransaktionen unmittelbar anfallen, also beispielsweise Kosten der Eigentumsübertragung oder der Kontrolle von Verträgen. Wenn die Transaktionskosten die Gewinne der Beteiligten aus den Verhandlungen übersteigen, werden keine Verhandlungen aufgenommen und die optimale Lösung nicht erreicht. Dies wird c. p. umso wahrscheinlicher, je mehr Personen an den Verhandlungen beteiligt sind.

Nehmen wir zunächst an, der Fischereibetrieb (Unternehmen 2) hätte die Eigentumsrechte an der Umwelt. Die Wäscherei (Unternehmen 1) wird dem Fischer dann eine Entschädigung für die Wasserverschmutzung zahlen müssen und zwar in Höhe von s_1 für jede produzierte Mengeneinheit. Die Gewinngleichung von Unternehmen 1, mit deren Hilfe der optimale Entschädigungssatz ermittelt wird, sieht in diesem Fall folgendermaßen aus:

$$G_1 = p_1 x_1 - q v_1 - s_1 x_1 \, ,$$

die Gewinngleichung des Unternehmens 2 entsprechend:

---

[1] Die Steuereinnahmen betragen $\tau \cdot x_1^{opt}$. Sie entsprechen offensichtlich der Fläche $[(Gk_p + \tau) - GK_p] \cdot x_1^{opt}$.

$$G_2 = p_2 x_2 - q v_2 + s_1 x_1 \, .$$

Die Gewinnmaximierungsbedingungen 1. Ordnung für Unternehmen 2 ergeben sich durch Ableitung der Gewinnfunktion nach v_2 und x_1:

$$\frac{\partial G_2}{\partial v_2} = p_2 \frac{\partial x_2}{\partial v_2} - q = 0$$

$$\frac{\partial G_2}{\partial x_1} = p_2 \frac{\partial x_2}{\partial x_1} + s_1 = 0 \, .$$

Aus der zweiten partiellen Ableitung lässt sich der optimale Entschädigungssatz bestimmen als:

$$s_1 = -p_2 \frac{\partial x_2}{\partial x_1} \, . \tag{8.7}$$

Der Entschädigungssatz stimmt im Optimum mit dem Grenzschaden überein. Die Optimalbedingung für Unternehmen 1 ist identisch mit (8.6), wobei τ durch s_1 ersetzt wird. Einsetzen des optimalen Entschädigungssatzes in (8.6) führt zu (8.2) und damit zum gesamtwirtschaftlichen Optimum.

Dasselbe Ergebnis erhält man, wenn Unternehmen 1 über die Eigentumsrechte verfügt. Der Fischer zahlt der Wäscherei in diesem Fall eine Entschädigung dafür, dass sie das Wasser weniger verschmutzt als ohne Ausgleichszahlung. Die optimale privatwirtschaftliche Produktionsmenge von Unternehmen 1 ist $x_1{}^*$. Unternehmen 2 zahlt für jede Mengeneinheit, die weniger produziert wird, den Entschädigungssatz von s_2. Die Gewinngleichung des Unternehmens 2 lautet deswegen:

$$G_2 = p_2 x_2 - s_2 (x_1^* - x_1) - q v_2 \, ,$$

woraus sich durch Ableiten nach x_1 und Nullsetzen der optimale Entschädigungssatz ergibt, der (8.7) entspricht, also dem Grenzschaden im Optimum. Die Gewinngleichung von Unternehmen 1 lässt sich schreiben als:

$$G_1 = p_1 x_1 + s_2 (x_1^* - x_1) - q v_1 \, ,$$

und die Gewinnmaximierungsbedingung erster Ordnung:

$$\frac{\partial G_1}{\partial v_1} = (p_1 - s_2) \frac{\partial x_1}{\partial v_1} - q = 0 \, .$$

Einsetzen des optimalen Entschädigungssatzes ergibt wieder (8.2) und damit ist sichergestellt, dass die gesamtwirtschaftlich optimale Menge produziert wird. Es wird abermals deutlich, dass Verteilungsfragen aus der Analyse ausgeklammert werden, denn mit der Zuweisung von Eigentumsrechten ist offenbar auch das Recht auf eine Entschädigung verbunden.

Für das Erreichen des Optimums spielt es zwar keine Rolle, wer zahlen muss und wer die Entschädigungsleistung erhält. Für die Gewinnsituation der Unternehmen hat die Entscheidung jedoch weitreichende Folgen. Dies lässt sich folgendermaßen zeigen: Im gesamtwirtschaftlichen Optimum ist der Gewinn aus der Produktion des Gutes 1 und der Produktion des Gutes 2 maximal und damit der Grenzgewinn gleich null:

$$\frac{\partial G}{\partial x_1} = \frac{\partial G_1}{\partial x_1} + \frac{\partial G_2}{\partial x_1} = 0$$

$$\frac{\partial G}{\partial x_2} = \frac{\partial G_2}{\partial x_2} = 0.$$

Für den Grenzgewinn aus der Produktion des Gutes 1 muss demnach gelten:

$$\frac{\partial G_1}{\partial x_1} = -\frac{\partial G_2}{\partial x_1}.$$

Der Grenzgewinn des Unternehmens 1 muss im Optimum gleich dem Grenzschaden des Unternehmens 2 (GSK) sein. Die Grenzgewinnkurve des Unternehmens 1 kann als Grenzvermeidungskostenkurve (GVK) interpretiert werden. Sie gibt an, auf wie viel Gewinn das Unternehmen 1 dadurch verzichten muss, dass es einen geringeren als den privatwirtschaftlich optimalen Output x_1^* produziert. Die Zusammenhänge können anhand der folgenden Abbildungen verdeutlicht werden.

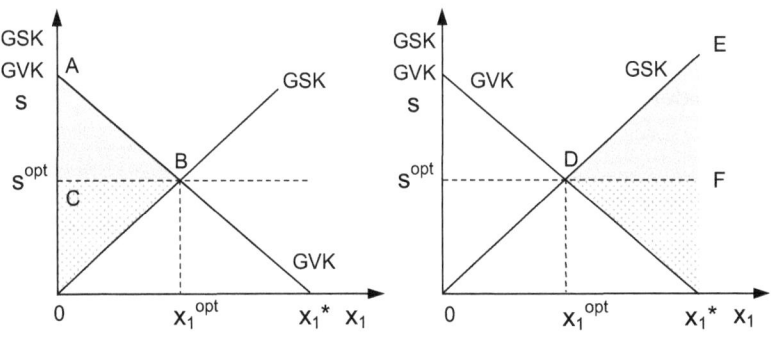

Abbildung 8.2.a: Kompensationsrecht beim Geschädigten   *Abbildung 8.2.b: Kompensationsrecht beim Schädiger*

In Abbildung 8.2.a hat der Geschädigte das Recht auf Kompensation. In Abbildung 8.2.b hat dieses Recht dagegen der Schädiger. Wenden wir uns zunächst Abbildung 8.2.a zu. In der Ausgangslage wird nicht produziert. Der Schädiger hat einen Anreiz, dem Geschädigten solange Geld für eine positive Produktionsmenge zu bezahlen, wie die Grenzvermeidungskosten größer als die Grenzschadenskosten sind. Die Vermeidungskosten, die eingespart werden können (Fläche unter GVK-Kurve), sind dann größer als der entstehende Schaden (Fläche unter GSK-Kurve); der Geschädigte kann also aus den eingesparten Vermeidungskosten kompensiert werden. Ausgehend von einer Situation in der nicht produziert werden darf, ist der Optimalzustand bei x_1^{opt} mit einem Kompensationssatz von s^{opt} erreicht. Der Gewinn des Schädigers besteht aus dem grauen Dreieck [Differenz zwischen nicht anfallenden Vermeidungskosten ($ABx_1^{opt}0$) und Transferbetrag ($CBx_1^{opt}0$)]. Der Gewinn des Geschädigten kann dagegen am gepunkteten Dreieck abgelesen werden [Transferbetrag ($CBx_1^{opt}0$) abzüglich Schaden ($0Bx_1^{opt}$)]. Wie man sieht, wird überkompensiert, da der beim Geschädigten entstehende Schaden kleiner als der Entschädigungsbetrag ist. Der Geschädigte profitiert von seinem Recht auf saubere Umwelt. Der Nettogewinn für beide Verhandlungspartner kann durch die markierten Flächen zwischen GVK- und GSK-Kurve gemessen werden.

Kommen wir nun zum umgekehrten Fall (Abb. 8.2.b), in dem die Eigentumsrechte auf der Seite des Schädigers liegen. In der Ausgangssituation wird dann x_1^* produziert. Die gesamtgesellschaftlich optimale Menge liegt dagegen wieder bei x_1^{opt}. Dadurch, dass der Schädiger kompensiert wird, macht er einen Gewinn in Höhe des gepunkteten Dreiecks [Kompensationsbetrag ($DFx_1^*x_1^{opt}$) abzüglich Vermeidungskosten ($Dx_1^*x_1^{opt}$)]. Der Geschädigte macht dagegen einen Gewinn in Höhe des grauen Dreiecks [nicht entstehender Schaden ($DEx_1^*x_1^{opt}$) abzüglich Kompensationsbetrag ($DFx_1^*x_1^{opt}$)]. Auch hier erzielt der Rechteinhaber einen Zusatzgewinn, da der beim Schädiger entstehende Schaden kleiner ist als der Entschädigungsbetrag. Der Nettogewinn für beide Verhandlungspartner kann wieder durch die beiden grauen Dreiecke gemessen werden.

8.2 Öffentliche Güter

8.2.1 Das Problem

Öffentliche Güter sind ein Spezialfall externer Effekte, wobei es sich hierbei um positive externe Effekte handelt. Im Gegensatz zu **privaten Gütern** sind sie durch **Nichtausschließbarkeit** und **Nichtrivalität im Konsum** gekennzeichnet. Nichtausschließbarkeit bedeutet, dass keiner am Konsum eines Gutes gehindert werden kann – entweder aus technischen Gründen oder weil der Ausschluss zu kostspielig ist. Bei Nichtrivalität im Konsum macht es keinen Sinn, jemanden vom Konsum auszuschließen, weil die Kosten der Nutzung durch einen zusätzlichen Konsumenten gleich null sind.

Nichtrivialität besteht z. B. bei der Atmung von frischer Seeluft, nicht jedoch beim Genuss eines Schollenfilets. Während die Seeluft nicht verbraucht wird und damit auch von einem weiteren Individuum ohne Qualitätseinbuße geatmet werden kann, ist das Schollenfilet, wenn es einmal gegessen wurde, nicht für einen nochmaligen Verzehr geeignet. Von der Atmung frischer Seeluft kann auch niemand ohne weiteres ausgeschlossen werden. Wird dagegen der Preis für das Schollenfilet nicht bezahlt, muss man wohl oder übel auf seinen Genuss verzichten.

Weitere Beispiele für öffentliche Güter sind die innere und äußere Sicherheit, Umweltschutz, öffentliche Kunstdenkmäler, Straßenbeleuchtung, öffentliche Straßen usw.

Wenn niemand vom Konsum des öffentlichen Gutes ausgeschlossen werden kann, ist auch niemand bereit, einen Preis für den Gebrauch des Gutes zu entrichten. Wir haben damit ein **Trittbrettfahrerproblem** (free-rider-problem). Jeder versucht, seine Zahlungsbereitschaft für das öffentliche Gut zu verschleiern, in der Hoffnung, dass die anderen Interessenten dies nicht tun. Der Anreiz, die Unwahrheit zu sagen, besteht insbesondere dann, wenn der eigene Beitrag gemessen am Gesamtaufwand so klein ist, dass das Trittbrettfahren von den anderen Interessenten nicht bemerkt wird. Ist das Gut erst einmal produziert, so haben auch die Trittbrettfahrer die Möglichkeit, das öffentliche Gut zu konsumieren, ohne einen Beitrag zu seiner Bereitstellung geleistet zu haben. Da jeder die gleiche Anreizstruktur vorfindet, wird das Gut überhaupt nicht produziert. Bei öffentlichen Gütern tritt deshalb **Marktversagen** ein; dies erfordert den Eingriff des Staates.

An den oben gewählten Beispielen sollte deutlich geworden sein, dass öffentliche Güter in reiner Form schwer zu finden sind. Denn vom Konsum frischer Seeluft könnte man natürlich dadurch ausgeschlossen werden, dass in ausreichendem Abstand zur Küste eine Mauer errichtet wird. Auch ist Nichtrivalität im Konsum dann nicht mehr gegeben, wenn es natürliche Kapazitätsgrenzen gibt und deswegen bei hoher Nachfrage Überfüllungserscheinungen auftreten. Allerdings wäre die Realisierung der Ausschließbarkeit in diesem und anderen Fällen wie Straßenbeleuchtung und das gesamte Straßennetz extrem teuer und unpraktisch. Die Bereitstellung von Autobahnen, für deren Benutzung eine Gebühr bezahlt werden muss, zeigt jedenfalls, dass sich die Grenze zwischen öffentlichen und privaten Gütern nicht eindeutig ziehen lässt.

8.2.2 Die optimale Menge eines öffentlichen Gutes

Wenn der Staat die Bereitstellung des öffentlichen Gutes übernimmt, muss er die Zahlungsbereitschaften der Haushalte in Erfahrung bringen, um die optimale Menge ermitteln zu können. Die Haushalte werden ihre Zahlungsbereitschaft verschleiern, um einen möglichst geringen Kostenbeitrag leisten oder als Trittbrettfahrer gar nichts bezahlen zu müssen. Nehmen wir an, der Staat könne dieses Problem lösen,[1] dann kann ein Pareto-Optimum erreicht werden.

Die Nutzenfunktionen zweier Haushalte, die ein privates und ein öffentliches Gut konsumieren, lauten:

$$U_1 = U_1(x_{11}, x_2) \quad \text{und} \quad U_2 = U_2(x_{12}, x_2).$$

x_{11} ist die Menge des privaten Gutes 1, die von Haushalt 1 und x_{12} ist die Menge von Gut 1, die von Haushalt 2 konsumiert wird. x_2 stellt die Menge des öffentlichen Gutes 2 dar, die von beiden Haushalten verbraucht wird (d. h. $x_{21} = x_{22} = x_2$). Wir leiten das Pareto-Optimum her, indem wir den Nutzen des Haushalts 1 bei gegebenem Nutzenniveau von Haushalt 2 maximieren. Die zweite Nebenbedingung besteht in der Einhaltung der Transformationskurve. Sie gibt an, welche Kombinationen aus x_1 und x_2 bei effizientem Faktoreinsatz möglich sind: $F(x_1, x_2) = 0$. Die resultierende Lagrangefunktion lautet damit:

$$L = U_1(x_{11}, x_2) - \lambda_1 [U_2(x_{12}, x_2) - \overline{U}_2] - \lambda_2 \cdot F(x_1, x_2).$$

Als Bedingungen 1. Ordnung ergeben sich:[2]

$$\frac{\partial L}{\partial x_{11}} = \frac{\partial U_1}{\partial x_{11}} - \lambda_2 \frac{\partial F}{\partial x_1} = 0$$

$$\frac{\partial L}{\partial x_{12}} = -\lambda_1 \frac{\partial U_2}{\partial x_{12}} - \lambda_2 \frac{\partial F}{\partial x_2} = 0$$

$$\frac{\partial L}{\partial x_2} = \frac{\partial U_1}{\partial x_2} - \lambda_1 \frac{\partial U_2}{\partial x_2} - \lambda_2 \frac{\partial F}{\partial x_2} = 0.$$

Lösen wir die erste Gleichung nach λ_2 und die zweite Gleichung nach λ_1 auf und setzen die resultierenden Ausdrücke in die dritte Gleichung ein, so erhalten wir:

$$\underbrace{\frac{\partial F / \partial x_2}{\partial F / \partial x_1}}_{GRT} = \underbrace{\frac{\partial U_1 / \partial x_2}{\partial U_1 / \partial x_{11}}}_{GRS_1} + \underbrace{\frac{\partial U_2 / \partial x_2}{\partial U_2 / \partial x_{12}}}_{GRS_2}.$$

Die Grenzrate der Transformation entspricht im Optimum der Summe der Grenzraten der Substitution der Haushalte.[3] Die Grenzrate der Transforma-

---

[1] Hierzu wurde in der Literatur ein Verfahren entwickelt, auf dessen Darstellung wir jedoch aus Platzgründen verzichten. Siehe z. B. Johansson, P.-O., An Introduction to Modern Welfare Economics, Cambridge Unviersity Press, 1991, S. 106 ff.
[2] Dabei ist $\partial x_1 / \partial x_{11}$ sowie $\partial x_1 / \partial x_{12}$ gleich eins.
[3] Wenn beide Güter privat sind, gilt dagegen: $GRT = GRS_1 = GRS_2$.

tion gibt die Opportunitätskosten der Produktion des Gutes 1 in Einheiten des Gutes 2 an. Die Grenzrate der Substitution dagegen die Opportunitätskosten des Konsums des Gutes 1 in Einheiten des Gutes 2. Im Optimum entspricht also die Summe der Opportunitätskosten des Konsums den Opportunitätskosten der Produktion. Oder anders gewendet: Die Summe der Zahlungsbereitschaften der Haushalte entspricht dem Preis.

Dieser Zusammenhang kann auch partialanalytisch veranschaulicht werden. Da die Summe der Zahlungsbereitschaften für eine bestimmte Menge ermittelt werden muss, werden die Einzelnachfragefunktionen für das öffentliche Gut im Gegensatz zum Fall privater Güter vertikal zur Gesamtnachfragefunktion aggregiert.

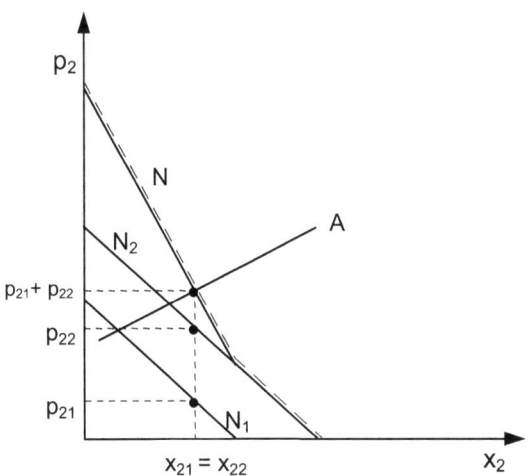

Abbildung 8.3: Nachfrage nach einem öffentlichen Gut

N_1 und N_2 in Abbildung 8.3 sind die Nachfragekurven der Haushalte 1 und 2 für das öffentliche Gut, N ist die Gesamtnachfragekurve. Das Gleichgewicht befindet sich im Schnittpunkt zwischen Angebots- und Nachfragekurve. In diesem Punkt gilt, dass die Summe der Zahlungsbereitschaften ($p_{21}+ p_{22}$) den Grenzkosten der Produktion entspricht. Die beiden Haushalte zahlen also für die gleiche Menge einen unterschiedlichen Preis. Dies steht im Gegensatz zum Fall privater Güter, wo beide für (möglicherweise) unterschiedliche Mengen den gleichen Preis entrichten.

8.3 Zur Rolle von Informationen

Marktteilnehmer sind mit einer Fülle von Informationen konfrontiert. Trotz der Informationsvielfalt müssen sie Entscheidungen unter Unsicherheit bzw. Risiko treffen, weil entweder nicht alle Informationen zur Verfügung stehen, es nicht sinnvoll ist, alle Informationen zu sammeln, oder weil die Informationsverarbeitungskapazitäten begrenzt sind.

Die Entscheidungsunsicherheit manifestiert sich darin, dass Ereignisse lediglich mit einer bestimmten Wahrscheinlichkeit und nicht mit Sicherheit eintreten.[1] Wir setzen im Folgenden voraus, dass die Eintrittswahrscheinlichkeiten der einzelnen Ereignisse bekannt sind oder dass der Handelnde zumindest die Wahrscheinlichkeitsverteilung der Ereignisse kennt. In diesem Fall können Erwartungen über den Eintritt eines Ereignisses gebildet und dann ein Optimierungskalkül durchgeführt werden.

Die Nutzenfunktion eines Wirtschaftssubjekts hat bei solchen Entscheidungen eine andere Form als bisher. Da die Entscheidungen unter Risiko stattfinden, müssen nicht nur Präferenzen über die eintretenden Ereignisse gebildet werden, sondern auch über die Verteilung von Eintrittswahrscheinlichkeiten, die das Risiko einer Entscheidung widerspiegelt. Dabei wird je nach Risikopräferenz zwischen verschiedenen Graden der Risikoneigung unterschieden.

Auf Grundlage der in Abschnitt 8.3.1 vorgestellten Nutzenfunktion können wir das Entscheidungskalkül der Beteiligten analysieren, wenn nicht alle entscheidungsrelevanten Informationen zur Verfügung stehen. Dabei können wir danach unterscheiden, ob Informationen öffentlich zugänglich sind (**öffentliche Informationen**) oder ob es sich im **private Informationen** handelt. Im ersten Fall sind die Informationen grundsätzlich unter Aufwendung von Suchkosten erhältlich, bei privaten Informationen jedoch nicht. Diese stehen nur einem Teil der Marktteilnehmer zur Verfügung – die Informationsverteilung ist asymmetrisch.

In Abschnitt 8.3.2 wenden wir uns dem Fall öffentlich zugänglicher Information zu und befassen uns anhand des Suchkostenmodells von Stigler mit dem Einfluss von Informationskosten auf das Marktergebnis. Das Modell von Stigler kann als Ausgangspunkt für den Einstieg in die weiterführende Literatur zur Suche von Informationen verstanden werden. Ähnlich kann z. B. auch Sucharbeitslosigkeit auf dem Arbeitsmarkt modelliert werden. Wenn es Kosten der Informationssuche gibt, ändern sich die Marktergebnisse. Im Rahmen des Stigler-Modells ist es z. B. möglich, dass trotz der Homogenität von Produkten unterschiedliche Preise existieren.

---

[1] In der Literatur wird zuweilen zwischen den Begriffen Risiko und Unsicherheit unterschieden, je nachdem, ob Eintrittswahrscheinlichkeiten bekannt sind oder nicht. Wir folgen dieser Gepflogenheit nicht.

Mit privaten Informationen befassen wir uns dann im Abschnitt 8.3.3 Dabei wird zwischen **versteckter Information** ('hidden information') und **versteckten Handeln** ('hidden action') unterschieden, je nachdem, ob die eine Marktseite Informationen hat, über die die andere Seite nicht verfügt, oder ob die Handlungen der einen Marktseite nicht direkt von der anderen Marktseite beobachtet werden können.

Bei privater Information treten Probleme **opportunistischen Verhaltens** auf. Von opportunistischem Verhalten spricht man dann, wenn die besser informierte Marktseite ihren Informationsvorsprung zum eigenen Vorteil und zu Lasten der schlechter informierten Marktseite ausnutzt. Besteht die Informationsasymmetrie bereits vor der Markttransaktion, so kommt es aufgrund der Erwartung opportunistischen Verhaltens zu **adverser Selektion** (Negativauslese). Entsteht die Informationsasymmetrie erst nach der Markttransaktion, so setzt sich die schlechter informierte Marktseite einem **moralischen Risiko** ('moral hazard') aus, dem Risiko unmoralischen Handelns durch die besser informierte Marktseite.

In Abschnitt 8.3.3.1 wenden wir uns dem Fall versteckter Information und dem damit verbundenen Problem adverser Selektion zu. Die Informationsasymmetrie führt in dem von uns gewählten Beispiel zum Zusammenbruch des Marktes, weil die Käufer schlechter über die Qualität des gehandelten Produkts informiert sind als die Verkäufer.

Am Beispiel der Beziehung zwischen Unternehmer und Manager illustrieren wir den Fall versteckten Handelns. Solche und andere Beziehungen zwischen Auftraggeber und Auftragnehmer werden im Rahmen der **Prinzipal-Agent-Theorie** untersucht. Wie die Probleme, die in einer solchen Situation auftreten, durch Abschluss eines Vertrages gelöst werden können, wird in Abschnitt 8.3.3.2 erörtert.

8.3.1 Die Risikonutzenfunktion

Um die Entscheidungssituation eines Wirtschaftssubjekts, das unter Unsicherheit handelt, möglichst einfach abbilden zu können, bedienen wir uns eines Beispiels. Dazu gehen wir von einem Unternehmen aus, das seine Gewinnmöglichkeiten für das nächste Geschäftsjahr abschätzen möchte. Das Unternehmen hat zwei Handlungsalternativen: Entweder es investiert in ein bestimmtes Projekt (Alternative 1) oder es investiert nicht (Alternative 2). Der Erfolg der Investition hänge davon ab, wie der einzige Konkurrent handelt. Investiert der Konkurrent ebenfalls, so beläuft sich der Gewinn auf 10 Geldeinheiten (GE), investiert er dagegen nicht, auf 50 GE. Die Wahrscheinlichkeit, dass der Konkurrent investiert, betrage 0,5, und dass er nicht investiert ebenfalls 0,5. Falls das von uns betrachtete Unternehmen nicht investiert, hat es die Möglichkeit, die Geldsumme am Finanzmarkt anzulegen, was mit einer sicheren Auszahlung von 25 GE verbunden sei.

In der folgenden Auszahlungsmatrix ist die Entscheidungssituation des Unternehmens abgebildet.

	Konkurrent investiert	Konkurrent investiert nicht
investieren	$0,5 \cdot 10$	$0,5 \cdot 50$
nicht investieren	25	25

Die Unternehmensführung wird folgende Rechnung aufmachen: Der Erwartungswert der ersten Alternative ist $E(A_1) = 0,5 \cdot 50 + 0,5 \cdot 10 = 30$. Der Erwartungswert der zweiten Alternative entspricht dagegen der sicheren Auszahlung von 25 also $E(A_2) = 25$.

Orientiert sich das Unternehmen am Erwartungswert, so wird es investieren, da dies mit einem höheren erwarteten Gewinn verbunden ist. Allerdings besteht ein Risiko, denn sollte der Konkurrent ebenfalls investieren, beträgt der Gewinn nur 10 GE statt der sicheren 25 GE bei einer Anlage am Finanzmarkt. Dieses Risiko muss bei der Entscheidung berücksichtigt werden, wenn das betrachtete Unternehmen nicht risikoneutral ist.

Ganz allgemein lässt sich zwischen **risikoaversen, risikoneutralen** und **risikofreudigen** Wirtschaftssubjekten unterscheiden. Risikoaverse Wirtschaftssubjekte sind bereit, einen Abschlag von der erwarteten Auszahlung hinzunehmen, wenn sie dafür mit einem höheren Grad an Sicherheit entschädigt werden. Für risikofreudige Wirtschaftssubjekte gilt das Gegenteil. Man könnte solche Wirtschaftssubjekte auch als Spielernaturen charakterisieren. Bei risikoneutralen Wirtschaftssubjekten ist ein Abschlag dagegen nicht notwendig.

Dabei lässt sich das Risiko nur subjektiv messen. Die subjektive Bewertung des Risikos kann mit einer **Risikonutzen-** bzw. **von Neumann-Morgenstern-Nutzenfunktion** abgebildet werden, die unsicheren Ereignissen Nutzenwerte zuordnet. Der Nutzen einer Alternative entspricht bei dieser Nutzenfunktion der Summe der mit ihren Eintrittswahrscheinlichkeiten gewichteten Nutzenwerte der einzelnen Auszahlungen. Um die Bewertung der Höhe der Auszahlung von dem mit der Auszahlung verbundenen Risiko zu isolieren, stellt man der unsicheren Alternative eine sichere Alternative gegenüber. Das Wirtschaftssubjekt muss dann angeben, welche der beiden Alternativen es bevorzugt. Bei Indifferenz zwischen den Alternativen ist die Differenz in der Höhe des Erwartungswerts der beiden Auszahlungen ein Maßstab für die Bewertung des Risikos. Der Nutzenwert der äquivalenten sicheren Alternative entspricht damit der Bewertung der Höhe der erwarteten Auszahlung der unsicheren Alternative.

Dieses Vorgehen wählt auch die Unternehmensleitung in unserem Beispiel: Bei einer Vorstandsbesprechung stellt sich heraus, dass der Nutzen eines sicheren Geldbetrag von 23 GE gleich hoch geschätzt wird wie der Nutzen der Alternative 1 mit einer unsicheren Auszahlung von 30 GE. Der Nutzen der Alternative 1 beträgt also: $U(A_1) = 0,5 \cdot U(10) + 0,5 \cdot U(50) = U(23)$ (Punkt C in Abb. 8.4). Eine sichere Auszahlung von 30 GE wird dagegen mit $U(A_2) = U(30)$ bewertet (Punkt D in Abb. 8.4). Die Punkte A und B geben jeweils den Nutzen für eine sichere Auszahlung von 10 und 50 GE wieder.

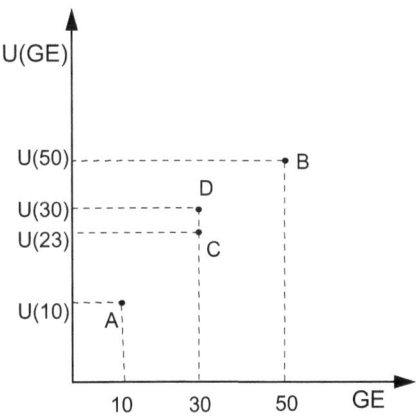

Abbildung 8.4: Nutzenwerte von Auszahlungen

Alternative 1 mit einem Erwartungswert von 30 GE ist also äquivalent zu einer sicheren Auszahlung von 23 GE. Der Abschlag, den das Unternehmen für die Sicherheit hinzunehmen bereit ist, beträgt 7 GE (Strecke zwischen C und E in Abb. 8.5). Man sagt deswegen auch, dass die 23 GE das **Sicherheitsäquivalent** zur Handlungsalternative 1 sind.

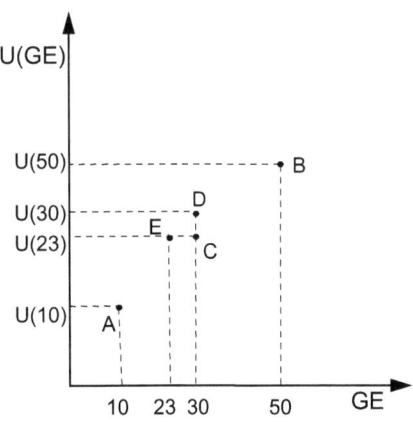

Abbildung 8.5: Unsichere Auszahlung und Sicherheitsäquivalent

Angenommen, das Unternehmen hätte die Möglichkeit der sicheren Anlage auf dem Finanzmarkt nicht. Dann wäre es bereit, sich gegen das Risiko der Handlungsalternative 1 vollkommen abzusichern, wenn die **Risikoprämie** maximal 7 GE betrüge. Denn eine sichere Auszahlung von 23 GE stiftet dem Unternehmen den gleichen Nutzen wie die Alternative 1 mit einer erwarteten, aber unsicheren Auszahlung von 30 GE.

Bei Berücksichtigung des Risikos kommen wir also zu dem Schluss, dass das Unternehmen nicht investieren sollte, denn die Investition bringt einen Nutzen von U(23), während der Nutzen der sicheren Anlage auf dem Finanzmarkt U(25) beträgt und damit höher ist. Sollte es allerdings eine Versicherung geben, die als Risikoprämie weniger als 5 GE verlangt, so würde die Durchführung des Investitionsprojekts gegenüber der Finanzanlage einen höheren Nutzen versprechen.

Wir wollen noch einen Schritt weiter gehen und die Risikonutzenfunktion des Unternehmens in ihrem gesamten Bereich abbilden. Dazu verallgemeinern wir das Entscheidungsproblem, indem wir die Wahrscheinlichkeit w für die Auszahlung von 10 GE von null bis eins variieren [für die Auszahlung von 50 GE gilt jeweils die Wahrscheinlichkeit $(1-w)$, so dass sich die Wahrscheinlichkeiten immer zu eins addieren] und für den zugehörigen Erwartungswert das jeweilige Sicherheitsäquivalent bestimmen.[1] Die Extrempunkte sind die Punkte A und B (vgl. Abb. 8.6).

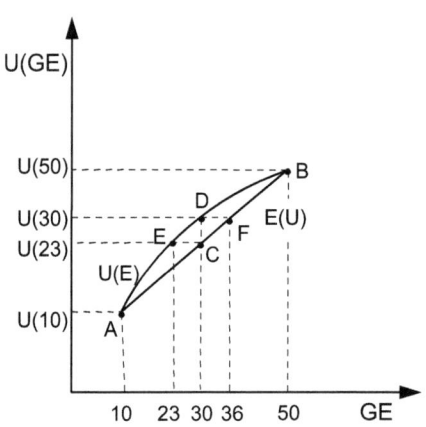

Abbildung 8.6: Risikonutzenfunktion (AEDB)

In Punkt A ist die Wahrscheinlichkeit einer Auszahlung von 10 GE gleich eins und die einer Auszahlung von 50 GE gleich null. In Punkt B gilt das Umgekehrte. Die Auszahlungen sind also sicher, eine Risikoprämie exis-

---

[1] Hierzu muss erneut eine Vorstandssitzung einberufen werden.

tiert nicht. Für alle Wahrscheinlichkeiten zwischen null und eins sind die Auszahlungen dagegen unsicher. Nehmen wir z. B. an, dass die Auszahlung von 10 GE mit einer Wahrscheinlichkeit von 0,35 eintritt und die von 50 GE mit einer Wahrscheinlichkeit von 0,65, dann beläuft sich der Erwartungswert auf 36 GE. Das Sicherheitsäquivalent beträgt 30 GE und die Risikoprämie 6 GE (Strecke von D bis F in Abb. 8.6).

Wir können nun die Punkte A, E, D, und B wie in Abbildung 8.6 durch einen Kurvenzug verbinden. Die Verbindungslinie der Punkte ist nichts anderes als die Risikonutzenfunktion U(E). Sie verläuft in Abbildung 8.6 konkav. Der Nutzen steigt also unterproportional mit der Höhe der Auszahlungen. Dies bedeutet, dass der Grenznutzen des Einkommens abnimmt. Darüber hinaus können wir auch die Punkte A, C, F und B verbinden. Diese Gerade entspricht der Gleichung: $E[U(A_1)] = w \cdot U(10) + (1-w) \cdot U(50)$. E(U) ist der Erwartungswert des Nutzens der Auszahlungen von 10 und 50 GE bei alternativen Eintrittswahrscheinlichkeiten w.

Die Konkavität der Nutzenfunktion kann auch durch folgende Relation ausgedrückt werden (vgl. Anhang A.14):

$$U(E) > E(U) \, .$$

Der Nutzen des Erwartungswerts ist demnach größer als der Erwartungswert des Nutzens. Um bei unserem Beispiel zu bleiben: Der Erwartungswert des Nutzens der Alternative 1 beträgt: $E[U(A_1)] = 0,5 \cdot U(10) + 0,5 \cdot U(50)$ $= U(23)$. Der Nutzen des Erwartungswertes der Auszahlung der Alternative 1 ist dagegen: $U[E(A_1)] = U(0,5 \cdot 10 + 0,5 \cdot 50) = U(30)$, was dem Nutzen einer sicheren Auszahlung von 30 GE entspricht.

Zwischen dem Verlauf der Risikonutzenfunktion und der Risikoneigung besteht folgender Zusammenhang: Eine konkave Risikonutzenfunktion [U(E) > E(U)] spiegelt Risikoaversion wider. Risikoaversion ist nach dem oben Gesagten also mit einem abnehmenden Grenznutzen des Einkommens verbunden. Bei einer konvexen Risikonutzenfunktion [U(E) < E(U)], ist das Wirtschaftssubjekt dagegen risikofreudig. Bei risikoneutralen Wirtschaftssubjekten verläuft die Risikonutzenfunktion linear und der Nutzen des Erwartungswerts entspricht dem Erwartungsnutzen [U(E) = E(U)], so dass für eine Entscheidung alleine der Erwartungswert der unterschiedlichen Alternativen maßgeblich ist. In den beiden anderen Fällen muss das Risiko der Alternativen berücksichtigt werden.

Bei konkaven Funktionen ist die zweite Ableitung kleiner als null. Wäre es dann nicht natürlich, den Wert der zweiten Ableitung als Maß für die Höhe der Risikoaversion zu benutzen? Dies ist nicht möglich, da die Risikonutzenfunktion nur bis auf eine lineare Transformation bestimmt ist, so dass sich kein eindeutiger Wert für die zweite Ableitung ergibt.[1]

---

[1] Vgl. zur Darstellung: McKenna C.J., The Economics of Uncertainty, Wheatsheaf Books, 1986, S.19 ff.

Wenn die Nutzenfunktion bis auf eine lineare Transformation bestimmt ist, so ist die Differenz zwischen zwei Nutzenwerten numerisch eindeutig bestimmt, der Quotient zweier Nutzenwerte jedoch nicht. Die absolute Größe eines Nutzenwerts hat also keine Bedeutung.[1]

Ein Beispiel ist die Temperaturmessung in Grad Celsius (°C) und Grad Fahrenheit (°F). Es hat keinen Sinn zu sagen, 20°C ist doppelt so heiß wie 10°C, denn dann müsste das Verhältnis zwischen 10°C und 20°C nach einer linearen Transformation dasselbe sein, wie zwischen 20°C und 40°C. Durch die lineare Transformation F° = 32 + (9/5)°C erhalten wir: 20°C = 68°F bzw. 10°C = 50°F. Der höhere Temperaturwert ist also in Fahrenheit 1,36 mal so groß wie der geringere Temperaturwert. Außerdem erhalten wir 40°C = 104°F und damit als zweiten Quotienten 1,53. Während der Quotient in Celsius immer 2 beträgt, ändert sich das Verhältnis der Werte durch die lineare Transformation. Dagegen wird die Differenz zwischen den Celsius-Werten immer durch den gleichen Fahrenheit-Wert angegeben: Die Differenz zwischen 10° und 20° beträgt genauso 18°F wie die Differenz zwischen 30°C und 40°C.

Unterziehen wir unsere Nutzenfunktion U(GE) einer solchen linearen Transformation, erhalten wir: f[U(GE)] = a + bU(GE) und als zweite Ableitung f''[U(GE)] = bU''(GE), womit die zweite Ableitung um den Faktor b größer ist als die zweite Ableitung von U(GE). Der Wert der zweiten Ableitung ist also nicht eindeutig bestimmt.

Zur Lösung dieses Problems haben Pratt und Arrow folgendes Maß vorgeschlagen, um die Risikoneigung von Personen zu messen und zu vergleichen:

$$R_a(GE) = -\frac{U''(GE)}{U'(GE)}.$$

R_a ist in der Literatur als **Arrow-Pratt-Maß für absolute Risikoaversion** bekannt.

Dieses Maß ist invariant gegenüber linearen Transformationen der Nutzenfunktion, denn - bU''(GE)/bU'(GE) = - U''(GE)/U'(GE).

Bei $R_a < 0$ handelt es sich um eine risikofreudige Person, bei $R_a = 0$ um eine risikoneutrale und bei $R_a > 0$ um eine risikoaverse. Ist R_a für Person 1 größer als R_a für Person 2, dann handelt es sich bei Person 1 um die risikoaversere. In der Realität ist das Phänomen weit verbreitet, dass die absolute Risikoaversion mit steigendem Vermögen sinkt. Dies wird dadurch angezeigt, dass $R_a'(GE) < 0$ ist.

Der Nachteil von R_a liegt darin, dass dieses Maß eine Dimension aufweist und deswegen von der gewählten Einheit der Auszahlungen abhängt.

---

[1] Vgl. zu ordinalen und kardinalen Präferenzen Morey, Edward R., Confuser Surplus, American Economic Review, Vol. 74, 1984, S.163 - 173.

Ein dimensionsloses Maß ist dagegen das **Arrow-Pratt-Maß für relative Risikoaversion** R_r:

$$R_r(GE) = -GE \cdot \frac{U''(GE)}{U'(GE)},$$

das auf die gleiche Weise zu interpretieren ist wie R_a.

> Angenommen die Nutzenfunktion laute: $U(GE) = \ln GE$. Dann erhalten wir für die erste Ableitung: $U'(GE) = 1/GE$ und für die zweite $-1/GE^2$. Daraus lässt sich R_a ermitteln als: $R_a = 1/GE$. Wenn wir als Geldeinheiten EURO heranziehen beträgt der Wert von $R_a = 1$, bei Cent dagegen $R_a = 1/100$. Messen wir die Risikoneigung mit R_r so erhalten wir unabhängig von der gewählten Einheit immer einen Wert von 1.

8.3.2 Suchkosten

In der traditionellen Haushaltstheorie wird die Annahme getroffen, dass ein Haushalt vollständige Information über alle relevanten Marktparameter besitzt, so auch über die Preise aller Güter, die er konsumieren möchte. Üblicherweise kennt ein Haushalt jedoch allenfalls die Preise für oft gekaufte Güter in einigen Geschäften. Für Produkte, die über den täglichen Bedarf hinausgehen und deshalb selten nachgefragt werden, muss er die von den einzelnen Geschäften verlangten Preise erst ermitteln. Dies kann u. a. durch Telefonate erfolgen, oder etwa indem man sich ein Heft der Stiftung Warentest kauft (falls man über die Information verfügt, wann das Produkt getestet wurde).

Wir befassen uns im Folgenden mit einem Haushalt, der nach Preisinformationen sucht. Dabei geht es darum, die optimale Anzahl von Suchakten zu ermitteln, um an die gewünschte Information zu gelangen. Es wird angenommen, dass der Haushalt den genauen Preis, der im jeweiligen Geschäft für das von ihm gewünschte Produkt gefordert wird, erst erfährt, nachdem er das Geschäft aufgesucht hat. Das Aufsuchen der Geschäfte ist mit Kosten verbunden, den so genannten **Suchkosten**, hat aber auch einen Nutzen, da das Produkt möglicherweise zu einem günstigeren Preis erworben werden kann, als wenn man es im erstbesten Geschäft kauft. Der Haushalt hat bei seiner Suche also zwischen dem Ertrag einer zusätzlichen Information und den dafür aufzuwendenden zusätzlichen Suchkosten abzuwägen. Wenn die Suchkosten mit der Anzahl der Suchakte steigen, die Erträge einer zusätzlichen Information aber mit der Anzahl der Suchakte sinken, ist es für einen Haushalt nicht vorteilhaft, alle Geschäfte aufzusuchen. Das Problem, mit dem sich der Haushalt konfrontiert sieht, liegt in der Bestimmung der optimalen Anzahl von Suchakten.

Wir wollen das von Stigler in seinem grundlegenden Beitrag zur Lösung dieses Problems entwickelte Modell vorstellen.[1] Der Haushalt kauft in diesem Modell nur eine Mengeneinheit des fraglichen Produkts. Er kennt die Verteilung der Preise F(p) und die Suchkosten pro Suchakt. Hieraus leitet er die optimale Anzahl von Suchakten ab. Nachdem er die optimale Anzahl von Geschäften aufgesucht hat, kauft er in dem Geschäft, das den geringsten Preis fordert. Auf diese Weise minimiert der Haushalt die erwarteten Kosten aus dem Kaufakt. Diese setzen sich zusammen aus den zu erwartenden Ausgaben für das Produkt und den Suchkosten: $E[P^n]$ + cn, wobei $E[P^n]$ der nach n Suchakten zu erwartende minimale Preis und c die marginalen Suchkosten sind.[2]

Da die Suchkosten als bekannt vorausgesetzt werden, müssen wir lediglich den zu erwartenden minimalen Preis bestimmen, um daraufhin die optimale Anzahl von Suchakten ermitteln zu können. Dazu benötigen wir die Verteilungsfunktion des minimalen Preises und seine Wahrscheinlichkeitsdichtefunktion, die wir zunächst herleiten. Wir bezeichnen den Preis, der im i-ten Geschäft gefordert wird, mit P_i. Die Wahrscheinlichkeit dafür, dass der P_i kleiner als ein beliebiger Preis p ist, beträgt $W(P_i < p)$ = F(p). Die Wahrscheinlichkeit dafür, dass P_i größer als p ist, ergibt sich somit zu $W(P_i > p)$ = 1 – F(p).

Nun ist die Wahrscheinlichkeit dafür, dass der nach dem Aufsuchen von n Geschäften gefundene minimale Preis $P^n = \min(P_1, P_2,...,P_n)$ kleiner als der Preis p ausfällt: $W[\min(P_1, P_2,..., P_n) < p]$. Die Wahrscheinlichkeit dafür, dass der minimale Preis nach dem Aufsuchen von n Geschäften größer als p ist, entspricht dagegen der Wahrscheinlichkeit, dass alle gefundenen Preise größer als p sind bzw. $W[P_1, P_2,..., P_n > p]$. Diese Relationen können wir uns zunutze machen, um die Wahrscheinlichkeit zu bestimmen, dass der nach n Versuchen gefundene minimale Preis kleiner als p ist. Es gilt nach dem oben Gesagten für die Verteilungsfunktion des nach n Versuchen gefundenen minimalen Preises P^n:

$$
\begin{aligned}
W[\min(P_1, P_2,...,P_n) < p] &= 1 - W[P_1, P_2, ..., P_n > p] \\
&= 1 - [W(P_1 > p) \cdot W(P_2 > p) \cdot ... \cdot W(P_n > p)] \\
&= 1 - [(1 - F(p)) \cdot (1 - F(p)) \cdot ... \cdot (1 - F(p))] \\
&= 1 - [1 - F(p)]^n.
\end{aligned}
$$

---

[1] Stigler, G.J., The Economics of Information, Journal of Political Economy, Vol. 69, 1961, S. 213 - 25. Die Darstellung des Modellansatzes von Stigler orientiert sich an Deaton, A. und J. Muellbauer, Economics and Consumer Behavior, Cambridge University Press, 1980, S. 410 f. und Hey, J. D., Uncertainty in Microeconomics, Martin Robertson, 1979, S. 84 f.

[2] Im Folgenden werden Zufallsvariablen mit Großbuchstaben bezeichnet, Realisationen von Zufallsvariablen dagegen mit Kleinbuchstaben.

Um den Erwartungswert für den minimalen Preis zu berechnen, muss jetzt noch die Wahrscheinlichkeitsdichtefunktion gefunden werden. Diese ergibt sich durch Ableitung der Verteilungsfunktion des minimalen Preises nach p und lautet: $n \cdot F'(p) \cdot [1 - F(p)]^{n-1}$. Damit lautet der Erwartungswert des minimalen Preises:

$$E[P^n] = \int_0^\infty p \cdot n \cdot F'(p) \cdot [1 - F(p)]^{n-1} \, dp \, .$$

Dieser Ausdruck lässt sich durch partielle Integration noch vereinfachen zu:[1]

$$E[P^n] = \int_0^\infty [1 - F(p)]^n \, dp \, . \tag{8.8}$$

Der erwartete minimale Preis sinkt mit der Anzahl der besuchten Geschäfte n, da $[1 - F(p)]$ immer zwischen null und eins liegt und deshalb der Integrand mit steigendem n sinkt. Der Grenzertrag des Besuchs jedes weiteren Geschäfts nimmt jedoch mit der Anzahl der bereits besuchten Geschäfte ab. Der Grenzertrag des Besuchs eines weiteren Geschäfts, nachdem bereits n Geschäfte besucht worden sind, lautet:

$$\begin{aligned}
E[P^n] - E[P^{n+1}] &= \int_0^\infty [1 - F(p)]^n \, dp - \int_0^\infty [1 - F(p)]^{n+1} \, dp \\
&= \int_0^\infty [1 - F(p)]^n \cdot (1 - [1 - F(p)]) \, dp \\
&= \int_0^\infty [1 - F(p)]^n F(p) \, dp \, .
\end{aligned}$$

Man kann leicht erkennen, dass auch hier der Integrand mit steigendem n abnimmt und damit die Grenzerträge der Suche mit jedem weiteren Suchakt sinken. Da die Grenzertragskurve eine fallende Funktion von n ist, gibt es bei konstanten Grenzkosten der Suche eine optimale Anzahl von Geschäften, die aufgesucht werden, bevor sich der Konsument zum Kauf entscheidet. Bei dieser Anzahl sind die erwarteten Kosten, bestehend aus den Suchkosten und dem Preis der entrichtet werden muss, minimal. Der Grenzertrag der Suche entspricht dann den Grenzkosten der Suche.

---

[1] Wenn u(x) und v(x) gegeben sind, dann lautet die Rechenregel für die partielle Integration: $\int_{x=a}^{x=c} v \, du = [uv]_{x=a}^{x=c} - \int_{x=a}^{x=c} u \, dv$. Setzen wir p = v, so dass dp = dv, und $u = -[1-F(p)]^n$, so dass $du = n \cdot F'(p) \cdot [1 - F(p)]^{n-1} \cdot dp$ und beachten, dass $F(\infty) = 1$, so erhalten wir (8.8). Vgl. zur Rechenregel Chiang A. C., Fundamental Methods of Mathematical Economics, 3.Aufl., McGraw-Hill, 1984, S. 453.

Das Minimum der zu erwartenden Kosten in Abhängigkeit von der Anzahl der Suchakte kann durch Ableiten von $E[P^n]$ + cn nach n und anschließendes Nullsetzen gefunden werden.[1] Der resultierende Ausdruck lautet allgemein:

$$\int_0^\infty [1-F(p)]^n \cdot \ln[1-F(p)]\,dp + c = 0\,.$$

Um die optimale Anzahl von Suchakten nun tatsächlich bestimmen zu können, muss die Verteilungsfunktion der Preise F(p) spezifiziert werden. Nehmen wir an, wir hätten es mit einer Gleichverteilung der Preise über dem Intervall [0; 1] zu tun. Dann lauten die Wahrscheinlichkeitsdichte- und die Verteilungsfunktion:

$$f(p) = \begin{cases} 1 & \text{für } 0 \le p \le 1 \\ 0 & \text{sonst} \end{cases} \quad \text{und} \quad F(p) = \begin{cases} 0 & \text{für } p < 0 \\ p & \text{für } 0 \le p \le 1 \\ 1 & \text{für } p > 1 \end{cases} \,.$$

Indem wir F(p) in (8.8) durch p ersetzen, folgt für den Erwartungswert des minimalen Preises:

$$E[P^n] = \int_0^1 (1-p)^n\,dp = \left[-\tfrac{1}{n+1}(1-p)^{n+1}\right]_0^1 = \tfrac{1}{n+1}\,.$$

Damit ergibt sich für die Gesamtkosten $K = E[P^n] + cn = 1/(n+1) + cn$. Indem die Kosten nach n abgeleitet und gleich null gesetzt werden, lässt sich die optimale Anzahl von Suchakten n* bestimmen:

$$\frac{dK}{dn} = \frac{-1}{(n+1)^2} + c = 0 \quad \text{woraus folgt:} \quad n^* = \sqrt{\frac{1}{c}} - 1\,.$$

Die optimale Anzahl der Suchakte hängt, wie bereits allgemein hergeleitet, negativ von der Höhe der Grenzkosten der Suche ab. Für einige ausgewählte Werte der Grenzkosten der Suche lässt sich n* aus der folgenden Tabelle entnehmen. Darüber hinaus sind in Tabelle 8.1 die Entwicklung des Erwartungswerts des minimalen Preises bei alternativer Anzahl von Suchakten und die erwarteten Gesamtausgaben angegeben.

Anhand der konkreten Werte wird abermals deutlich, dass mit abnehmenden Grenzsuchkosten die optimale Anzahl der Suchakte bei gegebener Verteilung der Preise steigt. Gleichzeitig sinken der Erwartungswert

---

[1] Hierzu verwenden wir die Leibnizregel, die besagt, dass ein Integral nach einer Variablen abgeleitet werden kann, die weder Integrationsvariable noch Integrationsgrenze ist, indem der Integrand nach dieser Variable abgeleitet wird. Außerdem gilt: $da^n/dn = a^n \cdot \ln a$.

des minimalen Preises und die Gesamtkosten für den Erwerb einer Produkteinheit.

c	n^*	$E[P^{n^*}]$	$E[P^{n^*}] + cn^*$
0,04	4	0,2	0,36
0,01	9	0,1	0,19
0,0004	49	0,02	0,0396
0,0001	99	0,01	0,0199

Tabelle 8.1: Optimale Suchschritte in Abhängigkeit der Suchkosten

Einschränkend bleibt anzumerken, dass sich die von Stigler angegebene Suchregel lediglich zur Bestimmung der optimalen Anzahl von Suchakten *vor Beginn der Suche* eignet. Da dem Haushalt die Verteilung der Preise bekannt ist, weiß er, ob der Anbieter einen hohen oder niedrigen Preis verlangt, nachdem er ein Geschäft aufgesucht hat. Stiglers Regel, eine fixe Anzahl von Suchakten durchzuführen, kann also absurde Ergebnisse mit sich bringen. Der Haushalt würde nämlich selbst dann die Suche nicht einstellen, wenn von ihm in einem Geschäft der niedrigste Preis der Verteilung gefordert würde. Deswegen wäre es besser, nach jedem Suchakt zu entscheiden, ob die Suche fortgesetzt werden soll oder nicht. Hierzu und für Fälle, in denen die Verteilungsfunktion der Preise nicht als bekannt vorausgesetzt wird, wurden ebenfalls Suchregeln entwickelt. Auf eine Diskussion wird hier jedoch verzichtet.[1]

8.3.3 Asymmetrische Information

Wir gehen nun über zu privaten Informationen. Private Informationen können nicht gesucht werden; es kommt daher zu einer asymmetrischen Informationsverteilung. Eine Partei ist informiert, die andere hingegen nicht. Die Informationsasymmetrie kann dabei vor oder nach Vertragsschluss auftreten. Tritt sie vor Vertragsabschluss auf, kann es zu einer **adversen Selektion** (Negativauslese; engl.: adverse selection) kommen, die im folgenden Abschnitt dargestellt wird. Nach Vertragsabschluss besteht ein **moralisches Risiko**, dem wir uns in 8.3.3.2 zuwenden.

---

[1] Vgl. Rothschild, M., Models of market organization with imperfect information: a survey, Journal of Political Economy, Vol. 81, 1973, S. 1283 - 1308 und Rothschild, M., Searching for the lowest price when the distribution of prices is unknown, Journal of Political Economy, Vol. 82, 1974, S. 689 -711.

8.3.3.1 Adverse Selektion

In diesem Abschnitt befassen wir uns mit dem Problem, dass Verkäufer private Informationen über die Qualität des von ihnen angebotenen Produkts haben, die den Käufern nicht zur Verfügung stehen. Wenn die Produkte äußerlich nicht unterscheidbar sind, haben die Käufer keine Möglichkeit, die Produktqualität vor dem Kauf des Produkts zu ermitteln. Für die Verkäufer gibt es dagegen keinen Weg, Qualitätsinformationen glaubhaft zu übermitteln, da jeder unabhängig von der tatsächlichen Qualität des Produkts behaupten könnte, dass das von ihm angebotene Produkt hochwertig sei. Informationsasymmetrien dieser Art können zu einem vollständigen Zusammenbrechen des Marktes führen. Bestünden die Informationsasymmetrien dagegen nicht, könnte der Markt funktionieren. Dies hat Akerlof anhand des Gebrauchtwagenmarktes demonstriert.[1]

Entscheidend für das Zusammenbrechen des Marktes ist, dass die Käufer gute von schlechten Gebrauchtwagen ('lemons') nicht unterscheiden können. Sie haben lediglich Informationen über die durchschnittliche Qualität der Wagen auf dem Markt. In diesem Fall haben alle Gebrauchtwagen unabhängig von ihrer Qualität den gleichen Preis und dieser richtet sich nach der erwarteten durchschnittlichen Qualität auf dem Markt. Dies wäre an sich kein Problem, wenn nicht die durchschnittliche Qualität auf dem Markt selbst vom Marktpreis abhinge. Wenn nämlich der Preis fällt, sinken die Angebotsmenge und die durchschnittliche Qualität auf dem Markt, da die Besitzer von überdurchschnittlich hochwertigen Wagen kein Interesse mehr haben, ihr Auto auf dem Markt anzubieten. Da die Nachfrage auf der anderen Seite außer vom Preis auch von der Qualität abhängt, ist es durchaus denkbar, dass sie bei fallendem Preis sinkt, nämlich dann, wenn der nachfragesteigernde Effekt der Preissenkung von dem nachfragevermindernden Effekt der Qualitätssenkung überkompensiert wird. Wenn jedoch sowohl das Angebot als auch die Nachfrage mit fallendem Preis sinken, existiert möglicherweise kein Gleichgewicht auf dem Markt.

Das Modell ist folgendermaßen aufgebaut:[2] Auf dem Markt gibt es zwei Gruppen von potentiellen Teilnehmern, die Gruppe 1 als Anbieter und die Gruppe 2 als Nachfrager. In der Gruppe 1 besitzt jedes Mitglied ein Auto, das er eventuell verkaufen würde, wenn der Preis hoch genug wäre. Die Eigentümer der Autos wissen, ob sie ein Zitronenauto besitzen oder ob es ein gutes Auto ist. Die Gruppe 2 besteht aus den potentiellen Käufern, welche zwar die Durchschnittsqualität $\overline{Q}$ der Gebrauchtwagen kennen, nicht jedoch die Qualität eines einzelnen Fahrzeugs. Damit es überhaupt zu einem Tausch kommen kann, muss der Nutzen eines Gebrauchtwagens

---

[1] Akerlof, George A., The Market for 'Lemons': Quality Uncertainty and the Market Mechanism, Quarterly Journal of Economics, Vol. 84, 1970, S. 488 - 500.
[2] Die Darstellung orientiert sich an Molho, I., The Economics of Information, Blackwell, Oxford 1997, S. 20 ff.

für die potentiellen Käufer höher sein als für die Besitzer. Der Einfachheit halber wird von additiven Nutzenfunktionen ausgegangen, die für jedes Gruppenmitglied identisch sind. Die Qualität der Gebrauchtwagen ist zwischen 0 und 2 gleich verteilt. Da die potentiellen Käufer die Qualität eines Wagens vor dem Kauf nicht beurteilen können, gibt es nur einen einzigen Preis auf dem Gebrauchtwagenmarkt (man kann auch an unterschiedliche Segmente des Marktes für verschiedene Klassen denken).

Wir beginnen mit der Analyse der Kaufbereitschaft, also mit Gruppe 2, den Nichtbesitzern. Der Nutzen jedes Nichtbesitzers lässt sich abbilden durch:

$$U_2 = M + 1{,}5 \cdot Q \cdot n \,.$$

Dabei steht M für den Konsum aller anderen Güter, Q für die Qualität des Gebrauchtwagens und n ist eine dichotome Variable mit dem Wert n = 1 bei Kauf und n = 0 bei Nichtkauf. Soweit die eigentliche Nutzenfunktion. Da die Qualität eines Gebrauchtwagens jedoch nicht bekannt ist, muss für die Nutzenmaximierung nicht vom tatsächlichen, sondern vom erwarteten Nutzen (Erwartungsnutzen) ausgegangen werden:

$$E(U_2) = M + 1{,}5 \cdot E(Q) \cdot n \,.$$

Der Erwartungswert der Qualität ist bei Gleichverteilung gleich dem Mittelwert:

$$E(Q) = \overline{Q} \,.$$

Somit lässt sich der Erwartungswert des Nutzens folgendermaßen schreiben:

$$E(U_2) = M + 1{,}5 \cdot \overline{Q} \cdot n \,. \tag{8.9}$$

Um eine Entscheidung über Kauf oder Nichtkauf treffen zu können, benötigen wir noch eine Budgetgerade. Das Einkommen e muss so groß sein, dass es den Konsum der anderen Güter und den Kauf eines Gebrauchtwagens deckt. Dabei wird der Preis der anderen Güter als numéraire verwendet und auf 1 normiert:

$$e_2 = M + p \cdot n \,.$$

Bei p handelt es sich also um den relativen Preis eines Gebrauchtwagens. Nachdem die Budgetgerade nach M aufgelöst wurde,

$$M = e_2 - p \cdot n$$

kann sie in Gleichung (8.9) eingesetzt werden:

$$E(U_2) = e_2 - p \cdot n + 1{,}5 \, \overline{Q} \cdot n \quad \text{bzw.} \quad E(U_2) = e_2 + (1{,}5 \, \overline{Q} - p) \cdot n \,. \tag{8.10}$$

Ein Marginalkalkül kann nicht durchgeführt werden, weil eine Ja-Nein-Entscheidung getroffen werden muss. Wir sehen jedoch sofort, dass der Erwartungsnutzen dann am größten ist, wenn die Entscheidung über Kauf oder Nichtkauf folgendermaßen getroffen wird: Falls gilt: $1,5\,\overline{Q} - p > 0$, muss n = 1 sein, denn dann ist E(U) bei Kauf höher als bei Nichtkauf. Falls jedoch $1,5\,\overline{Q} - p < 0$ ist, muss n = 0 sein, da E(U) bei Nichtkauf höher ausfällt als bei Kauf. Bei $1,5\,\overline{Q} - p = 0$ ist der potentielle Käufer indifferent. Daraus folgt: Gekauft wird nur, wenn:

$$1,5\,\overline{Q} \geq p \qquad \text{bzw.} \qquad p \leq 1,5\,\overline{Q} \;. \tag{8.11}$$

Dies also ist die Situation eines einzelnen potentiellen Käufers.

Nun betrachten wir die Gruppe 1. Da die potentiellen Verkäufer die Qualität ihres Autos kennen, gilt für sie der sichere Nutzen:

$$U_1 = M + Q \cdot n \;. \tag{8.12}$$

Der Nutzenindex eines Gebrauchtwagens ist also geringer als bei den Nichtbesitzern. Wiederum ist n eine dichotome Variable mit den Werten n = 1 für behalten und n = 0 für verkaufen. Die Budgetgerade hat abermals die Form:

$$e_1 = M + p \cdot n \qquad \text{bzw.} \qquad M = e_1 - p \cdot n \;. \tag{8.13}$$

Der Ausdruck $p \cdot n$ symbolisiert die Opportunitätskosten der Wagenhaltung. Würde ein Besitzer seinen Wagen verkaufen, dann wäre $e_1 = M$, d. h. das gesamte Einkommen würde für den Kauf der übrigen Güter verwendet.

Auch die Wagenbesitzer streben ein Nutzenmaximum an. Wir setzen die Budgetbeschränkung (8.13) in die Nutzenfunktion (8.12) ein und erhalten:

$$U_1 = e_1 - p \cdot n + Q \cdot n \qquad \text{bzw.} \qquad U_1 = e_1 + (Q - p) \cdot n \;.$$

Es ist wiederum unmittelbar einsichtig, dass die Entscheidung folgendermaßen getroffen werden muss: Falls (Q – p) > 0, ist der Nutzen bei n = 1 höher, also erfolgt kein Verkauf; falls (Q – p) < 0, ist der Nutzen bei n = 0 höher, also wird verkauft und falls (Q – p) = 0, ist der Besitzer indifferent. Daraus folgt die Verkaufregel: Verkaufe, falls

$$p \geq Q \;. \tag{8.14}$$

Die Kaufregel (8.11) hängt also von $\overline{Q}$ ab, die Verkaufregel (8.14) dagegen von Q, wobei folgender Zusammenhang gilt: $\overline{Q} = \frac{1}{2}\,Q$. Dies hat dramatische Konsequenzen, die wir uns anhand der Wahrscheinlichkeitsdichtefunktion verdeutlichen. Wir wissen, dass die Qualität der Gebrauchtwagen gleichmäßig zwischen 0 und 2 verteilt ist. Die Wahrscheinlichkeitsdichtefunktion hat damit die in Abbildung 8.7 dargestellte Form.

Die Summe der Wahrscheinlichkeiten für die unterschiedlichen Qualitäten beträgt 1. Dies ist die Fläche unter der Dichtefunktion. Daher muss die horizontal verlaufende Wahrscheinlichkeitsdichtefunktion einen Ordinatenabschnitt von 0,5 aufweisen.

Anhand von Abbildung 8.7 lässt sich gut ablesen, welche Qualitäten auf dem Markt angeboten werden. Nehmen wir an, der Marktpreis für Gebrauchtwagen beliefe sich auf 1; dann würden entsprechend der Verkaufregel (8.14) alle Autos mit $Q \leq 1$ zum Verkauf angeboten. Die durchschnittliche Qualität dieser Autos entspricht aufgrund der Gleichverteilung genau der Hälfte, also: $\overline{Q} = 0,5\,p$. Bei $p = 1$ wäre die Durchschnittsqualität somit $\overline{Q} = 0,5 \cdot 1 = 0,5$. Für diese Qualität sind die Käufer nur bereit, maximal $p = 1,5\,\overline{Q} = 0,75$ zu bezahlen. Bei $p = 0,75$ beträgt die angebotene durchschnittliche Qualität jedoch $\overline{Q} = 0,5 \cdot 0,75 = 0,375$, wofür die Zahlungsbereitschaft sich auf maximal 0,5625 beliefe. Falls also fiktiv überhaupt ein erster Preis existieren würde, käme es zu einem fortlaufenden Sinken der Preise und der Qualitäten.

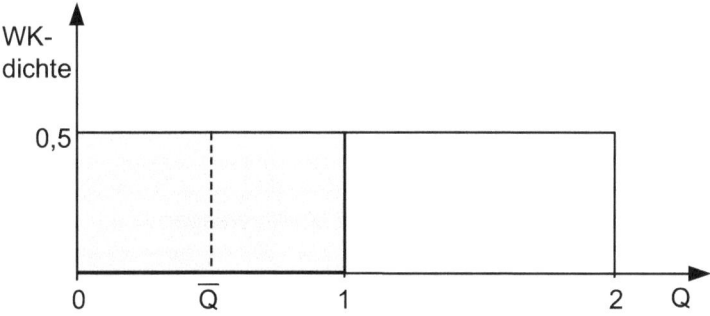

Abbildung 8.7: Wahrscheinlichkeitsdichtefunktion

Es kommt jedoch nicht zu einem Handel. Da keine Preisdifferenzierung möglich ist, richtet sich der einheitliche Verkaufspreis nach der Qualität des besten Gebrauchtwagens. Dessen Qualität lässt sich aus $\overline{Q} = \frac{1}{2}\,Q$ ermitteln als: $Q = 2\,\overline{Q}$. Wird dies in der Verkaufregel (8.14) berücksichtigt, wird deutlich, dass Verkäufe nur stattfinden, wenn der Verkaufspreis (p_A) mindestens doppelt so hoch ist wie die Durchschnittsqualität. Also:

$$p_A \geq 2\,\overline{Q}\,.$$

Nun wissen wir, dass die Nachfrageregel lautet:

$$p_N \leq 1,5\,\overline{Q}\,.$$

Damit gibt es keinen positiven Preis, zu dem Angebot und Nachfrage übereinstimmen können, also keinen Schnittpunkt zwischen Angebots- und Nachfragefunktion. Es kommt zu Marktversagen.

Dies kann man sich auch grafisch verdeutlichen, wenn man Angebot und Nachfrage in ein $p/\overline{Q}$ - Diagramm einzeichnet (Abbildung 8.8). Die Nachfragefunktion liegt bei jedem positiven Preis unterhalb der Angebotsfunktion.

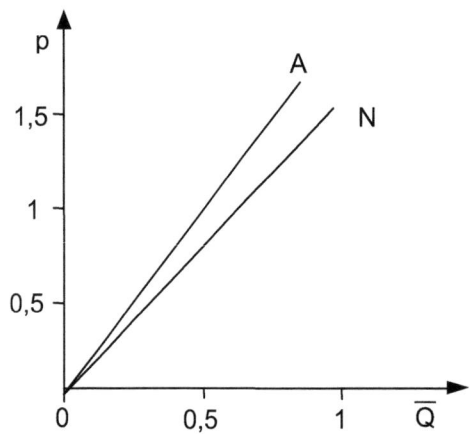

Abbildung 8.8: Angebot und Nachfrage bei Marktversagen

Dass gar kein Handel stattfindet, liegt freilich an den Annahmen. Ein Handel kommt zustande, wenn entweder die Kaufbereitschaft oder die durchschnittliche Qualität der Gebrauchtwagen höher ist.

Beginnen wir mit der ersten Variante: Wenn sich die Wertschätzung der Nichtbesitzer z. B. durch die Nutzenfunktion

$$U_2 = M + 3 \cdot Q \cdot n$$

ausdrücken lässt, dann wird bei derselben Budgetbeschränkung der zu maximierende Erwartungswert des Nutzens:

$$E(U_2) = e_2 + (3\overline{Q} - p) \cdot n,$$

woraus als Kaufregel folgt: Kaufe ($n = 1$), falls $3\overline{Q} \geq p$ (bzw. $p \leq 3\overline{Q}$). In diesem Fall kommt ein Handel zustande, weil ja verkauft wird, wenn $p \geq 2\overline{Q}$ erfüllt ist. Wird die dazugehörige Durchschnittsqualität $\overline{Q} = 0{,}5p$ in die Kaufregel eingesetzt, ergibt sich: $3 \cdot 0{,}5p \geq p$ bzw. $1{,}5 \geq 1$. Es gibt nun einen Bereich, in welchem sich Käufer und Verkäufer einigen können. Wie Abbildung 8.9 zeigt, liegt die Nachfragefunktion bei jedem positiven Preis oberhalb der Angebotsfunktion. Einen Schnittpunkt zwischen beiden Kurven gibt es jedoch nicht, und daher auch keinen Gleichgewichtspunkt.

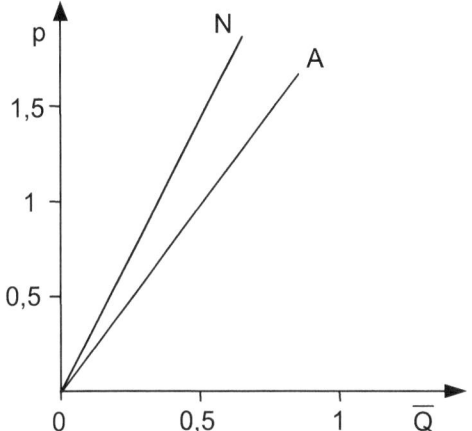

Abbildung 8.9: Angebot und Nachfrage bei erhöhter Wertschätzung

Eine weitere wesentliche Annahme für völliges Marktversagen besteht darin, dass die Verteilung der Qualitäten tatsächlich bei 0 beginnt, das schlechteste Auto also völlig wertlos ist. Stattdessen gebe es nun eine Mindestqualität $Q = a$ und eine Höchstqualität $Q = b$ (vgl. Abbildung 8.9). Bei einem Preis p werden wieder entsprechend der Verkaufregel der Wagen mit der Qualität $Q = p$ und alle schlechteren Fahrzeuge angeboten. Bei Gleichverteilung liegt die durchschnittliche Qualität der angebotenen Fahrzeuge daher genau zwischen a und p. Sie lässt sich bestimmen als:

$$\overline{Q} = 0{,}5(p - a) + a \quad \text{bzw.} \quad \overline{Q} = 0{,}5p + 0{,}5a.$$

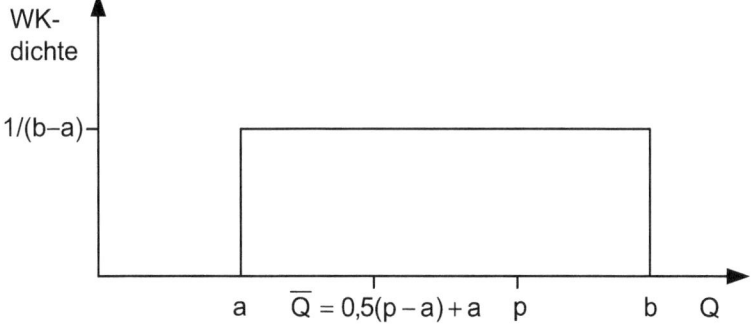

Abbildung 8.10: Wahrscheinlichkeitsdichte bei Mindestqualität

Für die Nachfrage gelte die ursprünglich unterstellte Nutzenfunktion und daher wieder die Kaufregel gemäß (8.11):

$$p \le 1,5\,\overline{Q} \quad \text{bzw.} \quad p \le \frac{3}{2}\,\overline{Q}\;.$$

Wir können nun die angebotene durchschnittliche Qualität einsetzen und erhalten:

$$p \le \frac{3}{2}\,(\tfrac{1}{2}p + \tfrac{1}{2}a)\,, \quad \tfrac{1}{4}p \le \tfrac{3}{4}a \quad \text{bzw.} \quad a \ge \tfrac{1}{3}p.$$

Solange die Mindestqualität größer ist als 1/3 des sich herausbildenden Marktpreises, kommt ein Handel zustande.

> Setzen wir beispielsweise a = 1, dann erhalten wir für die angebotene Durchschnittsqualität: $\overline{Q}$ = 0,5p + 0,5. Nach p aufgelöst, ergibt dies die Angebotsfunktion $p_A \ge 2\overline{Q} - 1$. Setzen wir den minimalen Angebotspreis und den maximalen Nachfragepreis gleich, folgt: $2\overline{Q} - 1 = 1,5\overline{Q}$, bzw. $0,5\,\overline{Q} = 1$ und somit $\overline{Q}^* = 2$. Eingesetzt in die Angebots- oder die Nachfragefunktion folgt der Gleichgewichtspreis p* = 3. Es gibt also einen Schnittpunkt zwischen Angebot und Nachfrage, wie Abbildung 8.11 zeigt.

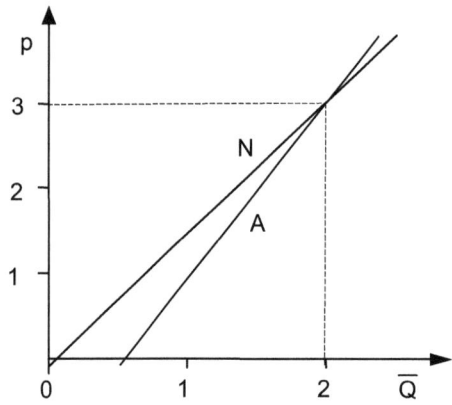

Abbildung 8.11: Marktgleichgewicht bei Mindestqualität

Allerdings kommen weder bei einer höheren Kaufbereitschaft noch bei einer Mindestqualität die besten Autos auf den Markt, denn der einzelne Verkäufer handelt ja nach der Maxime, dass der Preis die Qualität seines Wagens mindestens erreichen muss: $p \ge Q_i$. Bei p = 3 wird also als bestes Auto dasjenige mit Q = 3 und alle schlechteren gehandelt, dagegen kein einziges Fahrzeug mit einer höheren Qualität. Es liegt somit adverse Selektion vor. Je nach Ausgestaltung der Präferenzen der Nichtbesitzer und/oder der vorhandenen Qualitäten kommt daher gar kein Handel zustande oder es werden die 'Zitronenautos' gehandelt.

> Ein weiterer interessanter Anwendungsbereich der adversen Selektion bieten der Banken- und der Versicherungsmarkt. Bei letzterem führen hohe Prämien dazu, dass Kunden mit geringem Risiko sich vom Markt zurückziehen, weil für sie die Kosten im Verhältnis zu ihrem Risiko zu hoch sind. Dem Versicherer bleiben dann nur die 'Zitronen' und er stellt sich letztlich schlechter als bei geringeren Prämien. Bei Banken kann man dies auf Geschäftskunden übertragen: Risikofreudige Unternehmer ohne moralische Skrupel, die auch vor einem Bankrott nicht zurückschrecken, weil sie ihr privates Schäfchen ins Trockene gebracht haben und mit einer Rechtsform agieren, bei der sie persönlich nicht haften, werden auch hohe Zinsen hinnehmen. Im Falle eines Konkurses kann die Bank ihre Kredite dann abschreiben. Unternehmer, die vorsichtig handeln und deren Konkursrisiko deshalb gering ist, werden bei hohen Zinsen jedoch nicht investieren. Auch hier gibt es eine adverse Selektion unter den Kunden.

Immerhin sind Mechanismen denkbar, durch welche die Folgen der Informationsasymmetrie geheilt werden können. Dazu zählt, dass die Verkäufer eine **Reputation** dafür aufbauen, dass sie nur Autos mit hoher Qualität handeln. Dies ist im Akerlof-Modell nicht möglich, da Käufer und Verkäufer sich nicht mehrfach begegnen und der Handel darüber hinaus anonym stattfindet. Daneben können, wie auf dem Gebrauchtwagenmarkt üblich, Verkäufer guter Qualität Garantien abgeben, deren Einlösung für die Verkäufer schlechter Qualität zu kostspielig ist. Die glaubhafte Übermittlung von nicht allgemein zugänglichen Informationen wird **Signalling** genannt. Die Information ist glaubhaft, weil es sich nur für einen Verkäufer guter Qualität lohnt, ein entsprechendes Signal auszusenden.

8.3.3.2 Das Prinzipal-Agent-Problem

Auch die im Folgenden skizzierte Situation zeichnet sich dadurch aus, dass eine Marktseite mehr weiß als die andere. Die Informationsverteilung ist mit anderen Worten wiederum asymmetrisch. Es stehen sich ein Auftraggeber und ein Auftragnehmer gegenüber. Da die Theorie ihren Ursprung im angloamerikanischen Sprachraum hat, werden für die Begriffe synonym **Prinzipal** (engl.: principal) und **Agent** (engl.: agent) benutzt.

> Beispiele für solche Prinzipal-Agent Beziehungen sind leicht zu finden: Der Arbeitgeber (Prinzipal), der die Arbeitsleistung eines Arbeitnehmers (Agent) nachfragt, der Makler (Agent), der für den Hausbesitzer (Prinzipal) einen Käufer sucht etc.

Die Beziehung zwischen Prinzipal und Agent zeichnet sich dadurch aus, dass der Agent regelmäßig besser über seine Leistung bzw. über vertraglich zugesicherte Leistungsmerkmale informiert ist als der Prinzipal. Ziehen wir als Beispiel die Beziehung zwischen Arbeitgeber (Prinzipal) und Arbeitnehmer (Agent) heran. Zwischen beiden wird ein Arbeitsvertrag abgeschlossen, der den Arbeitnehmer dazu verpflichtet, bestimmte Leistungen zu erbringen, für die er vom Arbeitgeber entlohnt wird. Die Leistungen sind jedoch nur selten eindeutig messbar und die Gründe für mögliche Abweichungen vom vereinbarten Leistungskatalog häufig nicht eindeutig zuzuordnen. Der Agent weiß im Zweifel besser, ob z. B. die Verfehlung eines Gewinnziels an mangelnder Anstrengung oder an Zufallseinflüssen liegt, die nicht in seinen Verantwortungsbereich fallen.

Außerdem wird angenommen, dass der Agent seinen Informationsvorsprung zum eigenen Vorteil und zu Lasten des Prinzipals ausnutzt. Man spricht auch von **opportunistischem Verhalten**. Es kann in diesem Zusammenhang zwischen zwei Situationen unterschieden werden: Besteht die Informationsasymmetrie bereits vor Vertragsabschluss, kommt es aufgrund der Erwartung opportunistischen Verhaltens zu **adverser Selektion** wie im voranstehenden Abschnitt. Entsteht die Informationsasymmetrie erst nach Vertragsabschluss, so setzt sich der Auftraggeber einem **moralischen Risiko** (engl.: moral hazard) aus. In diesem Fall wird zudem zwischen **versteckter Information** (engl.: hidden information) und **verstecktem Handeln** (engl.: hidden action) unterschieden, je nachdem, ob der Agent nachträglich Informationen erlangt, die der Prinzipal nicht hat, oder ob die Handlungen des Agenten nicht direkt vom Prinzipal beobachtet werden können. Im Fall opportunistischen Verhaltens vor Vertragsabschluss handelt es sich dagegen immer um ein Problem versteckter Information.[1]

> Nicht nur adverse Selektion, auch moralisches Risiko ist häufig auf Versicherungsmärkten anzutreffen. Der Versicherungsnehmer zündet möglicherweise sein Haus an, um die Versicherungssumme aus der Feuerversicherung zu kassieren, oder meldet sein Fahrrad als gestohlen, um sein abgenutztes Fahrrad auf Kosten der Versicherung zu ersetzen, usw. Ganz allgemein entsteht das Problem, dass das Verantwortungsgefühl nach Abschluss einer Versicherung schwindet.

Da der Prinzipal um die Problematik opportunistischen Verhaltens weiß, versucht er den Vertrag mit dem Agenten so zu gestalten, dass dieser aus Eigeninteresse die Ziele des Prinzipals verfolgt.

---

[1] Vgl. Richter, R. und E. G. Furubotn, Neue Institutionenökonomik: Eine Einführung und kritische Würdigung, 3. überarb. und erw. Aufl., Mohr & Siebeck, 2003, S. 224.

Zur Verdeutlichung ziehen wir das Verhältnis zwischen dem Eigentümer eines Unternehmens (Prinzipal) und dem von ihm mit der Geschäftsführung betrauten Manager (Agent) heran. Wir gehen davon aus, dass der Manager andere Ziele verfolgt als der Eigentümer. Aufgrund der unvollkommenen Information wird sich der Manager daher opportunistisch verhalten. Der Eigentümer versucht den Opportunismus des Managers durch eine geeignete Vertragsgestaltung auszuschließen.[1] Dabei sind allerdings zwei Nebenbedingungen zu beachten:

- **Partizipationsbedingung**: Der Agent hat typischerweise eine Alternative zum Vertragsabschluss, die ihm einen gewissen Nutzen garantiert, den **Reservationsnutzen**. Der Vertrag muss mindestens diesen Nutzen erwarten lassen, damit der Agent einen Anreiz hat, überhaupt an dem gegenseitigen Handel teilzunehmen.
- **Anreizverträglichkeitsbedingung**: Der Vertrag muss so ausgestaltet sein, dass die erstbeste Handlungsalternative des Agenten zugleich die nutzenmaximale des Prinzipals darstellt.

Es wird angenommen, dass der Eigentümer risikoneutral und der Manager risikoavers ist. Der Eigentümer maximiert also den erwarteten Nettogewinn $E(G^{br} - L)$, wobei L der Entlohnung des Managers entspricht; der Manager maximiert dagegen seinen Erwartungsnutzen.

Je nachdem, ob sich der Manager anstrengt oder nicht, erzielt das Unternehmen mit einer bestimmten Wahrscheinlichkeit hohe (G_h) oder niedrige Gewinne (G_g). Wenn der Manager hart arbeitet, beträgt die Wahrscheinlichkeit für einen hohen Gewinn z und die Wahrscheinlichkeit für einen geringen Gewinn $(1 - z)$. Wenn er die Arbeit dagegen ruhig angehen lässt, beträgt die Wahrscheinlichkeit für einen hohen Gewinn y und für einen niedrigen $(1 - y)$. Dabei ist es wahrscheinlicher, dass das Unternehmen einen hohen Gewinn erzielt, wenn der Manager sich anstrengt, als wenn er sich schont, d. h. $0 < y < z < 1$.

Der Manager ist kein Workaholic, sondern bevorzugt eine geringe gegenüber einer großen Anstrengung. Die Arbeit bereitet ihm Missnutzen, der in Geld ausgedrückt θ beträgt. Sein Nutzen bei erheblicher Bemühung beläuft sich auf $U(L - \theta)$, bei geringer Anstrengung dagegen auf $U(L)$. Um mit einem großen Arbeitsaufwand das gleiche Nutzenniveau wie bei geringer Aktivität zu erreichen, müsste der Manager deshalb mit einer um θ höheren Bezahlung kompensiert werden. Außerhalb des Unternehmens könnte der Manager L_0 erzielen; sein Reservationsnutzen beträgt also $U(L_0)$.

---

[1] Vgl zur Darstellung: Tirole, J., The Theory of Industrial Organization, MIT Press, 1988, S 34 ff. und Molho, I., The Economics of Information, Lying and Cheating in Markets and Organizations, Blackwell Publishers, 1997, Kap. 9 und Kap. 10.

Als Vergleichsbasis betrachten wir nun zunächst einen Fall, bei dem insofern vollkommene Information herrscht, als sich das Anstrengungsniveau des Managers beobachten lässt.

Bei vollständiger Information kann der Eigentümer das Gehalt des Managers direkt an dessen Anstrengung koppeln. Der Eigentümer muss nur prüfen, ob der erwartete Gewinn bei geringer oder bei starker Anstrengung des Managers höher ausfällt und kann dann den entsprechenden Lohn vereinbaren. Fällt der erwartete Gewinn bei niedriger Anstrengung größer aus, wird er dem Manager dessen Reservationslohn anbieten. Der Manager erreicht damit ein Nutzenniveau von $U(L_0)$, womit die Partizipationsbedingung erfüllt ist. Benötigt der Eigentümer für seine Gewinnmaximierung eine hohe Aktivität des Managers, lässt sich die Partizipationsbedingung nur erfüllen, wenn dieser einen Lohn erhält, der um mindestens θ höher liegt, denn nur dann erreicht der Manager zumindest ein Nutzenniveau von $U(L_0)$.[1]

Der Eigentümer stellt sich am besten, wenn er dem Manager ein Fixgehalt anbietet, das im Gegensatz zu einem erfolgsabhängigen Lohn keinerlei Risikokomponente enthält. Da der Manager risikoavers ist, müsste er bei einer unsicheren Entlohnungsform nämlich mit einem höheren Durchschnittsgehalt für das Risiko kompensiert werden. Der risikoneutrale Eigentümer übernimmt daher das ganze Risiko und maximiert aufgrund der durchschnittlich geringeren Lohnkosten auf diese Weise seinen Gewinn.

Kommen wir zurück zu unvollständiger Information und vergleichen die Ergebnisse mit dem Fall vollständiger Information. Um beim Manager eine geringe Aktivität hervorzurufen, muss der Eigentümer lediglich L_0 bezahlen. Informationsunvollkommenheiten ändern also an diesem Ergebnis nichts. Anders verhält es sich jedoch, wenn der Eigentümer will, dass sich der Manager anstrengt. Da sich der Arbeitseinsatz nicht beobachten lässt, würde sich der Manager auch bei der um θ höheren Bezahlung nicht stärker engagieren; er würde sich vielmehr opportunistisch verhalten und faulenzen. Der Eigentümer kann die Bezahlung daher nicht von der Anstrengung abhängig machen, sondern muss eine beobachtbare Größe wie den Gewinn heranziehen. Der Manager erhält dann einen geringeren Lohn (L_g) bei niedrigen Gewinnen und einen höheren Lohn (L_h) bei großen Gewinnen und trägt so die Konsequenzen seines Handelns mit.

Das Ziel des Eigentümers besteht darin, L_g und L_h so festzulegen, dass sein erwarteter Gewinn maximiert wird. Dabei muss er die schon oben angesprochenen Nebenbedingungen beachten. Die Anreizverträglichkeitsbedingung ist erfüllt, wenn der Erwartungsnutzen bei großer Anstrengung (U_s) mindestens so hoch ausfällt wie der bei geringer Bemühung (U_w):

---

[1] Der Nutzen bei hoher Anstrengung ist $U(L - \theta)$. Setzen wir $L = L_0 + \theta$, so erhalten wir: $U([L_0 + \theta] - \theta) = U(L_0)$.

$U_s \geq U_w$. Die Partizipationsbedingung ist erfüllt, wenn $U_s \geq U(L_0)$. Als Gewinnmaximierer setzt der Eigentümer die Löhne so, dass die Bedingungen gerade in Gleichheitsform erfüllt sind: $U_s = U_w = U(L_0)$. Weil der Manager bei einem geringen Gewinn L_g erhält, selbst wenn er sich angestrengt hat, fällt sein Erwartungsnutzen U_s für einen gegebenen Lohn bei der unterstellten Risikoaversion geringer aus als unter vollständiger Information. Die Bezahlung, die zu U_s führt, muss daher höher sein, als diejenige, die mit $U(L_0)$ verbunden ist (mit L_0 als Fixgehalt).

Damit vom Manager das gleiche Nutzenniveau erreicht wird wie vorher, muss der Durchschnittslohn also höher sein als bei vollständiger Information. Der höhere Durchschnittslohn schmälert den erwarteten Nettogewinn auf Seiten des Eigentümers. Im Vergleich mit der Lösung bei vollständiger Information kommt es zu einer Pareto-Verschlechterung: Der Manager stellt sich mit einem Nutzenniveau von $U(L_0)$ genauso gut wie vorher, während der Eigentümer einen geringeren Gewinn erzielt – die Rentensumme fällt kleiner aus.

Die Pareto-Verschlechterung lässt sich auf die suboptimale Verteilung des Risikos zurückführen. Da der Lohn des Managers von den unsicheren Gewinnen abhängt, trägt er trotz seiner Risikoaversion einen Teil des Wagnisses, weil er sich sonst nicht anstrengen würde. Optimal wäre eine Risikoallokation wie im ersten Fall: Der Risikoneutrale trägt das gesamte Wagnis. Das suboptimale Ergebnis hängt also letztlich von der Annahme unterschiedlicher Risikoneigungen der Akteure ab. Wenn der Manager ebenfalls risikoneutral wäre, würde kein Wohlfahrtsverlust eintreten, weil der durchschnittliche Lohn nicht höher sein müsste als bei vollständiger Information.

Anhang

A.1: Die Randlösung

Die Kuhn-Tucker Bedingungen stellen unter bestimmten Umständen notwendige (und hinreichende) Bedingungen für ein Optimum unter Nebenbedingungen dar.[1] Anders als beim Lagrangeansatz sind die Nebenbedingungen jedoch als Ungleichheitsbedingungen formuliert.

Für den Fall einer Nichtnegativitätsbedingung $z \geq 0$ können die Kuhn-Tucker Bedingungen folgendermaßen intuitiv abgeleitet werden. Es sei $M = M(z)$ die zu maximierende Funktion. In diesem Fall gibt es drei Möglichkeiten für die Lage eines Optimums, die in den folgenden Abbildungen dargestellt sind.

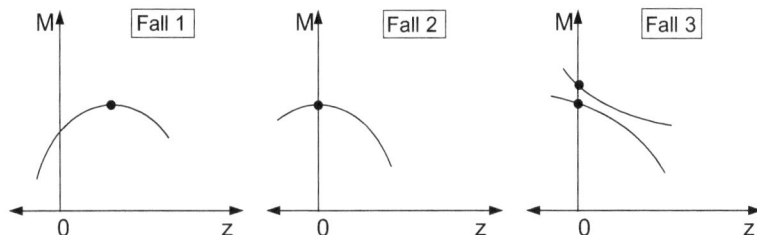

Abbildung A.1.: Mögliche Optima der Funktion M = M(z)

Die Funktion $M(z)$ kann ihr Optimum für einen Wert von $z > 0$ annehmen. In diesem Fall spricht man von einer **inneren Lösung**:

(Fall 1) $\dfrac{\partial M}{\partial z} = 0$ und $z > 0$.

Darüber hinaus existieren zwei Möglichkeiten für eine **Randlösung**. Die Funktion kann ein Optimum für einen Wert von $z = 0$ annehmen, wobei die Bedingung erster Ordnung weiterhin gilt:

---

[1] Diese 'bestimmten' Bedingungen wollen wir im Folgenden als erfüllt ansehen. Hierzu genauer: Chiang, A. C., Fundamental Methods of Mathematical Economics, 3. Aufl., McGraw-Hill, 1984, S. 722 ff., an dessen Darstellung wir uns im folgenden auch orientieren.

(Fall 2) $\dfrac{\partial M}{\partial z} = 0$ und $z = 0$.

Sie kann jedoch auch für einen Wert von $z = 0$ ein Optimum annehmen, in dessen Umgebung der Graph der Kurve negativ geneigt ist:

(Fall 3) $\dfrac{\partial M}{\partial z} < 0$ und $z = 0$.

Diese drei Fälle lassen sich folgendermaßen zusammenfassen:

$\dfrac{\partial M}{\partial z} \leq 0$ und $z \geq 0$ und $z \dfrac{\partial M}{\partial z} = 0$.

Die letzte Bedingung gilt, weil entweder z oder $\partial M/\partial z$ gleich null ist. Zusammen stellen sie die notwendigen Bedingungen für ein Optimum dar.

Angewendet auf das Haushaltsoptimierungsproblem nimmt ein Teil der notwendigen Bedingungen die folgende Form an:

$\dfrac{\partial L}{\partial x_i} = \dfrac{\partial U}{\partial x_i} - \lambda p_i \leq 0$ und $x_i \geq 0$ und $x_i \dfrac{\partial L}{\partial x_i} = 0$,   mit $i = 1, 2$,

woraus das im Haupttext bereits graphisch abgeleitete Ergebnis folgt. Anders gewendet: Das Gut 2 sollte nur dann nachgefragt werden ($x_2 > 0$), wenn der Grenznutzen des Gutes 2 den zu tragenden Kosten des Konsums, d. h. dem Preis von Gut 2 entspricht ($\partial L/\partial x_2 = 0$), und damit eine innere Lösung vorliegt (Fall 1). Die Nachfrage nach Gut 2 sollte andererseits bis auf null reduziert werden ($x_2 = 0$), wenn der Grenznutzen des Konsums des Gutes 2 geringer als sein Preis ist ($\partial L/\partial x_2 < 0$).

A.2: Punkt- und Bogenelastizitäten

Die Punktelastizität stellt bei nicht-linearen Funktionen lediglich eine Annäherung an die tatsächliche Veränderung dar, die durch die Bogenelastizität gemessen wird. Der Unterschied liegt darin, dass einmal ein Differenzenquotient ($\Delta y/\Delta x$), das andere Mal dagegen ein Differentialquotient (dy/dx) verwendet wird.

Um zu zeigen, wie groß der Unterschied ausfällt, nehmen wir als Beispiel die Nachfrage in Abhängigkeit vom Einkommen. Diese können wir schreiben als $x = x(e)$. Dabei ist x die abhängige (endogene) und e die unabhängige (exogene) Variable. Eine Veränderung des Einkommens e in Höhe von Δe bewirkt eine Veränderung der Nachfrage in Höhe von Δx. Die Veränderung von x aufgrund der Veränderung von e wird durch die Veränderungsrate $\Delta x/\Delta e$ vermittelt. Damit lässt sich Δx schreiben als:

$$\Delta x = \dfrac{\Delta x}{\Delta e} \Delta e \ .$$ (A.1)

Wenn wir infinitesimale Größen betrachten, können wir schreiben:

$$dx = \dfrac{dx}{de} de \ .$$

Der Approximationsfehler, der uns unterläuft, wenn wir Differentiale anstatt von Differenzen zur Berechnung einer Elastizität verwenden, lässt sich mit Hilfe der folgenden Abbildung nachvollziehen:[1]

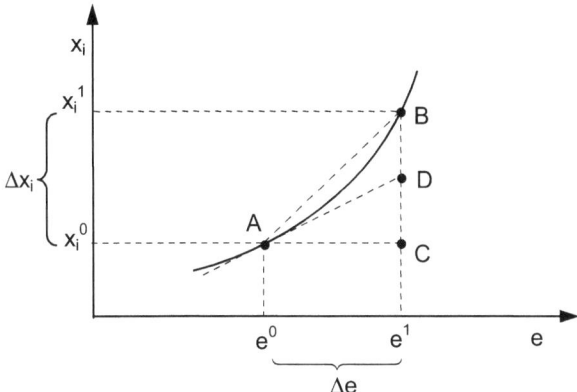

Abbildung A.2: Bogen- und Punktelastizität

Wenn wir die Ausgangswerte mit 0 und die Werte nach der Veränderung mit 1 indizieren, lassen sich gemäß Gleichung (A.1) die tatsächlichen Änderungen von x durch folgende Strecken ausdrücken:

$$\Delta x = \frac{CB}{AC} AC = CB ,$$

was der tatsächlichen Veränderung entspricht. Wenn wir dagegen den Differentialquotienten verwenden, benutzen wir die Steigung der Tangente an die Kurve in Punkt A (AD), um die Veränderung von x zu erhalten, die sich aufgrund einer Änderung von e ergibt. Die Steigung der Tangente beträgt CD/AC, so dass man für den Differentialquotienten

$$dx = \frac{CD}{AC} AC = CD$$

erhält. Der Unterschied zwischen den Strecken CD und CB wird um so kleiner, je geringer die Veränderung von e tatsächlich ausfällt. Für geringe Änderungen von e ist damit die Benutzung der Punktelastizität eine gute Approximation für die Bogenelastizität. Je größer die Veränderung von e allerdings ist, desto schlechter die Approximation. Bei linearen Funktionen tritt jedoch kein Fehler auf.

A.3: Das Enveloppen-Theorem

Allgemein lässt sich das Enveloppen-Theorem für den Fall zweier endogener Variablen folgendermaßen darstellen. Gegeben sei folgendes Optimierungsproblem:

---

[1] Vgl. Chiang, A. C., Fundamental Methods of Mathematical Economics, 3. Aufl., McGraw-Hill, 1984, S. 190.

$$\max_{x_1, x_2} \quad Z = f(x_1, x_2, \alpha)$$

unter der Nebenbedingung

$$g(x_1, x_2, \alpha) = 0 \ .$$

Die Gütermengen x_1, x_2 sind die endogenen Variablen und α ein Parameter – im Nutzenmaximierungsproblem also beispielsweise ein Preis oder das Einkommen. Die Lagrangefunktion lautet dann L = $f(x_1, x_2, \alpha) + \lambda g(x_1, x_2, \alpha)$ mit den Bedingungen erster Ordnung:

$$\frac{\partial L}{\partial x_1} = \frac{\partial f}{\partial x_1} + \lambda \frac{\partial g}{\partial x_1} = 0 \qquad\qquad (A.2)$$

$$\frac{\partial L}{\partial x_2} = \frac{\partial f}{\partial x_2} + \lambda \frac{\partial g}{\partial x_2} = 0 \qquad\qquad (A.3)$$

$$\frac{\partial L}{\partial \lambda} = g = 0$$

Sei $x_i^*(\alpha)$ der Optimalwert von x_i bei gegebenem α und $Z^* = f[x_1^*(\alpha), x_2^*(\alpha), \alpha]$ der Optimalwert der Zielfunktion. Für die Ableitung von Z^* nach α gibt es eine einfache Ableitungsregel, die man erhält, indem man zunächst das totale Differential von Z^* bildet:

$$\frac{dZ^*}{d\alpha} = \frac{\partial f}{\partial x_1} \frac{dx_1^*}{d\alpha} + \frac{\partial f}{\partial x_2} \frac{dx_2^*}{d\alpha} + \frac{\partial f}{\partial \alpha} \ .$$

Einsetzen der notwendigen Bedingungen (A.2) und (A.3) für ein Optimum liefert:

$$\frac{dZ^*}{d\alpha} = -\lambda \left[\frac{\partial g}{\partial x_1} \frac{dx_1^*}{d\alpha} + \frac{\partial g}{\partial x_2} \frac{dx_2^*}{d\alpha} \right] + \frac{\partial f}{\partial \alpha} \ . \qquad\qquad (A.4)$$

Da die Optimalwerte der Zielfunktion die Nebenbedingung erfüllen müssen, ist $g(x_1^*(\alpha), x_2^*(\alpha), \alpha) = 0$. Differentiation der Nebenbedingung nach α ergibt:

$$\frac{dg}{d\alpha} = \frac{\partial g}{\partial x_1} \frac{dx_1^*}{d\alpha} + \frac{\partial g}{\partial x_2} \frac{dx_2^*}{d\alpha} + \frac{\partial g}{\partial \alpha} = 0 \ .$$

Durch Einsetzen in (A.4) erhält man den folgenden Ausdruck für die Ableitung der Zielfunktion nach einem Parameter im Optimum:

$$\frac{\partial Z^*}{\partial \alpha} = \frac{\partial L}{\partial \alpha} = \frac{\partial f}{\partial \alpha} + \lambda \frac{\partial g}{\partial \alpha} \ .$$

Inhaltlich besagt das Enveloppen-Theorem, dass bei der Ableitung der Zielfunktion nach einem Parameter des ursprünglichen Optimierungsproblems lediglich die direkten Effekte der Änderung des Parameters auf den Optimalwert der Zielfunktion betrachtet werden müssen, nicht jedoch die über die endogenen Variablen vermittelten indirekten Effekte [vgl. (A.4)]. Für die indirekten Effekte gilt, dass sie im Optimum den Wert null annehmen, weil die endogenen Variablen die notwendigen

Bedingungen des ursprünglichen Optimierungsproblems weiterhin erfüllen müssen [vgl. (A.3) und (A.4)].

A.4: Die Hickssche Nachfrage abgeleitet aus der CES-Funktion

Zur Verdeutlichung der in Abschnitt 2.9.2 hergeleiteten Zusammenhänge bedienen wir uns der sog. **CES-Nutzenfunktion**[1], die in der mikroökonomischen Analyse weit verbreitet ist.

$$U = \left(\alpha x_1^{-\rho} + \beta x_2^{-\rho}\right)^{-1/\rho} \text{ mit } -1 < \rho \neq 0 .$$

Um die nachfolgenden Berechnungen zu vereinfachen formen wir die CES-Nutzenfunktion allerdings um:[2]

$$U^{-\rho} = \alpha x_1^{-\rho} + \beta x_2^{-\rho}$$

Mit Hilfe des Lagrangeverfahrens lässt sich das Ausgabenminimierungsproblem wie folgt formulieren:

$$L = x_1 p_1 + x_2 p_2 - \lambda\left(\overline{U}^{-\rho} - \alpha x_1^{-\rho} - \beta x_2^{-\rho}\right) .$$

Die notwendigen Bedingungen für ein Ausgabenminimum sind:

$$\frac{\partial L}{\partial x_1} = p_1 - \alpha\lambda\rho x_1^{-\rho-1} = 0$$

$$\frac{\partial L}{\partial x_2} = p_2 - \beta\lambda\rho x_2^{-\rho-1} = 0$$

$$\frac{\partial L}{\partial \lambda} = \alpha x_1^{-\rho} + \beta x_2^{-\rho} - \overline{U}^{-\rho} = 0 .$$

Wenn wir die beiden ersten notwendigen Bedingungen nach $x_1^{-\rho-1}$ bzw. $x_2^{-\rho-1}$ auflösen und zunächst mit $-1/(\rho+1)$ und dann mit $-\rho$ exponieren, erhalten wir:

$$x_1^{-\rho} = p_1^{\frac{\rho}{\rho+1}} \alpha^{\frac{-\rho}{\rho+1}} (\lambda\rho)^{\frac{-\rho}{\rho+1}}$$

$$x_2^{-\rho} = p_2^{\frac{\rho}{\rho+1}} \beta^{\frac{-\rho}{\rho+1}} (\lambda\rho)^{\frac{-\rho}{\rho+1}}$$

(A.5)

Diese Ausdrücke setzen wir in die dritte notwendige Bedingung ein. Daraus ergibt sich die Gleichung:

$$\overline{U}^{-\rho} = \alpha^{\frac{1}{\rho+1}} p_1^{\frac{\rho}{\rho+1}} (\lambda\rho)^{\frac{-\rho}{\rho+1}} + \beta^{\frac{1}{\rho+1}} p_2^{\frac{\rho}{\rho+1}} (\lambda\rho)^{\frac{-\rho}{\rho+1}} .$$

---

[1] Die CES-Funktion (**C**onstant **E**lasticity of **S**ubstitution) hat eine konstante Substitutionselastizität, die durch den Parameter ρ determiniert wird. Für eine Diskussion und weitere Charakteristika der CES-Funktion verweisen wir auf Abschnitt 3.3.6.4.

[2] Vgl. Varian, H. R., Microeconomic Analysis, 3. Aufl., Norton & Company, 1992, S.55 f.

Diese können wir umformen zu:

$$(\lambda\rho)^{\frac{-\rho}{\rho+1}} = \left(\alpha^{\frac{1}{\rho+1}}p_1^{\frac{\rho}{\rho+1}} + \beta^{\frac{1}{\rho+1}}p_2^{\frac{\rho}{\rho+1}}\right)^{-1} \overline{U}^{-\rho} \tag{A.6}$$

und den resultierenden Ausdruck (A.6) an den entsprechenden Stellen im Gleichungssystem (A.5) substituieren. Dann erhalten wir nach exponieren mit $-1/\rho$ die Hicksschen Nachfragefunktionen für die Güter 1 und 2:

$$x_1^* = p_1^{\frac{-1}{\rho+1}}\alpha^{\frac{1}{\rho+1}}\left(\alpha^{\frac{1}{\rho+1}}p_1^{\frac{\rho}{\rho+1}} + \beta^{\frac{1}{\rho+1}}p_2^{\frac{\rho}{\rho+1}}\right)^{\frac{1}{\rho}} \cdot \overline{U} \tag{A.7}$$

$$x_2^* = p_2^{\frac{-1}{\rho+1}}\beta^{\frac{1}{\rho+1}}\left(\alpha^{\frac{1}{\rho+1}}p_1^{\frac{\rho}{\rho+1}} + \beta^{\frac{1}{\rho+1}}p_2^{\frac{\rho}{\rho+1}}\right)^{\frac{1}{\rho}} \cdot \overline{U} .$$

Einsetzen in die Ausgaben ergibt die Ausgabenfunktion:

$$e^* = \left(\alpha^{\frac{1}{\rho+1}}p_1^{\frac{\rho}{\rho+1}} + \beta^{\frac{1}{\rho+1}}p_2^{\frac{\rho}{\rho+1}}\right)^{\frac{\rho+1}{\rho}} \cdot \overline{U} . \tag{A.8}$$

Wenn wir $\rho/(\rho+1) = -\psi$ setzen und $\alpha^{1/(\rho+1)} = a$ sowie $\beta^{1/(\rho+1)} = b$, erhalten wir:

$$e^* = \left(ap_1^{-\psi} + bp_2^{-\psi}\right)^{-\frac{1}{\psi}} \cdot \overline{U} . \tag{A.9}$$

Die Ausgabenfunktion hat dieselbe Form wie die Nutzenfunktion. Bei Kenntnis der Ausgabenfunktion können also Rückschlüsse auf die zugrundeliegende Nutzenfunktion gezogen werden (Dualität). Ausgehend von der Ausgabenfunktion können wir mit Hilfe von Shepards Lemma die Hickssche Nachfragefunktion z. B. für x_1 bestimmen:

$$\frac{\partial e^*}{\partial p_1} = p_1^{\frac{-1}{\rho+1}}\alpha^{\frac{1}{\rho+1}}\left(\alpha^{\frac{1}{\rho+1}}p_1^{\frac{\rho}{\rho+1}} + \beta^{\frac{1}{\rho+1}}p_2^{\frac{\rho}{\rho+1}}\right)^{\frac{1}{\rho}} \cdot \overline{U} = x_1^* ,$$

die natürlich nicht anders aussieht, als die oben bereits hergeleitete Nachfragefunktion (A.7).

Durch Invertierung der Ausgabenfunktion (A.9) erhalten wir dagegen die indirekte Nutzenfunktion:

$$U^* = \left(ap_1^{-\psi} + bp_2^{-\psi}\right)^{\frac{1}{\psi}} \cdot \overline{e} .$$

Unter Anwendung der Roy-Identität können wir über die indirekte Nutzenfunktion auf die Marshallsche Nachfragefunktion – z.B. für x_1 – schließen:

$$x_1^* = -\frac{\partial U^*/\partial p_1}{\partial U^*/\partial e} = \frac{e \cdot \alpha^{1/(\rho+1)}p_1^{1/(\rho+1)}}{\alpha^{1/(\rho+1)}p_1^{\rho/(\rho+1)} + \beta^{1/(\rho+1)}p_2^{\rho/(\rho+1)}} \ .$$

A.5: Skalenelastizität und Homogenitätsgrad

Dass die Skalenelastizität dem Homogenitätsgrad einer homogenen Produktionsfunktion entspricht, gilt ganz allgemein. Um dies zu zeigen, bilden wir zunächst – auch schon als Vorarbeit für weitere Berechnungen – die totale Ableitung sowohl der linken als auch der rechten Seite der Definitionsgleichung für homogene Funktionen:

$$x(kv_1, kv_2) = k^r x(v_1, v_2). \tag{A.10}$$

Das Totale Differential der linken Seite nach k lautet:

$$dx(kv_1, kv_2) = \frac{\partial x(kv_1, kv_2)}{\partial(kv_1)} \cdot d(kv_1) + \frac{\partial x(kv_1, kv_2)}{\partial(kv_2)} \cdot d(kv_2) \ .$$

Nach anschließender Division durch dk erhalten wir:

$$\begin{aligned}
\frac{dx(kv_1, kv_2)}{dk} &= \frac{\partial x(kv_1, kv_2)}{\partial(kv_1)} \cdot \frac{d(kv_1)}{dk} + \frac{\partial x(kv_1, kv_2)}{\partial(kv_2)} \cdot \frac{d(kv_2)}{dk} \\
&= \frac{\partial x(kv_1, kv_2)}{\partial(kv_1)} \cdot v_1 + \frac{\partial x(kv_1, kv_2)}{\partial(kv_2)} \cdot v_2 \ .
\end{aligned} \tag{A.11}$$

Ableitung der rechten Seite nach k führt dagegen zu:

$$\frac{dk^r x(v_1, v_2)}{dk} = r \cdot k^{r-1} x(v_1, v_2) = r \cdot \frac{k^r x(v_1, v_2)}{k} = r \cdot \frac{x(kv_1, kv_2)}{k} \ . \tag{A.12}$$

Da Gleichung (A.10) eine Identität darstellt, müssen die beiden Differentialquotienten (A.11) und (A.12) übereinstimmen. Gleichsetzen der linken Seite von (A.11) und der rechten Seite von (A.12) führt zu:

$$\frac{dx(kv_1, kv_2)}{dk} = r \cdot \frac{x(kv_1, kv_2)}{k} \ .$$

Durch Multiplikation der linken und der rechten Seite mit $k/x(kv_1, kv_2)$ erhalten wir:

$$\frac{dx(kv_1, kv_2)}{dk} \cdot \frac{k}{x(kv_1, kv_2)} = r \ .$$

Die Skalenelastizität entspricht dem Homogenitätsgrad.

A.6: Das Wicksell-Johnson-Theorem

Bei homogenen Produktionsfunktionen ist die Summe der Produktionselastizitäten gleich der Skalenelastizität (**Wicksell-Johnson-Theorem**):

$$\eta_{x,v_1} + \eta_{x,v_2} = \eta_{x,k} \ .$$

Durch Gleichsetzen der rechten Seiten von (A.11) und (A.12) erhält man:

$$\frac{\partial x(kv_1, kv_2)}{\partial(kv_1)} \cdot v_1 + \frac{\partial x(kv_1, kv_2)}{\partial(kv_2)} \cdot v_2 = r \cdot \frac{x(kv_1, kv_2)}{k} \ .$$

Division beider Seiten durch $x(kv_1, kv_2)$ führt zu:

$$\frac{\partial x(kv_1, kv_2)}{\partial(kv_1)} \cdot \frac{v_1}{x(kv_1, kv_2)} + \frac{\partial x(kv_1, kv_2)}{\partial(kv_2)} \cdot \frac{v_2}{x(kv_1, kv_2)} = \frac{r}{k} \ .$$

Setzt man $k = 1$, so erhält man:

$$\frac{\partial x(v_1, v_2)}{\partial v_1} \cdot \frac{v_1}{x(v_1, v_2)} + \frac{\partial x(v_1, v_2)}{\partial v_2} \cdot \frac{v_2}{x(v_1, v_2)} = r \ . \tag{A.13}$$

Auf der linken Seite steht die Summe der Produktionselastizitäten und auf der rechten Seite die Skalenelastizität.

A.7: Das Euler-Theorem

Homogene Funktionen haben die folgende Eigenschaft (**Euler-Theorem**):

$$\frac{\partial x(kv_1, kv_2)}{\partial(kv_1)} \cdot v_1 + \frac{\partial x(kv_1, kv_2)}{\partial(kv_2)} \cdot v_2 = r \cdot x(kv_1, kv_2) \ . \tag{A.14}$$

Diese Gleichung erhält man indem man (A.13) mit $x(v_1, v_2)$ multipliziert. Gleichung (A.14) gilt für jedes Produktionsniveau, also auch für das aktuelle mit $k = 1$:

$$\frac{\partial x(v_1, v_2)}{\partial v_1} \cdot v_1 + \frac{\partial x(v_1, v_2)}{\partial v_2} \cdot v_2 = r \cdot x(v_1, v_2) \ .$$

Für die Anwendung des Euler-Theorems in (3.10) muss der Homogenitätsgrad r ebenfalls gleich 1 gesetzt werden. Aus dem Euler-Theorem werden weitreichende Schlussfolgerungen für die Verteilungstheorie geschlossen. Diese Schlussfolgerungen sind allerdings nicht ganz unproblematisch, wie in Abschnitt 4.6.2 gezeigt wird.

A.8: Grenzübergang bei der CES-Funktion

Unter Anwendung der Regel von L´Hôpital können wir zeigen, dass die CES-Funktion für einen Wert von $\rho \to 0$ in die Cobb-Douglas-Funktion übergeht und für einen Wert von $\rho \to \infty$ in die Leontief-Funktion.[1] Die Regel von L'Hôpital besagt, dass der Grenzwert eines Bruchs $f(\rho)/g(\rho)$, bei dem an einer Stelle $\rho = a$ sowohl Zähler als auch Nenner gleich null sind $f(a) = g(a) = 0$, gefunden werden kann, indem sowohl der Zähler als auch der Nenner separat nach ρ differenziert und dann die Funktionswerte der Differentiale für die Stelle ($\rho = a$) berechnet werden.

---

[1] Vgl. Chiang, A. C., Fundamental Methods of Mathematical Economics, 3. Aufl., McGraw-Hill, 1984, S. 431 f.

$$\lim_{\rho \to a} \frac{f(\rho)}{g(\rho)} = \frac{f'(a)}{g'(a)}, \quad \text{mit } f(a) = g(a) = 0.$$

Um die Regel von L´Hôpital anwenden zu können, muss die CES-Funktion zunächst transformiert werden. Zu diesem Zweck wird (3.9) durch a dividiert und anschließend logarithmiert:

$$\ln\frac{x}{a} = -\frac{1}{\rho}\ln[\alpha v_1^{-\rho} + (1-\alpha)v_2^{-\rho}] = \frac{-\ln[\alpha v_1^{-\rho} + (1-\alpha)v_2^{-\rho}]}{\rho} = \frac{f(\rho)}{g(\rho)}.$$

Da an der Stelle $\rho = 0$ sowohl der Zähler $f(\rho)$ als auch der Nenner $g(\rho)$ gleich null sind, können wir die Regel von L´Hôpital anwenden, um den Grenzwert von $\ln(x/a)$ zu berechnen. Leiten wir zunächst den Zähler ab, so erhalten wir:[1]

$$f'(\rho) = \frac{\alpha v_1^{-\rho} \cdot \ln v_1 + (1-\alpha)v_2^{-\rho} \cdot \ln v_2}{\alpha v_1^{-\rho} + (1-\alpha)v_2^{-\rho}}. \tag{A.15}$$

Da $g'(\rho) = 1$, ist (A.15) äquivalent zu $f'(\rho)/g'(\rho)$. Damit ergibt sich als Grenzwert für $\ln(x/a)$, wenn $\rho \to 0$:

$$\lim_{\rho \to 0}\ln\frac{x}{a} = \frac{f'(0)}{g'(0)} = \alpha\ln v_1 + (1-\alpha)\ln v_2 = \ln(v_1^{\alpha} \cdot v_2^{1-\alpha}).$$

Um den Grenzwert von x für $\rho \to 0$ zu ermitteln, benötigen wir jetzt nur noch folgenden Rechentrick:

$$\lim_{\rho \to 0} x = \lim_{\rho \to 0} a \cdot e^{\ln(x/a)} = a \cdot e^{\lim_{\rho \to 0}\ln(x/a)} = a \cdot e^{\ln(v_1^{\alpha} \cdot v_2^{1-\alpha})} = a \cdot v_1^{\alpha} \cdot v_2^{1-\alpha}.$$

Damit ist gezeigt, dass die CES-Funktion für $\rho \to 0$ in die Cobb-Douglas-Funktion übergeht.

Auf die gleiche Weise können wir auch zeigen, dass die CES-Funktion für $\rho \to \infty$, also für einen Wert von ρ, für den (3.11) ebenfalls unbestimmt ist, in die Leontief-Produktionsfunktion übergeht, denn die Regel von L´Hôpital lässt sich auch anwenden, wenn gilt: $f(a) = g(a) = \infty$. Erweitern wir (A.15) mit v_1^{ρ}, so erhalten wir:

$$f'(\rho) = \frac{\alpha\ln v_1 + (1-\alpha)(v_1/v_2)^{\rho}\ln v_2}{\alpha + (1-\alpha)(v_1/v_2)^{\rho}}.$$

Ist $v_2 > v_1$ dann folgt:

$$\lim_{\rho \to \infty}\ln\frac{x}{a} = \frac{f'(\infty)}{g'(\infty)} = \ln v_1, \quad \text{und damit } \lim_{\rho \to \infty} x = a \cdot v_1.$$

Erweitern wir (A.15) mit v_2^{ρ}, und ist $v_1 > v_2$, dann erhalten wir:

---

[1] Wir verwenden die Kettenregel sowie die Ableitungsregeln $d\ln h(\rho)/d\rho = h'(\rho)/h(\rho)$ und $db^{m(\rho)}/d\rho = m'(\rho) \cdot b^{m(\rho)} \cdot \ln b$.

$\lim\limits_{\rho\to\infty} x = a \cdot v_2$.

Die Produktionsfunktion lautet also:

$x = \min(a \cdot v_1, a \cdot v_2)$.

Hierbei handelt es sich um eine Leontief-Produktionsfunktion mit identischen Produktionskoeffizienten $a = 1/a_1 = 1/a_2$.

A.9: Homogene Produktionsfunktionen und Expansionspfad

Bei homogenen Produktionsfunktionen ist der Expansionspfad eine Gerade aus dem Ursprung. Dies lässt sich folgendermaßen beweisen: Eine homogene Produktionsfunktion vom Grade r impliziert eine Grenzertragsfunktion vom Grade r-1. Dies kann man leicht erkennen, wenn man $k^r x(v_1,v_2) = x(kv_1,kv_2)$ nach v_1 bzw. nach v_2 ableitet und beide Seiten durch k teilt:

$$k^{r-1} \cdot \frac{\partial x(v_1,v_2)}{\partial v_1} = \frac{\partial x(kv_1,kv_2)}{\partial(kv_1)} \quad \text{bzw.} \quad k^{r-1} \cdot \frac{\partial x(v_1,v_2)}{\partial v_2} = \frac{\partial x(kv_1,kv_2)}{\partial(kv_2)}$$

Division der beiden Gleichungen liefert unter Beachtung von $\partial(kx_i) = k(\partial x_i)$:

$$\frac{\partial x(v_1,v_2)/\partial v_1}{\partial x(v_1,v_2)/\partial v_2} = \frac{\partial x(kv_1,kv_2)/\partial(v_1)}{\partial x(kv_1,kv_2)/\partial(v_2)} ,$$

was für alle k > 0 formal bestätigt, dass die Steigungen der Isoquanten homogener Produktionsfunktionen entlang eines Fahrstrahls aus dem Ursprung identisch sind und damit bei gegebenem Faktorpreisverhältnis auch die Minimalkostenkombinationen für variierende Produktionsniveaus.

A.10: Skalenelastizität, Durchschnitts- und Grenzkosten

Ob die Skalenerträge konstant sind, abnehmen oder zunehmen, lässt sich mit Hilfe der Skalenelastizität feststellen. Wir werden im folgenden zeigen, dass sich die Skalenelastizität $\eta_{x,k}$ als Quotient der durchschnittlichen variablen Kosten und der Grenzkosten darstellen lässt. Rufen wir uns dazu zunächst die Definition der Skalenelastizität ins Gedächtnis:

$$\eta_{x,k} = \frac{dx(kv_1,kv_2)}{dk} \frac{k}{x(kv_1,kv_2)} .$$

Für den ersten Term dieses Produktes können wir auch schreiben (vgl. Abschnitt 3.3.6.2):

$$\frac{dx(kv_1,kv_2)}{dk} = \frac{\partial x(kv_1,kv_2)}{\partial kv_1} \frac{dkv_1}{dk} + \frac{\partial x(kv_1,kv_2)}{\partial kv_2} \frac{dkv_2}{dk} .$$

Es sei $v_1{}^*, v_2{}^*$ die kostenminimierende Faktoreinsatzmengenkombination. Um die Skalenerträge an der Stelle $v_1{}^*, v_2{}^*$ bestimmen zu können, setzen wir k = 1. Für die Skalenelastizität resultiert dann folgender Ausdruck:

$$\eta_{x,k} = \frac{\dfrac{\partial x(v_1^*, v_2^*)}{\partial v_1} \cdot v_1^* + \dfrac{\partial x(v_1^*, v_2^*)}{\partial v_2} \cdot v_2^*}{x(v_1^*, v_2^*)} \ . \tag{A.16}$$

Aus den Bedingungen erster Ordnung für ein Kostenminimum wissen wir, dass $q_j = \mu \cdot [\partial x(v_1{}^*, v_2{}^*)/\partial v_j]$, wobei μ den Grenzkosten entspricht: $\mu = \partial K/\partial x$ (Shepards Lemma, vgl. Abschnitt 4.6.2). Wenn wir dies in (A.16) berücksichtigen, erhalten wir für die Skalenelastizität:

$$\eta_{x,k} = \frac{q_1 v_1^* + q_2 v_2^*}{x(v_1^*, v_2^*)} \cdot \frac{1}{\mu} = \frac{VK/x}{\partial K/\partial x} = \frac{DVK}{GK} \ .$$

Ist DVK > GK so liegen steigende Skalenerträge vor, ist DVK < GK liegen sinkende Skalenerträge vor, bei DVK = GK haben wir es mit konstanten Skalenerträgen zu tun.

A.11: Das Prinzip des Durchschnittsextremums

Das Prinzip des Durchschnittsextremums lässt sich auf folgende Weise zeigen. Aus der Definition der Durchschnittskostenfunktion folgt: $K = DK \cdot x$. Differentiation dieser Gleichung nach x ergibt:

$$\frac{dK}{dx} = \frac{dDK}{dx} x + DK \quad \text{bzw.} \quad \frac{dDK}{dx} = \frac{dK/dx - DK}{x} \ .$$

Die Durchschnittskostenfunktion erreicht ihr Minimum, wenn

$$\frac{dDK}{dx} = \frac{dK/dx - DK}{x} = 0 \quad \text{bzw.} \quad \frac{dK}{dx} = DK \ ,$$

also im Schnittpunkt der Grenzkostenfunktion mit der Durchschnittskostenfunktion. Analog hierzu folgt aus der Definition der Funktion der durchschnittlichen variablen Kosten $VK = DVK \cdot x$ der Ausdruck:[1]

$$\frac{dDVK}{dx} = \frac{dK/dx - DVK}{x} = 0 \quad \text{bzw.} \quad \frac{dK}{dx} = DVK \ .$$

Das Minimum der Funktion der durchschnittlichen variablen Kosten liegt also im Schnittpunkt von Grenzkostenfunktion und der Funktion der durchschnittlichen variablen Kosten. Da die Durchschnittskostenfunktionen zunächst oberhalb der Grenzkostenfunktion verlaufen, kann festgehalten werden, dass die Grenzkostenfunktion die Durchschnittskostenfunktionen von unten schneidet.

---

[1] Dabei ist zu beachten, dass dK/dx = dVK/dx, wie man leicht erkennt, wenn man K(x) = VK(x) + FK nach x ableitet.

A.12: Separabilität und Additivität von Nutzenfunktionen

Eine Nutzenfunktion $U = U(x_1,...,x_n)$ ist **strikt separabel** in ihren Argumenten, wenn sie als $U = F[U(x_1)+...+U(x_n)]$ geschrieben werden kann.[1] F ist dabei eine monotone Transformation von U. Eine Nutzenfunktion ist **strikt additiv**, wenn gilt: $U = U(x_1)+...+U(x_n)$. Der Gesamtnutzen setzt sich in diesem Fall, wie der Name schon sagt, additiv aus den Teilnutzen der einzelnen Güter zusammen.

Ein Beispiel für eine strikt separable Funktion ist die Cobb-Douglas Funktion $U = x_1^{\alpha} x_2^{1-\alpha}$, wovon man sich durch Exponieren leicht überzeugen kann: $F(U) = \exp U = \exp(x_1^{\alpha}+x_2^{1-\alpha})$. Die logarithmierte Cobb-Douglas Funktion ist dagegen sowohl strikt separabel als auch strikt additiv: $U = \alpha \ln x_1 + (1-\alpha) \ln x_2$. Eine Nutzenfunktion wird als **schwach separabel** bezeichnet, wenn ihre Argumente in (mindestens) zwei Gruppen eingeteilt werden können, so dass sie geschrieben werden kann als: $U = F[U(x_1,...,x_j)+U(x_{j+1},...,x_n)]$. Eine Nutzenfunktion wird als **schwach additiv** bezeichnet, wenn $U = U(x_1,...,x_j)+U(x_{j+1},...,x_n)$. Additivität ist damit ein Unterfall von Separabilität.

Strikte Separabilität erlaubt die paarweise Betrachtung von Gütern, da die jeweilige Grenzrate der Substitution nicht von den Mengen der anderen Güter abhängig ist. Strikt additive Nutzenfunktionen haben darüber hinaus die Eigenschaft, dass die Kreuzableitungen $\partial^2 U/\partial x_j \partial x_k$ jeweils zweier Güter gleich null sind. Der Grenznutzen eines Gutes ist damit unabhängig von der Menge des jeweils anderen Gutes. Bei schwach separablen Nutzenfunktionen sind die Grenzraten der Substitution für jeweils zwei Güter innerhalb einer Gruppe nicht abhängig von den Mengen der Güter in den jeweils anderen Gruppen und damit ist die Nachfrage nach Gütern innerhalb einer Gruppe unabhängig von der außerhalb der Gruppe. Für schwach additive Nutzenfunktionen gilt analog zu oben, dass die Kreuzableitungen $\partial^2 U/\partial x_j \partial x_k$ jeweils zweier Güter j, k aus verschiedenen Gruppen gleich null sind.

A.13: Die Transformationskurve als implizite Funktion

Die Transformationskurve repräsentiert einen funktionalen Zusammenhang zwischen x_1 und x_2: $x_1 = x_1(x_2)$. Wie können wir aus dieser Funktion die Grenzrate der Transformation berechnen, wenn wir keinen expliziten Ausdruck für $f(x_2)$ zur Verfügung haben? Wir können die (explizite) Funktion $x_1 = x_1(x_2)$ durch Umformung auch folgendermaßen schreiben: $x_1 - x_1(x_2) = 0$. Diese Funktion definiert $x_1 = x_1(x_2)$ lediglich implizit und wird deswegen implizite Funktion genannt. Eine solche Funktion kann generell geschrieben werden als: $F(x_1,x_2) = 0$ und ist das funktionale Äquivalent der Transformationskurve. $F(x_1,x_2) = 0$ wird auch implizite Produktionsfunktion genannt, weil die produzierte Menge von x_1 nicht explizit in Abhängigkeit von den

---

[1] Vgl. zu den Ausführungen zur Separabilität und Addititvität von Nutzenfunktionen: Henderson, J. und R. Quandt, Microeconomic Theory, A Mathematical Approach, 3. Aufl., McGraw-Hill, 1980, S. 39 f.

Produktionsfaktoren v_1 und v_2 ausgedrückt wird, sondern in Abhängigkeit von der produzierten Menge des Gutes 2.

Für implizite Funktionen existiert eine einfache Ableitungsregel, die wir uns zunutze machen wollen, um die Grenzrate der Transformation zu berechnen. Sie lautet für die Transformationsfunktion:

$$\frac{dx_1}{dx_2} = -\frac{\partial F / \partial x_2}{\partial F / \partial x_1} \text{ oder } \left|\frac{dx_1}{dx_2}\right| = \frac{\partial F / \partial x_2}{\partial F / \partial x_1} \; .$$

A.14: Jensens Ungleichung

Für differenzierbare konkave Funktionen kann die Aussage, dass bei risikoaversen Wirtschaftssubjekten $E[U(GE)] < U[E(GE)]$ zutrifft, folgendermaßen analytisch veranschaulicht werden:

Grundsätzlich haben differenzierbare konkave Funktionen die Eigenschaft, dass für zwei beliebige Stellen z_0, z_1 gilt: $f(z_1) < f(z_0) + f'(z_0) \cdot (z_1 - z_0)$. Dies kann anhand der nachstehenden Graphik leicht nachvollzogen werden.[1] Die Steigung der Sekante AC ist kleiner als die der Tangente AB. Da die Steigung der Sekante AC = DC/AD sich als $[f(z_1) - f(z_0)]/(z_1 - z_0)$ und die Steigung der Tangente AB sich als $f'(z_0)$ ergibt, ist $[f(z_1) - f(z_0)]/(z_1 - z_0) < f'(z_0)$ und nach Multiplikation mit $(z_1 - z_0)$ und Umstellen folgt die Behauptung.

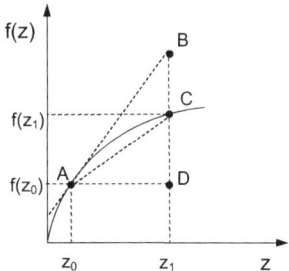

Abbildung A.3: Graphische Verdeutlichung von E(U) < U(E)

Es sei nun Z eine Zufallsvariable und $f(Z)$ eine konkave Funktion dieser Zufallsvariablen. Dann ist $E[f(Z)] < f[E(Z)]$ (**Jensens Ungleichung**). Nehmen wir an, z_i sei eine Realisation der Zufallsvariablen Z und $\bar{z}$ der Erwartungswert der Zufallsvariablen: $\bar{z} = E(Z)$. Dann gilt:

$f(z_i) < f(\bar{z}) + f'(\bar{z}) \cdot (z_i - \bar{z})$.

Multiplikation beider Seiten der Ungleichung mit w_i gibt:

$f(z_i)w_i < [f(\bar{z}) + f'(\bar{z}) \cdot (z_i - \bar{z})]w_i$.

---

[1] Vgl. zur graphischen Darstellung Chiang, A. C., Fundamental Methods of Mathematical Economics, 3.Aufl., McGraw-Hill, 1984, S. 345 f.

Angenommen, die w_i stellen die Eintrittswahrscheinlichkeiten der z_i dar, und wir summieren über alle i, dann erhalten wir:

$$\sum f(z_i)w_i < f(\bar{z})\sum w_i + f'(\bar{z}) \cdot \sum (z_i - \bar{z}) \cdot w_i$$

und damit

$$E[f(Z)] < f(\bar{z})\sum w_i + f'(\bar{z}) \cdot \sum z_i w_i - f'(\bar{z}) \cdot \bar{z} \cdot \sum w_i .$$

Berücksichtigen wir, dass $\sum w_i = 1$ und $\bar{z} = \sum z_i \cdot w_i = E(Z)$ so erhalten wir für unsere Ungleichung

$$E[f(Z)] < f(\bar{z}) + f'(\bar{z}) \cdot E(Z) - f'(\bar{z}) \cdot E(Z)$$

und damit,

$$E[f(Z)] < f[E(Z)] .$$

Angewendet auf unseren Fall bedeutet dies: $E[U(GE)] < U[E(GE)]$. Für konvexe Funktionen, also für die Risikonutzenfunktion eines risikofreudigen Wirtschaftssubjekts, ersetzen wir das '<' -Zeichen einfach durch das '>' -Zeichen, für ein risikoneutrales Wirtschaftssubjekt durch das '=' -Zeichen.

Lösungen zu den Übungsaufgaben

Aufgabe 1 (S. 23):
a) $c = e - s = 1100 - 100 = 1000$; $5x_1 + 10x_2 = 1000$.
b) $x_2 = 0$: $x_1 = 1000/5 = 200$; $x_1 = 0$: $x_2 = 1000/10 = 100$.
c) $x_1 = 200 - 2x_2$. Zeichnung analog zu Abb. 2.1 mit den unter b) berechneten Achsenabschnitten. $|dx_1/dx_2| = 2$ sowie $p_2/p_1 = 10/5 = 2$.
d) Die zweite Budgetgerade ist um den x_1-Achsenabschnitt nach innen gedreht mit $x_2 = 50$ für $x_1 = 0$. Sinkt die Konsumsumme nun auf 800, weist die dritte Budgetgerade die Achsenabschnitte $x_1 = 160$ und $x_2 = 40$ auf. Sie läuft parallel zur zweiten. Steigung: $|dx_1/dx_2| = p_2/p_1 = 20/5 = 4$.

Aufgabe 2 (S. 39):
a) Vgl. Abb. 2.9. Da es dem Haushalt völlig gleichgültig ist, aus welchen Mengen sich das Güterbündel zusammensetzt, kann das eine Gut vollständig durch das andere ersetzt werden.
b) Vgl. Abb. 2.10. Das Einsatzverhältnis kann anhand des Tangens des Winkels gemessen werden, der sich ergibt, wenn man eine Linie aus dem Ursprung durch die Eckpunkte der Indifferenzkurven zeichnet. Da die Güter in einem festen Verhältnis eingesetzt werden müssen, um einen Nutzen abzugeben, ist keine Substitution möglich, also schon gar keine Alternativsubstitution.
c) Der Beweis, dass sich Indifferenzkurven nicht schneiden können, lässt sich anhand von Abb. 2.13 führen. Indifferenzkurven können sich nicht zurückbiegen, weil auf dem sich zurückbiegenden Ast Güterbündel lägen, die mehr Mengeneinheiten enthalten als im konvexen Teil der Indifferenzkurve. Solche Güterbündel sind nach dem Axiom der Nicht-Sättigung vorzuziehen und können daher nicht auf derselben Indifferenzkurve liegen.

Aufgabe 3 (S. 40):
a) Die Indifferenzkurvengleichung lautet: $x_1^{1/2} \cdot x_2^{1/2} = 100$. Bilden wir hiervon das totale Differential, erhalten wir: $(0,5x_1^{-1/2} \cdot x_2^{1/2}) \cdot dx_1 + (0,5x_1^{1/2} \cdot x_2^{-1/2}) \cdot dx_2 = 0$ und damit: $(0,5x_1^{-1/2} \cdot x_2^{1/2}) \cdot dx_1 = -(0,5x_1^{1/2} \cdot x_2^{-1/2}) \cdot dx_2$. Division mit $(0,5 x_1^{-1/2} \cdot x_2^{1/2})$ und Vereinfachen ergibt: $|dx_1/dx_2| = x_1/x_2$.
b) Quadrieren der Indifferenzkurvengleichung: $x_1 \cdot x_2 = 10.000$. Bilden des totalen Differentials: $x_2 \cdot dx_1 + x_1 \cdot dx_2 = 0$ und somit: $|dx_1/dx_2| = x_1/x_2$.
oder
Quadrieren der Nutzenfunktion selbst: $U^* = x_1 \cdot x_2$. Bilden des totalen Differentials: $x_2 \cdot dx_1 + x_1 \cdot dx_2 = 0$ und somit: $|dx_1/dx_2| = x_1/x_2$.

Aufgabe 4 (S. 46):

Das 2. Gossensche Gesetz lautet $(\partial U/\partial x_1)/p_1 = (\partial U/\partial x_2)/p_2$. Durch Ableiten der Nutzenfunktion und Einsetzen erhalten wir für den ersten Term $(x_1^{-\frac{1}{2}} \cdot x_2^{\frac{1}{2}})/5$ und für den zweiten $(x_1^{\frac{1}{2}} \cdot x_2^{-\frac{1}{2}})/10$. Gleichsetzen ergibt: $2 \cdot x_1^{-\frac{1}{2}} \cdot x_2^{\frac{1}{2}} = x_1^{\frac{1}{2}} \cdot x_2^{-\frac{1}{2}}$ und nach Dividieren durch $x_1^{-\frac{1}{2}}$ und $x_2^{-\frac{1}{2}}$: $2x_2 = x_1$ bzw. $x_2 = \frac{1}{2} x_1$. Dies ist die optimale Gütermengenkombination. Die konkreten Gütermengen werden über die Budgetgleichung ermittelt: $5x_1 + 10x_2 = 1000$. Für x_2 wird $\frac{1}{2} x_1$ substituiert (oder x_1 durch $2x_2$ ersetzt): $5x_1 + 5x_1 = 1000$. Daraus folgt: $x_1 = 100$ und aus $x_2 = \frac{1}{2} x_1$ folgt: $x_2 = 50$. (Für beide Güter werden also jeweils 500 Geldeinheiten verausgabt.)

Aufgabe 5 (S. 46):

a) Die Indifferenzkurven sind Geraden, da $\overline{U} = x_1 + 4x_2$ linear in x_1, x_2 ist: $x_1 = \overline{U} - 4x_2$. Die Güter sind vollkommene Substitute (z. B. mit Gut 1 als Milch in Viertelliterpackungen und Gut 2 als dieselbe Milch in Literflaschen). Randlösung (siehe b) oder indeterminierte Lösung, falls Grenznutzenverhältnis = Preisverhältnis.

b) Es gilt: $\partial U/\partial x_1 = 1$ und $\partial U/\partial x_2 = 4$. Dividiert durch den jeweiligen Preis ergibt sich: $1/5 < 4/10$. Ein Ausgleich der gewogenen Grenznutzen ist nicht möglich. Der Haushalt konsumiert nur Gut 2; also: $10x_2 = 1000$ und daher $x_2 = 100$.

Aufgabe 6 (S. 53):

a) Die Bogenelastizität ist definiert als: $\varepsilon_{x,e} = (\Delta x/\Delta e)\cdot(e/x)$. Für die in der Aufgabenstellung vorgegebenen Werte erhalten wir: $\varepsilon_{x,e} = (1/100) \cdot (1000/10) = 1$.

b) Es handelt sich um ein normales Gut (vgl. Übersicht 2.2).

Aufgabe 7 (S. 64):

a) Die Lagrangefunktion lautet: $L = 2x_1 \cdot x_2 + \lambda(e - p_1 x_1 - p_2 x_2)$ und die Ableitungen 1. Ordnung ergeben: $\partial L/\partial x_1 = 2x_2 - \lambda p_1 = 0$ (1); $\partial L/\partial x_2 = 2x_1 - \lambda p_2 = 0$ (2); $\partial L/\partial \lambda = e - p_1 x_1 - p_2 x_2 = 0$ (3). Aus (1) und (2) folgt: $\lambda = 2x_2/p_1$ und $\lambda = 2x_1/p_2$. Gleichgesetzt ergibt die optimale Gütermengenkombination: $x_2 = (p_1/p_2)\cdot x_1$ (4).

b) Mit $p_1 = 2$ und $p_2 = 4$ wird (3) zu: $e - 2x_1 - 4x_2 = 0$ (3*) und (4) zu: $x_2 = 0,5x_1$ (4*) bzw. $x_1 = 2x_2$ (5). Aus (4*) in (3*) ergibt sich die Nachfrage für das Gut 1 in Abhängigkeit vom Einkommen: $e - 2x_1 - 4 \cdot 0,5x_1 = 0$ und somit: $x_1 = 0,25e$. Aus (5) in (3*) folgt die Nachfrage nach Gut 2 in Abhängigkeit von Einkommen: $e - 2 \cdot 2x_2 - 4x_2 = 0$ und somit: $x_2 = 0,125e$.

c) Mit p_1 variabel, $p_2 = 4$ und $e = 500$ wird (3) zu: $500 - p_1 x_1 - 4x_2 = 0$ (3**) und (4) zu: $x_2 = 0,25 p_1 x_1$ (4**). (4**) in (3**) und Auflösen nach x_1 ergibt die gesuchte Nachfragefunktion: $500 - p_1 x_1 - 4 \cdot 0,25 p_1 x_1 = 0$ und daher $x_1 = 250/p_1$.

d) Für $x_1 = 0,25e$ ergibt sich: $dx_1/de = 0,25$ und daher für die Elastizität, wenn x_1 durch die rechte Seite der Nachfragefunktion ersetzt wird:
$\varepsilon_{x_1,e} = (dx_1/de) \cdot (e/x_1) = 0,25 \cdot(e/0,25e) = 1$.

Für $x_2 = 0,125e$ folgt: $dx_2/de = 0,125$ und somit analog:
$\varepsilon_{x_2,e} = (dx_2/de) \cdot (e/x_2) = 0,125 \cdot(e/0,125e) = 1$.

Für $x_1 = 250/p_1$ ergibt sich als $dx_1/dp_1 = -250/p_1^2$ und daher:
$\varepsilon_{x_1,p_1} = (dx_1/dp_1) \cdot (p_1/x_1) = (-250/p_1^2) \cdot (p_1^2/250) = -1$.

Aufgabe 8 (S. 69):

a) *Berechnung des alten Haushaltsoptimums*: Aus dem zweiten Gossenschen Gesetz folgt $(\partial U/\partial x_1)/(\partial U/\partial x_2) = p_{10}/p_2$ und damit $x_2/x_1 = 1/4$ bzw. $x_2 = 1/4\, x_1$ (1). Alte Budgetgerade BG_0: $x_1 + 4x_2 = 200$. (1) in BG_0: $x_1 + 4 \cdot \frac{1}{4}\, x_1 = 200$ und daraus folgt $x_1 = 100$; aus (1): $x_2 = 25$. Damit ist $U_0 = 100 \cdot 25 = 2500$. *Fiktives Haushaltsoptimum*: Steigung der Indifferenzkurve I_0 = Steigung der fiktiven Budgetgeraden BG^*. Steigung Indifferenzkurve I_0: $I_0 \equiv x_1 \cdot x_2 = 2500$ und damit $x_1 = 2500/x_2$ (2). $|dx_1/dx_2| = 2500 \cdot x_2^{-2}$. Steigung der fiktiven Budgetgeraden: $BG^* \equiv 4x_1 + 4x_2 = e$; aufgelöst nach x_1: $x_1 = \frac{1}{4}\, e - x_2$. $|dx_1/dx_2| = 1$. Gleichsetzen: $2500 \cdot x_2^{-2} = 1$ bzw. $x_2^2 = 2500$ und somit $x_2 = 50$. Aus (2) folgt: $x_1 = 50$. Damit ergibt sich als Substitutionseffekt: $\Delta x_1 = -50$; $\Delta x_2 = +25$.
Berechnung des neuen Haushaltsoptimums: $(\partial U/\partial x_1)/(\partial U/\partial x_2) = p_{11}/p_2$ und damit $x_2/x_1 = 4/4$ bzw. $x_2 = x_1$ (3). Neue Budgetgerade: $BG_1 \equiv 4x_1 + 4x_2 = 200$ woraus folgt $4x_1 + 4x_1 = 200$ bzw. $x_1 = 25$; und aus (3): $x_2 = 25$. Einkommenseffekt: $\Delta x_1 = -25$; $\Delta x_2 = -25$. Gesamteffekt: $\Delta x_1 = -75$; $\Delta x_2 = 0$.

b) Notwendiges Einkommen für den Konsum von $x_1 = 50$ und $x_2 = 50$ im fiktiven Haushaltsoptimum: $e = 4 \cdot 50 + 4 \cdot 50 = 400$. Die Einkommenskompensation beträgt damit: $\Delta e = 200$.

c) Das neue Haushaltsoptimum liegt in Punkt C. Die Güter sind weder Komplemente noch Substitute, weil die Nachfrage nach Gut 2 gegenüber dem Ausgangsgleichgewicht unverändert ist. Beide Güter sind superior, weil der Einkommenseffekt bei beiden negativ ist.

Aufgabe 9 (S. 83):

Die Nachfragefunktion eines einzelnen Haushalts der Gruppe 1 lautet:
$x_1 = a_1/b_1 - (1/b_1)p$ und somit: $x_1 = 20/1 - (1/1)p = 20 - p$. Aggregiert wird über die Menge. Daher: $x_{N,1} = 500 (20 - p)$ bzw. $x_{N,1} = 10.000 - 500 \cdot p$ als Nachfrage der Gruppe 1. Die Nachfrage der Gruppe 2 lautet analog berechnet: $x_{N,2} = 100 (50 - 2p)$ $= 5000 - 200\, p$. Aus a_1 ergibt sich, dass Mitglieder der Gruppe 1 erst zu einem Preis nachfragen, der kleiner als 20 ist; aus $a_2 = 25$ die entsprechende Preisobergrenze der Gruppe 2. Die Marktnachfrage lautet daher:

$$x_N = \begin{cases} 0 & \text{für} \quad p \geq 25 \\ 5.000 - 200p & \text{für} \quad 25 > p \geq 20 \\ 15.000 - 700p & \text{für} \quad 20 > p \geq 0 \ . \end{cases}$$

Aufgabe 10 (S. 94):

a) Es gilt: $(\partial U/\partial FZ)/\ell = (\partial U/\partial X)/P$. Aus $U = X \cdot FZ$ folgt: $\partial U/\partial FZ = X$; $\partial U/\partial X = FZ$ und somit: $X/2 = FZ/1$, also $FZ = 0{,}5X$. Eingesetzt in (2.28): $X \cdot 1 = 2 (16 - FZ)$ und damit nach entsprechendem Ersetzen: $X = 16$ bzw. $FZ = 8$. Aus $AZ = GZ - FZ$ folgt für die Arbeitszeit: $AZ = 8$.

b) Die Budgetgleichung: $X \cdot P = \ell(GZ - FZ)$ wird hier zu: $X = \ell(16 - FZ)$. Somit: $L = X \cdot FZ - \lambda(X - 16\ell + \ell FZ)$; $\partial L/\partial X = FZ - \lambda = 0$ (1); $\partial L/\partial FZ = X - \lambda\ell = 0$ (2); $\partial L/\partial \lambda = -(X - 16\ell + \ell FZ) = 0$ (3). Aus (1) und (2) folgt: $\lambda = FZ$ und $\lambda = X/\ell$. Gleichsetzen ergibt: $FZ = X/\ell$ bzw. $X = FZ \cdot \ell$ (4). (4) in (3): $- FZ\ell + 16\ell - \ell FZ = 0$; $16 = 2 FZ$; $FZ = 8$. Aus $AZ = 16 - FZ$ folgt: $AZ = 16 - 8 = 8$, unabhängig von ℓ.

c) Die 1. Ableitung der Arbeitsangebotsfunktion lautet: $(\partial AZ/\partial \ell) = 0$. Das Arbeitsangebot ändert sich also nicht mit dem Lohnsatz.

Aufgabe 11 (S. 101):

Beim Marktpreis $p_0 = 5$ beträgt die Nachfrage $x_0 = 5000$. Bei einer Berechnung mit $KR = \int_0^{x_0} p(x)\, dx - p_0 \cdot x_0$ benötigen wir $p(x)$, also die inverse Nachfragefunktion. Sie lautet: $p = 10 - (1/1000)\, x$. Daraus folgt für die Konsumentenrente:

$$KR = \int_0^{5000} (10 - \tfrac{1}{1000}x)\, dx - 5 \cdot 5000 = \left[10x - \tfrac{1}{2000}x^2\right]_0^{5000} - 25.000 = 12500.$$

Zu demselben Ergebnis kommt man aufgrund der Linearität der Nachfragefunktion mit: $KR_0 = \frac{1}{2}(a - p_0) \cdot x_0 = \frac{1}{2}(10 - 5) \cdot 5000 = 12.500$. Beim Marktpreis $p_1 = 6$ beträgt die nachgefragte Menge $x_1 = 4000$ und die Konsumentenrente ergibt sich zu: $KR_1 = \frac{1}{2}(a - p_1) \cdot x_1 = \frac{1}{2}(10 - 6) \cdot 4000 = 8000$. Damit erhält man als Verlust: $\Delta KR = KR_0 - KR_1 = 4500$.

Aufgabe 12 (S. 132):

a) Partielle Produktionsfunktionen: $x = v_1^2 \cdot 400^{\frac{1}{2}} = 20\, v_1^2$; analog $x = 400\, v_2^{\frac{1}{2}}$.

b) Die Grenzproduktivitäten sind die partiellen Ableitungen der Produktionsfunktion $x = v_1^2 \cdot v_2^{\frac{1}{2}}$. Grenzproduktivität des Faktors 1: $\partial x/\partial v_1 = 2v_1 \cdot v_2^{\frac{1}{2}}$ und für die partielle Produktionsfunktion aus a): $\partial x/\partial v_1 = 40v_1$. Analog: $\partial x/\partial v_2 = \frac{1}{2} \cdot v_1^2 \cdot v_2^{-\frac{1}{2}}$ sowie $\partial x/\partial v_2 = 200 \cdot v_2^{-\frac{1}{2}}$. Die Durchschnittsproduktivitäten lauten: $x/v_1 = v_1 \cdot v_2^{\frac{1}{2}}$ bzw. $x/v_1 = 20\, v_1$ sowie: $x/v_2 = v_1^2 \cdot v_2^{-\frac{1}{2}}$ bzw. $x/v_2 = 400 \cdot v_2^{-\frac{1}{2}}$. Die Produktionselastizitäten ergeben sich durch Division der Grenz- durch die Durchschnittsproduktivität: $\eta_{x,v_1} = 2v_1 \cdot v_2^{\frac{1}{2}} / v_1 \cdot v_2^{\frac{1}{2}} = 2$ bzw. $\eta_{x,v_1} = 40v_1/20v_1 = 2$ und: $\eta_{x,v_2} = \frac{1}{2} \cdot v_1^2 \cdot v_2^{-\frac{1}{2}} / v_1^2 \cdot v_2^{-\frac{1}{2}} = 0{,}5$ bzw. $\eta_{x,v_2} = 200 \cdot v_2^{-\frac{1}{2}} / 400 \cdot v_2^{-\frac{1}{2}} = 0{,}5$. Die Grenzproduktivität des Faktors 1 steigt, weil $\partial^2 x/\partial v_1^2 = 2 \cdot v_2^{\frac{1}{2}} > 0$. Die Grenzproduktivität des Faktors 2 sinkt, weil $\partial^2 x/\partial v_2^2 = -\frac{1}{4} \cdot v_1^2 \cdot v_2^{-1{,}5} < 0$. Die Kreuzgrenzproduktivität $\partial^2 x/(\partial v_1 \partial v_2) = \partial^2 x/(\partial v_2 \partial v_1) = v_1 \cdot v_2^{-\frac{1}{2}} > 0$. Die Grenzproduktivität jedes Faktors steigt mit steigendem Einsatz des anderen Faktors.

c) $v_1^2 \cdot v_2^{\frac{1}{2}} = 100$ bzw. $v_1^2 = 100/ v_2^{\frac{1}{2}}$, also $v_1 = 10/ v_2^{\frac{1}{4}}$.

v_2	v_1
1	10
16	5
81	3,3

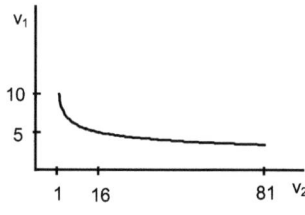

GRS $\equiv$ $|dv_1/dv_2|$ = $(\partial x/\partial v_2)/(\partial x/\partial v_1)$. Die partiellen Ableitungen sind bereits aus b) bekannt. Eingesetzt und gekürzt ergibt sich: $|dv_1/dv_2|$ = $v_1/4v_2$. Damit nimmt die Grenzrate der Substitution in den fraglichen Punkten folgende Werte an: $GRS|_{v_1 = 10}$ = 2,5 ; $GRS|_{v_1 = 5}$ = 0,08 ; $GRS|_{v_1 = 3,3}$ = 0,01 .

d) $(k \cdot v_1)^2 \cdot (k \cdot v_2)^{\frac{1}{2}}$ = $k^2 \cdot k^{\frac{1}{2}} (v_1^2 \cdot v_2^{\frac{1}{2}})$ = $k^{2,5} (v_1^2 \cdot v_2^{\frac{1}{2}})$. Damit ist r = 2,5; es liegen steigende Skalenerträge vor. Es handelt sich um eine Cobb-Douglas-Produktionsfunktion.

e) Die Substitutionselastizität lautet: σ = $d(v_1/v_2)/dGRS \cdot GRS/(v_1/v_2)$. Damit ergibt sich: GRS = $(\beta/\alpha) \cdot (v_1/v_2)$ = $0,5v_1/2v_2$ = $0,25 \cdot (v_1/v_2)$, was mit der Lösung unter c) übereinstimmt. Nun ist $d(v_1/v_2)/dGRS$ = $[dGRS/d(v_1/v_2)]^{-1}$ = 4 und $GRS/(v_1/v_2)$ = 0,25 . Damit ergibt sich : σ = 1.

Aufgabe 13 (S. 132):

Bei x = $v_1^{0,25} \cdot v_2^{0,5}$ Exponentenregel: r = $\alpha + \beta$ = 0,25 + 0,5 = 0,75; homogen vom Grad 0,75; abnehmende Skalenerträge. Bei den beiden anderen: Multiplikation mit Faktor k:

$$\frac{(k \cdot v_1)^3 + (k \cdot v_2)^3}{k \cdot v_1 \cdot k \cdot v_2} = \frac{k^3(v_1^3 + v_2^3)}{k^2 \cdot v_1 \cdot v_2} = k \cdot \frac{(v_1^3 + v_2^3)}{v_1 \cdot v_2}. \qquad r = 1, \text{ homogen vom Grad 1.}$$

$$\sqrt[3]{k \cdot v_1} + \sqrt{k \cdot v_2} + \sqrt{k \cdot v_1 \cdot k \cdot v_2} = k^{\frac{1}{3}} \cdot \sqrt[3]{v_1} + k^{\frac{1}{2}} \cdot \sqrt{v_2} + k^2 \cdot \sqrt{v_1 \cdot v_2}.$$ Nicht homogen, da sich k nicht ausklammern lässt.

Aufgabe 14 (S. 132):

a) Faktor 1: Bleistiftminen, Faktor 2: Papierseiten. Es ist: a_1 = v_1/x und a_2 = v_2/x. Für x = 1 also: a_1 = 0,5 und a_2 = 5. Damit lautet die Produktionsfunktion: x = min $(v_1/0,5 , v_2/5)$ und somit bei v_1 = 5 und v_2 = 60: x = min (10 , 12).

b) 10.

c) Die Bleistiftminen.

Aufgabe 15 (S. 157):

a) Inverse Produktionsfunktion: v_1 = 0,5x . Mit q_1 = 5 und FK = 100 eingesetzt in Kostengleichung: K = $q_1 v_1$ + FK = 2,5x + 100.

b) Weil die Produktionsfunktion linear ist.

Aufgabe 16 (S. 157):

Die Kostengleichung lautet: K = $0,2v_1$ + $0,05v_2$. Es muss entweder v_1 oder v_2 ersetzt werden. Es gilt: v_1/v_2 = a_1/a_2 und somit: v_1 = $0,1v_2$. Eingesetzt in Kostengleichung: K = $0,02v_2$ + $0,05v_2$ = $0,07v_2$. Ferner gilt: v_2 = $a_2 \cdot x$ = 5x. Einsetzen führt zur gesuchten Kostenfunktion: K = 0,35x.

Aufgabe 17 (S. 157):

a) Gleichung (3.14) lautet: $(\partial x/\partial v_2)/(\partial x/\partial v_1)$ = q_2/q_1. Bilden der partiellen Ableitungen und Einsetzen ergibt:

$$\frac{v_1^2 \cdot \tfrac{1}{2} v_2^{-\tfrac{1}{2}}}{2 v_1 \cdot v_2^{\tfrac{1}{2}}} = \frac{1}{2} \quad \text{und somit:} \quad \frac{v_1}{4 v_2} = \frac{1}{2} \ ; \ v_1 = 2 v_2 \ .$$

b) Ja, weil es sich um eine homogene Produktionsfunktion handelt. Ganz gleich, wie viel produziert wird: Solange die Faktorpreise unverändert bleiben, wird von Faktor 1 stets die doppelte Menge des Faktors 2 eingesetzt.

Aufgabe 18 (S. 157):

a) Die zu minimierenden Kosten lauten: $K = 10 v_1 + 2{,}5 v_2 + 100$ (1) (Kostenglei-chung). Als Nebenbedingung ist die nach null aufgelöste Produktionsfunktion zu berücksichtigen: $x - 4 v_1^{\tfrac{1}{2}} \cdot v_2^{\tfrac{1}{2}} = 0$. Damit lautet die Lagrangefunktion: $L = 10 v_1 + 2{,}5 v_2 + 100 + \lambda (x - 4 v_1^{\tfrac{1}{2}} \cdot v_2^{\tfrac{1}{2}})$ und die Bedingungen 1. Ordnung: $\partial L / \partial v_1 = 10 - \lambda \cdot 2 v_1^{-\tfrac{1}{2}} \cdot v_2^{\tfrac{1}{2}} = 0$ (2) ; $\partial L / \partial v_2 = 2{,}5 - \lambda \cdot 4 v_1^{\tfrac{1}{2}} \cdot \tfrac{1}{2} \cdot v_2^{-\tfrac{1}{2}} = 0$ (3); $\partial L / \partial \lambda = x - 4 v_1^{\tfrac{1}{2}} \cdot v_2^{\tfrac{1}{2}} = 0$ (4) . (1) und (2) nach λ aufgelöst und gleichgesetzt ergibt die Minimalkostenkombination: $v_1 = \tfrac{1}{4} v_2$ (5)   bzw. $v_2 = 4 v_1$ (6). (5) in (4): $x - 4 \cdot (\tfrac{1}{4} v_2)^{\tfrac{1}{2}} \cdot v_2^{\tfrac{1}{2}} = 0$ und somit: $x = 2 v_2$; aufgelöst: $v_2 = 0{,}5 x$ (7). (6) in (4): $x - 4 \cdot v_1^{\tfrac{1}{2}} \cdot (4 v_1)^{\tfrac{1}{2}} = 0$ und somit: $x = 8 v_1$; aufgelöst: $v_1 = 0{,}125 x$ (8). (7) und (8) in (1) ergibt die gesuchte Kostenfunktion: $K = 10 \cdot 0{,}125 x + 2{,}5 \cdot 0{,}5 x + 100$ und daher: $K = 2{,}5 x + 100$. Die Kostenfunk-tion ist linear, weil die Produktionsfunktion konstante Skalenerträge aufweist $(\alpha + \beta = 1)$.

b) Diese Kostenfunktion verläuft unterproportional, weil die Produktionsfunktion aus Aufgabe 17 steigende Skalenerträge aufweist $(\alpha + \beta = 2{,}5)$.

Aufgabe 19 (S. 157):
$K = 2{,}5 x + 100$ ergibt: $GK = dK/dx = 2{,}5$; $DK = K/x = 2{,}5 + 100/x$; $DVK = VK/x = 2{,}5$.

Aufgabe 20 (S. 157):
$DK = (1/100) x^2 - x + 40 + 1000/x$; $DVK = (1/100) x^2 - x + 40$; $GK = (3/100) x^2 - 2 x + 40$. Das Minimum der DVK lässt sich bestimmen durch: $d(DVK)/dx = (2/100) x - 1 = 0$ oder über $DVK = GK$, also $(1/100) x^2 - x + 40 = (3/100) x^2 - 2 x + 40$ und durch Ver-einfachen $(2/100) x - 1 = 0$; $x = 50$.

Aufgabe 21 (S. 175):
$G(x) = E(x) - K(x) = \bar{p} \cdot x - (\tfrac{1}{4} x^2 + 2 x + 100)$; $dG/dx = \bar{p} - (\tfrac{1}{2} x + 2) = 0$. Allge-mein für variierende, vorgegebene Preise: $p = \tfrac{1}{2} x + 2$ (1). Auflösen nach x ergibt: $x = 2 p - 4$ (2). Kurzfristige Angebotsfunktion: ab Betriebsminimum. Ermittlung über Minimum der VDK oder $GK = VDK$. Mit $VDK = \tfrac{1}{4} x + 2$ erhalten wir für $GK = VDK$: $\tfrac{1}{2} x + 2 = \tfrac{1}{4} x + 2$ bzw. $x = 0$. Eingesetzt in inverse Angebotsfunktion (1): $p = 2$. Die kurzfristige Angebotsfunktion lautet: $x = 2 p - 4$ für $p \geq 2$. Längerfristige Angebotsfunktion ab Betriebsoptimum. Ermittlung über Minimum der DK oder $GK = DK$. Aus $DK = \tfrac{1}{4} x + 2 + 100/x$ folgt nach Ableiten und Nullsetzen $dDK/dx = \tfrac{1}{4} - 100/x^2 = 0$ und damit $x^2 = 400$ bzw. $x = 20$. Aus (1) folgt: $p = 12$. Damit längerfristige Angebotsfunktion: $x = 2 p - 4$ für $p \geq 12$.

Aufgabe 22 (S. 175):

a) Längerfristiges Angebot eines Anbieters der 1. Gruppe aus Aufgabe 21 bekannt: $x = 2p - 4$ für $p \geq 12$. Aggregiert über 50 Anbieter: $x_{A,1} = 100p - 200$. Angebot eines Anbieters der 2. Gruppe: $GK = x + 4 \rightarrow p = GK \rightarrow p = x + 4$ (1). Aufgelöst nach x: $x = p - 4$. Preisuntergrenze sind die DK im BO. Ermittelt über GK = DK: $DK = \frac{1}{2} x + 4 + 50/x$ und $DK = GK$ $x + 4 = \frac{1}{2} x + 4 + 50/x$ bzw. $\frac{1}{2} x = 50/x$ und durch Vereinfachen $x^2 = 100$ bzw. $x = 10$. In (1): $p = 14$. Somit lautet das Angebot der Gruppe 2: $x_{A,2} = 50 \cdot (p - 4) = 50p - 200$ für $p \geq 14$; und das beider Gruppen: $x_A = x_{A,1} + x_{A,2} = 150p - 400$ für $p \geq 14$.

Damit lautet die aggregierte längerfristige Angebotsfunktion:

$$x_A = \begin{cases} 0 & \text{für} \quad p \leq 12 \\ 100p - 200 & \text{für} \quad 14 \geq p > 12 \\ 150p - 400 & \text{für} \quad p > 14 \end{cases}.$$

b) $\eta_{x_A,p} = (dx_A/dp) \cdot p/x_A$. Es gilt der dritte Abschnitt der Angebotskurve. Damit: $dx_A/dp = 150$; $x_A = 150 \cdot 16 - 400 = 2000$. Eingesetzt: $\eta_{x_A,p} = 150 \cdot 16/2000 = 1,2$. Die Elastizität ist stets größer als eins, weil die Angebotsfunktion einen positiven Ordinatenabschnitt aufweist und damit der Tangens des Winkels des Fahrstrahls, der x_A/p misst, stets kleiner ist als der Tangens des Winkels der Tangente, mit dem dx_A/dp gemessen werden kann.

Aufgabe 23 (S. 186):

a) Angebotsfunktion: $GK = (1/100)x + 3$; $p = GK$ Daraus folgt $p = (1/100)x + 3$ und $x_A = 100p - 300$.
Marktgleichgewicht: $x_A = x_N$ bzw. $100p - 300 = 700 - 100p$ also $200p = 1000$ und damit $p^* = 5$. Eingesetzt in Angebotsfunktion: $x^* = 100 \cdot 5 - 300 = 200$ (oder in Nachfragefunktion: $x^* = 700 - 100 \cdot 5 = 200$).

b) Die inverse Nachfrage lautet: $p = 7 - (1/100)x$.
Somit: $a = 7$; $b = 1/100$; $c = 1/100$; $d = 3$. Eingesetzt:
$$p^* = \frac{ac + bd}{b + c} = \frac{7 \cdot (1/100) + (1/100) \cdot 3}{(1/100) + (1/100)} = \frac{10}{2} = 5 \; ; \quad x^* = \frac{a - d}{b + c} = \frac{7 - 3}{2/100} = 200.$$

c) Falls $G \neq 0$ handelt es sich um ein kurzfristiges Gleichgewicht. Also muss der Gewinn berechnet werden: $G = E - K = p \cdot x - [(1/200)x^2 + 3x + 100]$; Einsetzen ergibt: $G = 1000 - (200 + 600 + 100) = 100$.

d) Aus a): $x_{A,0} = 100p - 300$; $x_i = x_{A,0}/50 = 2p - 6$. $x_{A,1} = 75 \cdot x_i = 150p - 450$. Aus $x_{A,1} = x_N$ folgt $150p - 450 = 700 - 100p$ und damit $250p = 1150$ bzw. $p_1^* = 4,6$; $x_1^* = 240$.

Aufgabe 24 (S. 194):

a) Individuelle Angebotsfunktion: $GK_i = x_i + 1$; $p = GK$. Es folgt $p = x_i + 1$ und durch Auflösen nach x_i: $x_i = p - 1$. Aggregiert: $x_{A,0} = 50 \cdot (p - 1) = 50p - 50$. Aus $x_{A,0} = x_{N,0}$ ergibt sich $50p - 50 = 700 - 100p$ also $p_0 = 5$; $x_0 = 200$. $BO \equiv DK_{min}$. $DK_i = \frac{1}{2} x_i + 1 + 8/x_i$ (1); Minimum der DK: $dDK_i/dx_i = \frac{1}{2} - 8/x_i^2 = 0$ und damit $x_i = 4$. In (1): $DK_i = \frac{1}{2} \cdot 4 + 1 + 8/4 = 5$. Bei $p = DK$ muss $G = 0$ sein.

b) $x_{A,0} = x_{N,1}$ also $50p - 50 = 800 - 100p$ bzw. $p_1 = 5{,}67$; $x_1 = 233$; damit erhalten wir: $x_{i,1} = 233/50 = 4{,}67$. Aus (1): $DK_{i,1} = 5{,}05$; somit $G_i/x_i = p_1 - DK_{i,1} = 0{,}62$. Im neuen langfristigen Gleichgewicht muss $p^* = 5$ sein. Damit ergibt sich über $x_{N,1}$: $x_2^* = 800 - 100 \cdot 5 = 300$. Wenn jeder Anbieter im BO $x_i = 4$ produziert, ergibt sich: $x_2^*/BO = 300/4 = 75$. Es sind daher 25 zusätzliche Anbieter nötig.

c) $x_{A,0} = x_{N,1}$ also $50p - 50 = 600 - 100p$ bzw. $p_1 = 4{,}33$; $x_1 = 167$; damit erhalten wir: $x_{i,1} = 167/50 = 3{,}34$. Aus (1): $DK_{i,1} = 5{,}07$; somit erhalten wir als Stückgewinn $G_i/x_i = p_1 - DK_{i,1} = -0{,}74$. Bei $p_2^* = 5$ ergibt sich über die Nachfrage der Gruppe 1 $x_{N,1}$: $x_2^* = 600 - 100 \cdot 5 = 100$. Bei $x_i = 4$ in BO folgt: $x_2^*/BO = 100/4 = 25$. Es müssen daher 25 Anbieter den Markt verlassen.

d) Ja, weil die Steigung der Angebotsfunktion kleiner ist als der Absolutbetrag der Steigung der Nachfragefunktion.

Aufgabe 25 (S. 209):

a) Der Gleichgewichtspreis aus Aufgabe 23 beträgt $p^* = 5$. Da der Höchstpreis niedriger ist, stellt das Angebot die kurze Marktseite dar. Es entsteht ein Nachfragemengenüberschuss: $NMÜ = x_N|_{p=4} - x_A|_{p=4} = 300 - 100 = 200$.

b) Der NMÜ wird noch größer, da Verluste anfallen und Anbieter den Markt verlassen werden: $G = E - K = 400 - [(1/200) \cdot 100^2 + 3 \cdot 100 + 100] = -50$.

Aufgabe 26 (S. 209):

a) Nettopreismethode: $x_A = x_A(p_n)$ unverändert; $x_N = x_N(p_n + \tau) = 700 - 100(p_n + 2)$. Damit: $x_A = x_N$ bzw. $100p_n - 300 = 700 - 100p_n - 200$ also $p_n = 4$ und der Bruttopreis $p_{br} = p_n + 2 = 6$.
Bruttopreismethode: $x_A = x_A(p_{br} - \tau)$ bzw. $x_A = 100(p_{br} - 2) - 300$; x_N unverändert. Damit: $x_A = x_N$ bzw. $100p_{br} - 200 - 300 = 700 - 100p_{br}$ also $p_{br} = 6$ und der Nettopreis $p_n = p_{br} - 2 = 4$. $x_1 = 100$.

b) Bogenelastizitäten: $\varepsilon_{x,p} = \dfrac{x_0 - x_1}{p_{br} - p_0} \cdot \dfrac{p_0}{x_0} = \dfrac{200 - 100}{6 - 5} \cdot \dfrac{5}{200} = 2{,}5$.

$\eta_{x,p} = \dfrac{x_0 - x_1}{p_0 - p_n} \cdot \dfrac{p_0}{x_0} = \dfrac{200 - 100}{5 - 4} \cdot \dfrac{5}{200} = 2{,}5$.

Punktelastizitäten: $\left| \varepsilon_{x,p} \right| = \dfrac{dx_N}{dp} \cdot \dfrac{p_0}{x_0} = 100 \cdot \dfrac{5}{200} = 2{,}5$.

$\eta_{x,p} = \dfrac{dx_A}{dp} \cdot \dfrac{p_0}{x_0} = 100 \cdot \dfrac{5}{200} = 2{,}5$. Damit: $\dfrac{\eta_{x,p}}{\varepsilon_{x,p}} = 1$ bzw. $\dfrac{\eta_{x,p}}{\left| \varepsilon_{x,p} \right|} = 1$.

c) Steueraufkommen: $x_1 \cdot \tau = 100 \cdot 2 = 200$. Unwiederbringlicher Wohlfahrtsverlust ist das Dreieck CDE in Abbildung 4.24. Es lässt sich berechnen als $\Delta KR + \Delta PR = \frac{1}{2}(p_{br} - p_0) \cdot (x_0 - x_1) + \frac{1}{2}(p_0 - p_n) \cdot (x_0 - x_1) = 0{,}5 \cdot 1 \cdot 100 + 0{,}5 \cdot 1 \cdot 100 = 100$.

Aufgabe 27 (S. 230):

a) Für die Ermittlung von GE(x) Inverse der Nachfragefunktion (PAF) bilden: $p = 10 - (1/100)x$. $E(x) = p \cdot x = [10 - (1/100)x]x$. Ableiten ergibt den Grenzerlös: $GE(x) = dE/dx = 10 - (2/100)x$. $GK(x) = dK/dx = 4$. Im Optimum gilt $GE = GK$ also $10 - (1/50)x = 4$; aufgelöst nach x: $x^M = 300$.

Gewinn $G(p)$: $G(p) = p \cdot x - K[x(p)]$; es muss jeweils die Nachfragefunktion eingesetzt werden: $G(p) = p(1000 - 100p) - 4(1000 - 100p) - 400$. Ableiten und Nullsetzen: $dG/dp = 1000 - 200p + 400 = 0$; $200p = 1400$ und damit: $p^M = 7$. Überprüfung: $a = 10$; $c = 4$; $b = (1/100)$. $x^M = (a - c)/2b = (10 - 4)/(2 \cdot 0{,}01) = 300$. $p^M = (a + c)/2 = (10 + 4)/2 = 7$.

b) $PR = (p^M - c) \cdot x^M = (7 - 4) \cdot 300 = 900$. Dies ist gleichzeitig G_{br}. Netto-Gewinn: $G_n = G_{br} - FK = 900 - 400 = 500$. ($G = E - K$ ergibt dasselbe.)

c) Erlös-(Umsatz-)maximierung: $GE(x) = 0$ bzw. $dE/dx = 10 - (2/100)x = 0$; daraus: $x = 500$; aus PAF: $p = 10 - 0{,}01 \cdot 500 = 5$. Damit ergibt sich als Gewinn: $G = 2500 - 4 \cdot 500 - 400 = 100$. Allgemein gilt bei linearen Nachfragekurven: Die Menge bei Erlösmaximierung entspricht der halben Sättigungsmenge; der Preis entspricht dem halben Prohibitivpreis.

Aufgabe 28 (S. 233):

a) $G^M(x) = E(x) - K(x)$. PAF: $p = 7 - 0{,}01x$. Durch Einsetzen erhält man für den Gewinn: $G^M(x) = (7 - 0{,}01x)x - (0{,}01 x^2 + x + 400)$. Ableiten und Nullsetzen führt auf $dG^M/dx = 7 - 0{,}02x - 0{,}02x - 1 = 0$ also $0{,}04x = 6$ bzw. $x^M = 150$. Aus PAF: $p = 7 - 0{,}01 \cdot 150$ und damit $p^M = 5{,}5$.

Für die Ermittlung von Wohlfahrtsverlusten müssen x^k, p^k berechnet werden: Aus $K = 0{,}01x^2 + x + 400$ folgt $GK = 0{,}02x + 1$; $p = GK$ also $p = 0{,}02x + 1$; aufgelöst nach x: $x_A = 50p - 50$. $x_A = x_N$ bzw. $50p - 50 = 700 - 100p$ und damit $150p = 750$ oder: $p^k = 5$ und (über x_A oder x_N) $x^k = 200$.

Dead-weight loss = endgültiger Verlust an PR und KR. Aufgrund der Linearität von Grenzkosten und Nachfrage kann der Verlust jeweils als die Hälfte eines Rechtecks gemessen werden: $\Delta PR = \frac{1}{2} [p^k - GK(x^M)] \cdot (x^k - x^M)$. Die Grenzkosten bei der Menge x^M betragen: $GK(x^M) = 0{,}02 \cdot 150 + 1 = 4$. Damit ergibt sich: $\Delta PR = \frac{1}{2}(5 - 4)(200 - 150) = 25$. Veränderung der Konsumentenrente beläuft sich auf: $\Delta KR = \frac{1}{2}(p^M - p^k)(x^k - x^M) = \frac{1}{2}(5{,}5 - 5)(200 - 150) = 12{,}5$. Folglich: dead-weight loss = 37,5.

b) Umverteilte Konsumentenrente: $\Delta KR = (p^M - p^k) \cdot x^M = 0{,}5 \cdot 150 = 75$. Der Monopolist realisiert somit gegenüber der Polypollösung eine höhere Rente von: $75 - 25 = 50$.

Aufgabe 29 (S. 237):

a) Monopolpreis in Periode 0: Zur Berechnung ist die Inverse der Nachfragefunktion notwendig: $p = 10 - 0{,}1x$; Koeffizient $a \equiv$ Prohibitivpreis; somit $a = 10$. Bei $GK = c = 5$: $p^M_0 = (10 + 5)/2 = 7{,}5$. Ist die Nachfrage in Periode 1 insgesamt um 20 Prozent höher, lautet sie: $x_{N,1} = 1{,}2(100 - 10p) = 120 - 12p$. Dazu die Inverse: $p_1 = 10 - 0{,}083x$. Der Prohibitivpreis a ist unverändert: $p^M_1 = p^M_0$.

Falls sich nur die Sättigungsmenge um 20 Prozent erhöht hat, lautet die Nachfrage in Periode 1: $x_{N,1}' = 1{,}2 \cdot 100 - 10p$. Inverse: $p_1' = 12 - 0{,}1x$. Der Prohibitivpreis beträgt nun 12 und damit der Monopolpreis $p^{M}_1{}' = (12 + 5)/2 = 8{,}5$.

b) Für die Berechnung der Elastizitäten werden die Steigungen der Nachfrage-funktionen und die abgesetzten Mengen benötigt. Aus $x_{N,0}$ folgt: $dx/dp = -10$ sowie $x^M_0 = 25$. Damit: $\varepsilon_{x_0,p_0} = (dx/dp)/(p_0/x_0) = -10 \cdot (7,5/25) = -3$. Aus $x_{N,1}$ folgt: $dx/dp = -12$ und $x^M_1 = 30$ also $\varepsilon_{x_1,p_1} = (dx/dp)/(p_1/x_1) = -12 \cdot (7,5/30) = -3$. Für $x_{N,1}'$ gilt: $dx/dp = -10$ und mit $x^M_1{}' = 35$ folgt für die Preiselastizität der Nach-frage $\varepsilon_{x_1',p_1'} = (dx/dp)/(p_1'/x_1') = -10 \cdot (8,5/35) \approx -2,43$.

Für den Vergleich ist der Absolutbetrag der Preiselastizität maßgeblich, d. h. es muss gelten: $|\varepsilon_{x_0,p_0}| > |\varepsilon_{x_1',p_1'}|$. Dies wird bestätigt: $3 > 2,43$.

c) Gleichung (5.5) lautet: $p^M = GK/(1-1/\varepsilon)$. Da außer $GK = 5$ auch $\varepsilon = -3$ im ersten Fall unverändert bleibt, folgt derselbe Monopolpreis: $p^M = 5/(1-1/3) = 7,5$. Im zweiten Fall ergibt sich: $p^M_1{}' = 5/[1 - (35/85)] = 8,5$.

Aufgabe 30 (S. 241):

Menge bei $p_h = 6$: $x_h = 100 - 10 \cdot 6 = 40$. Der Grenzerlös des Monopolisten lautet:

$$GE = \begin{cases} 6 & \text{für } x \leq 40 \\ 10 - 0,2x & \text{für } x > 40 \end{cases}$$

Er kann sich weder mit einer kleineren noch mit einer größeren Menge als x_h bes-ser stellen. Für $x = 39$ gilt: $GE = 6$ und $GK = 5$. Da $GE > GK$, muss die Produktion ausgedehnt werden. Für $x = 41$ gilt: $GE = 10 - 0,2 \cdot 41 = 1,8$ und $GK = 5$. Weil $GE < GK$, muss die Produktion eingeschränkt werden. Das Gewinnmaximum liegt daher bei $x_h = 40$.

Sachverzeichnis

 Springer   springer.de

Mikroökonomik
Eine Einführung
F. Breyer

Studierende erhalten hier einen kompakten Überblick über das mikroökonomische Instrumentarium. Gegenstand des Buches ist die Erklärung des Angebots- und Nachfrageverhaltens von Haushalten und Unternehmungen und ihr Zusammenwirken auf Güter- und Faktormärkten. Zentrales Analysekonzept ist dabei das (allgemeine) Gleichgewicht. Das Buch macht von der algebraischen Methode rigoros Gebrauch. Mit zahlreichen Übungsaufgaben.

2., verb. Aufl. 2005. XII, 215 S. 83 Abb. (Springer-Lehrbuch) Brosch.
ISBN 3-540-25035-2 ▶ € 16,95 | sFr 29,00

Makroökonomik und neue Makroökonomik
B. Felderer, S. Homburg

Die hervorragende Aufnahme, die dieses moderne und leserfreundliche Buch seit dem Jahr 1984 in der Fachwelt und bei den Studenten erfahren hat, zeigt, dass es den Autoren gelungen ist, den Leser umfassend in den derzeitigen Stand der makroökonomischen Theorie einzuführen. Das Buch, das auch in englischer, russischer, slowakischer und ukrainischer Sprache vorliegt, kann als ein Standardwerk bezeichnet werden.

9., verb. Aufl. 2005. XV, 473 S. 106 Abb. (Springer-Lehrbuch) Brosch.
ISBN 3-540-25020-4 ▶ € 19,95 | sFr 34,00

Wirtschaftspolitik
Allokation und kollektive Entscheidung
J. Weimann

Dieses Buch beschäftigt sich mit Wirtschaftspolitik, ihrer allokationstheoretischen Fundierung und der Frage, welche prinzipiellen Möglichkeiten für rationale kollektive Entscheidungen bestehen. Es bietet Lernhilfen wie Abbildungen, Kontrollfragen und kommentierte Literaturverzeichnisse. In über 40 "Sidesteps" werden praktische Anwendungen, Anekdoten, weiterführende Theorien und neuere Ideen präsentiert.

4., überarb. Aufl. 2006. XIX, 454 S. 61 Abb. (Springer-Lehrbuch) Brosch.
ISBN 3-540-28856-2 ▶ € 29,95 | sFr 51,00

Einführung in die Mikroökonomik
Gütermärkte, Faktormärkte und die Rolle des Staates
B. Woeckener

Das Lehrbuch führt systematisch in die Grundlagen der Mikroökonomik ein. Es behandelt die Entscheidungen von Unternehmen und privaten Haushalten auf Güter- und Faktormärkten sowie die Marktgleichgewichte, die aus der Wechselwirkung beider Seiten entstehen. Die didaktische Aufbereitung des Stoffes und die Kombination von analytischer Herleitung und graphischer Illustration machen das Buch besonders wertvoll für Studierende im Grundstudium.

2006. XII, 261 S. 113 Abb. 2 Tab. (Springer-Lehrbuch) Brosch.
ISBN 3-540-30596-3 ▶ € 22,95 | sFr 39,50

Bei Fragen oder Bestellung wenden Sie sich bitte an ▶ Springer Distribution Center GmbH, Haberstr. 7, 69126 Heidelberg ▶ **Telefon:** +49 (0) 6221-345-4301 ▶ **Fax:** +49 (0) 6221-345-4229 ▶ **Email:** SDC-bookorder@springer.com ▶ Die €-Preise für Bücher sind gültig in Deutschland und enthalten 7% MwSt. ▶ Preisänderungen und Irrtümer vorbehalten. ▶ Springer-Verlag GmbH, Handelsregistersitz: Berlin-Charlottenburg, HR B 91022. Geschäftsführer: Haank, Mos, Gebauer, Hendriks